GRUNDKURS STAATSRECHT

Eine Einführung für Studienanfänger

von

Dr. jur. Jürgen Schwabe
Professor an der Universität Hamburg

Fünfte, überarbeitete Auflage

1995

Walter de Gruyter · Berlin · New York

∞ Gedruckt auf säurefreiem Papier,
das die US-ANSI-Norm über Haltbarkeit erfüllt.

Die Deutsche Bibliothek – CIP-Einheitsaufnahme

Schwabe, Jürgen:
Grundkurs Staatsrecht: eine Einführung für Studien-
anfänger / von Jürgen Schwabe. – 5., überarb. Aufl. –
Berlin; New York: de Gruyter, 1995.
  ISBN 3-11-014633-9

© Copyright 1995 by Walter de Gruyter & Co., D-10785 Berlin.
Dieses Werk einschließlich aller seiner Teile ist urheberrechtlich geschützt. Jede
Verwertung außerhalb der engen Grenzen des Urheberrechtsgesetzes ist ohne
Zustimmung des Verlages unzulässig und strafbar. Das gilt insbesondere für Verviel-
fältigungen, Übersetzungen, Mikroverfilmungen und die Einspeicherung und Verar-
beitung in elektronischen Systemen.
Printed in Germany
Satz: Dörlemann Satz, Lemförde
Druck und Bindearbeiten: Kösel, Kempten
Umschlagentwurf: Christina Rey, Berlin

Inhaltsverzeichnis

Vorwort und Gebrauchsanleitung 4

1. Teil: Einführung 9

1. Kapitel: Der Inhalt des Staatsrechts und seine Ermittlung. Das Staatsrecht im System des öffentlichen Rechts. 9
A. Staatsrecht und Verfassungsrecht 9
    I. Ein Blick auf das GG 9
    II. Zum Begriff »Recht« 9
    III. Zum Begriff der Verfassung 10
    IV. Zum Begriff des Staates 11
    V. Zusammenfassung 11
B. Eigenart und Rang des Verfassungsrechts. Seine Stellung in der Normenhierarchie 12
    I. Öffentliches und privates Recht 12
    II. Staats- und Verfassungsrecht als Bestandteil des öffentlichen Rechts 12
    III. Zusammenfassung 16
C. Die Durchsetzbarkeit von Verfassungsrecht, Verfassungsgerichtsbarkeit. Auslegung von Verfassungsrecht 17
    I. Durchsetzbarkeit des Verfassungsrechts, Verfassungsgerichtsbarkeit 17
    II. Auslegungsbedürftigkeit des Rechts 17
    III. Auslegungsregeln 18
D. Verfassungsrecht und Verfassungswirklichkeit 19

2. Kapitel: Die Entstehungsgeschichte des GG 19

2. Teil: Staatsorganisationsrecht 21

1. Kapitel: Staatsmerkmale in der Bundesrepublik Deutschland 21
A. Republik 21
B. Demokratie 21
    I. Mögliche Demokratieformen 21
    II. Die parlamentarische Demokratie des GG 23
C. Rechtsstaatlichkeit 27
    I. Materielle Gerechtigkeit 28
    II. Rechtsverbindlichkeit, Rechtsfrieden und Rechtssicherheit 28
    III. Selbstbeschränkung des Rechtsstaates 31
    IV. Zusammenfassung 32
D. Sozialstaatlichkeit 32
    I. Rechtsverbindlichkeit der Sozialstaatsklausel 32
    II. Das Leerlaufen der Sozialstaatsklausel 32
    III. Rechtfertigung sozialpolitischer Maßnahmen 33
    IV. Verpflichtung zu sozialer Gestaltung? 34
    V. Staatszielbestimmung? 34
    VI. Zusammenfassung 34
E. Bundesstaatlichkeit 35
    I. Struktur des Bundesstaates 35
    II. Verteilung der Staatsfunktionen im Bundesstaat 35
    III. Mitwirkung der Länder bei der Ausübung der Bundesstaatsgewalt 36
    IV. Bundestreue 36
    V. Der »kooperative Föderalismus« 36
    VI. Vom Sinn des Föderalismus 37
    VII. Zusammenfassung 37

2. Kapitel: Die politischen Parteien ... 38
A. Begriff und Rechtsstellung der politischen Parteien 38
    I. Zum Begriff der Partei und ihrer grundgesetzlich festgelegten Funktion 38
    II. Parteienstatus 38
    III. Parteienfreiheit 38
B. Parteimitgliedschaft und innerparteiliche Demokratie 39
C. Parteienfinanzierung 39
    I. Privatfinanzierung 39
    II. Staatsfinanzierung 40
D. Verbot verfassungswidriger Parteien 40
E. Zusammenfassung 41

3. Kapitel: Oberste Bundesorgane (ohne Gerichte) 41
A. Der Bundespräsident 41
B. Der Bundestag 41

I. Wahl 41
  II. Die institutionelle Ordnung des Parlaments und die Stellung der Abgeordneten 43
  III. Parlamentsfunktionen außer der Gesetzgebung 45
  IV. Zusammenfassung 46
 C. Die Bundesregierung 47
  I. Zusammensetzung und Bildung 47
  II. Sturz der Regierung 47
  III. Das parlamentarische Regierungssystem 47
  IV. Regierungsfunktionen 47
 D. Der Bundesrat 47

4. *Kapitel:* Die wichtigsten Staatsfunktionen 48
 A. Gesetzgebung 48
  I. Kompetenzaufteilung zwischen Bund und Ländern ... 48
  II. Mitwirkungsrechte des Bundesrates 50
  III. Das Gesetzgebungsverfahren 50
  IV. Die Delegation von Normsetzungsbefugnissen 52
  V. Zusammenfassung 53
 B. Verwaltung im Bundesstaat 53
  I. Die Kompetenzaufteilung zwischen Bund und Ländern 53
  II. Die Ausführung von Bundesgesetzen 54
  III. Gemeinschaftsaufgaben 55
  IV. Grundsätze für den öffentlichen Dienst. Rechts- und Amtshilfe 55
  V. Zusammenfassung 56
 C. Rechtsprechung 57
  I. Richtermonopol in der Rechtsprechung. Richterstatus 57
  II. Gerichtsorganisation 57
  III. Das Bundesverfassungsgericht 57
  IV. Justizgrundrechte 60
  V. Zusammenfassung 62
 D. Finanzverfassung 62
  I. Finanzierungslast 63
  II. Ertragshoheit 63
  III. Finanzausgleich 64
  IV. Steuergesetzgebungskompetenz 64
  V. Finanzverwaltung 65
  VI. Haushaltsgrundsätze, Stabilitätsgesetz 65
  VII. Zusammenfassung 65
 E. Pflege auswärtiger Beziehungen 66
  I. Die Kompetenzverteilung zwischen Bund und Ländern 66
  II. Der Abschluß völkerrechtlicher Verträge durch den Bund 66
  III. Zusammenfassung 67

5. *Kapitel:* Gewaltenteilung 67
6. *Kapitel:* Staatskirchenrecht 69
7. *Kapitel:* Notstandsverfassung 69
8. *Kapitel:* Staatsangehörigkeitsrecht .. 70
9. *Kapitel:* Grundgesetz und Europäische Union 70
 A. Europäische Union und Europäische Gemeinschaften 70
  I. Gestalt und Entwicklung ... 70
  II. Organe 71
 B. Die Verzahnung der europäischen mit der nationalen Rechtsordnung 72
  I. Grundsätzliches 72
  II. Das Grundrechtsproblem .. 72
  III. Der föderalistische Aspekt 73

3. Teil: Grundrechte 74

1. *Kapitel:* Geschichtliche Entwicklung der Grundrechte 74
2. *Kapitel:* Allgemeine Grundrechtslehren 75
 A. Was sind Grundrechte? 75
 B. Schutzgüter der Grundrechte und Möglichkeiten staatlicher Beeinträchtigung 76
  I. Grundrechtsschutzgüter 76
  II. Beeinträchtigung von Grundrechtsschutzgütern 76
 C. Bindung aller Staatsgewalten 76
  I. Die Grundrechtsbindung der vollziehenden Gewalt 76
  II. Die Grundrechtsbindung der Rechtsprechung 77
  III. Die Grundrechtsbindung der Gesetzgebung 77
 D. Zusammenfassung 85

3. *Kapitel:* Die Verfassungsbeschwerde 86
 A. Verfassungsbeschwerde gegen Verwaltungsmaßnahmen 86
 B. Verfassungsbeschwerde gegen Normen 87
 C. Keine Superrevision durch das BVerfG 87
 D. Zusammenfassung 88

4. *Kapitel:* Einzelne Grundrechte 88
 A. Schutz der Menschenwürde nach Art. 1 88
  I. Subjektives Grundrecht auf Achtung der Menschenwürde? 88
  II. Die Umschreibung der Menschenwürde 89
  III. Einschränkungen der Menschenwürdegarantie? 89

Sachverzeichnis

- IV. Grundrechtsträger 89
- B. Recht auf Leben und körperliche Unversehrheit 90
  - I. Recht auf Leben 90
  - II. Recht auf körperliche Unversehrtheit 90
- C. Freiheit der Person 91
  - I. Schutzbereich 91
  - II. Einschränkungen 91
- D. Freiheit des Glaubens, des Gewissens, des religiösen und weltanschaulichen Bekenntnisses 91
  - I. Schutzbereich 91
  - II. Einschränkungen 91
- E. Freiheit der Meinungsäußerung, Informationsfreiheit, Pressefreiheit 92
  - I. Schutzbereich 92
  - II. Einschränkungen 93
- F. Rundfunkfreiheit 94
- G. Kunstfreiheit 95
- H. Versammlungsfreiheit 95
  - I. Schutzbereich 95
  - II. Einschränkungen 95
- J. Koalitionsfreiheit 96
  - I. Schutzbereich 96
  - II. Einschränkungen 96
- K. Berufsfreiheit 96
  - I. Zum Begriff des Berufs 97
  - II. Die Dreistufentheorie des BVerfG 97
  - III. Das Problem der Berufsdifferenzierung 98
- L. Eigentumsschutz 98
  - I. Eigentum im verfassungsrechtlichen Sinn 98
  - II. Die gesetzliche Eigentumsformung und die Institutsgarantie 98
  - III. Die Enteignung nach Art. 14 III 100
  - IV. Zusammenfassung 102
- M. Die allgemeine Handlungsfreiheit des Art. 2 I 102
  - I. Schutzbereich 102
  - II. Einschränkungen 103
- N. Wirtschaftsverfassung und GG 104
- P. Gleichheit 104
  - I. Allgemeines 104
  - II. Spezielle Gleichbehandlungsgebote 104
  - III. Der allgemeine Gleichheitssatz 105

5. *Kapitel:* Weitere allgemeine Grundrechtslehren 107
- A. Nachtrag zu Art. 19 I 2 107
- B. Der Grundrechtseingriff 108
  - I. Nicht befehlende und nicht zwingende Verhaltenssteuerung 108
  - II. Schutzgutbeeinträchtigungen durch Maßnahmen gegen Dritte 108
- C. Grundrechtsträgerschaft 108
  - I. Deutschenrechte 109
  - II. Grundrechtsmündigkeit 109
  - III. Grundrechtsträgerschaft juristischer Personen 109
- D. Grundrechtsadressaten 109
  - I. Drittwirkung der Grundrechte? 109
  - II. Fiskalgeltung der Grundrechte? 112
- E. Der sogenannte Grundrechtsverzicht 112
- F. Grundrechte als Ansprüche auf positive Leistungen 113
  - I. Ausdrückliche Anspruchsbegründung im GG 113
  - II. Generelle grundrechtliche Leistungsansprüche? 114
- G. »Wertordnungsgehalt« und »objektiv-rechtliche Funktion der Grundrechte« 115
- H. Institutionelles Grundrechtsdenken 115
- J. Grundrechtliche Steuerung von Verfahrensabläufen 116
- K. Grundrechtskonkurrenzen 116
- L. Bundesgrundrechte und Landesgrundrechte 117
- M. Die Europäische Menschenrechtskonvention 117

4. Teil: Hinweise zur Vorbereitung auf staatsrechtliche Übungen für Anfänger 119

- A. Die Literatur 119
  - I. Lehrbücher 119
  - II. Anleitungsbücher, Fallsammlungen und Repetitorien 119
- B. Gutachtenstil und Aufbaumethode 120
  - I. Gutachtenstil 120
  - II. Aufbaumethode 121
- C. Fallbeispiel 122
- D. Allgemeine Hinweise, insbesondere zur Hausarbeit 123
  - I. Formalien 123
  - II. Inhaltliche Gestaltung 124

Vorwort und Gebrauchsanleitung

A. Dieser Grundkurs ist für den Anfänger geschrieben und soll ihn zum Staatsrecht hinführen. Gleichwohl ist keine bloße Einführung von der Art beabsichtigt, daß gleich darauf ein weiteres, ausführlicheres Werk gelesen werden muß. Die Kenntnisse aus diesem Buch reichen nicht nur bei weitem für die Anfänger-Übung, sondern darüber hinaus. Selbst im Examen würden Sie, wenn Sie alles verstanden und behalten hätten, eine vorzügliche Figur machen. Dennoch werden Sie im Laufe Ihres Studiums, etliche Probleme noch vertieft behandeln und dafür andere Literatur heranziehen müssen.

Es waren zwei Beweggründe, die mich zur Abfassung dieses Grundkurses veranlaßt haben. Der eine war die regelmäßig erneuerte Erfahrung, daß Erstsemester durch die meisten der vorhandenen Lehrbücher, sofern sie mehr sind als schmale und thematisch beschränkte Grundrisse oder Einführungen, überfordert werden. Das hat hauptsächlich drei Ursachen: Oftmals wird der Verständnishorizont von Abiturienten unzureichend eingeschätzt, der Wissende hat nicht zum Nullpunkt des Anfängers zurückgefunden. Zweitens sind die meisten Lehrbücher zu sehr auf Vollständigkeit bedacht und mit Details überfrachtet. Dem Anfänger gegenüber muß man aber viel Wissen unterdrücken können. Aus diesen beiden Gründen wird drittens der wichtige Lehrstoff oft nicht genügend ausführlich erklärt. Deshalb schien es mir wichtig, weniger Bedeutsames ganz wegzulassen, aber Wesentliches genau und breit zu erläutern. Ob ich dabei ausreichend verständlich war, haben allein Sie, der Leser, zu entscheiden. Dieses Buch ist also kein vollständiges Nachschlagewerk, einige minder bedeutsame Stichworte fehlen ganz – wobei man im Einzelfall natürlich darüber streiten kann, was minder bedeutsam ist.

Dieses Konzept hat im Laufe der Jahre in Leserbriefen viel Beifall gefunden.

Der zweite Beweggrund war das Bestreben, gerade den Anfänger zu einem ausgiebigen Studium der Verfassungsrechtsprechung während der Lehrbuchlektüre zu veranlassen. Warum das wichtig ist, muß ich Ihnen kurz erläutern. Das letzte Wort zum GG und seiner Deutung hat bei uns das Bundesverfassungsgericht (BVerfG) in Karlsruhe. Ein berühmter Spruch eines amerikanischen Verfassungsrichters lautet: »We live under constitution, but the constitution is what the judges say it is.« – Wir leben unter der Verfassung, aber Verfassung ist das, was die Richter als Verfassung hinstellen. Niemand kann Staatsrecht betreiben, ohne die Rechtsprechung des BVerfG genauestens zu kennen. Man muß ihr nicht immer beipflichten, aber auch die Kritik setzt eben genaue Kenntnis voraus.

Ein Staatsrechtslehrbuch ohne begleitende Lektüre von Verfassungsrechtsprechung zu lesen, ist auch dann wenig sinnvoll, wenn in dem Buch die wesentlichen Ergebnisse der Rechtsprechung referiert werden. Man muß Aufbau und Argumentationsweise der Entscheidungen durch eigene Lektüre kennenlernen. Weil man sich zum Lesen eines Staatsrechtslehrbuchs nicht immer in eine Bibliothek mit den über 90 Entscheidungsbänden des BVerfG setzen kann, habe ich für Studenten die wichtigsten Entscheidungen, und von diesen die wesentlichen Passagen, in einer Studienauswahl (6. Aufl.) von rund 650 Seiten vereinigt.

Der Band kostet im Buchhandel 16 DM oder mehr. Um Ihnen den Bezug zu erleichtern, befindet sich am Schluß dieses Vorworts ein Bestellvordruck. Wenn Sie diesen mit einem 10,– DM-Schein an die aufgedruckte Adresse senden, erhalten Sie das Buch zugeschickt. (Der Vorzugspreis gilt nur für den Originalvordruck!)

Diese im ganzen Bundesgebiet verbreitete Auswahl werden Sie im übrigen bis zum Examen brauchen, das macht rund eine DM pro Semester. Da dies nicht unzumutbar viel ist, bin ich bei der Abfassung dieses Grundkurses davon ausgegangen, daß Sie den Band verfügbar haben und die *angegebenen, ausgesucht wichtigen Entscheidungen auch lesen.* Bedenken Sie bitte, daß Sie für ein sinnvolles Studium den Entscheidungsband auch zu einem anderen Lehrbuch hinzukaufen müßten.

B. Von **Literaturhinweisen** habe ich bewußt abgesehen. Dies soll kein Nachschlagewerk zum Schreiben von Hausarbeiten sein, sondern eine Einführung in das Staatsrecht für Anfänger. Diejenigen Erstsemester, die das Buch und die Rechtsprechungsauswahl durcharbeiten, leisten meines Erachtens solide Arbeit und müssen nicht zu jedem Abschnitt ergänzende Literatur heranziehen. Entsprechende Hinweise in Lehrbüchern werden denn auch nach meiner Erfahrung nur ganz wenig genutzt. Natürlich wird es gelegentlich vorkommen, daß Sie einem Problem einmal gründlicher nachgehen wollen. Dann finden Sie jedoch in allen größeren Kommentaren und in fast allen Lehrbüchern mit Leichtigkeit Literaturnachweise.

Zugegeben: Es stellt sich dann oft das Problem der Auswahl. In manchen Büchern finden Sie zwar ausgesuchte Literaturbelege, aber auf die Eignung gerade für Anfänger ist dabei selten Bedacht genommen. Ich empfehle Ihnen, sich bei der Befassung mit Detailproblemen zunächst in dem mehrbändigen Staatsrechtslehrbuch von Klaus Stern zu informieren. (Die Bände III 1 und 2 sind allerdings in vielen Passagen für Ihre Zwecke zu detailliert und überfrachtet.) Wenn dann noch eine Frage offen bleibt, ziehen Sie einen Großkommentar zu Rate. Daneben empfiehlt es sich, die vielen Einführungs- und Übersichtsaufsätze in den Ausbildungszeitschriften heranzuziehen. Zu den meisten staatsrechtlichen Problemen werden Sie solche ausführlichen und meist um Verständlichkeit bemühten Abhandlungen zu den Registern der drei Zeitschriften Juristische Schulung (JuS), Juristische Ausbildung (Jura) und Juristische Arbeitsblätter (JA) finden, bei der JuS wird Ihnen das Nachschlagen durch Fünfjahresregister erleichtert. Die Zeitschriften bereiten auch die bedeutsamen Entscheidungen (nicht nur) des BVerfG auf, was gerade für den Anfänger hilfreich ist. Aufbereitung meint: Skizzieren des Ausgangsproblems, Hinweise auf Literatur und frühere Rechtsprechung, Wiedergabe der Entscheidung mit eigenen Worten. Das wird Ihnen oft nützlich sein. Die Rechtsprechungsberichte von Jura und JuS werden in einer Kartei gesammelt, die Sie meist auch in Ihrem Seminar finden müßten. Die Berichte der JuS über Grundrechtsentscheidungen bis 1977 wurden auch als Buch veröffentlicht: Hermann Weber, Rechtsprechung zum Verfassungsrecht, Die Grundrechte, 2 Bände.

C. Welches **Handwerkszeug** brauchen Sie?

I. Bei Lektüre dieses Grundkurses benötigen Sie außer der Studienauswahl (StA) der Verfassungsrechtsprechung noch Gesetzestexte, mindestens das Grundgesetz (GG), das Bundesverfassungsgerichtsgesetz (BVerfGG) und das Parteiengesetz, nach Möglichkeit auch noch das Staatsangehörigkeitsgesetz und das Bundeswahlgesetz. Geeignete kleine Gesetzessammlungen finden Sie in Ihrer Buchhandlung. Eine dicke Loseblattsammlung der Gesetze brauchen Sie vorerst nicht. Es gibt deren mehrere. Die wichtigsten staats- und verwaltungsrechtlichen Gesetze sind im »Sartorius« versammelt, die bedeutsamsten privatrechtlichen Normen im »Schönfelder«, beides Loseblatt-Sammlungen. Wenn Sie einmal durch eine Bibliothek laufen, sehen Sie diese dicken roten Bände, die Erkennungszeichen der Juristen, überall herumliegen. Außerordentlich preiswert sind die 3 dicken Paperback-Gesetzessammlungen aus dem Nomos-Verlag.

Ich möchte Sie jetzt schon bitten, alle im Text genannten Artikel und Paragraphen genau und wiederholt zu lesen. Bequemlichkeit in diesem Punkt rächt sich bitter. Denken Sie daran auch bei den Übungsklausuren. Selbst mir passiert es gelegentlich noch, daß ich nicht gründlich genug den Gesetzestext anschaue. Der Anfänger ist dauernd in dieser Gefahr.

Gelegentlich werde ich Ihnen empfehlen, minder wichtige Gesetzesstellen einzuklammern.

II. Die **Literatur** kann man ganz grob unterteilen in Lehrbücher, Erläuterungswerke (Kommentare), Handbücher, Nachschlagewerke, Monographien.

1. Lehrbücher

Das voluminöse mehrbändige Staatsrechtslehrbuch von Klaus Stern, von dem derzeit vier Bände erschienen sind, habe ich bereits erwähnt.

An ein- und zweibändigen Lehrbüchern gibt es eine stetig wachsende Fülle. Sie alle vorzustellen, wie noch in der 2. Auflage versucht, erscheint mir nicht mehr sinnvoll. Erwähnt seien als Auflagenspitzenreiter die Werke von Maunz/Zippelius, 29. Aufl. 1994, 460 S., und von Hesse, 19. Aufl. 1993, 310 S. Das letztgenannte Werk, das vorzüglich, aber stellenweise sehr abstrakt und schwierig ist, sollten Sie jetzt noch nicht lesen.

Wenn Sie sich einmal in bestimmte Fragen vertiefen wollen, sollten Sie prüfen, ob

Ihnen jene Werke zusagen, die — in mehr oder weniger starkem Umfang — Fälle eingebaut haben. Hierzu gehören:

C. Degenhardt, Staatsrecht I, 10. Aufl. 1994, 260 S. (nur Staatsorganisationsrecht)
J. Ipsen, Staatsorganisationsrecht, 6. Aufl. 1994, 380 S.
I. von Münch, Staatsrecht, 2 Bände, 5. Aufl. 1994 ff., je ca. 480 S.
B. Pieroth/B. Schlink, Grundrechte, 10. Aufl. 1994, 350 S.
D. Schmalz, Grundrechte, Verfassungsrecht, 2 Bände, 2. Aufl. 1990/91, 320 + 280 S.
E. Stein, Staatsrecht, 14. Aufl. 1993, 500 S.

2. *Kommentare:*

Erläuterungsbücher zum GG gibt es in großer Zahl. Alle sollten Sie wenigstens einmal in der Hand gehabt haben. Da gibt es zunächst den mit 34 DM sehr preiswerten Taschenkommentar von Seifert/Hömig; wenn Sie diese Summe erübrigen können, ist sie hierfür gut angelegt.

Der nächst stärkere, aber meines Erachtens nicht sonderlich empfehlenswerte Kommentar ist von Schmidt-Bleibtreu/ Klein. Vorzüglich hingegen das Werk von Jarass/Pieroth.

Um alternative Deutungen bemüht sich ein von Azzola und anderen verfaßter Kommentar in zwei Bänden.

Es folgt der sehr ansprechende dreibändige Kommentar, den von Münch und Kunig herausgeben. Hier sollten Sie nach Möglichkeit Ihre ersten Informationen beziehen.

Der Großkommentar von v. Mangoldt/ Klein startet eine umfangreiche Neuauflage.

Der meistbenutzte Großkommentar ist von Maunz, Dürig und anderen verfaßt, die Erläuterungen in vier grauen Loseblattbänden sind überwiegend auf dem neuesten Stand.

Das größte Werk ist der rotgebundene »Bonner Kommentar« (BK), ebenfalls ein Loseblattwerk, verfaßt von zahlreichen Autoren.

Nur dem Namen nach ist das Werk von Leibholz/Rinck ein Kommentar. Tatsächlich handelt es sich um eine Zusammenstellung der Bundesverfassungsgerichts-Rechtsprechung zu den einzelnen Artikeln des GG. Fast den gleichen Zweck erfüllt ein dreibändiges amtliches Loseblatt-Nachschlagewerk zur Rechtsprechung des Bundesverfassungsgerichts.

3. *Weitere Hilfsmittel*

a) Handbücher:

Benda, Maihofer und Vogel haben 1983 ein von fast 30 Autoren verfaßtes, 1500 Seiten starkes »Handbuch des Verfassungsrechts« herausgegeben, Zweitauflage von 1994.

Noch im Erscheinen begriffen ist ein 7bändiges, von Isensee und Kirchhof herausgegebenes »Handbuch des deutschen Staatsrechts«.

b) Lexika und Verwandtes:

Gerade für den Anfänger empfiehlt sich der Kauf eines kleinen Rechtslexikons; es gibt einige zu sehr geringem Preis. Darüber hinaus finden Sie in der Seminarbibliothek im »Ergänzbaren Lexikon des Rechts« oder im »Münchener Rechts-Lexikon«, beide mehrbändig, auch staatsrechtlichen Rat. Speziell ausgerichtet sind die vorzüglichen großen Staatslexika, das zweibändige Evangelische Staatslexikon und das mehrbändige Staatslexikon aus dem katholischen Herderverlag. Das einbändige Dudenlexikon »Der Staat« bedient sich für seine Informationen vieler Schaubilder.

Eine Fülle von Material aus allen Rechtsgebieten enthält das Staatsbürger-Taschenbuch von Model/Creifelds. Da es mit 38,— DM für 1150 Dünndruckseiten überaus preiswert ist, kaufen Sie es, wenn Sie das können, oder lassen Sie es sich schenken. Sie werden weit über 10 Jahre Nutzen davon haben.

Zur Entschlüsselung von Abkürzungen dient das Standardwerk von H. Kirchner, von dem es auch eine preiswerte Studienausgabe gibt.

c) Sonstiges:

Wenn Sie schwierigere verfassungsprozessuale Probleme lösen müssen, halten Sie sich an das didaktisch ausgezeichnete Lehrbuch von Schlaich, ergänzend an die umfangreichen Werke von Pestalozza und Benda/ Klein.

Umsonst erhalten Sie die Ihnen vielleicht schon bekannten »Informationen zur politischen Bildung« von der Bundeszentrale für politische Bildung, Berliner Freiheit 7, 53111 Bonn. Viele dieser Hefte zu verfassungsrechtlichen Problemen sind auch für Jurastudenten und Studentinnen noch überaus lesenswert, mit Ausnahme des von einem Dilettanten geprägten Grundrechte-Heftes.

Erlauben Sie mir abschließend noch den Hinweis, daß zu Ihrem Handwerkszeug für das öffentliche Recht auch eine gute Tages- oder Wochenzeitung gehört. Gerade staatsrechtliche Fragen versteht derjenige oft nicht, der politisch abstinent ist. Gewöhnen Sie sich auch allmählich an die Lektüre von Wirtschaftsartikeln. All dies kann sich im Examen nach Punkt und Komma in Noten auszahlen!

Und Gleiches gilt übrigens auch für einen guten Stil! Die Erfahrung zeigt, daß viele Studenten die deutsche Sprache nur sehr unzureichend beherrschen. Hierbei geht es nicht um rein ästhetische Anforderungen. Vielmehr kann schlechter Ausdruck Sie leicht eine Examensnote kosten! Schon in den Übungsarbeiten drohen Ihnen Punktabzüge. Deshalb sollten Sie diesen Rat nicht für eine Marotte von mir halten. Wenn Ihr Stil schlechter ist als der von Arthur Schopenhauer, dann kaufen Sie sich die Taschenbücher von L. Reiners, Stilfibel, oder von E. C. Hirsch, Deutsch für Besserwisser, und schmökern Sie darin; auch das ist eine gute Vorbereitung auf die Anfängerübung.

III. Weil **Entscheidungen des BVerfG** so wichtig sind, muß ich Sie mit deren Eigenart und Aufbau etwas vertraut machen. Freilich kann ich Ihnen nicht vorweg das BVerfG und die vor ihm verhandelten Verfahren genauer erläutern. Aber das ist auch weder nötig noch zweckmäßig. Bevor man weiß, was Verfassungsrecht ist, muß man sich mit Verfassungsrechtsprechung nicht beschäftigen. Wenn Sie am Anfang bei der von mir empfohlenen Lektüre von Bundesverfassungsgerichts-Entscheidungen etwas nicht verstehen, dann sollte Sie das nicht bekümmern.

Das BVerfG veröffentlicht alle wichtigen Entscheidungen in einer quasi amtlichen, anthrazitfarbig gebundenen Sammlung, die mittlerweile schon über 90 Bände umfaßt. Man zitiert sie beispielsweise mit BVerfGE 80, 137/153 I. Das heißt Entscheidungen des Bundesverfassungsgerichts, Band 80 der Sammlung, S. 137 (Beginn der Entscheidung) und S. 153 (eigentliche Fundstelle), Entscheidung des 1. Senats. (Diesen Zusatz I oder II gibt es erst ab Band 66.) Das BVerfG stellt ebenso wie andere Gerichte, die ihre Entscheidungen veröffentlichen, seiner Entscheidung einen sogenannten Leitsatz (LS) oder meist mehrere *Leitsätze* voran, die in verdichteter Form die wichtigsten Erkenntnisse aus der Entscheidung wiedergeben. Dann heißt es »Urteil...« (wenn eine mündliche Verhandlung vorausgegangen ist) oder »Beschluß...« des Ersten oder des Zweiten Senats vom... Es folgt eine kurze Kennzeichnung des Verfahrens, danach eine »Entscheidungsformel« und gleich anschließend die »Gründe« für die Entscheidung. In ihnen wird zuerst einmal genau erläutert, worum es geht, wie sich das Verfahren entwickelt hat und was von den Beteiligten vorgetragen wird. Danach entscheidet das Gericht, *ob das Verfahren zulässig ist*, erst anschließend, wie der eigentliche Streit zu entscheiden ist. Letzteres läuft bei der sehr häufigen Verfassungsbeschwerde auf die Frage hinaus, *ob die Verfassungsbeschwerde (falls überhaupt zulässig) begründet oder unbegründet ist.*

Bestellzettel

(im Umschlag versenden)

Abs.: Schwabe, Erlenweg 1, 21614 Buxtehude

Büchersendung

Zuweilen wird angegeben, mit welchen Mehrheiten die acht Richter eines Senats sich zu bestimmten Rechtsansichten oder zum Gesamtergebnis bekannt haben. Die überstimmten Richter dürfen ihre abweichende Meinung (dissenting opinion) in einem *Sondervotum* niederlegen. (Ein Beispiel finden Sie in der StA S. 153 ff.)

Bei den oft sehr umfangreichen Entscheidungen muß man insbesondere am Anfang vieles diagonal lesen und sich das Wesentliche herauspicken. Mit der bereits gekürzten Studienauswahl sind Sie dieser Aufgabe aber vorläufig enthoben.

IV. Weitere Hinweise:
Artikel ohne Zusatzangaben sind solche des Grundgesetzes.

Überschriften habe ich nach sachlichem Anlaß gewählt, bei a) und b) finden Sie also zuweilen eine Überschrift, zuweilen nicht.

Manchmal muß ich Sie bei einem Problem auf spätere Ausführungen vertrösten. Das geschieht stets aufgrund reiflicher Überlegung. Wollte man sogleich »einsteigen«, wäre Verwirrung die Folge.

Bei uns herrscht der Mißstand, daß alle Literatur von fertigen Juristen besprochen und beurteilt wird. Dabei ist zur Beurteilung der didaktischen Güte allein der Anfänger befugt. Deshalb wären mir Hinweise von Ihnen besonders wertvoll. Wenn Sie etwas zu loben oder zu bemängeln haben, schreiben Sie mir bitte an die unten angegebene Adresse. Ich freue mich über jeden Brief, und natürlich werden Sie eine Antwort erhalten.

V. Einen Text zu streichen kann für einen Autor je nach Anlaß so erfreulich wie schmerzlich sein. Das Kapitel »Die Rechtslage Deutschlands und der Status West-Berlins« der 1. bis 3. Auflage habe ich mit Vergnügen gestrichen, begleitet von der Freude, nunmehr auch Leser in Leipzig und Dresden erreichen zu können. Daß dabei kein neues Staatsrecht gelehrt, sondern unverändert das GG vermittelt werden muß, ist positiv zu werten. Die Wiedervereinigung war in der gebotenen Schnelligkeit nur bei Fortgeltung einer so bewährten Verfassung wie das Grundgesetz zu erreichen. Der marginale Zugewinn, den eine neue Verfassung günstigstenfalls hätte bringen können, wäre viel zu teuer erkauft worden. Es war die vom GG verfaßte Freiheitlichkeit unseres demokratischen Gemeinwesens, die zum Niedergang des SED-Regimes wesentlich beigetragen hat. Jene freiheitlichen, demokratischen und rechtsstaatlichen Strukturen als Grundlage auch der erweiterten Bundesrepublik Deutschland zu erläutern, soll nachstehend versucht werden.

Hamburg, im Dezember 1994
Jürgen Schwabe

Prof. Dr. Jürgen Schwabe	Bitte senden Sie mir ein Exemplar der Studienausgabe der BVerfG-Entscheidungen an umseitige Adresse.
Erlenweg 1	
21614 Buxtehude	Datum
	Unterschrift

1. Teil — **Einführung**

1. Kapitel
Der Inhalt des Staatsrechts und seine Ermittlung. Das Staatsrecht im System des öffentlichen Rechts

A. Die Begriffe Staatsrecht und Verfassungsrecht

Staatsrecht und Verfassungsrecht werden in der Praxis als gleichbedeutend behandelt. Ob Sie die einschlägigen Vorlesungsankündigungen oder die Lehrbücher ansehen: Mal heißt es Staatsrecht, mal Verfassungsrecht. So können auch Sie es halten, eine feine Unterscheidung zwischen beiden Begriffen wird man Ihnen kaum jemals abverlangen. Wenn wir gleichwohl im folgenden die beiden Begriffe etwas näher betrachten wollen, so nicht aus intellektueller Lust, den Kümmel zu spalten, sondern weil daraus viele grundsätzliche und für Sie unabdingbare Feststellungen resultieren werden — insbesondere zu den sehr verschiedenen Begriffen von »Recht«. Diese Grundlegung für Ihren Begriffsapparat und damit für Ihr Handwerkzeug beim Verstehen und Anwenden des Rechts kann freilich nicht anders als etwas abstrakt sein. Hilfsbereits Kommilitonen, die einen Vorentwurf durchgelesen haben, rieten gelegentlich, lieber mit einem konkreten Fall zu beginnen. Das würde wohl mehr Eindruck machen, es wäre aber meines Erachtens Augenwischerei. Man könnte zwar mit einem Fall beginnen, müßte dann jedoch sehr bald einen — wenn man gründlich sein will — langen Exkurs zu allgemeinen Lehren einschieben. Und zusammengehörende Grundsatzprobleme würden zerstückelt auf viele Fallösungen verteilt. Meines Erwachtens wäre das nicht zu Ihrem Nutzen.

I. Ein Blick auf das Grundgesetz

Wie auch immer unsere Begriffsklärung ausgehen mag, daß Staats- oder Verfassungsrecht schwergewichtig mit dem GG zu tun hat, steht außer Frage. Wir sollten deshalb sogleich einmal unsere Verfassung durchblättern.

Ihr I. Abschnitt beginnt mit dem Katalog der Grundrechte, womit in Reaktion auf die Unfreiheit der NS-Zeit der Wert von Freiheit, Eigentum, Gleichheit und anderen Schutzgütern des Staatsbürgers betont werden sollte.

Alle nun folgenden Abschnitte betreffen — von vereinzelten Artikeln abgesehen — nicht mehr unmittelbar das Staat-Bürger-Verhältnis, sondern Probleme der *Staatsorganisation*. Dabei kann man drei Gruppen unterscheiden:

Die erste besteht nur aus dem Abschnitt II »Der Bund und die Länder«, der die wichtigsten, weiter hinten noch ergänzten *Regeln unserer Bundesstaatlichkeit* enthält. Einzelheiten der Länderstaatlichkeit regelt das GG aber grundsätzlich nicht.

In der zweiten Gruppe behandeln die Abschnitte III bis VI die wichtigsten *Bundesorgane*, nämlich Bundestag, Bundesrat, den minder wichtigen Gemeinsamen Ausschuß von Bundestag und Bundesrat, den Bundespräsidenten und die Bundesregierung.

Die dritte Gruppe, von den Abschnitten VII bis X gebildet, regelt die *Erledigung der wichtigsten Staatsaufgaben*, wobei deutlich die klassische (und in Art. 20 III aufgegriffene) Gewaltenteilung in Gesetzgebung, Verwaltung und Rechtsprechung durchschimmert. Abschnitt VII handelt von der Bundesgesetzgebung, Abschnitt VIII (mit einer Ergänzung durch Abschnitt VIIIa) von der Ausführung der Bundesgesetze durch die Verwaltung und Abschnitt IX von der Rechtsprechung der Gerichte. Für die Beschaffung und Ausgabe der Finanzen, an sich auch eine Frage der Gesetzgebung und Gesetzesausführung und deshalb auch in den Abschnitten VII und VIII plazierbar, hat der Verfassungsgeber den gesonderten Abschnitt X eingerichtet.

Den Abschnitt Xa über den Verteidigungsfall, der diesen drei Hauptgruppen des Staatsorganisationsrechts nachfolgt, werden wir hoffentlich nie brauchen.

Den Abschluß bilden wie bei fast jedem Gesetz Übergangs- und Schlußbestimmungen.

Nachdem jetzt hoffentlich mit dem GG die bedeutsamste Staatsrechts- oder Verfassungsrechtsmaterie wenigstens etwas anschaulicher geworden ist, wollen wir uns — wie geplant — der Begriffsklärung zuwenden.

II. Zum Begriff »Recht«

Sich näher über den Rechtsbegriff auszulassen, ist Aufgabe einer Vorlesung sowie eines Lehrbuchs zur Einführung in die Rechtswissenschaft oder zur Rechtsphilosophie oder auch zur Rechtssoziologie. Im folgenden geht es nur um die Vermittlung oder Wiederholung einiger elementarer Kenntnisse, ohne die wir in unserem Stoff sehr bald nicht weiterkommen würden.

1. Recht im objektiven Sinn — Recht im subjektiven Sinn

In »Staatsrecht« oder »Verfassungsrecht« meint »Recht«: *Recht im objektiven Sinn*. Dies ist eine Umschreibung für Rechtsnorm, rechtliche Bestimmung, Regel. Eine solche Rechtsnorm ist fast jeder Paragraph oder jeder Artikel in Ihren Gesetzessammlungen. Rechtsnormen haben fast ausnahmslos die Eigenart, *abstrakt-generell* zu sein. Abstrakt heißt: für unbestimmt viele Fälle geltend. Generell heißt: für unbestimmt viele Personen geltend. Beispiel: Jeder Käufer soll in jedem Falle eines Kaufes den Kaufpreis bezahlen.

Das steht im polaren Gegensatz zur konkret-individuellen (das heißt auf *einen* Sachverhalt und *eine* Person bezogenen) Entscheidung des Richters oder des Verwaltungsbeamten, wobei die rechtlich regelnde Einzelfall-Entscheidung einer Verwaltungsbehörde *Verwaltungsakt* heißt. Die Einzelfall-Entscheidungen werden erlassen in Anwendung einer abstrakt-generellen Norm: »Wer auch immer x DM verdient, soll zu y DM Steuern herangezogen werden«, so die abstrakt-generelle Norm. »Ihre Einkommensteuer wird für 1994 bei einem Einkommen von x DM festgesetzt auf y DM«, so die Steuerverfügung (= Verwaltungsakt).

Lassen Sie sich nicht verwirren, wenn ich nach diesem sachlich-strukturellen Gegenstück zum »objektiven Recht«, dem Verwaltungsakt, nun ein vorwiegend begriffliches Gegenstück erörtere, nämlich das *Recht im subjektiven Sinn* (das mit dem Verwaltungsakt nichts zu tun hat!). Recht im subjektiven Sinn, das meint ein Recht im Sinne einer Berechtigung oder Befugnis eines einzelnen Subjekts, daher der Name. Es ist beispielsweise in der Redewendung angesprochen: »Das ist mein gutes Recht.« *Das wichtigste subjektive Recht ist der Anspruch*, gemäß dem — allgemeingültigen — § 194 BGB »das Recht, von einem anderen ein Tun oder ein Unterlassen zu verlangen«.

Wie ist nun das sachliche Verhältnis zwischen den gegensätzlichen Begriffen objektives und subjektives Recht? Ganz einfach: Die Berechtigung, von einem anderen etwas verlangen zu dürfen (= das subjektive Recht), muß in einer Rechtsnorm (objektives Recht) festgelegt, von dieser gleichsam verliehen worden sein. *Das subjektive Recht erwächst also aus dem objektiven Recht* und hat es zur notwendigen Grundlage. Konkret: Ein Kaufpreisanspruch basiert auf § 433 BGB als objektives Recht. Also gilt: Kein subjektives Recht ohne objektives Recht.

2. Anspruch und Rechtspflicht

Wenn das objektive Recht einen Anspruch begründet, kann es das rechtslogisch nicht anders, als dem in § 194 BGB angesprochenen »Anderen« das Tun oder Unterlassen aufzuerlegen, ihn zu *verpflichten*. In dem gerade erwähnten § 433 BGB ist ja überhaupt nur von den Pflichten des Käufers und des Verkäufers die Rede, nicht ausdrücklich von Ansprüchen! Wir müssen hier deshalb noch schlußfolgern, daß der Pflicht des Käufers zur Kaufpreiszahlung ein auf die Pflichterfüllung gerichteter Anspruch des Verkäufers korrespondieren soll. Pflicht und Anspruch sind also die subjektiv-rechtlichen Ausprägungen einer Rechtsregel (= objektives Recht). Da die Pflicht rechtslogisch das Primäre ist, gilt: *Kein Anspruch ohne Rechtspflicht.*

3. Das Verhältnis von objektivem Recht, Rechtspflicht und subjektivem Recht in Form des Anspruchs

Vorstehend wurde formuliert: Kein subjektives Recht ohne objektives Recht und kein Anspruch ohne Rechtspflicht, woraus sich natürlich drittens ergibt: Keine Rechtspflicht ohne objektives Recht.

Diese Leitsätze darf man nicht umkehren! Sonst käme man zu dem völlig falschen Schluß: Objektives Recht begründet stets eine Rechtspflicht, und dieser korrespondiert stets ein Anspruch. Richtig ist vielmehr: Es gibt natürlich Rechtsnormen, die keine Rechtspflicht enthalten. Als Beispiel unter unzähligen diene Art. 50: »Durch den Bundesrat wirken die Länder bei der Gesetzgebung und Verwaltung des Bundes mit.« Und es gibt ferner objektives Recht, das zwar eine Rechtspflicht begründet, aber niemandem die Befugnis verleiht, als seinen Anspruch die Erfüllung der Rechtspflicht verlangen zu dürfen. Art. 110 Abs. 1 Satz 2 (oder abgekürzt: Art. 110 I 2) bestimmt: »Der Haushaltsplan ist in Einnahme und Ausgabe auszugleichen« (was bekanntlich zunehmend schwieriger wird). Dieser Verpflichtung entspricht kein Anspruch etwa des Bundespräsidenten, diesen Ausgleich verlangen zu dürfen. Pflichten ohne korrespondierende Ansprüche sind im Staatsrecht und überhaupt im öffentlichen Recht häufig, hingegen im Zivilrecht fast unbekannt.

Ich kann hier nur andeuten, wie man feststellt, ob einer Pflicht ein Anspruch gegenübersteht, obwohl das Gesetz — wie bei unserem Beispiel der § 433 BGB — dazu nichts ausdrücklich sagt. Man muß die pflichtbegründende, aber zum Anspruch schweigende Norm auf ihre Zielrichtung abklopfen: Hat sie die Rechtspflicht (zumindest auch) im *Interesse* eines begünstigten Subjekts erlassen, und sollte diesem Subjekt auch eine *Rechtsmacht* in Form des Forderndürfens eingeräumt werden? Diese Frage ist bei § 433 BGB eindeutig zu bejahen, bei Art. 110 I 2 ebenso eindeutig zu verneinen.

Zusammenfassend: Eine Norm des objektiven Rechts *kann* eine Rechtspflicht begründen, dieser *kann* ein Anspruch parallel laufen. Rechtspflicht und Anspruch sind folglich ohne objektives Recht, der Anspruch ist ohne eine Rechtspflicht nicht vorstellbar. Wer sich das im Schema versinnbildlichen will, kann das Bild dreier konzentrischer (um einen Mittelpunkt geschlagener) Kreise wählen, aus dem sich das soeben Gesagte ergibt:

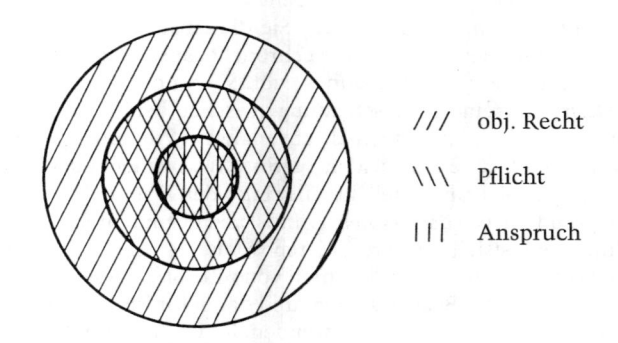

/// obj. Recht
\\\ Pflicht
||| Anspruch

▷ Der Anspruch ist stets mit einer Pflicht verknüpft (innerster Kreis), aber es gibt umgekehrt Rechtspflichten ohne Ansprüche (Doppelschraffur des zweiten Kreises).
▷ Ansprüche und Pflichten bedürfen des objektiven Rechts (innere Kreise). Aber es gibt objektives Recht selbst ohne Rechtspflichten, erst recht ohne Ansprüche (äußerer Kreis, Einfachschraffur).

III. Zum Begriff der Verfassung

Verfassung kann man ganz förmlich verstehen als Urkunde, die höchstrangige Rechtsregeln enthält. *Verfassungsrecht in diesem formellen Sinn* ist dann alles Recht, das die Verfassungsurkunde enthält. Eine inhaltliche, materielle Abgrenzung kann das nicht sein, weil der Verfassungsgeber zwar in der Regel nur Grundsätzliches in die Verfassung schreibt, aber an sich hinsichtlich des Inhalts völlig frei ist; theoretisch könnte er auch die Geltung der Sommerzeit oder den höchstzulässigen Zinssatz hineinschreiben.

Man kann Verfassung statt rein formell auch *materiell* deuten als Zustand eines Gemeinwesens, so wie man bei einem Menschen sagt, er sei in guter oder schlechter Verfassung. Da nun für den Zustand eines Staatswesens unzählige Normen maßgeblich sind, kann man vernünftigerweise zum zustandsprägenden *Verfassungsrecht im materiellen Sinn* nur die für ein Gemeinwesen elementar wichtigen Regeln des politischen Prozesses, der Staatsorganisation, des Staat-Bürger-Verhältnisses und der Schlichtung dabei auftretender Konflikte zählen. Dazu gehören neben dem formellen Verfassungsrecht (= dem Inhalt des GG) vor allem noch folgende Materien außerhalb des GG:
— das Staatsangehörigkeitsrecht
— das Wahlrecht
— das Parteienrecht

- das Geschäftsordnungsrecht der obersten Bundesorgane
- das Verfassungsprozeßrecht.

(Die Aufzählung müssen Sie keineswegs behalten.)

Dieses Verfassungsrecht im materiellen Sinn wird nun meist mit dem *Staatsrecht* gleichgestellt. Staatsrecht wäre also – etwas verkürzt – das für ein Staatswesen grundlegende Recht, das überwiegend in der Verfassung niedergelegt ist. Auf einen besonderen trennscharfen Begriff kommt es nicht an, ersichtlich wäre jedoch ein naives Verständnis falsch, wonach Staatsrecht alles auf den Staat anwendbare Recht ist. Staatsbezogen ist weit mehr als die Hälfte unseres Rechts einschließlich der Hochschulgesetze oder des Bundesausbildungsförderungsgesetzes (BAföG) beispielsweise, die natürlich nicht zum Staatsrecht zählen können.

Unter den für eine Verfassung charakteristischen Elementarregeln sind oftmals solche, die Grundvoraussetzung für die Existenz eines bestimmten staatlichen Gebildes sind, man denke an Minderheitenschutz in Vielvölkerstaaten, an Sprachregelungen wie in Belgien etc. Solche Bedingungen für den Zusammenhalt eines Gemeinwesens kann man auch als *Integrationsfaktoren* bezeichnen, wie ja überhaupt grundlegende Rechtsüberzeugungen, die einer hinreichend großen Zahl eigen sind, ein Verbundenheitsgefühl erzeugen und damit Integrationsfaktoren sein können.

Nunmehr läßt sich im Rückblick auch etwas zur *Funktion einer Verfassung* sagen. Sie weicht im Prinzip nicht von der Funktion allen Rechts ab, eine konfliktvermeidende und -schlichtende Ordnung für bestimmte Lebensverhältnisse zu schaffen, diese damit einer Regelung zu unterwerfen und berechenbar zu machen, Interessen abzugrenzen und Macht sowohl einzuräumen wie auch zu beschränken.

IV. Zum Begriff des Staates

Allein die Tatsache, daß Ihnen eine gesonderte Vorlesung »Allgemeine Staatslehre« angeboten wird, zeigt den großen Umfang der im Begriff »Staat« verborgenen Probleme. Sehen Sie sich gelegentlich in Ihrem Seminar einmal die Bestände der Gruppe »Allgemeine Staatslehre« an, sie messen schon nach Metern. Deshalb kann es hier nur um ganz wenige Andeutungen gehen, ohne die für unsere Zwecke gar nicht auszukommen ist.

1. Was ist ein Staat?

So schwierig und umstritten die Umschreibung von Staat auch ist, so kann man ihn grob definieren als *Verbandsorganisation, die auf einem bestimmten Gebiet originäre, also nicht weiter abgeleitete, Hoheitsgewalt über Menschen ausübt.* Hierbei kommen auch jene drei Elemente zum Vorschein, die man stets als unerläßlich für einen Staat angesehen hat: *Staatsvolk, Staatsgebiet* und *Staatsgewalt.*

Die soeben genannte Umschreibung ist soziologischer oder politologischer Art, hat noch nichts spezifisch Juristisches. Deshalb muß man ihr hinzufügen, daß jedenfalls nach deutschem Rechtsverständnis die in der Definition genannte Verbandsorganisation die Form einer *juristischen Person* und zwar einer *Gebietskörperschaft* hat. Eine juristische Person ist ein konstruierter Träger von Rechten und Pflichten, im Gegensatz zu natürlichen Personen als Rechtsfähigen (vgl. § 1 BGB) aus Fleisch und Blut. Aus dem Gebiet des Zivilrechts kennen Sie als juristische Personen – oder werden Sie in Kürze kennenlernen – den eingetragenen Verein, die Stiftung, die Aktiengesellschaft und die GmbH. Man muß sich immer wieder vergegenwärtigen, daß die juristische Person *ausschließlich ein Gedankengebilde* ist und nur in unseren Köpfen existiert. Ein eingetragener Verein *hat* Mitglieder und *hat* Vermögen. Aber der Tennisplatz gehört nicht den Vereinsmitgliedern, weder – als ganzer – der Gesamtheit noch stückweise den einzelnen Mitgliedern, sondern dem reinen Ideenprodukt »Blau-Weiß e. V.«. Und nur an die juristische Person kann man auch eine Forderung richten, nicht an die Mitglieder.

Auf dem Gebiet des öffentlichen Rechts – vorläufig ganz grob: des Staats- und Verwaltungsrechts – gibt es als eine von mehreren juristischen Personen die Gebietskörperschaft, die als *Mitglieder* alle Bewohner eines bestimmten Gebietes umfaßt. Gebietskörperschaften sind auch Gemeinden und Kreise (Sammelbegriff: Kommunen), aber die größte und »höchste« Gebietskörperschaft ist der Staat.

Also gehören nur in einem sehr allgemeinen, laienhaften Sinn die Autobahnen »uns allen«, juristisch gehören sie der Bundesrepublik Deutschland als juristischer Person des öffentlichen Rechts und mithin als reinem Gedankenprodukt.

So wie ein Körper durch verschiedene Organe tätig wird, handelt die juristische Person durch ihre *Organe* (möglicherweise auch nur durch ein Organ). Ein Organ ist eine Funktionseinheit der juristischen Person und als solche auch wieder nur etwas Gedachtes! Es darf nicht mit der natürlichen Person, mit dem Amtsträger verwechselt werden, der das Organ gleichsam besetzt und den man auch Organwalter nennt. Wenn das GG von »Der Bundespräsident...« spricht, ist damit das Amt, die Einrichtung, das Organ gemeint. Bundespräsident Herzog hingegen ist ein Organwalter. Es gibt auch Kollegialorgane, die durch mehrere Organwalter besetzt werden, wie etwa den Bundestag. Was das Organ durch den Organwalter tut, gilt als Handlung der juristischen Person.

2. Staatlichkeit im Bundesstaat

Bislang sprachen wir immer nur von »dem« Staat, als ob es auf dem Gebiet der Bundesrepublik nur einen Staat gäbe. Indessen leben wir in einem Bundesstaat, und diesen konstruiert man als den Verbund verschiedener Glied*staaten.* Sie heißen bei uns »*Länder*« und deren gibt es seit dem Festtag des 3. Oktober 1990 sechzehn.

Diese Einzelstaaten werden nun im Bundesstaat, anders als im Staatenbund, nicht einfach addiert und die Summe mit einem Namen versehen, vielmehr gibt es noch eine eigenständige, *neben* den Länderstaatsgewalten bestehende Zentralstaatsgewalt, die natürlich auf dem Gesamtgebiet aller Gliedstaaten tätig wird mit Bezug auf das Gesamtstaatsvolk aller Gliedstaaten. Der Zentralstaat heißt bei uns »*der Bund*«. Bund und Länder machen zusammen die Bundesrepublik Deutschland aus, die als eine solche Einheit *nach außen,* gegenüber anderen Staaten, in Erscheinung tritt. Die Bundesrepublik Deutschland und der Bund sind also nicht identisch. Die Bundesrepublik Deutschland spaltet sich im *Innenverhältnis* in den Zentralstaat Bund und die Gliedstaaten = Länder auf. Das von Ihnen gewiß schon beobachtete Schild: »Hier baut die Bundesrepublik Deutschland...« ist folglich nicht ganz korrekt, aber man darf Bauschilder eben nicht auf die Goldwaage legen.

V. Zusammenfassung

1. Recht im objektiven Sinn ist eine abstrakt-generelle Rechtsnorm. Öffentliches Recht im objektiven Sinn wird auf einen konkreten Fall angewendet durch eine konkret-individuelle Verfügung, den Verwaltungsakt.

Der wichtigste Bestandteil von objektivem Recht sind Rechtspflichten eines bestimmten Rechtssubjekts.

Solchen Rechtspflichten kann ein Anspruch dessen korrespondieren, dem die Rechtspflicht zugute kommt. Das entscheidet sich danach, ob diesem Begünstigten eine Rechtsmacht in Form des Anspruchs eingeräumt werden sollte,

Voraussetzung hierfür ist, daß die Auferlegung der Pflicht zumindest auch in seinem Interesse geschah.

Der Anspruch ist das wichtigste subjektive Recht.

Das subjektive Recht wurzelt also im objektiven Recht.

2. Verfassungsrecht im formellen Sinn ist das in der Verfassungsurkunde enthaltene Recht.

Verfassungsrecht im materiellen Sinn enthält darüber hinaus auch noch einfache Gesetze, die für die Struktur einer Staatsorganisation grundlegend sind.

Verfassungsrecht im materiellen Sinne kann man mit dem Staatsrecht gleichsetzen.

3. In rein rechtlicher Betrachtung ist der Staat eine juristische Person des öffentlichen Rechts in Form einer Gebietskörperschaft. Ebenso wie andere juristische Personen handelt auch der Staat durch seine Organe. Aber Organe sind ebenso wie die juristische Person reine Ideenprodukte. Nach außen handeln Menschen als sogenannte Organwalter.

4. Das überwiegende Verständnis eines Bundesstaats geht dahin, daß in ihm verschiedene Gliedstaaten unter dem Dach eines Zentralstaates leben.

B. Eigenart und Rang des Verfassungsrechts. Seine Stellung in der Normenhierarchie

Erlauben Sie mir eine kleine Vorbemerkung. Das Nachfolgende wurde für Sie nach vielen Versuchen so gut aufbereitet wie ich es eben vermochte. Es kann gleichwohl nicht kinderleicht sein, und es ist notwendigerweise wieder etwas abstrakt. Ich weiß sehr wohl, daß mancher Anfänger darüber seufzt, aber Sie müssen sich dennoch durchbeißen, wenn Sie später auf sicherem Fundament stehen wollen. Was entbehrlich ist, wurde bereits gestrichen.

I. Öffentliches und privates Recht

Unser ganzes Recht ist zweigeteilt in öffentliches und privates Recht, eine Differenzierung, die beispielsweise das anglo-amerikanische Recht nicht kennt. Aufzuführen, wofür diese Unterscheidung alles bedeutsam ist, würde Sie hier nur verwirren. Erwähnt werden soll nur, daß sich unsere gesamte Gerichtsbarkeit daran orientiert; es gibt, wie wir im einzelnen noch sehen werden, Gerichte für öffentlich-rechtliche und für privatrechtliche Streitigkeiten.

Privatrecht oder Zivilrecht ist jenes Recht, das für die Rechtsbeziehungen der Bürger (oder ihrer Zusammenschlüsse bis hin zu juristischen Personen des Privatrechts) untereinander gilt.

Nun läge die Erwägung nahe, das öffentliche Recht regele demgegenüber Beziehungen, bei denen nicht auf beiden Seiten Bürger stehen, sondern Beziehungen,

– entweder zwischen dem Bürger einerseits und dem Staat oder einer seiner Untergliederungen (Kreis, Gemeinde, Versicherungsanstalt etc.) andererseits

– oder aber zwischen juristischen Personen des öffentlichen Rechts, seien es Staaten (Länder), oder sonstige (Kommunen, Handwerkskammer etc.).

Dann wäre öffentliches Recht alles, bei dem mindestens auf einer Seite ein Hoheitsträger (d. h. fast stets eine juristische Person des öffentlichen Rechts) beteiligt ist.

Leider gilt dieses einfache Modell nicht. Es würde ja zur Folge haben, daß der Einkauf von Papier, Möbeln, Heizöl usw. durch den Staat nach öffentlichem Recht zu beurteilen wäre. Das Kaufrecht ist jedoch nur in 433 ff. BGB geregelt. Also müßten diese Rechtsnormen zwar im Regelfall zum Zivilrecht gehören, aber als öffentliches Recht zu qualifizieren sein, falls sich der Staat oder sonst ein Hoheitsträger ihrer bedient.

Eine solche Lösung ist zwar denkbar, aber bei uns nicht anerkannt. Vielmehr kann – und muß – sich der Staat des Zivilrechts bedienen, wenn er sich ganz ebenso verhält wie ein Privatmann, also einkauft, Darlehen aufnimmt oder vergibt, Mietverträge abschließt oder eine GmbH gründet. Den so handelnden Staat nennt man *Fiskus*.

Also können wir dem *Privat- oder Zivilrecht* zuordnen: *die Rechtsbeziehungen unter Privaten oder unter Hoheitsträgern oder zwischen Privaten und Hoheitsträgern, sofern letztere sich ebenso wie Privatleute verhalten.*

Daraus ergibt sich im Umkehrschluß für das *öffentliche Recht*: Es regelt die Beziehungen innerhalb von juristischen Personen des öffentlichen Rechts (Beispiel: Verhältnis des Bundespräsidenten zum Bundeskanzler), zwischen juristischen Personen des öffentlichen Rechts untereinander oder zwischen Privaten und Hoheitsträgern, sofern letztere sich nicht wie Privatleute verhalten. Kürzer: Es ist das Recht, das mindestens auf einer Seite für einen Hoheitsträger gilt, der sich nicht wie jedermann, vielmehr *besonders* verhält. Noch kürzer: Das öffentliche Recht ist ein *Sonderrecht für Hoheitsträger.*

Beispiele: Das Polizeirecht berechtigt und verpflichtet den Staat exklusiv und besonders, nicht in derselben Weise wie einen Privatmann, der ja weder den Verkehr regeln noch Beschlagnahmen vornehmen darf. Auch das Strafrecht berechtigt in *besonderer* Weise allein den Staat zu Sanktionen. Und alles Prozeßrecht zur Regelung des gerichtlichen Verfahrens betrifft den Staat in seiner Sonderrolle als Inhaber der Gerichtsbarkeit.

Es sei nur der Vollständigkeit halber erwähnt, daß man lange Zeit hindurch das öffentliche Recht definieren wollte als ein Recht, bei dem ein Hoheitsträger dem Bürger *übergeordnet* ist, Befehl und Zwang anwenden kann, was ja in der Tat beim Staat als Käufer nicht zutrifft. Diese Über-/Unterordnungstheorie oder *Subordinationstheorie* führt bei unseren gerade erwähnten Beispielen des Polizei-, Straf- und Prozeßrecht durchaus zum Ziel. Sie hat aber Schwierigkeiten bei allen Normen, die eine Leistung des Staates regeln. Der Staat ist hier der Gebende, nicht primär der Befehlende und Zwingende – auch wenn er beispielsweise von einem BAföG-Empfänger Auskünfte oder Rückzahlung fordern und zwangsweise durchsetzen kann. Aber erst einmal kann der Empfänger die Unterstützung fordern, und hier liegt keine Subordination vor. Nach der *Sonderrechtstheorie* hingegen ist gewiß, daß hier ein Recht vorliegt, das auf der einen Seite exklusiv und in besonderer Weise nur den Staat verpflichtet und berechtigt, daß der Staat hier nicht in einer Jedermanns-Rolle auftritt, also öffentliches Recht einschlägig ist.

Nur sicherheitshalber sei darauf hingewiesen, daß in vielen Gesetzen zivil- und öffentlich-rechtliche Bestimmungen nebeneinanderstehen. Das Straßenverkehrsgesetz beispielsweise enthält sowohl den öffentlich-rechtlichen Führerscheinzwang wie auch eine zivilrechtliche Regelung zur Haftung eines Fahrzeughalters. In der Gewerbeordnung ist Arbeits-, also Zivilrecht für gewerbliche Arbeitnehmer enthalten, aber auch die öffentlich-rechtliche Hoheitsbefugnis, unzuverlässigen Betriebsinhabern das Handwerk zu legen.

II. Staats- und Verfassungsrecht als Bestandteil des öffentlichen Rechts

Sie werden gewiß schon den Schluß gezogen haben, daß *das Staats- oder Verfassungsrecht* folglich *zum öffentlichen Recht gehört*. Das ist auch zu 99 % zutreffend. Viele Bestimmungen des GG regeln, wie das Innere des Hoheitsträgers Staat zu organisieren ist, und auch jene Normen, die das Staat-Bürger-Verhältnis betreffen, nämlich die Grundrechte, sind Sonderrecht. Die Grundrechte verpflichten ja den Staat in seiner Sonderrolle als Hoheitsträger zur Mäßigung, nicht ebenso wie Herrn Jedermann.

B. Eigenart und Rang des Verfassungsrechts

Nun ist oben schon erwähnt worden, daß sich der Verfassungsgeber Beliebiges in die Verfassung schreiben kann, also auch Zivilrecht. Vereinzelt ist das auch geschehen: Art. 9 III 2 untersagt allen Privatleuten, andere Private an der Bildung von »Vereinigungen zur Wahrung und Förderung der Arbeits- und Wirtschaftsbedingungen« (sprich: Gewerkschaften und Arbeitgeberverbände) zu hindern. Gemäß Art. 48 I und II hat ein Arbeitnehmer Anspruch auf Urlaub für seine Kandidatur zum Bundestag und genießt Kündigungsschutz, falls er ein Mandat erhält, beides ist reines Arbeitsrecht für die Beziehungen unter Privaten, also Privatrecht. Aber das sind seltene Ausnahmen von der Regel, daß das Staats- oder Verfassungsrecht geradezu ein Musterfall des öffentlichen Rechts ist.

1. Öffentliches und privates Recht in den Studien- und Prüfungsordnungen

Die Fächer der juristischen Ausbildung hat man seit jeher nicht einfach zweigeteilt in öffentlich-rechtliche und privatrechtliche, obwohl das ohne weiteres möglich wäre. Vielmehr hat sich eine Dreiteilung eingebürgert in Zivilrecht, Strafrecht und öffentliches Recht. Das Strafrecht gehört aber, wie wir sahen, eigentlich zum öffentlichen Recht. Es hat sich nur verselbständigt. Verständlicherweise hat man auch das Zivilprozeßrecht der Gruppe Zivilrecht zugeordnet, obwohl wir ja alles Prozeßrecht als öffentliches Recht qualifiziert hatten.

Die für Sie im Universitätsunterricht wichtigsten Gebiete des öffentlichen Rechts sind:

a) das überstaatliche öffentliche Recht, nämlich Völkerrecht und Europarecht,

b) das Staatsrecht/Verfassungsrecht,

c) das Allgemeine Verwaltungsrecht,

d) das Besondere Verwaltungsrecht.
Hierzu zählen (in der Juristenausbildung):
– das Polizeirecht,
– das Baurecht,
– das Kommunalrecht (= Recht der Kreise und Gemeinden),
– das Beamtenrecht,
– das Wirtschaftsrecht (ein unendlich weites Gebiet mit Gewerberecht, Handwerksrecht, Atomrecht, Berufsausbildungsrecht, Immissionsschutzrecht etc.),
– das Finanz- und Steuerrecht (mit starken Einschlägen von Verfassungsrecht),
– das Sozialrecht, das etwas vernachlässigt wird.

c) das Verwaltungsprozeßrecht, also Regeln für einen Rechtsstreit vor den Verwaltungsgerichten.

Während Straf- und Zivilrecht sich nur noch wenig ausdehnen, *wächst das öffentliche Recht* seit über hundert Jahren *unaufhaltsam*. Wenn Sie bedenken, daß beispielsweise Umweltschutzrecht und Atomrecht zum öffentlichen Recht gehören, wird das unmittelbar einsichtig. Die Gründe für diese oft beklagte Rechtsexplosion können hier nicht näher diskutiert werden. Neben objektiven Regelungsnotwendigkeiten durch technische Entwicklungen und sich abzeichnende Gefahren sowie durch die zunehmende Komplexität unserer Lebensverhältnisse trägt dazu auch eine zeitbedingte, aber schädliche Tendenz zu immer mehr Staatsinterventionen, seien sie leistender oder eingreifender Art, bei. Leider geht diese Entwicklung eine Einbahnstraße entlang, Befreiungen vom Regelungsdickicht gelingen höchst selten. Dieses Wachstum des öffentlichen Rechts mußte sich auch in den Studienplänen niederschlagen. Falls Sie einen Juristen zum Großvater haben, wird er über Ihr öffentlich-rechtliches Pensum entsprechend erstaunt sein.

2. Die Ausrichtung der Gerichtsorganisation an der Zweiteilung öffentliches/privates Recht

Es wurde bereits kurz angemerkt, daß sich unsere Organisation der Gerichtsbarkeit der Zweiteilung in privates und öffentliches Recht anpaßt. Für Rechtsstreitigkeiten auf dem Gebiet des öffentlichen Rechts sind jedenfalls grundsätzlich *Verwaltungsgerichte* zuständig, für zivilrechtliche Streitigkeiten hingegen die *Zivilgerichte*. Von diesen beiden Gerichtsarten gibt es allerdings nicht nur je einen Gerichtszweig, sondern bei beiden gibt es gleichsam Ableger für Spezialgebiete. Von den allgemeinen Verwaltungsgerichten haben sich etliche spezielle Verwaltungsgerichte abgespalten, deren wichtigste die *Finanzgerichte* und *Sozialgerichte* sind. Und für das Spezialgebiet des Zivilrechts »Arbeitsrecht« gibt es spezielle *Arbeitsgerichte*, die neben den allgemeinen Zivilgerichten bestehen.

Das Strafrecht, obwohl ja der Sache nach öffentliches Recht, ist seiner herkömmlichen Sonderrolle gemäß den Strafgerichten anvertraut. Sie leben traditionsgemäß mit den allgemeinen Zivilgerichten unter einem Dach. Beide zusammen bilden die »*ordentliche Gerichtsbarkeit*«. Dieser seltsame, altüberkommene Begriff hat kein Gegenstück in einer außerordentlichen, geschweige denn in einer unordentlichen Gerichtsbarkeit.

Unsere Aufzählung ergibt also fünf Gerichtsbarkeiten*, jene, die Sie in Art. 95 I aufgeführt finden:

a) die ordentliche Gerichtsbarkeit (bestehend aus allgemeinen Zivilgerichten und Strafgerichten), gegliedert in verschiedene Instanzen, nämlich Amtsgericht, Landgericht, Oberlandesgericht und als Spitze der Bundesgerichtshof in Karlsruhe,

b) die Arbeitsgerichtsbarkeit als spezielle Zivilgerichtsbarkeit mit Arbeitsgerichten, Landesarbeitsgerichten und an der Spitze das Bundesarbeitsgericht in Kassel, demnächst in Erfurt

c) die allgemeine Verwaltungsgerichtsbarkeit mit Verwaltungsgerichten, Oberverwaltungsgerichten (die manchmal auch Verwaltungsgerichtshöfe heißen) und an der Spitze das Bundesverwaltungsgericht in Berlin,

---

* In Schema:

Arbeitsgerichte	Zivilgerichte	Strafgerichte	Allgemeine Verwaltungsgerichte	Finanzgerichte	Sozialgerichte
		»ordentliche Gerichte«			
	Zivilgerichte	Strafgerichte	Verwaltungsgerichte		
	Grundsätzlich Anwendung von Zivilrecht		Grundsätzlich Anwendung von öffentlichem Recht		

d) die Sozialgerichtsbarkeit mit Sozialgerichten, Landessozialgerichten und dem Bundessozialgericht in Kassel.

e) die Finanzgerichtsbarkeit (nur) mit Finanzgerichten und darüber schon dem Bundesfinanzhof in München, ebenso wie die Sozialgerichtsbarkeit eine spezielle Verwaltungsgerichtsbarkeit.

Derzeit überlegt man, welches weitere Bundesgericht in die fünf neuen Länder, vorzugsweise nach Leipzig, dem Sitz des alten Reichsgerichts, verlegt werden soll.

Die *Verfassungsgerichtsbarkeit*, auf die wir noch näher zu sprechen kommen, hat einen *Sonderstatus* und steht über diesen fünf Gerichtsbarkeiten.

3. Rang des Verfassungsrechts. Erzeugungsregeln. Normenhierarchie

Das Folgende bedarf einer Vorbemerkung, nämlich der, daß es dabei nur um innerstaatliches Recht geht. Wie das Verhältnis des nationalen Rechts zum Europarecht ist, wird später, im 9. Kapitel des 2. Teils, zu erörtern sein.

Verfassungsrecht im formellen Sinn, also der Inhalt des GG, geht jeder anderen Rechtsnorm vor. Es hat einen *erhöhten Geltungsrang*. Auch die Gesetzgebung des Parlaments ist gemäß Art. 20 III an die verfassungsmäßige Ordnung, einfacher: an die Verfassung, gebunden. Wenn sie diese Bindung verfehlt, ist sie *prinzipiell nichtig*. Das gilt übrigens für *alle Rechtsnormen*, bei Unvereinbarkeit mit höherrangigem Recht sind sie grundsätzlich nichtig. *Hingegen sind Gerichtsurteile und Verwaltungsakte bei Rechtswidrigkeit nur sehr selten nichtig und meist lediglich angreifbar;* wenn der Angriff unterbleibt oder erfolglos ist, *gelten die »rechtskräftigen« Urteile und die »bestandskräftigen« Verwaltungsakte trotz Rechtswidrigkeit!* Norm und Einzelakt reagieren also gleichsam auf Rechtswidrigkeit unterschiedlich. (Bitte fest einprägen! Sehr wichtig!) Hand in Hand mit dem erhöhten Geltungsrang geht eine *erschwerte Erzeugbarkeit von formellem Verfassungsrecht*. Während normale Bundesgesetze einer einfachen Mehrheit des Bundestags bedürfen und einer — zum Teil sogar ersetzbaren — Billigung des Bundesrates, müssen Verfassungsänderungen gemäß Art. 79 II von zwei Dritteln der Bundestagsabgeordneten und zwei Dritteln der Stimmen im Bundesrat, dem Länderorgan, beschlossen werden. Weitere Einzelheiten über die Erzeugungsregeln finden Sie in Art. 79 I, bei dem Sie sich den langen Satz 2 wegklammern sollten, der minder wichtig ist. Aus dem Rest ersehen Sie, daß Verfassung eben nur das ist, was in die Verfassungsurkunde Eingang findet. Die qualifizierte Mehrheit als solche genügt nicht! Auch wenn Bundestag und Bundesrat einstimmig ein Gesetz verabschieden, kann es wegen Unvereinbarkeit mit einem Artikel des GG unverbindlich sein! Das Gesetz kann sich erst durchsetzen, wenn es den betreffenden Artikel ändert und dadurch Eingang in die Verfassungsurkunde findet.

In Art. 79 III finden Sie eine interessante Sperrklausel. Gelegentlich wird sie »Ewigkeitsklausel« genannt, was fragwürdig ist, da die Klausel natürlich nicht für eine neue Verfassung nach Art. 146 a. F. gelten sollte und ihre Verbindlichkeit für Art. 146 n. F. sehr zweifelhaft ist. Unterstreichen Sie sich »und« bei »1 und 20« und lesen Sie es nicht als »bis«, ein Fehler, der Anfängern häufiger unterläuft. Dürfte Art. 79 III selbst geändert werden? Dem — unzureichend bedachten — Wortlaut nach ja, dem Sinn nach nein. Es ist sehr ungewöhnlich und gar nicht unproblematisch, daß hier der erste Verfassungsgeber seine Nachfolger bindet und selbst eine einstimmige Verfassungsänderung nicht zuläßt. Wie steht es hier mit der Volkssouveränität? Ist sie *insoweit* 1949 verloren gegangen?

Die Abschichtung von formellem Verfassungsrecht mit dem innerstaatlich höchsten Rang und einfachem Parlamentsgesetz läßt sich noch weiter fortführen, weil sich auch unter dem Parlamentsgesetz noch weitere Schichten befinden. Daraus ergibt sich dann insgesamt eine *Normenhierarchie*.

a) Gesetze im formellen Sinn

Der Darstellung der Normenhierarchie sei noch eine terminologische Festlegung vorgeschaltet: Das einfache Parlamentsgesetz, das die zweite Normenebene unterhalb der Verfassung besetzt, nennt man *Gesetz im formellen Sinn*. Darunter fällt *jeder vom Parlament* (oder einem Verfassungsgeber) als »... das folgende Gesetz:« erlassene Akt. (Dazu zählen natürlich nicht nur einfache, »normale« Gesetze, sondern auch Verfassungsgesetze.) Den Gegenbegriff zum Gesetz im formellen Sinn, das Gesetz im materiellen Sinn, beschreibe ich Ihnen bewußt noch nicht jetzt, sondern erst etwas später.

b) Rechtsverordnungen

Das einfache Parlamentsgesetz geht der Verordnung vor; deshalb sind gesetzwidrige Verordnungen nichtig. Verordnungen sind Normen, also abstrakt-generelle Regelungen, die nicht vom Parlament, also der Legislative, erlassen werden, sondern von Organen der zweiten, vollziehenden Staatsgewalt, der Exekutive. (Die dritte Staatsgewalt ist, wie Sie wissen und in Art. 20 II 2 nachlesen können, die Rechtsprechung oder Judikative.) Die Exekutive besteht aus Regierung und Verwaltung. Also kann entweder die Regierung oder einer ihrer Minister oder eine Verwaltungsbehörde wie der Regierungspräsident oder der Landrat eine Verordnung erlassen. Voraussetzung dafür ist freilich, daß sie zu dieser Rechtsetzung ermächtigt wurden, sei es unmittelbar durch die Verfassung (sehr selten) oder durch ein einfaches Gesetz. Letzteres ist für den Bereich des Bundes in Art. 80 niedergelegt, den Sie aber noch nicht lesen müssen.

Bitte prägen Sie sich ein: Was *-ordnung* heißt, ist nicht immer eine *Verordnung*. Die Straßenverkehrsordnung ist zwar eine Verordnung, aber Handwerks- oder Strafprozeßordnung etwa sind vom Parlament erlassene Gesetze (im formellen Sinn), erkennbar an der Wendung »... das folgende Gesetz:«.

c) Satzungen

Wiederum unter den Verordnungen stehen die Satzungen. Um zu verstehen, was das ist, müssen wir etwas weiter ausholen. Dabei ist der Inhalt des jetzt folgenden Absatzes zur Erklärung bestimmt und muß vorerst noch kein Merkstoff für Sie sein.

Theoretisch kann der Staat die einzig vorhandene juristische Person des öffentlichen Rechts sein. Alle Verwaltung wird dann von Staatsfunktionären erledigt. Nun gibt es aber aus sachlichen wie aus historischen Gründen eine Vielzahl eigenständiger Gebilde im Staat, vor allem die historisch gegenüber dem Staat älteren Gemeinden, denen der Staat eigenständige Rechtspersönlichkeit dadurch zubilligt, daß er sie zu juristischen Personen des öffentlichen Rechts macht. Diesen weist der Staat bestimmte Aufgaben zu, die er sonst selbst erledigen müßte. Hierbei gibt es wieder zwei Ausgestaltungsmöglichkeiten: Die Aufgaben werden auf Geheiß und »an der kurzen Leine« des Staates erledigt oder in völliger Selbstbestimmung. Wenn nur die erstgenannte Möglichkeit realisiert würde, müßte man sich fragen, welchen Sinn dann noch die Schaffung besonderer juristischer Personen des öffentlichen Rechts hätte. Es wären nur nachgeordnete staatliche Dienststellen mit Extranamen. Deswegen gibt es stets für juristische Personen des öffentlichen Rechts unterhalb des Staates *Selbstverwaltung*. *Daneben* kann es freilich auch noch die erwähnte Verwaltung für den Staat nach dessen striktem Geheiß geben; man spricht hier von *Weisungsaufgaben* oder *Auftragsangelegenheiten*. Selbstverwaltung bedeutet übrigens nicht freies Belieben des Selbstverwaltungsträgers. Er ist stets dem staatlichen Recht unterworfen und unterliegt deshalb einer staatlichen *Rechtsaufsicht*, die darauf achtet, daß keine Gesetze verletzt werden. *Selbst*verwalten bezieht sich dann nur noch auf das »ob und wie« im Rahmen der Gesetze. Da ist der Selbstverwaltungsträger frei, wohingegen bei der Auftragsverwaltung der Staat jedes Detail bestimmen kann. Man spricht hier übrigens im Gegensatz zur Rechtsaufsicht von *Fachaufsicht* (die die Rechtsaufsicht natürlich mit umschließt).

Zurück zu den Satzungen. Dies sind Regelungen von juristischen Personen des öffentlichen Rechts unterhalb der Staatsebene *im Bereich ihrer Selbstverwaltungsangelegenheiten*. Praktisch wichtig sind hier vor allem die *Kommunalsatzungen* der Gemeinden und Kreise; z. B. über Friedhofs- oder Bücherei-, Schwimmbad- und Parkbenutzung, über Müllabfuhr und über Gebühren. Für Sie ebenfalls bedeutsam sind die *Universitätssatzungen*, die auch -ordnungen heißen können, z. B. eine Seminarordnung.

d) Tarifverträge

Der Vollständigkeit halber sei schließlich erwähnt, daß der Staat die Tarifpartner ermächtigt, durch Verträge Recht zu setzen, das für die Arbeitsverhältnisse gilt. Näheres dazu unten auf S. 96

e) Richterrecht und Gewohnheitsrecht

Das Recht jeden Ranges muß ausgelegt werden, was im Streitfall Aufgabe der Richter ist. Die Richter können sich aber nicht mit bloßer Auslegung begnügen. Sie müssen nicht selten zur Vermeidung unsinniger Ergebnisse eine Norm etwas ausdehnen, für eine Lücke, die der Normgeber nicht gesehen hat, muß eine Ersatzregel gefunden werden, schon weil der Rechtsstreit nicht so lange in der Schwebe bleiben kann, bis (vielleicht) der primär zuständige Normgeber selbst die Lücke schließt. Im bürgerlichen Recht lernen Sie in der Regel schon im ersten Semester, daß der BGB-Gesetzgeber die Folgen einer sogenannten positiven Forderungsverletzung (eine schuldhafte Schädigung eines Vertragspartners, die weder auf Verzug noch auf Unmöglichkeit der Leistung beruht) zu regeln vergessen hat. Das mußte schon bald nach Erlaß des BGB die Rechtsprechung nachholen. Richter interpretieren also nicht nur vorgegebenes Recht, sie formen es auch aus und bilden es fort. Es gibt also neben »gesetztem« Recht auch noch *Richterrecht*.

Früher hatte *Gewohnheitsrecht* einige Bedeutung. Es entstand neben dem geschriebenen Recht als langsam wachsender Rechtsbrauch, aus einer Art lang andauernder Übung unter der Voraussetzung, daß die »Rechtsgenossen« von der Angemessenheit dieser Regel und ihrer Geltung als Recht überzeugt waren. Heute muß man zweifeln, ob unser schnellebiges Zeitalter nicht viel zu wenig Reifezeit für Gewohnheitsrecht läßt, und ob es nicht generell durch Richterrecht verdrängt und entbehrlich wurde. Ich belasse es bei diesen Andeutungen, da Gewohnheitsrecht im Staatsrecht nur ganz geringe Bedeutung hat.

f) Normenhierarchie im Bundesstaat

Bei der Normenhierarchie oder auch Normpyramide lernen Sie üblicherweise noch, daß bei der Stufung: Verfassung-Gesetz-Verordnung-Satzung auch noch der Satz »*Bundesrecht bricht Landesrecht*« (Art. 31) berücksichtigt werden müsse. Da man vor »Bundesrecht« und »Landesrecht« noch »jedes« setzen muß, geht also evtl. die Bundesverordnung der Landesverfassung vor. Das muß ich Ihnen so vortragen, aber es ist bei genauerem Hinsehen falsch. Tatsächlich trifft so gut wie niemals *gültiges* Bundesrecht auf gültiges Landesrecht, nur dann kann sich ja die Frage nach dem Vorrang eines der beiden stellen. Da im Bundesstaat alle Normsetzungsbefugnisse trennscharf auf Bund und Ländern verteilt werden müssen — damit nicht der Bundesverkehrsminister durch Verordnung ein Rechtsfahrgebot und ein Landesverkehrsminister ein Linksfahrgebot erläßt —, kann für eine Sachmaterie im Grundsatz immer nur entweder der Bund (oder von ihm ermächtigt ein anderer Hoheitsträger seines Bereiches) oder aber das Land (einschließlich der ihm zugehörigen Hoheitsträger wie Gemeinden) zuständig sein. Und wenn das Land zuständig ist, dann ist eine Landesverordnung oder eine Landessatzung gültig und ein Gesetz des Bundestages nichtig. Eine Volksschul-Verordnung eines Landes setzt sich so gegenüber einem entgegenstehenden Bundesgesetz durch, weil dieses mangels Bundeszuständigkeit nichtig ist. Hier obsiegt also Landesrecht gegen Bundesrecht (»brechen« wäre kein glücklicher Ausdruck). Das möge Ihnen zeigen, wie problemhaltig der Art. 31 ist.

g) Vorzugsregeln innerhalb eines Normbereichs

Auf jeder Ebene können sich Normen desselben Ranges (und desselben Normgebers) widersprechen. Auch für diesen Fall gibt es einige Vorzugsregeln: das spätere Gesetz (das meint hier auch schon einen Paragraphen) geht dem früheren vor (auf lateinisch: lex posterior derogat legi priori). Und das spezielle Gesetz verdrängt das allgemeine, und selbst dann, wenn dieses jünger ist (Vorrang der lex specialis). Was dann noch an Widersprüchen übrig bleibt, beruht auf dem Ungeschick des Normgebers und muß soweit wie möglich durch Auslegung entschärft werden.

4. Innenrecht und Außenrecht

Was ich Ihnen im folgenden vorzutragen habe, hat mit der Normenhierarchie unmittelbar nichts mehr zu tun, sondern betrifft eine andere Unterscheidung als die vorstehend behandelte Rangabschichtung. Die Materie ist für den Anfänger nicht ganz einfach. Aber es genügt, wenn Sie das erst beim zweiten Lesen nach ein, zwei Monaten voll verstehen.

a) Das Außenrecht

Außenrecht regelt die Beziehungen zwischen den Bürgern untereinander oder zwischen Bürgern und Hoheitsträgern oder zwischen Hoheitsträgern. Das Zivilrecht soll uns dabei nicht mehr interessieren, sondern nur das öffentliche Recht. Ein Synonym für Außenrecht ist »*Gesetz im materiellen Sinn*« (das kann auch ein einzelner Paragraph sein!).

b) Das Innenrecht

Dem Außenrecht steht das sogenannte *Innenrecht* gegenüber, das Recht innerhalb der Behördenorganisation, das nur die Hoheitsfunktionen intern steuert. Konkret: Der Kultusminister erläßt Regeln, wie und was die Lehrer im einzelnen unterrichten müssen, der Regierungspräsident bestimmt, wie seine Beamten bei Gewerbegenehmigungen verwaltungstechnisch verfahren sollen, und die Finanzverwaltung hat mit einem dicken — in Ihrer Seminarbibliothek vorhandenen — Band mit »Steuerrichtlinien« festgelegt, wie ihre Beamten das Steuerrecht anwenden sollen. Dieses Innenrecht, das ja gleichfalls abstrakt-genereller Art ist, hat verschiedene Namen: *Verwaltungsvorschriften*, Richtlinien, Dienstanweisungen, Erlasse, u. a.

Achten Sie einmal auf Zeitungsmeldungen. Hier trifft man immer wieder auf die Nachricht, dieser und jener Verwaltungserlaß habe diese oder jene Auswirkung für den Bürger. Das ist — jedenfalls im Prinzip — Unsinn. *Ob der Bürger Rechte oder Pflichten gegenüber einem Hoheitsträger hat, bemißt sich nie nach Erlassen = Verwaltungsvorschriften = Innenrecht, sondern eben stets nur nach Außenrecht in Form von Gesetz, Verordnung oder Satzung!* Also: Kraft »Steuerrichtlinie« schuldet kein Bürger auch nur einen Pfennig Steuern. Aber wenn das Gesetz bestimmt, daß das Finanzamt eine bestimmte Handlung gegenüber dem Steuerschuldner vornehmen *kann*, dann vermag die Oberfinanzdirektion oder der Finanzminister durch Erlaß gegenüber den untergeordne-

/// Gesetz im formellen Sinn

\\\ Gesetz im materiellen Sinn

← Der Kreis symbolisiert das Innenrecht

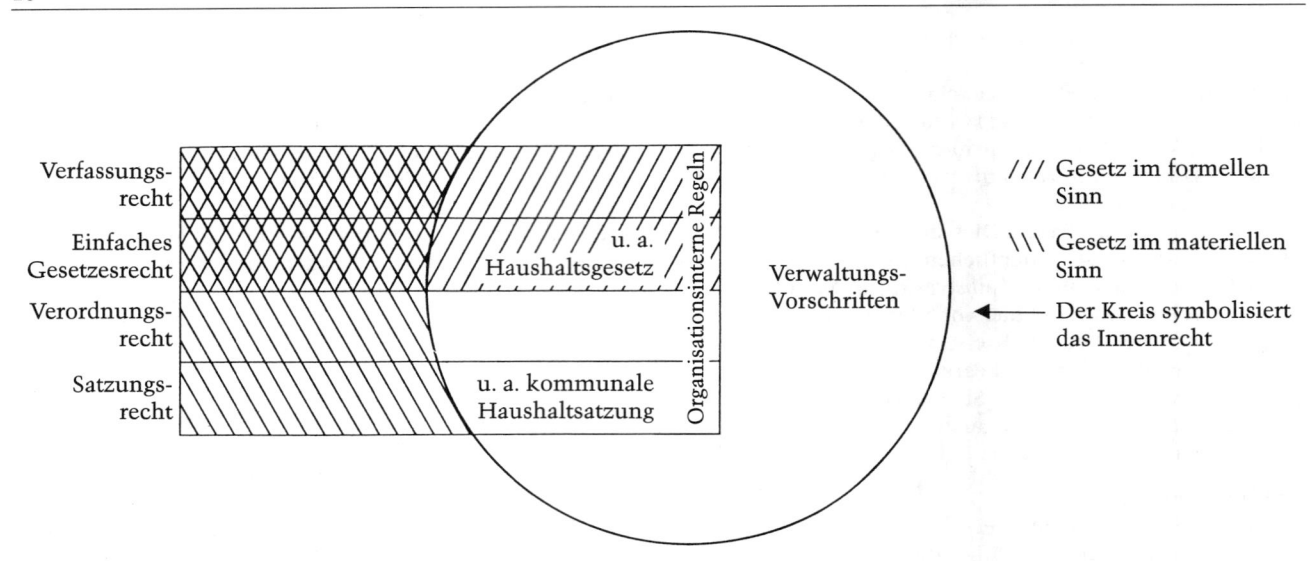

ten Beamten, rein staatsintern also, zu verfügen, wann und wie sie von diesem Können Gebrauch machen sollen. Zwar hat ein solcher Erlaß auch für den Bürger mittelbar Auswirkungen, aber grundsätzlich kann er nie unmittelbar Rechte oder Pflichten des Bürgers begründen.

c) Das Verhältnis Gesetz im formellen Sinn, Gesetz im materiellen Sinn und Innenrecht

Ersichtlich enthalten alle Gesetze im formellen Sinn, alle Verordnungen und Satzungen ganz überwiegend Außenrecht, also Gesetze im materiellen Sinn. Denn sie wollen ja durch Begründung von Rechten und Pflichten das Verhalten der Bürger steuern. Soweit das der Fall ist, liegt bei den Verordnungen und Satzungen ein Gesetz im nur materiellen Sinne vor, beim Parlamentsgesetz hingegen ein Gesetz im formellen und materiellen Sinn.

Allerdings kann der Gesetz- wie der Verordnungs- und Satzungsgeber vorschreiben, daß eine Behörde die vorgesetzte Behörde von einer beabsichtigten Entscheidung zu unterrichten hat. Das hätte dann keine Außenwirkung und wäre nur Innenrecht. Ferner: Regelmäßig beschließt das Parlament ein Gesetz, das keine Rechte oder Pflichten des Bürgers begründet (merken!), sondern nur die Verwaltung zu Ausgaben ermächtigt, das *Haushaltsgesetz*. Dies ist das bekannteste Beispiel für ein nur formelles Gesetz. Der Sache nach gibt es auch die nur formelle Verordnung oder Satzung, nicht aber als gängigen Begriff.

Also: Ein Gesetz ausschließlich im formellen Sinn ist beispielsweise das Haushaltsgesetz. Gesetze im nur materiellen Sinn sind die meisten Bestimmungen von Verordnungen und Satzungen.

III. Zusammenfassung

1. Alles Recht wird unterteilt in öffentliches und privates Recht. Öffentliches Recht ist ein Sonderrecht von Hoheitsträgern, in dem der beteiligte Hoheitsträger nicht durch einen Privatmann ausgetauscht werden kann.

Privatrecht gilt hingegen unter Privatleuten sowie zwischen Privaten und Hoheitsträgern oder nur zwischen Hoheitsträgern, wenn letztere sich wie Privatleute verhalten.

Staatsrecht besteht fast nur aus öffentlichem Recht.

Die Ausrichtung der Studien- und Prüfungsordnungen folgt nicht der Zweiteilung in öffentliches und privates Recht, sondern einer anders gearteten Dreiteilung in Zivilrecht, Strafrecht und öffentliches Recht.

2. An der Unterteilung in öffentliches und privates Recht orientiert sich die Gerichtsorganisation. Man unterscheidet die ordentliche Gerichtsbarkeit mit Zivil- und Strafgerichten, die (zivile) Arbeitsgerichtsbarkeit sowie drei Zweige der Verwaltungsgerichtsbarkeit, die allgemeinen Verwaltungsgerichte, die Sozialgerichte und die Finanzgerichte. Daneben gibt es noch einige Spezialgerichte.

3. Was vom Parlament als »das nachfolgende Gesetz« beschlossen wurde, und sei es unter dem Namen -Ordnung, heißt Gesetz im formellen Sinn.

Das im GG enthaltene Verfassungsrecht geht allem anderen innerstaatlichen Recht vor. Es unterliegt besonderen Erzeugungsregeln, insbesondere dem Erfordernis einer Zweidrittelmehrheit in Bundestag und Bundesrat, gemäß Art. 79.

In der Normenhierarchie steht das einfache Gesetz im formellen Sinn unter der Verfassung.

Unter dem formellen Gesetz steht die Rechtsverordnung. Sie wird von Exekutivorganen aufgrund formell-gesetzlicher Ermächtigung erlassen.

Unter der Verordnung steht die Satzung, eine Norm zur Regelung von Selbstverwaltungsangelegenheiten, insbesondere im Kommunalbereich. Auch die Satzung bedarf formellgesetzlicher Ermächtigung.

Auf allen Ebenen der Normenhierarchie wird das geschriebene Recht durch Richterrecht ergänzt.

4. Art. 31 (»Bundesrecht bricht Landesrecht«) berührt die Normenhierarchie fast niemals. Denn es kann in der Regel nur entweder Bundesrecht oder Landesrecht gültig sein, so daß gültiges Bundes- und Landesrecht nur höchst selten aufeinander stoßen!

5. Öffentliches Außenrecht betrifft die Rechtsverhältnisse zwischen Hoheitsträgern und Bürgern (und die zwischen Hoheitsträgern). Außenrecht = Gesetz im materiellen Sinn.

Innenrecht betrifft den Funktionsablauf in der Organisation von juristischen Personen des öffentlichen Rechts. Es kann Rechte oder Pflichten der Staatsbürger nicht unmittelbar begründen.

Innenrecht ergeht meist als Verwaltungsvorschrift, es kann aber auch in Parlamentsgesetzen, in Verordnungen und Satzungen enthalten sein.

Das Haushaltsgesetz enthält nur Innenrecht und begründet keine Bürgerrechte oder -pflichten. Es ist ein Gesetz im nur formellen Sinn.

Die meisten Paragraphen von Verordnungen und Satzungen enthalten nur Außenrecht = Gesetze im nur materiellen Sinn.

C. Die Durchsetzbarkeit von Verfassungsrecht, Verfassungsgerichtsbarkeit. Auslegung von Verfassungsrecht

I Durchsetzbarkeit von Verfassungsrecht, Verfassungsgerichtsbarkeit

Recht lebt im allgemeinen von seiner Durchsetzbarkeit, und das meint bei fehlender freiwilliger Befolgung: Erzwingbarkeit. Solche Erzwingbarkeit gibt es zuweilen auch im Staatsrecht. Beispiel: Der *Bundeszwang* nach Art. 37, der erfreulicherweise noch nie angewendet werden mußte (im Gegensatz zu den betrüblichen Ereignissen in der Weimarer Zeit). Ganz überwiegend ist aber das Staatsrecht auf freiwillige Befolgung angewiesen. Wenn das Land Hessen in einer Sache Recht hat gegenüber dem Bund, dann könnte es bei dessen Widersetzlichkeit nicht Polizei oder Truppen schicken.

Vor der Alternative: erzwungene oder freiwillige Befolgung steht aber die Frage, *was* denn nun *Rechtens ist,* ob denn ein Verhalten gegen eine Norm verstößt oder nicht. Wer entscheidet also bei Meinungsverschiedenheiten über den Inhalt eines Rechts? Rein theoretisch könnte beim Streit unter Staatsorganen eines von ihnen und beim Streit zwischen Staat und Bürger etwa der Staat das letzte Wort haben. Freilich wäre das nur noch eine sehr begrenzte Rechtsbindung, wenn der Gebundene verbindlich festlegen darf, was denn das ihn bindende Recht sei. Die konfliktschlichtende Kraft des Rechts kann in der Regel nur wirksam werden, wenn eine unparteiische streitentscheidende Instanz vorhanden ist. Hierfür kommen prinzipiell alle Gerichte in Betracht, und man hat zuweilen (in der Schweiz, den USA) einfach die »ordentlichen« Zivil- und Strafgerichte gewählt, das heißt dem obersten ordentlichen Gericht durch Gesetz auch noch öffentlich-rechtliche Verfassungsstreitigkeiten zugewiesen. Überwiegend hat man dafür aber ein *besonderes Verfassungsgericht* eingesetzt, bei uns das Bundesverfassungsgericht (BVerfG) in Karlsruhe. Es entscheidet bei verfassungsrechtlichen Streitigkeiten zwischen Staatsorganen oder zwischen Bund und Ländern oder zwischen Hoheitsträgern und Bürgern. Für die Befolgung seiner Entscheidung ist das Gericht, das keine reale Macht und keine Zwangsmittel hat, aber letztlich auf den *freiwilligen Gehorsam der Unterlegenen* angewiesen.

Bei einem Streit kann es darum gehen, wie es tatsächlich gewesen ist, und wie das Gewesene rechtlich zu bewerten ist. Zur Klärung der tatsächlichen Vorgänge dient die gerichtliche *Beweiserhebung.* Dergleichen spielt vor dem BVerfG praktisch *keine Rolle.* Es geht stets um die rechtliche Würdigung unumstrittener Sachverhalte. Das heißt natürlich nicht, daß das BVerfG sich um reale Fakten nicht zu kümmern habe. Um etwa den Streit um die Mitbestimmung der Arbeitnehmer in der Wirtschaft zu entscheiden, mußte das Gericht fast das gesamte Wirtschaftsleben durchleuchten.

II. Auslegungsbedürftigkeit des Rechts

Eine rechtliche Würdigung kann aber nur dann im Streit sein, wenn das Recht, hier das Verfassungsrecht, mehrere Möglichkeiten der Beurteilung eröffnet, also mehrdeutig ist. Es gibt nur verschwindend wenige Rechtsnormen, die eindeutig sind, in erster Linie solche, die an technisch-physikalische Begriffe anknüpfen: »Die Nachtzeit beginnt um 23 Uhr Ortszeit« etc. In der Regel bedürfen Rechtsbegriffe in mehr oder weniger starkem Umfang der Auslegung. Blättern wir nochmal das GG an! Es beginnt mit dem Bekenntnis zur Menschenwürde. Was aber ist »Würde«? Immanuel Kant, der auch darüber viel und tiefgründig nachgedacht hat, aber von der Sinnenlust sehr wenig hielt, sah jede Form außerehelicher Sexualität als Verstoß gegen das Menschenwürdeprinzip an. Ist das eine plausible Auslegung? Im nächsten Art. 2 II wird festgelegt, daß »jeder das Recht auf Leben« hat. Wer ist »jeder«? Gehört der gezeugte, aber noch nicht geborene Mensch dazu, oder hängt das von seinem Lebensalter im Mutterleib ab? Art. 4 garantiert die Freiheit von Glauben und Gewissen. Woran aber erkennt man Gewissen oder Gläubigkeit? Art. 5 I 2 schützt (nur) »die Freiheit der Berichterstattung durch den Rundfunk«. Wie steht es mit einem Radiohörspiel und wie mit dem Gesamtprogramm des Fernsehens? Art. 8 gewährt die Versammlungsfreiheit. Schützt das auch diejenigen, die sich zu einem Spitzenspiel der Bundesliga versammelt haben, oder nur »politische« Versammlungen? Und wieviel Menschen machen denn in dem einen oder anderen Fall eine Versammlung aus? Von zwei bis etwa zehn ist jede Lösung vertretbar. Studenten lachen oft etwas ungläubig bei der Bemerkung, ein gut Teil der juristischen Tätigkeit bestehe in der Entscheidung darüber, wieviel Steine einen Haufen bilden. Selbst wenn Sie jetzt noch skeptisch sind – nach fünf Semestern spätestens werden Sie mir zustimmen.

Genug der Beispiele, mit denen man allein ein ganzes Buch füllen könnte. Nicht zuletzt wegen Auslegungsproblemen bekommen wir Juristen es ja fertig, zu rund 160 GG-Artikeln Lehrbücher und Kommentare bis zu 6000 Seiten zu schreiben oder zum berühmten Treu- und Glauben-Paragraphen 242 des BGB allein einen Kommentar von 1500 Seiten. Darüber allein müssen Sie jedoch nicht verzweifeln – und zwar deshalb nicht, weil andere vor Ihnen damit auch irgendwie fertig wurden.

Rückschauend mutet es fast unglaublich an, daß es Zeiten gab, in denen man sich zutraute, Gesetze klar und unzweideutig fassen zu können. Die Prüfung, ob ein konkreter Lebenssachverhalt unter den abstrakten Normtatbestand paßt (ob z. B. ein bestimmter Vorgang ein »Diebstahl« im Sinne des Gesetzes ist), was man *Subsumtion* nennt, sollte dann gleichsam mathematischer Art sein: Der Richter als »Subsumtionsautomat«.

»Die Gesetzgeber sahen und sehen die politische Rolle der Richter nicht immer gern. Die Naturrechtsgesetzbücher des Absolutismus sind mit scharfen Auslegungs- und Rechtsfortbildungsverboten an die Richter gespickt, so lautet z. B. § 47 der Einleitung zum Preußischen Allgemeinen Landrecht von 1794 (EinlALR):

›Findet der Richter den eigentlichen Sinn des Gesetzes zweifelhaft, so muß er . . . seine Zweifel der Gesetzcommission anzeigen und auf deren Beurteilung antragen.‹

Vermeintliche Lücken des Gesetzes waren sofort dem Chef der Justiz anzuzeigen (§ 50 EinlALR). Friedrich der Große erwartete von der Einführung seines Gesetzbuches, daß die Rechtsgelehrten ›bei der Simplifikation dieser Sache ihr geheimnisvolles Wesen verlieren, um ihren ganzen Subtilitätenkram gebracht, und das ganze Corps der bisherigen Advokaten unnütz werden‹ würden. Die Juristen sollten nach den Vorstellungen des Großen Königs tüchtige Kaufleute und Ingenieure werden. Zu Soldaten, gar zu Offizieren, taugten sie nach königlicher Ansicht offenbar nicht.

Schon Ludwig XIV. verbot durch Ordonnance von 1667 (tit. I art. 7) den Richtern jede Kommentierung oder Anlehnung an frühere Rechtsübungen. Das Josefinische Gesetzbuch von 1786 (Teil I § 26) verbot dem Richter ›bei Vermeidung unserer höchsten Ungnade und schwerer Ahndung ... am allerwenigsten aber von den klaren und deutlichen Vorschriften der Gesetze aufgrund eines vermeintlich philosophischen Raisonnements oder unter dem Vorwande einer aus dem Zweck und der Absicht des Gesetzes abzuleitenden Auslegung die geringste eigenmächtige Abweichung sich zu erlauben‹.

Den gleichen absoluten Textgehorsam forderte Napoleon für seinen code civil von 1804. Das Erscheinen des ersten Bandes eines bescheidenen Kommentars (Maleville 1805) soll Napoleon zu dem verzweifelten Ausruf veranlaßt haben: ›Mon code est perdu!‹ Jeder Interpretationsversuch seines code galt ihm als ›suspekt‹, als ›subversive Ideologie‹ und als ein ›principe d'anarchie‹.« (Rüthers, »Institutionelles Rechtsdenken« im Wandel der Verfassungsepochen, S. 14 f.)

Solchen Illusionen hängen die Juristen seit wenigstens 170 Jahren nicht mehr an.

III. Auslegungsregeln

Wie man bei der Auslegung vorzugehen hat und welche Grenzen man einhalten muß, gehört zu den schwierigsten Fragen der Rechtswissenschaft überhaupt, die Literatur darüber ist wiederum nur nach Metern zu bemessen. Das in aller Ausführlichkeit gleich zu Beginn Ihres Studiums zu erörtern, wäre gründlich verfehlt. Auslegen lernt man nur bei der Arbeit am konkreten Fall, man muß es probiert haben, und man braucht Erfahrung. Deshalb nachstehend nur einige Andeutungen.

Auslegung ist nicht als bloße Rechts*anwendung* in striktem Gegensatz zur Rechts*setzung* zu sehen. Das ergibt sich schon daraus, daß der Rechtsetzer – sei es das Parlament, sei es ein Verordnungsgeber – häufig nur weit und allgemein gefaßte »*Generalklauseln*« (im Volksmund: »Kautschukparagraphen«) erläßt, wie etwa den schon berühmten und Ihnen wohl bekannten § 1 StVO oder den schon erwähnten § 242 BGB über »Treu und Glauben«, die erst durch die Rechtsprechung *konkretisiert* werden müssen. Ein Gebot gewinnt also erst Gehalt, wird praktizierbar durch Auslegung. Wenn beispielsweise schon seit Jahrhunderten der Gesetzgeber der Polizei die Wahrung von »öffentlicher Sicherheit oder Ordnung« aufgibt, so hat er damit nur einen ungefähren Rahmen vorgegeben, der aber von der Rechtsprechung ausgefüllt werden muß. Was ist »öffentliche Ordnung«, und fällt das Nacktbaden darunter? Dieser konkretisierende, den Normgeber ergänzende Prozeß ist schöpferischer Art und eine spezifische Form der Rechtssetzung. Wenn aber der Interpret und vor allem der Richter auch notwendigerweise rechtsschöpferisch wirkt, dann kann er den Rechtsgeber auch überspielen: »Im Auslegen seid frisch und munter! Legt Ihr's nicht aus, so legt was unter«, heißt es schon bei Goethe.

Der Gesetzgeber oder – im Hinblick auf die dem BVerfG obliegende Auslegung – der Verfassungsgesetzgeber will zwar die unvermeidlich notwendige Rechtschöpfung durch Konkretisierung den Richtern übertragen, aber nicht mehr. Sonst würde die Gewaltenteilung völlig durchbrochen und der Gesetzgeber auch teilweise entmachtet. Der einfache Gesetzgeber oder sonst ein Staatsorgan fügt sich zwar der Verfassung, auch und zwangsläufig in der durch Auslegung konkretisierten Form, aber er will sich nicht einer Norm beugen, die »untergelegt« wurde, also ausschließlich vom BVerfG stammt. Erstens, weil er nur der Verfassung unterworfen ist, nicht aber Regelungen des Verfassungsgerichts, zweitens, weil diese Regelungen notwendigerweise – jedenfalls beim ersten Mal – überraschend kommen, und er sich nicht darauf einrichten konnte.

Nur: wo beginnt das Unterlegen? Wo sind die Grenzen zulässiger Auslegung?

Jede Auslegung hat am Wortlaut zu beginnen, was *grammatikalische Auslegung* oder Interpretation heißt. Das versteht sich von selbst, weil Worte Sinnträger sind, und ist auch ein zwingendes Gebot der Rechtsklarheit und Rechtssicherheit. Freilich müssen sich der Wortlautauslegung sofort zwei Fragen anschließen: Ist das Ergebnis so gewollt, und ist es sinnvoll und praktisch brauchbar? Ein Beispiel: Art. 103 III sagt: »Niemand darf wegen derselben Tat aufgrund der allgemeinen Strafgesetze mehrmals bestraft werden.« Nun ist der Angeklagte A rechtskräftig von dem Vorwurf, einen Tresor geknackt zu haben, freigesprochen worden. Ein Jahr später ermittelt die Staatsanwaltschaft zwei Zeugen, von denen der A die aufgefundenen Tatwerkzeuge gekauft hat. Darf sie erneut anklagen? Dem Wortlaut zufolge ohne weiteres, denn A wurde ja noch nicht bestraft. Nun war es aber schon 1949 eine alte Rechtstradition, daß nach rechtskräftigem Freispruch jedenfalls aufgrund neuer Zeugenaussagen nicht mehr angeklagt werden durfte. Diese Rechtslage war bei der Formulierung des GG allgemein bekannt, und es gibt keine Anhaltspunkte dafür, daß man davon abweichen wollte. Hat man also nachlässig formuliert? Die Frage wird allgemein bejaht und die Verfassungsnorm über den Wortlaut hinaus ausgelegt.

Die eben erwähnte Frage, ob ein Ergebnis sinnvoll und stimmig ist, umfaßt auch jene, ob das Resultat mit anderen, benachbarten oder sogar weiter entfernten Bestimmungen harmonisiert. Man nennt das *systematische Interpretation*. Ein einfaches Beispiel: Nach Art. 5 III ist u. a. die Kunst vorbehaltlos frei. Im Gegensatz zu vielen anderen Grundrechtsartikeln ist hier kein Vorbehalt für eine rechtliche Schrankenziehung gemacht. Nun möchte der weltbekannte Verpackungskünstler Christo gerade das Stadtschlößchen des Freiherrn F in weißes Gewebe verpacken, aber sehr gegen den Willen des Eigentümers. Wir lassen mal die vertrackte Problem beiseite, ob das ein Kunstvorhaben ist. Man muß sich da allzuoft nach den Sachverständigen richten, und diese halten Christo bekanntlich für einen der Größten. Nach dem Wortlaut des Art. 5 III könnte die Polizei nun den Künstler an seinem Wirken nicht hindern. Jedoch schützt das GG in Art. 14 auch das Eigentum. Also muß man wohl den Wortlaut des Art. 5 III insoweit beiseite schieben. Kunstausübung unter Inanspruchnahme fremden Eigentums darf es vernünftigerweise nicht geben.

Unser erstes Beispiel könnte zu der Annahme verleiten, in Zweifelsfällen müsse man nachforschen, was die Normgeber damals wollten. Man nennt das die *historische oder subjektive Auslegungsmethode*. Auf den ersten Blick liegt es auch überaus nahe, nach dem Willen der Gesetzesverfasser zu fragen. Freilich macht das oft praktische Schwierigkeiten. Falls in den Gesetzgebungsmaterialien überhaupt etwas über eine Zielsetzung zu ermitteln ist, hat man es häufig mit Äußerungen vieler Beteiligter zu tun. Ein Gesetzentwurf bekommt zunächst einmal eine Begründung, meist von Ministerialbeamten. Sodann gibt es – meist noch verschiedenartige – Stellungnahmen hierzu in mehreren Ausschüssen des Parlaments, danach im Parlamentsplenum, sodann – bei Bundesgesetzen – noch im Bundesrat und vielleicht noch im sogenannten Vermittlungsausschuß. Worauf soll man nun bei unterschiedlichen Äußerungen abstellen? Hinzu kommt noch ein gewichtigerer Einwand: Eine Auslegung nach den Absichten der Entstehungszeit läßt die meisten Normen mit fortschreitender Zeit versteinern. Das erkennen Sie am besten, wenn Sie sich eine Verfassung wie die amerikanische von 1776 vor Augen halten. Soll man sich da nach dem Wollen und Meinen vor 200 Jahren ausrichten? Jede Norm muß aktuelle Probleme bewältigen und muß aktuell ausgelegt werden mit der Frage: Was hätte der Normgeber in diesen Tagen vernünftigerweise angestrebt?

Diese ganz überwiegend befürwortete Gegenposition nennt man die *objektive Auslegungsmethode*. Sie fragt nicht nach dem Willen des (Subjekts) Gesetzgeber, sondern nach dem *Willen des Gesetzes* (das man damit gleichsam personifiziert). »*Das Gesetz ist klüger als der Gesetzgeber*«, sagt man. Auf diese Weise wird gewährleistet, daß auch mit alten Gesetzen moderne, neu auftauchende Probleme bewältigt werden können. Die Alternative wäre, mit der historischen Auslegung unangemessene Ergebnisse in Kauf zu nehmen und den Gesetzgeber damit zu einer Neuregelung zu drängen. Aber ob dieser zu dauernden Reformen bereit wäre, und wie lange das dauern würde, ist völlig ungewiß. Zudem läge eine Ungerechtigkeit darin, daß die »alten« Streitfälle vor der Gesetzesnovelle eben sachlich unangemessen entschieden werden müßten und ungleich zu jenen nach der Novellierung.

Im Rahmen der objektiven Auslegungsmethode, bei Erforschung des Gesetzeswillens, muß man vernünftigerweise nach Sinn, Zwecksetzung und Zielrichtung des Gesetzes fragen. Dafür gibt es die Bezeichnung *teleologische Auslegung* (von telos = Ziel, Zweck).

Zur Vermeidung von Mißverständnissen: Schon unser erstes Beispiel zeigt, daß die subjektive Auslegungsmethode nicht etwa verfehlt ist. Die Ansicht des historischen Gesetzgebers stellt man nur dann zurück, wenn sie zu Lösungen führt, die man als nicht sachadäquat, dem Problem nicht gerecht werdend, empfindet. Wohingegen *auch* oder *allein* die vom historischen Gesetzgeber intendierte Lösung das Richtige trifft, greift man durchaus auf die Gesetzgebungsmaterialien zurück. *Wortauslegung, systematische Interpretation, subjektiv-historische und objektiv-teleologische Auslegung kann und muß man miteinander verbinden.*

Über die Auslegungsgrundsätze des BVerfG finden Sie beispielsweise einiges in BVerfGE 11, 126 = StA S. 1. Sie dürfen es aber nicht gar zu wörtlich nehmen, denn das BVerfG hat sich an diese Regeln nicht immer streng gehalten. Etwas vergröbernd kann man sagen, daß gegenüber dem Ziel eines vernünftigen und sinnvollen Ergebnisses die Methoden zweitrangig sind. Dazu hat der Verfassungsrichter Prof. K. Hesse einmal »aus der Schule geplaudert«: »Wir können nicht abstrakte Methodendiskussionen führen. Das ist auch gar nicht so schlimm, wie es vielleicht manchem erscheinen mag, und man braucht sich diese Situation auch nicht — jedenfalls wir empfinden es nicht so — als ein besonderes Dilemma vorzustellen. Als wesentlich wird es bei uns vielmehr angesehen, und das scheint mir richtig, daß man baldmöglichst zur Sache kommt. Wird diese Sache dann in ihrer Eigengesetzlichkeit, mit ihren Problemen, von guten Juristen juristisch gut behandelt, dann können diese Juristen durchaus verschiedene Methoden haben. Es kommen dabei, wie ich meine, tragbare Entscheidungen heraus.«

Die unerhörte Schwierigkeit der Rechtsauslegung und -anwendung, die Sie schon jetzt erahnen können und bald selbst erfahren werden, nötigt übrigens zu der Feststellung, *daß ein Normverstoß, auch ein Verfassungsverstoß, als solcher noch mit keiner Negativwertung verbunden werden darf.* Es gibt Dutzende von Rechtsfragen, die von der einen Hälfte der Staatsrechtlehrer so, von der anderen Hälfte anders entschieden wird. Wenn dann in einem Konfliktfall das BVerfG mit fünf zu drei Stimmen eine Handlung für nicht verfassungsmäßig erklärt, können nur Unwissende das in einem Vorwurf der Verfassungswidrigkeit ausmünzen. Rechtswidrigkeit und Verfassungswidrigkeit sind für sich noch nichts Vorwerfbares, oft sind sie geradezu unvermeidlich. Vorwerfbarkeit gehört zur Kategorie Schuld, nicht zur Kategorie Rechtswidrigkeit. Man liest zuweilen in der Presse, eine Behörde sei beim Verwaltungsgericht unterlegen, habe mithin rechtswidrig gehandelt, woraufhin allein dieser Feststellung der Ruch des Skandalösen angeheftet wird. Das ist schlicht einfältig.

D. Verfassungsrecht und Verfassungswirklichkeit

Die Abweisung einer strikt historisch-entstehungszeitlichen Verfassungsauslegung sichert, wie gesagt, die Anpassung der Verfassung an die modernen Gegebenheiten. Das verhindert gleichzeitig ein Auseinanderklaffen von Verfassungsrecht und Verfassungswirklichkeit. Dergleichen gibt es bei uns in nennenswertem Umfang nicht. Man muß kaum die Selbstverständlichkeit erwähnen, daß — allzu leicht, wie gerade dargelegt — die Verfassung verfehlt werden kann, und daß dann bis zur Korrektur durch das BVerfG das Sein und das Sollen, Verfassungswirklichkeit und Verfassungsrecht, auseinanderfallen. Aber eine als verfassungswidrig erkannte oder klar erkennbare Staatspraxis gibt es nicht.

Allerdings kann es Zweifelsfälle geben, die man auf sich beruhen läßt. »Wo kein Kläger, da kein Richter«. Beispielsweise ist die Verfassungsmäßigkeit der Bundesrundfunkanstalten Deutschlandfunk und Deutsche Welle keineswegs unbestritten; grundsätzlich liegt ja die Zuständigkeit im Rundfunkwesen bei den Ländern. Aber die Länder haben keinen Anlaß gesehen, diesen Fall vor das BVerfG zu bringen.

Die Feststellung, eine Kluft trenne Verfassungsrecht und Verfassungswirklichkeit, beruht oft auf einem undifferenzierten Verständnis der Verfassung. Wer beispielsweise einäugig nur auf Art. 38 I 2 schaut, wonach Bundestagsabgeordnete »an Aufträge und Weisungen nicht gebunden und nur ihrem Gewissen unterworfen« sind, kann freilich diesem Verfassungsrecht die Realität eines in mancherlei Parteizwänge eingebundenen Abgeordneten entgegensetzen. Die Sache sieht freilich anders aus, sobald man das zweite Auge auf Art. 21 richtet, der die Parteienstaatlichkeit bei der systematischen Verfassungsinterpretation mit berücksichtigt wissen will.

Das Stichwort Parteien nötigt freilich auch zu einer Einschränkung des Vorstehenden. Das Verfassungsgebot, wonach die Parteien über die Herkunft ihrer Mittel Rechenschaft ablegen müssen (Art. 21 I 4), wurde leider für lange Zeit von allen im Bundestag vertretenen Parteien (außer den Grünen) trickreich umgangen (unten S. 39).

2. Kapitel:
Die Entstehungsgeschichte des Grundgesetzes

Nach der bedingungslosen Kapitulation des Deutschen Reiches im Jahre 1945 herrschten in Deutschland die vier Besatzungsmächte. Sie ließen in den folgenden Jahren Ansätze deutscher Selbstverwaltung zunächst auf kommunaler Ebene, dann auf Landesebene zu. Daraus erklärt sich, daß viele Landesverfassungen älter als die Gesamtstaatsverfassung, das Grundgesetz, sind.

Nachdem die vier Kriegsalliierten sich im kalten Ost-West-Krieg zerstritten hatten, schwand die Hoffnung auf ein Wiederaufleben gesamtdeutscher Staatlichkeit. Die Sowjetunion und die drei Westmächte ergriffen gesondert Maßnahmen, um dem von ihnen beherrschten Teil wieder Staatlichkeit und (vorerst begrenzte) Souveränität zu verleihen.

Die Westmächte strebten eine rechtsstaatlich verfaßte parlamentarische Demokratie in Form eines Bundesstaates an. Dies waren bindende Vorgaben für den »*Parlamentarischen Rat*«, der im September 1948 in Bonn zusammentrat, gebildet von 65 Abgeordneten aus 11 Landtagen. Am Beginn des GG stand also keine vom Volk unmittelbar gewählte verfassungsgebende Nationalversammlung. Präsident des Parlamentarischen Rates war der spätere erste Bundeskanzler Konrad Adenauer, wichtige Rollen spielten der Jurist und Politikwissenschaftler Carlo Schmid und der spätere Bundespräsident Theodor Heuss.

Der Parlamentarische Rat formulierte nur ein »Grundgesetz«, weil man hoffte, es werde nur eine Übergangserscheinung sein und über kurz oder lang von einer gesamtdeutschen »Verfassung« abgelöst werden. Außer an den Vorgaben der Besatzungsmächte orientierte sich der Parlamentarische Rat in vielen Punkten an der Weimarer Reichsverfassung von 1919, versuchte freilich im organisatorischen Teil solche Bestimmungen anders zu formen, die als Schwachstellen der alten Verfassung angesehen wurden. Bekanntestes Beispiel: Ein Mißtrauensvotum des Parlaments gegenüber der Regierung sollte anders als in der ersten Deutschen Republik nicht mehr rein »destruktiv«, nämlich regierungsstürzend, sein dürfen. Nach dem GG muß es »konstruktiv« sein, d. h. zur Wahl eines neuen Kanzlers führen (Art. 67). Außerdem verstand der Parlamentarische Rat seinen Entwurf insbesondere im Grundrechtsteil als Reaktion auf das Unrechtsregime des »3. Reiches«.

Am 8. 5. 1949 billigte der Parlamentarische Rat das GG mit 53 zu 12 Stimmen, die drei Westalliierten genehmigten mit einigen Vorbehalten in bezug auf Berlin, danach wurde es den Parlamenten der damals bestehenden elf Länder zur Annahme vorgelegt. Es stimmten alle Landtage außer dem bayerischen zu, der aber gleichwohl die Zugehörigkeit Bayerns zur Bundesrepublik unterstrich. Am 24. 5. 1949 ist das GG in Kraft getreten, zur — wie man gleichfalls dachte: provisorischen — Bundeshauptstadt wurde Bonn bestimmt, dessen von Adenauer geförderte Bewerbung sich gegen Frankfurt durchsetzen konnte.

Die Westmächte hatten sich, insbesondere für ihre Streitkräfte, noch so viele Rechte vorbehalten, daß zunächst von einer vollen *Souveränität* der Bundesrepublik Deutschland nicht gesprochen werden konnte. Diese wurde *erst 1955* erlangt, als die Bundesrepublik in das westliche Verteidigungssystem eingegliedert wurde. Nur die Verantwortung für Berlin verblieb bei den ehemaligen Besatzungsmächten. Dieser alliierte Vorbehalt wie auch die politischen Fakten erwiesen den Wortlaut von Art. 23 a.F. (Geltung des GG für *Groß-Berlin*) als viel zu hoch gegriffen. Das *Saarland* kam erst 1957 wieder von Frankreich zur Bundesrepublik.

Das GG ist bislang 42 mal *geändert* worden. Die große Zahl reflektiert, daß die Verfassungsänderung verhältnismäßig einfach mit einer Zweidrittelmehrheit von Bundestag und Bundesrat möglich ist. In einigen anderen Ländern, beispielsweise in den USA, sind Verfassungsänderungen hingegen eine so schwierige wie seltene Sache.

Die wichtigsten und politisch umstrittensten Änderungen bis zur Wiedervereinigung betrafen die Wehrverfassung bei Schaffung der Bundeswehr 1956 und die Notstandsverfassung. Außerdem war bei Verfassungsänderungen ein stetiger Trend festzustellen, Hoheitsbefugnisse, insbesondere Gesetzgebungszuständigkeiten, von den Ländern abzuziehen und auf den Bund zu verlagern.

Gleichfalls 1949 kam eine Verfassung für das Gebiet der sowjetischen Besatzungszone zustande. Sie wurde 1968 durch eine neue Verfassung ersetzt, diese wiederum 1974 geändert und ergänzt. Das so geschaffene politische Gebilde wurde von der Bundesrepublik und den westlichen Staaten vor allem aus politischen Gründen nicht als Staat anerkannt; auf juristischer Ebene bezweifelte man wegen des großen sowjetischen Einflusses die für die Staatlichkeit erforderliche Selbstbestimmung und Souveränität. Erst 1972 wurde das Verhältnis zwischen beiden Staaten durch den sogenannten Grundlagenvertrag normalisiert. Am 40. Jahrestag brach dann ein marodes Regime zusammen.

Voraussetzungen und Folgen der Wiedervereinigung wurden im – parlamentarisch gebilligten – *Einigungsvertrag* samt umfänglichen Anlagen geregelt. Die notwendige Rechtsangleichung wird uns noch viele Jahre beschäftigen.

Der Einigungsvertrag enthält in Art. 5 die Empfehlung der beiden Regierungen an die gesetzgebenden Körperschaften des vereinten Deutschlands, sich mit den durch die Wiedervereinigung aufgeworfenen Fragen zur Änderung oder Ergänzung des GG zu befassen. Dabei sollte insbesondere das Bund-Länder-Verhältnis neu überdacht werden sowie die Zweckmäßigkeit neuer Staatszielbestimmungen. Zudem sollte erwogen werden, die überarbeitete Verfassung gem. Art. 146 vom Volk billigen zu lassen. Diese Empfehlung führte zur Bildung einer gemeinsamen Verfassungskommission von Bundestag und Bundesrat, die den gesetzgebenden Gremien Vorschläge unterbreitete. Die Kommission hat sich nicht auf eine Volksabstimmung für eine erneuerte Verfassung gem. Art. 146 einigen können. Auch sachlich blieben alle Vorschläge moderat. Bei vielen hat das Enttäuschung hervorgerufen. Sie wollten nicht nur eine Volksabstimmung über die Verfassung, sondern auch die Einfügung plebiszitärer Elemente in das GG sowie eine Fülle von sogenannten Staatszielbestimmungen, wie etwa die Verpflichtung des Staates auf Bekämpfung der Arbeitslosigkeit und des Wohnungsmangels etc. Die meisten dieser Wünsche blieben bei der 42. Verfassungsänderung vom 27. 10. 1994 unerfüllt. Sie enthält keinerlei plebiszitäre Befugnisse und nur eine »Staatszielbestimmung« in Gestalt des Art. 20 a. (Zur Richtigkeit dieses Terminus ist später Stellung zu nehmen.) Es wurde das Gesetzgebungsverfahren mit dem Ziel der Beschleunigung novelliert, und es wurden bescheidene Versuche unternommen, die bislang kontinuierliche Verlagerung von Gesetzgebungsbefugnissen auf den Bund zu stoppen oder teilweise zu revidieren.

2. Teil — Staatsorganisationsrecht

1. Kapitel:
Staatsmerkmale der Bundesrepublik Deutschland

Wenn man nach jenen Merkmalen fragt, die für die Eigenart unseres Staatswesens prägend sind, wird man am ehesten bei Art. 20 fündig: »Die Bundesrepublik Deutschland ist ein demokratischer und sozialer Bundesstaat.« Diese gleichsam hochverdichtete Aussage enthält bereits die bedeutsamsten Strukturprinzipien unseres Staates, die wir vorerst nur stichwortartig notieren.

In den nachfolgenden Absätzen des Art. 20 wird nochmals die demokratische Komponente betont (Abs. 2 Satz 1), sodann folgen der Grundsatz der Gewaltenteilung und das Prinzip der Rechtsbindung aller Staatsgewalt, beides wesentliche Merkmale eines *Rechtsstaates*. Das Merkmal der Rechtsstaatlichkeit wird denn auch ausdrücklich aufgeführt in Art. 28 I: »Die verfassungsmäßige Ordnung in den Ländern muß ... den Grundsätzen des republikanischen, demokratischen und sozialen Rechtsstaates im Sinne dieses GG entsprechen.« Daraus ergibt sich, daß diese »Grundsätze« besonders wichtige Strukturmerkmale unserer Staatlichkeit sind.

In ganz markanter Weise wird das unterstrichen durch die oben (S. 14) schon erwähnte Sperrklausel des Art. 79 III. Selbst über eine Verfassungsänderung nicht verfügbar sind die Bundesstaatlichkeit, die Menschenwürdegarantie sowie die eben skizzierten, »in Art. 20 niedergelegten Grundsätze«.

Aus alledem ergeben sich also fünf wichtige Gestaltungsprinzipien unseres Staates:
— Republik
— Demokratie
— Rechtsstaatlichkeit
— Sozialstaatlichkeit
— Bundesstaatlichkeit.

Sie gilt es im folgenden für sich und in ihrem Wechselbezug genauer zu analysieren.

A. Republik

Am einfachsten hat man es dabei mit der Republik. Republik meint einfach den *Gegensatz zur Monarchie*. Historisch gesehen war der Übergang von der Monarchie zur Republik stets auch eine Bewegung auf mehr Freiheit und Demokratie hin. Heute hingegen gibt es parlamentarisch-demokratische Monarchien, in denen man beispielsweise vom schwedischen Monarchen sagt, er habe bestimmenden Einfluß bestenfalls auf seinen Menüplan. Und andererseits gibt es könig- und kaiserfreie Diktaturen, die sich »Republik« nennen. Republik *betrifft also nur die Form*, nicht den Inhalt: An der Spitze steht kein Monarch, sondern ein auf Zeit zu wählender *Präsident*.

B. Demokratie

Demokratie heißt Volksherrschaft, und Art. 20 II 1 bestimmt, daß alle Staatsgewalt vom Volke ausgeht, daß also »*Volkssouveränität*« besteht, und nicht wie früher eine monarchische Souveränität von Gottes Gnaden.

Mit einem Schlagwort wie Demokratie und mit solch einem Verfassungsgebot allein wäre noch gar nichts anzufangen. Einen allgemein akzeptierten Begriff von Demokratie festzulegen, gleicht dem Versuch, einen Pudding an die Wand zu nageln. Über »Demokratie«, einen der Zentralbegriffe unserer Zeit, gibt es hundertfach verschiedene Auffassungen. Es ist keine Redensart, wenn man sagt, daß das Schrifttum über »Demokratie« seit langem nicht mehr übersehbar ist und man Jahre bräuchte, um auch nur das wichtigste davon zu lesen. Die Undurchschaubarkeit wird dadurch befördert, daß sich seit geraumer Zeit fast jede Herrschaftsorganisation die Begriffsschärpe »Demokratie« umzubinden wünscht und folglich den Begriff solange biegt, bis er auch etwa auf eine Volksdemokratie des alten östlichen Musters paßt.

Kurzum, wie fast überall, so steckt auch bei dem Demokratiebegriff der Teufel im Detail; ohne nähere Konkretisierungen anhand von speziellen Verfassungsnormen und auch anhand der gelebten Verfassungswirklichkeit bleibt »Demokratie« im verfassungsrechtlichen Sinn ohne jede Kontur.

Gleichwohl wäre es problematisch, sogleich zu umreißen, welche Art von Demokratie das GG anstrebt. Wenigstens skizzenhaft ist zuvor anzudeuten, in welche Richtungen »Demokratie« sonst noch laufen kann.

I. Mögliche Demokratieformen

Ausübung von Staatsgewalt, ja selbst die Ermächtigung hierzu meint eine Tätigkeit aufgrund eines Willensentschlusses. Wie artikuliert sich nun das Volk, von dem die Staatsgewalt ausgeht, das aber niemals einen ganz *einheitlichen* Willen haben kann — es sei denn, einen fiktiven?

Das naheliegendste ist es, auf den Willen der *Mehrheit* der Volks-Mitglieder abzustellen. Was nun die Mehrheit ist und auf welche Weise sie die Staatsgewalt ausübt, diesen keineswegs einfachen Fragen wollen wir sogleich nachgehen. Zuvor sollten wir aber noch einen Blick auf die Minderheit richten. Ist Demokratie Herrschaft der Mehrheit und Ohnmacht der Minderheit? Da Mehrheiten sich ändern oder gar zu Minderheiten einschrumpfen, umgekehrt Minderheiten in Mehrheiten umschlagen können, gehört es zu den unverzichtbaren Spielregeln der Demokratie, daß die jeweilige Minderheit jene Freiheiten hat, deren es für die Wahl, für die freie Meinungsbildung und überhaupt für politische Aktivitäten, kurzum für die Erringung der Mehrheit bedarf. Rein theoretisch stünde das jedoch einer Unterdrückung der jeweiligen Minderheit in anderen Bereichen, etwa auf religiösem oder vermögensrechtlichem Gebiet, nicht entgegen. In der Praxis herrscht aber weitgehend Einigkeit darüber, daß Volkssouveränität erst im Verbund mit Freiheitsgarantien, mit Minderheitenschutz, wirklich erstrebenswert ist — das heißt aber, nüchtern betrachtet, nur als begrenzte, verfassungsrechtlich eingebundene Volkssouveränität. Das hat jedoch schon deshalb keine Bedenken gegen sich, weil solche Begrenzung ihrerseits auf den verfassungsformenden Volkswillen zurückgeht.

Wenden wir uns nun wieder der Frage zu, was Volksmehrheit heißt und wie sie die Staatsgewalt ausübt. Auf wessen Mehrheit ist abzustellen? Auf die aller Bürger? Auch der Unmündigen, vielleicht vertreten durch ihre Eltern? Oder nur der Mündigen? Nur der Mündigen und Geschäftsfähigen? (Interessanterweise wählen Geisteskranke kaum abweichend von »Normalen«.) Oder weitergehend vielleicht nur der Mündigen und Verständigen? Wie mißt man die Verständigkeit? Ist verständig, wer lesen und schreiben kann, oder ist das unwichtig, sofern jemand ein Rundfunk- und Fernsehgerät hat? Ist verständig nur, wer eine Prüfung in Staatsbürgerkunde bestanden hat? Den Kreis jener, von denen dann eine Mehrheit entscheiden soll, kann man noch anders einengen. Lange Zeit kam es nur auf die Mehrheit der *Männer* an oder nur auf die Mehrheit der Reichen oder jedenfalls der Nicht-Armen. Kann man hier schon sehr zweifeln, ob noch von Demokratie gesprochen werden dürfte, so wäre das jedenfalls ausgeschlossen, wenn nur die Mehrheit von Hochgeborenen oder sonst Privilegierten zu entscheiden hätte: Das wäre erkennbar nicht mehr Demokratie, sondern Aristokratie.

Noch etwas verdient bei der Frage nach dem Mehrheitswillen erwähnt zu werden: Es sollte stets um den *erklärten Willen* gehen, nicht um einen mutmaßlichen. Das Abheben auf den fiktiven Volkswillen ist ein beliebter Trick von Diktatoren: Nur der Diktator oder die Parteielite weiß um die wahren Volksinteressen und also um jenen Willen, den das Volk haben muß und haben sollte. Wegen dieser überlegenen Einsicht ist das Handeln der Mächtigen natürlich stets mit dem Volkswillen konform.

1. Unmittelbare Demokratie

Kein Volk von mehr als tausend Köpfen könnte alle Staatsgewalt unmittelbar durch Mehrheitsentscheid ausüben. Daß »das Volk« selbst und unmittelbar jeden Dieb aburteilt und jeden Verwaltungsbescheid erläßt, ist eine nachgerade absurde Vorstellung. Volksherrschaft muß also stets *über »Organe«* vermittelt werden. Eine »*unmittelbare Demokratie*« kann es in reiner Form mithin gar nicht geben.

2. Mittelbare Demokratie

Es ist folglich nur die Frage, wie weit man in Richtung auf eine *mittelbare Demokratie* gehen will. In der mittelbaren Demokratie wählt das Volk nur von Zeit zu Zeit die Herrschaftsorgane oder jedenfalls einige Organe, die dann ihrerseits andere Organe auf Zeit oder auf Dauer berufen. Die Ausübung der Staatsgewalt im Einzelfall obliegt dann den vom Volk legitimierten Staatsorganen *in eigener Verantwortung*. Das Volk läßt sich bei der Hoheitsausübung von gewählten und — was wichtig ist — unabhängigen Beauftragten vertreten. Solche (Ver-)Mittler der Volksherrschaft sind vor allem das Parlament, aber auch der Bundespräsident, der Bundesrat, die Regierung und die ihr unterstellte Verwaltung sowie die Gerichtsbarkeit. In Titel III Art. 2 der französischen Revolutionsverfassung von 1791 hieß es in prägnanter Kürze: »Die Nation, von der alle Gewalten ausgehen, kann sie nur durch Übertragung ausüben. Die französische Verfassung ist eine Repräsentativverfassung.« Dieser Satz könnte fast genauso in unserer Verfassung stehen. Auch *das GG ist eine Repräsentativverfassung.*

Man müßte mit dem vorstehenden Zitat vielleicht folgerichtig die obengenannten Organe als Repräsentanten des Volkes ansehen. Bei uns herrscht jedoch die Tendenz vor, nur die Abgeordneten als Repräsentanten zu bezeichnen, nicht aber die anderen Herrschaftmittler.

In einem Repräsentanten denkt man sich den Repräsentierten gegenwärtig. Nach daraus folgender Vorstellung sollen die Abgeordneten Vertreter des ganzen Volkes sein und nicht nur Vertreter ihrer Wähler oder gar bestimmter Interessenten. Diese ideelle Anforderung hat keine nennenswerte praktische Auswirkung und steht insbesondere der Verfolgung ausgesuchter Wählerinteressen nicht entgegen. Die Abgeordneten sollen aber gleichwohl stets der Interessen des ganzen Volkes eingedenk sein.

Nebenbei: Diese Repräsentationsidee stammt erst aus dem Mittelalter. In der Antike, wo ja auch schon Organe für das Volk handelten, war sie zwar vermutlich schon gedacht, aber kein allgemeines Gedankengut.

Die Vorzüge einer Repräsentativverfassung liegen nicht nur darin, daß die unmittelbare Demokratie in reinster Form gar nicht und auch als ein dominierendes Prinzip nur mit erheblichen praktischen Schwierigkeiten durchsetzbar ist. Es sei bei dieser Gelegenheit darauf hingewiesen, daß die praktischen Schwierigkeiten einer überwiegend unmittelbar ausgeübten Demokratie eher *abnehmen:* Das früher durchschlagende Argument, für eine Millionen-Bürgerschaft gebe es keinen Marktplatz, und Abstimmungen seien nur begrenzt organisierbar, wird im Zeitalter der Tele-Kommunikation hinfällig. Weshalb sollten wir nicht mißbrauchssichere elektronische Abstimmungsverfahren entwickeln können? Dennoch wäre ein Übergang zu permanenten Volksentscheiden durchaus unerwünscht.

Der Grund liegt schlicht und einfach darin, daß das Volk zur Führung von Staatsgeschäften und zur Entscheidung schwieriger Fragen denkbar ungeeignet ist. Man darf »das Volk« nicht allein deshalb mystifizieren, weil es »der Souverän« ist. Wer sich einen nüchternen Blick bewahrt, wird konstatieren müssen, daß »das Volk« notwendigerweise Bestandteile hat, die schlicht und einfach unfähig sind, komplexe Fragen vernünftig zu entscheiden. Volkes Stimme ist keineswegs Gottes Stimme.

Schauen Sie sich mal gelegentlich die »Jahrbücher der öffentlichen Meinung« an, die Sie in Ihrer Seminarbibliothek oder der Universitätsbibliothek finden. Das sind die Veröffentlichungen der Allensbacher Umfragen. Sie sind eine überaus interessante Lektüre, angefangen bei der Frage, wieviel Prozent der Bevölkerung eine Zahnbürste besitzen, bis hin zur Frage, wie die Menschen sich den lieben Gott vorstellen. Bei diesen Umfragen ergibt sich, daß überhaupt nur die Hälfte der Bürger sich für Politik interessiert. Von der anderen Hälfte wissen die meisten (43 % der Bevölkerung) folglich auch beispielsweise mit dem Wort »Bundesrat« nichts anzufangen. Nur 6 % verbinden mit »Föderalismus« genauere Vorstellungen. 22 % kennen den Regierungschef ihres Bundeslandes nicht. Und 22 % sind überfordert, wenn sie ½ und 5/10 zusammenzählen sollen. Es heißt nicht arrogant sein, wenn man an der Befähigung dieses knappen Viertels der Bevölkerung zweifelt, über Fragen der Rentenfinanzierung, der Steuerpolitik oder der Exportförderung verantwortlich zu entscheiden.

Das könnte, wie schon erwähnt, rein theoretisch Anlaß sein, dieser Bevölkerungsgruppe Entscheidungsbefugnisse abzuerkennen und sie zur Mitbildung des Volkswillens nicht zuzulassen. Wenn man aber davon absieht, und so geschieht es überall, dann ist es eine erfreuliche Eigenheit des Repräsentativsystems, daß die zur Entscheidung wenig bis gar nicht Befähigten ihre Befugnisse von Zeit zu Zeit auf Qualifiziertere delegieren — und zwar so, daß die Delegierten unabhängig entscheiden.

Bei genauerem Hinsehen gibt es hier eine Art der Weiterdelegation. Denn die schon erwähnte, unerhört verwickelte Problematik, die allzu viele politische Themen heutzutage kennzeichnet, degradiert selbst den intelligentesten und bestausgebildeten Berufspolitiker auf vielen Gebieten zum Halb- oder Volldilettanten. Also muß er sich auf einen oder einige Spezialisten in seiner Partei verlassen und sich deren Meinung anschließen. Arbeitskreise der Fraktion oder sonstige sachverständige Gremien treffen so oft die eigentlichen Entscheidungen. Der Volksrepräsentant läßt sich bei der Willensbildung von einem besonders sachkundigen politischen Freund vertreten.

Aus all diesen Gründen wohnt der Repräsentativverfassung ein *elitärer Zug* inne, der sich bis zu quasi-aristokratischen und oligarchischen Tendenzen steigern kann. Oft fällt eine relativ kleine Herrschaftsgruppe die zentralen Entscheidungen – auf der Basis des ihnen erteilten Mandats zuweilen auch gegen den im Volke gerade herrschenden »Trend«.

Ein weiterer Vorteil des Repräsentativsystems ist die damit einhergehende *Verteilung der Macht auf viele Träger.* Das ermöglicht es, die Staatsgewalt aufzustückeln und die Hoheitsbefugnisse verschiedener Organe untereinander auszubalancieren.

3. Zwischenformen

Lassen Sie uns nach diesem Blick auf die beiden Pole der – konsequent praktizierten – unmittelbaren und der mittelbaren Demokratie noch *Zwischenformen* erwägen. Sie könnten so aussehen,

– daß die Entscheidungsbefugnisse zwischen Volk und bestimmten Organen verteilt werden (das Volk macht beispielsweise die Gesetze, die Staatsorgane führen sie aus) oder

– daß das Volk eine Angelegenheit gleichsam an sich ziehen und selbst entscheiden oder – über ein »imperatives Mandat« – Weisungen zur Entscheidung geben, notfalls die Repräsentanten abberufen kann. Beauftragte = Abgeordnete machen dann die Gesetze, sie unterliegen aber bindenden Weisungen, oder ihre Gesetze können durch Volksbegehren und Volksentscheid zunichte gemacht werden.

II. Die parlamentarische Demokratie des GG

1. *Grundsätzlich mittelbare, repräsentative Demokratie*

Welche Form der Demokratie erstrebt nun das GG? Schlüsselnorm für die Beantwortung dieser Frage ist Art. 20 II 2. Das dort genannte »Volk« ist nur das der Deutschen (BVerfGE 83, 37 = StA S. 489).

Der Norm zufolge scheint es so, daß durch »Abstimmungen« das Volk unmittelbar Staatsgewalt ausübt, ansonsten aber nur mittelbar »in Wahlen« und »durch besondere Organe der Gesetzgebung, der vollziehenden Gewalt und der Rechtsprechung«. Es gibt indessen nur zwei Fälle von »Abstimmungen« auf Bundesebene: Art. 146 n. F. (Verfassungsrevision), zu dessen Anwendung man sich aber bei der 42. Verfassungsänderung nicht entschließen konnte (oben S. 20), und Art. 29. Diese die Neugliederung des Bundesgebiets betreffende Bestimmung war bis zur Wiedervereinigung ohne praktische Bedeutung, da sich der status quo mit Ablauf jeden Jahres mehr verfestigte. Ob die beharrenden Kräfte auf Dauer den Unsinn von 16 Ländern einschließlich kleinster und schwächster Gebilde zu stützen vermögen, bleibt abzuwarten. Jedenfalls ist auf Bundesebene die unmittelbare Demokratie fast ohne Bedeutung.

Hingegen gibt es in Länderverfassungen häufiger Volksbegehren und Volksentscheide, ebenso auf der gemeindlichen Ebene.

De facto herrscht also auf Bundesebene eine *rein mittelbare Demokratie,* bei der das Grundprinzip der Repräsentation, die Weisungsfreiheit, für die Volksvertreter im Parlament nochmals ausdrücklich normiert ist: Die Bundestagsabgeordneten »sind Vertreter des ganzen Volkes, an Aufträge und Weisungen nicht gebunden und nur ihrem Gewissen unterworfen« (Art. 38 I 2).

2. *Legitimation der Herrschaftsmittler*

Die Herrschaftsmittler, nämlich die in Art. 20 II 2 erwähnten »besonderen Organe der Gesetzgebung, der vollziehenden Gewalt und der Rechtsprechung«, werden nicht alle von dem Volk gewählt, sondern nur die Parlamentarier. Das muß nicht so sein, es ist sehr wohl vorstellbar und wird auch (etwa in den USA und der Schweiz) gelegentlich praktiziert, daß außer den Abgeordneten auch Beamte und Richter zur Wahl stehen, ganz zu schweigen vom Staatspräsidenten. Das GG begnügt sich hingegen mit einer nur indirekten Legitimierung von Exekutive und Judikative durch das Volk: Direkt wählt das Volk nur die Abgeordneten, erst diese wählen die Regierung, erst diese setzt Beamte und Richter ein. (Vorsorglich sei daran erinnert, daß hier von der Staatsverfassung die Rede ist. Im Bereich der Selbstverwaltung, auf den wir noch zu sprechen kommen, werden auch oft Exekutivbeamte, beispielsweise Bürgermeister, direkt vom Volk gewählt.)

Eine solche *Legitimationskette* muß aber vorhanden sein, um dem Verfassungsgebot zu genügen, daß *alle* Staatsgewalt vom Volke ausgeht.

Nach alledem kommt dem *Parlament eine gesteigerte demokratische Legitimität* zu, denn es hat sein Mandat unmittelbar vom Volk. Es ist konsequent, daß diesen unmittelbar vom Volk Beauftragten (unmittelbare Volksbeauftragung in mittelbarer Demokratie, nicht verwirren lassen!) auch die wichtigste Funktion in einem Staatswesen, die Gesetzgebung, zufällt; auf diese Weise befinden sie über die Grundsatzfragen der Nation. Aus dieser Sicht heraus müssen die wichtigsten Entscheidungen für die Gestaltung eines Gemeinwesens auch in einer repräsentativen Demokratie von den volksnähesten Repräsentanten getroffen werden. Das aber sind die Parlamentarier, die als einzige vom Volk gewählt werden und die als einzige sich vor dem Volk – bei der folgenden Wahl – verantworten müssen.

Mit Erwägungen dieser Art hat sich auch das BVerfG der Frage angenommen, welche hoheitlichen Maßnahmen einer formell-gesetzlichen Grundlage, also einer Ermächtigung durch das Parlament, bedürfen. Das ist die Frage nach dem *Gesetzesvorbehalt.* Sie ist von so überragender Bedeutung, daß wir ihr einen besonderen Abschnitt widmen müssen.

3. *Der Vorbehalt des Gesetzes*

a) Historischer Rückblick

Daß derjenige, der durch Herrschaft beeinträchtigt wird, diese Herrschaft steuern will, ist die natürlichste Sache der Welt. Es ist folglich eine altvertraute historische Erscheinung, daß Beherrschte zumindest ein Mitspracherecht anstreben. Dieses Ziel konnten sich lange Zeit gewöhnliche Untertanen kaum setzen, sondern nur Privilegierte, nämlich Adelige, hohe Geistliche und andere Leute »von Stand« sowie mächtige Städte. Dabei ging es oft in erster Linie um zwei neuralgische Bereiche: die finanziellen Lasten und die persönliche Freiheit im engeren Sinn, das heißt der Schutz vor Verhaftung.

Rechtsgeschichte gemacht haben dabei vor allem die Vorgänge in England. So haben die englischen Adeligen im Jahre 1215 ihrem König »Johann ohne Land« eine Vereinbarung abgenötigt, die als *Magna Charta Libertatum* weltberühmt wurde. Die nicht minder berühmte *Petition of Rights* von 1628 ist eine Mahnung der Adeligen, der König möge ihre Mitbestimmungsrechte und die getroffenen Vereinbarungen achten, diesmal allerdings schon unter Einbeziehung der Rechte gewöhnlicher Untertanen. Über die *Habeas Corpus Akte* von 1679, die wieder den Schutz vor willkürlichen Verhaftungen betraf, kam es schließlich 1690 mit der *Bill of Rights* zu einer sich verfestigenden Beschränkung der Königsmacht.

Ganz entsprechend wollte das mit der Französischen Revolution befreite Bürgertum die monarchische Exekutive an die Kette des vom Bürgertum beherrschten Parlaments legen. Eingriffe sollten nur zulässig sein, soweit die Repräsentanten der Bürger dies gesetzlich gebilligt hatten. (Vgl. die unten auf S. 74 abgedruckte Nr. 5 der Erklärung der Menschen- und Bürgerrechte von 1789.) So setzte sich im Laufe des 19. Jahrhunderts auch in Deutschland das Prinzip vom *Vorbehalt des Gesetzes* durch: »*Eingriffe in Freiheit und Eigentum*« waren der Exekutive, aber auch dem Richter, nur bei einer Ermächtigung durch Parlamentsgesetz erlaubt.

Auf dieser Tradition beruht eine moderne Formulierung des Gesetzesvorbehalts, wie wir sie beispielsweise in Art. 2 II der Hessischen Verfassung von 1946 finden:

»Niemand kann zu einer Handlung, Unterlassung oder Duldung gezwungen werden, wenn nicht ein Gesetz oder eine auf Gesetz beruhende Bestimmung dies verlangt oder zuläßt.«

b) Die Ableitung des Gesetzesvorbehalts

aa) Wenn man es genauer betrachtet, ist dieser Grundsatz aber nur zum Teil vom Demokratieprinzip her begründbar. Dieses fordert ja nur, daß die Volksvertreter das Sagen haben. In welcher Form das geschieht, ist aus der demokratischen Perspektive eigentlich unerheblich, es könnte ein bloßer mündlicher Beschluß dafür ausreichen. Daß es darüber hinaus einer ausformulierten, schriftlich niedergelegten und allgemein zugänglichen Regelung bedarf, folgt nicht aus dem Demokratiegebot, sondern aus dem Rechtsstaatsprinzip. Welchen Namen eine solche rechtsstaatlich wünschenswerte Regelung trägt, ist an sich nebensächlich. Sie könnte auch beispielsweise Beschluß genannt werden, heißt aber von jeher Gesetz.

Der Vorbehalt des Gesetzes wurzelt also ebenso im Demokratie- wie im Rechtsstaatsprinzip.

Mit dem letzteren befassen wir uns ausführlich erst etwas später, aber ohne diesen Vorgriff könnte der Gesetzesvorbehalt nicht hinreichend verdeutlicht werden. Das wird es uns auch leichter machen, die Quelle des Gesetzesvorbehalts im GG zu finden.

bb) Hierfür muß aber zunächst noch eine wichtige begriffliche Unterscheidung erwähnt werden. Man differenziert zwischen

– dem *Vorbehalt des Gesetzes*: keine (Eingriffs-)Maßnahme *ohne* Gesetz,

– dem *Vorrang des Gesetzes*: keine Maßnahme der Verwaltung (und in zweiter Linie auch der Gerichte) *gegen* das Gesetz. Ersichtlich handelt es sich hierbei um ein erheblich schwächeres Schutzinstrument. Wenn es für einen Sachbereich keine gesetzliche Regelung gibt, könnte allein nach dem »Vorrang des Gesetzes« die Verwaltung frei schalten und walten. Aufgrund des Gesetzesvorbehalts hingegen sind ihr die Hände gebunden. Und *wenn* der Gesetzesvorbehalt gilt, umschließt er automatisch auch den Gesetzesvorrang. Denn soweit man gesetzlicher Erlaubnis bedarf, ist man selbstverständlich an den gesetzlichen Rahmen gebunden.

Vorbehalt des Gesetzes und Vorrang des Gesetzes zusammen ergeben das Prinzip von der *Gesetzmäßigkeit der Verwaltung* (und auch der Rechtsprechung, aber dieser fest eingebürgerte Begriff hat sich historisch eben in Stoßrichtung auf die Verwaltung ausgebildet). Vorsorglich: Bei dieser Formel (Vorbehalt + Vorrang = Gesetzmäßigkeit) dürfen Sie sich nicht dadurch irritieren lassen, daß zwei Prinzipien summiert werden, deren eines das andere umfaßt. Dort, wo der Vorbehalt gilt, macht die Formel tatsächlich wenig Sinn. Aber es galt lange Zeit eben nur für »Eingriffe in Freiheit und Eigentum« (nicht für die leistende, begünstigende Verwaltung) und gilt, wie wir sehen werden, auch heute nicht überall. Auf diesen ausgegrenzten Bereichen bleibt der Vorrang des Gesetzes in geringem Umfang noch von Bedeutung!

cc) Wenn Sie Ihr Verständnis testen wollen, dann decken Sie sich einmal den folgenden Absatz zu. Danach lesen Sie den Art. 20 III, 2. Halbsatz, und beantworten sich die Frage, welchen Grundsatz er enthält.

Wenn das zu leicht war, sei hiermit um Nachsicht gebeten. In der Tat ist unschwer zu erkennen, daß die Verfassung *hier* nur den Vorrang des Gesetzes ausdrücklich niedergelegt hat.

(1) Für den Vorbehalt des Gesetzes muß man als erstes auf den *Grundrechtskatalog* schauen. Dafür brauchen Sie jetzt nur zu wissen,

– daß die Grundrechte (jedenfalls für deutsche Staatsbürger) einen umfassenden Schutz gegen hoheitliche Eingriffe bieten und

– daß der Schutzbereich von Grundrechten »nur aufgrund eines Gesetzes« (so zum Beispiel die Formulierung in Art. 2 II 3) beeinträchtigt werden darf.

Insoweit also *verfügen die Grundrechte einen sehr weitreichenden Vorbehalt des Gesetzes.*

(2) *Unabhängig davon leitet man ihn aus einer Zusammenschau von Rechtsstaats- und Demokratieprinzip ab.* Die Schlüssigkeit dieser Ableitung muß ich Ihnen nach dem Vorstehenden nicht mehr begründen. Wir haben uns aber noch dem Ausmaß des so abgeleiteten Vorbehalts zuzuwenden. Insbesondere dem Demokratieprinzip wird vollauf genügt, wenn nur Angelegenheiten von einigem Belang der parlamentarischen Billigung bedürfen. So hat das BVerfG den Vorbehalt des Gesetzes auf grundlegende, grundsätzliche Fragen, auf »*wesentliche Entscheidungen*« begrenzt. Was aber ist wesentlich, werden Sie fragen. Das BVerfG läßt wissen, das sei »nur im Blick auf den jeweiligen Sachbereich und die Intensität der geplanten oder getroffenen Regelung zu ermitteln«. Das ist ebenso zutreffend wie im konkreten Fall für Sie unergiebig. Auch ich kann Ihnen hier so wenig wie andere entscheidend weiterhelfen und verweise zu meiner Entlastung auf die Vorwarnung, daß es fast Ihr täglich Brot sein werde, zu entscheiden, wieviel Steine einen Haufen bilden. Hier geht es darum, wann sich ein wesentlicher Haufen gebildet hat. (Beispiele folgen bei d.)

dd) Grundrechtliche und demokratie- sowie rechtsstaatsgebotene Gesetzesvorbehalte stehen zueinander im Verhältnis zweier sich schneidender Kreise: Es gibt wesentliche Eingriffe in Grundrechtsschutzgüter (hier decken sich also beide Kreise), aber auch unwesentliche Bagatelleingriffe, die nur von den Grundrechten her gesetzlicher Deckung bedürfen. Schließlich gibt es wesentliche Regelungen, die nicht unter den Grundrechtsschutz fallen. Hierbei handelt es sich zum einen um Maßnahmen gegenüber Ausländern, für die einige Grundrechte nicht gelten (was aber strittig ist). Vor allem aber geht es um nichteingreifendes Staatshandeln, vornehmlich *Leistungserbringung*, Maßnahmen der sogenannten »Daseinsvorsorge« ebenso wie Subventionen. Beispiel: Sozialhilfe, Ausbildungsförderung. Beides erfordert wesentliche politische Entscheidungen, beides muß also gesetzlich fundiert sein und ist es heute auch. Aber lange Zeit war man der Auffassung, die pauschale Bereitstellung der Mittel durch das Haushaltsgesetz sei bereits demokratische Legitimation genug, so daß die Verteilungsmaßstäbe von der Verwaltung, und zwar notwendigerweise durch Richtlinien der Verwaltungsspitze (also Verwaltungsvorschriften), festgelegt wurden. So beruhte die Studienförderung vor dem BAföG auf Ministerialrichtlinien, also bloßem Innenrecht.

Heute gibt es nicht nur das BAföG, es steht auch in § 31 des allgemeinen Teils unseres Sozialgesetzbuches (SGG) – es gilt auch für die Ausbildungsförderung –, daß Sozialleistungen ohne Gesetz nicht erbracht werden dürfen. Hier hat der einfache Gesetzgeber zu seinen Gunsten einen Vorbehalt des Gesetzes geschaffen. Aber auch ohne diese Bestimmung müßte man von Verfassung wegen für die Regelung so wesentlicher Bereiche ein detailliertes Gesetz fordern.

ee) Nach diesem Überblick über den Vorbehalt des Gesetzes erkennt man auch leicht, wie außerordentlich wenig Anwendungsspielraum noch für den Vorrang des Gesetzes – gleichsam im Alleingang – verbleibt. Nur bei manchen unwesentlichen Eingriffsmaßnahmen gegenüber Ausländern (und selbst das ist strittig) sowie bei unwesentlichen Leistungen, für die der erwähnte § 31 SGG nicht gilt (z. Bsp. Subventionen), ist der bloße Vorrang des Gesetzes noch bedeutsam. Im übrigen können diese Materien der Regelung durch bloße Verwaltungsvorschriften überlassen werden, es bedarf keines Gesetzes. (Fast überflüssig zu erwähnen, daß der Gesetzgeber auch hier tätig werden *darf*.)

c) Gesetzesvorbehalt und parlamentarische Ermächtigung

Der Gesetzgeber kann nicht alles regeln, sondern muß sich durch Normsetzungsermächtigungen Luft schaffen (vgl. oben S. 14). Das darf er auch, außer bei Fragen von ganz zentraler Bedeutung, die er selbst bis ins Detail regeln muß. (Hier spricht man oft von einem sogenannten *Parlamentsvorbehalt*, präziser sollte es heißen: Vorbehalt delegationsfreier parlamentarischer Eigenregelung, oder ähnlich.) Aber wird – jenseits dieses Bereichs – bei einer Ermächtigung dem Gesetzesvorbehalt genügt, wenn es in einem Gesetz heißt: »Der Verkehrsminister wird ermächtigt, alle zweckdienlichen Bestimmungen zur Verkehrsregelung zu erlassen«? Sicherlich nicht. Dieser pauschale Gesetzesinhalt würde nur das »ob« von verkehrslenkenden Maßnahmen betreffen. Aber er umgreift noch nicht das Wesentliche und wird dem Demokratieprinzip nicht gerecht. Wenn schon das Volk nicht selbst entscheiden kann, sondern Beauftragte einsetzen muß, dann sollen diese wenigstens auch die Grundzüge des »wie« selbst bestimmen, statt diese Entscheidung weiter zu delegieren.

Das kommt für bundesgesetzliche Ermächtigungen zu Verordnungen in Art. 80 I, auf den später (S. 52) genauer einzugehen ist, auch deutlich zum Ausdruck. Das Gesetz muß eine Ermächtigung »nach Inhalt, Zweck und Ausmaß« genau konkretisieren. In Landesverfassungen findet sich häufig die gleiche Bestimmung, und wo das nicht der Fall ist, folgt es einfach aus dem Demokratie- und Rechtsstaatsprinzip.

d) Die Ansicht des BVerfG

Wenn Sie sich die Auffassung des BVerfG einmal vor Augen halten wollen, können Sie beispielsweise nachschlagen in BVerfGE 40, 237/248; 47, 46/78 = StA S. 187 (Betreffen die Richtlinien zur Sexualkundeerziehung Wesentliches? Überhaupt ist das Schulrecht ein bevorzugtes Exerzierfeld für den Gesetzesvorbehalt geworden. Überlegen Sie aus Ihrer Schulzeit, welche Probleme so wesentlich sind, daß der Gesetzgeber sie regeln muß: Versetzung, Schulverweis, Lehrplan?). Lesen Sie auch noch BVerfGE 49, 89/126 = StA S. 404 (Nutzung der Atomenergie als wesentliches Problem), beschränken Sie sich aber auf die Ausführungen zum Vorbehalt und lesen Sie jetzt noch nicht die ganze Entscheidung.

In BVerfGE 84, 212/226 = StA S. 242 hat das Gericht eine handgreiflich absurde Unterscheidung verfochten: der Gesetzesvorbehalt kraft Wesentlichkeitstheorie gelte nur im Staat-Bürger-Verhältnis, aber nicht in Bürger-Bürger-Beziehungen. Demnach wäre es in Ordnung, wenn ein Zivilrichter in freier Rechtschöpfung dem A gestatten würde, auf dem Grundstück des Nachbarn B Ballspiele zu veranstalten oder seinen Kompost abzuladen. Wie verfehlt das ist, erahnen Sie schon jetzt, richtig erkennen werden Sie es erst später (S. 112).

e) Zusammenfassung

Die Gesetzmäßigkeit der Verwaltung und auch der Rechtsprechung umfaßt den Vorrang des Gesetzes (Gehorsamspflicht gegenüber bestehenden Gesetzen) wie auch den weiterreichenden Vorbehalt des Gesetzes (Angewiesenheit auf ein ermächtigendes Gesetz). Der Vorrang des Gesetzes ist ausdrücklich in Art. 20 III niedergelegt. Der Vorbehalt des Gesetzes folgt für hoheitliche Eingriffe in Grundrechtsschutzgüter aus den Grundrechtsgarantien. Aber auch eine Zusammenschau von Rechtsstaats- und Demokratieprinzip ergibt, daß wesentliche Entscheidungen vom Parlament in Gesetzesform getroffen werden müssen. (Nur) mit dieser Begründung greift das Prinzip auch auf den Bereich leistender, »darreichender« Staatstätigkeit über.

Der grundrechtliche Gesetzesvorbehalt stellt schärfere Anforderungen. Im Grundrechtsbereich darf ohne gesetzliche Ermächtigung gar nicht gehandelt werden, ohne daß es auf das Merkmal der Wesentlichkeit ankäme.

4. Minderheitenschutz

Jener Minderheitenschutz, der für die Demokratie unerläßlich ist oder sie jedenfalls flankieren soll, wird durch die Grundrechte gewährleistet sowie durch *verfassungsmäßige Rechte der* aus der Minderheit bestehenden *Parlamentsopposition*. Über all diese Rechte wird noch sehr ausführlich zu sprechen sein.

5. Medien für einen Bürgereinfluß außerhalb der Wahlen

Auch die repräsentative Demokratie darf nicht dahingehend mißverstanden werden, daß sich die Beteiligung des Volkes an der Ausübung der Staatsgewalt in der Wahl von Repräsentanten erschöpft. Der Bürger ist nicht darauf beschränkt, sich seinen Repräsentanten auszusuchen.

Zunächst einmal kann eine Wahl auch eine Art von *Sachplebiszit* (Plebiszit = Volksentscheid) über ein ganz konkretes Problem sein. Zwar tendieren Wahlen zumal im Fernsehzeitalter dazu, *Personalplebiszite* zu sein, aber es kann bei einer Wahl auch die Frage den Ausschlag geben: Sind Sie für oder gegen . . . ? Dann liegt zwar immer noch die endgültige Entscheidungsbefugnis bei den Gewählten, aber faktisch entscheiden die Stimmbürger hier über eine Sachfrage.

Vor allem aber ist politische Einflußnahme des Staatsbürgers nicht auf die Wahl beschränkt. Es ist keineswegs so, daß er nichts mehr zu sagen habe, weil er bei der Wahl seine Stimme »abgegeben« hat. Er kann sich auch zwischen den Wahlen auf mehreren »Kanälen« gegenüber den unabhängigen Repräsentanten und Staatsorganen äußern.

Einer dieser »Kanäle« ist die *öffentliche Meinung*, die zwar in erster Linie von den sogenannten Medien gemacht wird (»veröffentlichte Meinung«), zu der aber jeder ein Mosaiksteinchen beitragen kann, falls er eine Gelegenheit findet, sich zu artikulieren, sei es durch ein Flugblatt, sei es durch einen Leserbrief. Die öffentliche Meinung bindet zwar die Staatsorgane nicht rechtlich, sie ist aber ein bedeutsamer politischer Faktor, weil sie ein Vorstadium des Volkswillens bei der kommenden Wahl sein kann, und es den politischen Akteuren häufig nicht gleichgültig ist, wie sich diese momentane veröffentlichte oder öffentliche Meinung ausbildet, die mit der Volksmeinung immerhin identisch sein oder werden kann. Hier findet also eine Art Rückkoppelungsprozeß statt, der für ein Gegengewicht zur Unabhängigkeit der Mandatsträger sorgt.

Eine weitere und einflußreichere politische Mitwirkungsgelegenheit bieten die *politischen Parteien*. Sie sind sozusagen die politischen Transmissionsriemen zwischen der Gesellschaft und der durch Organe verfaßten Staatlichkeit. Repräsentative Demokratie kann man sich zwar ohne Parteien vorstellen, und an ihrem Anfang stand das Parlament sogenannter »Honoratioren«, unabhängigen und selbständigen angesehenen Bürgern, als Mandatsträgern. Seit wenigstens einem Jahrhundert haben sich aber Parteien der Vorformung des politischen Willens angenommen. Dabei kann jeder Bürger mitwirken und auf diese Weise Einfluß auf wichtige Entscheidungen gewinnen.

Auch über *Interessengruppen* kann der Bürger neben den Wahlen auf politische Entscheidungen einwirken, sei es unmittelbar auf staatliche Gremien (Parlament und Verwaltung), sei es mit Hilfe der Parteien.

Interessenvertretung ist legitim und notwendig. Ohne sie, ohne die Anhörung von Interessenverbänden, würde es den Entscheidungsträgern im Bundestag und in der Regierung oft an den unerläßlichen Informationen fehlen. Interessengruppen haben auch die legitime Aufgabe, »Laut zu geben« und auf Mißstände aufmerksam zu machen. So können sie Teil eines Meldesystems sein, das auf Krankheitsprozesse aufmerksam macht. Zum anderen ist natürlich die Gefahr des *Verbandsegoismus* nicht zu verkennen. Das geltend gemachte Partikularinteresse in einen Ausgleich zu bringen mit anderen Interessen und mit den Anforderungen des Gemeinwohls, ist eine wichtige Aufgabe verantwortungsvoller Politik, die mal besser und mal schlechter gelingt. Voraussetzung hierfür ist, daß ein Teilinteresse nicht leichtgläubig für das Gesamtinteresse gehalten wird, ferner, daß die Mächtigkeit einer »Lobby« (= Vorhalle, »Laube« des Parlaments, in denen man die Abgeordneten anzusprechen versuchte) nicht gleichgesetzt wird mit dem wahren Gewicht des von ihr vertretenen Interesses. Es ist ein zu Recht beklagter Zustand, daß wichtige Interessen keine »pressure groups« haben, sei es, daß sie zu unspezifisch sind (Verbraucherinteressen), sei es, daß sie sich nicht oder nur schwer organisieren lassen (Interessen von Alten, Behinderten, Geisteskranken, Obdachlosen).

Ein wichtiges Erfordernis ist auch, daß Interessenwahrnehmung *transparent* ist. Nur so können Gegeninteressen auf den Plan treten, der *Interessen-Pluralismus* zur Geltung kommen und die für ein gerechtes Ergebnis erforderliche Interessenabwägung durchgeführt werden. Gerade für Lobbyisten ist im Dunkeln gut munkeln. Der Bundestag hat solche Transparenz zu befördern versucht, indem er Interessentengruppen zur Registrierung verpflichtet, falls sie angehört werden wollen. Die Einschreibungsliste umfaßt mittlerweile nicht weniger als 1500 Organisationen, von den großen Kirchen und Gewerkschaften und Wirtschaftsverbänden bis zu reinen Sektierergruppen. Außerdem besteht eine Art Ehrenkodex für Abgeordnete, ihre Verbandstätigkeit zu offenbaren. (Lesen Sie gelegentlich einmal die Anlagen 1 und 2 zur Geschäftsordnung des BT, Nr. 35 im Sartorius.)

Eine besondere Art von Interessenvertretung ist die *Bürgerinitiative*, der es meist um örtlich und zeitlich begrenzte Interessenwahrnehmung geht. In diesem Zusammenhang muß das Stichwort »Partizipation«, d. h. *Bürgerbeteiligung* an Staatsmaßnahmen erwähnt werden. Es geht um die Einbeziehung der von einer staatlichen Entscheidung betroffenen Bürger in den Entscheidungsprozeß. Dergleichen ist schon in etlichen Gesetzen vorgesehen, man denke an die Schülermitverwaltung, insbesondere aber an die Planung von Großprojekten wie Straßen, Kanälen, Eisenbahnlinien, Kraftwerken, Flugplätzen. Es handelt sich hierbei gleichsam um institutionelle, normativ verfaßte Bürgerinitiativen. Freilich beschränkt sich die Beteiligung auf das Vorbringen von Einwänden. Daß kein Mitentscheidungsrecht eingeräumt wird, hat einen naheliegenden Grund: Andernfalls würden viele Projekte am Veto der unmittelbar Betroffenen scheitern. Wer einen Flughafenbau vom Votum der Anlieger abhängig macht, braucht ihn erst gar nicht in Angriff zu nehmen. Deshalb wird es in der Regel wohl bei den Anhörungsrechten bleiben müssen. Die entscheidende Frage ist dann, was man aus dem Anhörungsmaterial »macht«, welche Schlüsse für die anstehenden Entscheidungen man daraus zieht. Es scheint so, daß gerade in *dieser* Phase im Bereich des Städtebaus viel gesündigt wurde. Man hat dem Gesetz entsprechend die Betroffenen angehört, aber dann — wenigstens teilweise — die falschen Entschlüsse gefaßt.

6. Selbstverwaltung und Demokratie

Viele von Ihnen werden bei der Wahl zwischen verschiedenen Parlamentskandidaten und ihren Parteien schon das Gefühl gehabt haben, der Kandidat A oder seine Partei B mache in diesen oder jenen Punkten die bessere Figur, wohingegen in anderen Fragen der Kandidat D und seine Partei E mehr überzeugen können. Zuweilen hat man das Bedürfnis, seine Stimme nach Sachproblemen aufzuteilen, »splitting« zu machen, was natürlich bei einer Bundestagswahl beispielsweise nicht geht. Man kann aber den Entscheidungsprozeß aufteilen und dadurch die Entscheidungsmöglichkeiten des Bürgers vermehren, wenn man statt einer politischen Handlungseinheit deren mehrere schafft, zu denen dann natürlich auch mehrfach Volks-Repräsentanten gewählt werden müssen. Wenn Sie sich einen Moment die Bundesrepublik als einen zentralistischen Einheitsstaat denken, ist es ohne weiteres vorstellbar, daß die B-Partei Sie in der Wirtschafts-, Verteidigungs- und Außenpolitik voll überzeugt, während Sie ihr speziell bei der Verwaltung der von Ihnen bewohnten Region Mißwirtschaft anlasten. Was macht man dann mit einer unteilbaren Stimme? Dieses Problem entfällt, wenn Dezentralisierung und Föderalisierung gleichsam für eine Stimmenvermehrung sorgen: Heute können Sie im Bund die Regierung wählen und die Opposition im Land oder umgekehrt. Ihre Differenzierungsmöglichkeiten bei der Auswahl von Mandatsträgern sind dadurch größer, Ihre Steuerungsmöglichkeiten vermehrt.

Solche Entscheidungsvielfalt verschafft Ihnen nicht nur das Nebeneinander von Bund und Ländern, sondern mehr noch die vielfältigen Formen der *Selbstverwaltung*. Selbstverwaltung meint, wie wir schon auf S. 14 sahen und hier wiederholt werden soll, eigenständige Erledigung öffentlicher Aufgaben durch andere juristische Personen des öffentlichen Rechts als den Staat, und zwar aufgrund staatlicher Ermächtigung. Der Staat beschränkt sich auf eine Aufsicht, ob rechtmäßig verfahren wird, über die Zweckmäßigkeit entscheiden aber die Selbstverwaltungsträger autonom. Der Staat bedient sich dieser von ihm abgesonderten Rechtsträger zur Erledigung von Aufgaben, die er ansonsten selbst anfassen müßte. Deshalb spricht man hier auch von *mittelbarer Staatsverwaltung*. Die wichtigsten Beispielsfälle sind die kommunale Selbstverwaltung der Kreise und Gemeinden (Art. 28 GG), die Selbstverwaltung der Sozialversicherungsträger, der berufsständischen Kammern (Handwerks-, Ärzte-, Rechtsanwalts-Kammern), der Universitäten etc. Überall haben die Mitglieder Wahlrechte.

7. »Demokratisierung«

Schließlich und endlich muß das Stichwort »Demokratisierung« wenigstens angeschnitten werden. Ausdiskutieren läßt es sich so wenig wie die anderen zuvor berührten Probleme. Dahinter verbirgt sich die Forderung, außerstaatliche, »gesellschaftliche« Bereiche demokratisch zu strukturieren, vornehmlich den Arbeitsbereich, also den Betrieb, insbesondere Presseverlage und Theaterbetriebe, aber auch die Verbände und Vereine und die Kirchen.

Hier ist man überwiegend der Auffassung, daß sich für diese Postulate aus dem Demokratiegebot der Verfassung nichts herleiten läßt, weil es nur für den staatlichen Bereich gilt. »Alle *Staats*gewalt« muß vom Volk ableitbar sein. Für nichtstaatliche Bereiche schreibt nur Art. 21 I 3 eine demokratische Struktur vor. Das erlaubt am ehesten einen Umkehrschluß dahingehend, daß überall sonst eine demokratische Verfassung nicht verlangt wird.

Zwar ist einzuräumen, daß es auch »gesellschaftliche«, private Einwirkungsbefugnisse nur als rechtlich gebilligte geben kann. Und diese rechtliche Billigung muß natürlich auf das Volk rückführbar sein — und sie ist es ganz einfach deshalb, weil sie auf Parlamentsgesetzen beruht, die von den Volksrepräsentanten erlassen wurden. Was darüber hinaus unter dem Stichwort »Demokratisierung« gefordert wird, ist recht eigentlich eine Art Selbstverwaltung dieser Bereiche aufgrund eines Mandats der von der Selbstverwaltung Betroffenen. Eine solche Forderung wäre schon höchst schwierig zu begründen, wenn es sich um staatliche, öffentlich-rechtlich verfaßte Bereiche handeln würde. Bei privaten »Betreibern«, bei privatrechtlicher Struktur ist das noch schwieriger.

Das schließt keineswegs aus, daß man diese Demokratisierung für wünschbar hält! Eigenartigerweise stuft gerade der Anfänger im Staatsrecht jenen, der ein bestimmtes Projekt für verfassungsrechtlich nicht geboten oder gar — wie beim allgemeinpolitischen Mandat der Studentenschaft — verboten hält, automatisch als einen »Feind« dieses Projekts ein. Das ist keineswegs zwangsläufig. Zwar wäre die Behauptung heuchlerisch, daß Juristen ihre Argumentation gar nicht danach ausrichten, was sie für wünschbar und förderungswert halten (eine — in Grenzen — übrigens durchaus vertretbare Ausrichtung!), aber gleichwohl gibt es Fälle, in denen zwischen Wünschbarkeit und Verfassungsgemäßheit eine unüberbrückbare Kluft liegt. Deshalb kann man durchaus die »Demokratisierung« betreiben, obwohl man sie für kein Verfassungsgebot hält. Solche Demokratisierung ist dann ein politisches, kein verfassungsrechtliches Problem, für das man Gründe pro und kontra zu erwägen hat.

Für ein gewisses Maß an Betroffenen-Beteiligung spricht schon die Notwendigkeit, jede soziale Organisation möglichst weitgehend auf *Konsens* zu gründen. Engagement und Zufriedenheit sind aus leicht verständlichen Gründen davon abhängig, daß man wenigstens das Gefühl hat, nicht nur fremdbestimmt zu sein, sondern auch selbst oder über Vertreter mitreden zu dürfen.

Das erforderliche Maß an Demokratisierung wird jeder nach seinem politischen Standort anders bemessen. Nur sollte man wenigstens sehen, daß beispielsweise der Arbeitsbereich kein »weißer Fleck« für Demokratisierungs-Missionen ist. Seit Jahrzehnten gibt es die innerbetriebliche Mitbestimmung der Belegschaftsmitglieder über das Betriebsverfassungsgesetz — für viele Länder der Welt ein noch zu erreichendes Vorbild übrigens —, und darüber hinaus haben wir die überbetriebliche Mitbestimmung auf Unternehmensebene. Diesen Ist-Zustand sollte man nüchtern registrieren, danach kann man ihn immer noch als unbefriedigend bezeichnen.

8. *Staat und Gesellschaft*

Es war soeben mehrfach von der Gesellschaft und dem gesellschaftlichen Bereich die Rede. Aus diesem Anlaß sei noch eine Anmerkung gemacht zu dem *Verhältnis von Staat und Gesellschaft*. Man hat im 19. Jahrhundert behauptet, beide seien vollständig voneinander getrennt. Anlaß war die Konfrontation des Bürgertums (das man mit der Gesellschaft insgesamt gleichsetzte) mit dem monarchischen Beamtenstaat, der dem Bürgertum = der Gesellschaft Mitwirkungsbefugnisse verweigerte. Freilich war das selbst damals eine Überzeichnung, denn auch der monarchische Herrschaftsapparat wurzelte ja in der Gesellschaft, wenn er sich auch nur aus einem privilegierten Teil davon rekrutierte.

In Reaktion auf dieses Modell ist man bei der Analyse demokratischer Staatswesen ins andere Extrem verfallen und hat Staat und Gesellschaft identifiziert. Möglich ist das nur bei vordergründiger Begrifflichkeit: Das Volk bildet die Gesellschaft und *ist* gleichzeitig der Staat, weil Demokratie Selbstregierung des souveränen Volkes meint. Indessen stimmt die Gleichsetzung von Volk und Staat eben nicht. Staatsinstitutionen und Staatsorganisationen *sind* nicht das Volk, sondern etwas Verschiedenes. Die Identifizierung von Staat und Gesellschaft ist deshalb ebenso verfehlt wie ihre vollständige Polarisierung. Es handelt sich um zwei verschiedene, aber eng miteinander verklammerte Phänomene.

C. Rechtsstaatlichkeit

Wie beliebig »verwertbar« der Rechtsstaatsbegriff ist, ersehen Sie daraus, daß bald nach seiner »Geburt« am Anfang des 19. Jahrhunderts er zwar vornehmlich als Widerpart zum absolutistischen Staat, besonders zum Polizeistaat der Metternichschen Restaurationsepoche, gebraucht wurde, aber einen prominenten Fürsprecher auch in Friedrich Julius Stahl hatte, dem — wie man heute sagen würde — »Chefideologen« des monarchischen Gottesgnadentums und der preußischen Konservativen.

Diese Mehrdeutigkeit rührt daher, daß man »Staat des Rechts« je nach dem Verständnis des »Rechts« deuten kann als »Staat der rechtlichen Ordnung« und »Staat der Gerechtigkeit«, und natürlich auch als beides. Wenn jemand sagt: »Das ist nicht Rechtens«, kann damit zweierlei gemeint sein:
— Das entspricht nicht den Geboten der Rechtsordnung, sondern ist zufällig oder willkürlich entschieden.
— Das ist nicht gerecht.

Recht kann also Rechtsordnung oder Gerechtigkeit meinen, es kann formell oder materiell ausgerichtet sein. Ganz Entsprechendes gilt folglich vom Begriff des Rechtsstaats. *Rechtsstaat im formellen Sinn* meint den *rechtlich verfaßten und geordneten Staat*, in dem Willkür und Beliebigkeit der Herrschenden keine Rolle spielen und in dem die *Innehaltung des Rechts kontrolliert* werden kann. *Rechtsstaat im materiellen Sinn* meint den *Gerechtigkeit sichernden Staat*, der freilich in aller Regel auch ein Rechtsstaat im formellen Sinn sein muß. Diese Definition wirft eine der ältesten und schwierigsten Fragen der Menschheit auf: Was ist Gerechtigkeit? Auch wir werden sie nicht beantworten können.

Der Rechtsstaat im Sinne des GG umfaßt die materiellen, inhaltlichen wie die formellen Gehalte des Begriffs. Es ist damit der rechtlich verfaßte und geordnete, unter dem »Regiment« des Rechts stehende Staat wie auch der nach Gerechtigkeit strebende Staat gemeint. Daß das GG auf materielle Elemente nach der nationalsozialistischen Unrechtsherrschaft nicht verzichtet hat, liegt auf der Hand: Dort war allzu oft vorexerziert worden, wie formelle Gesetzlichkeit, etwa der Nürnberger »Rassegesetze«, der materiellen Gerechtigkeit Hohn sprechen kann.

Nachstehend sind die tragenden Merkmale der Rechtsstaatlichkeit aufzuführen. Einige dieser Merkmale sind im GG mehr oder weniger präzise aufgeführt, andere hingegen müssen erst aus dem allgemeinen Grundsatz der Rechtsstaatlichkeit entfaltet werden. Die dabei zu leistende »Interpretations«-Arbeit, ein Musterbeispiel für den rechtsschöpferischen Gehalt von »Auslegung«, muß in besonderem Maße fallbezogen sein. Es bringt wenig, abstrakt von diesem oder jenem Gehalt der Rechtsstaatlichkeit zu sprechen, entscheidend ist, was in bezug auf den konkreten Einzelfall als Rechtsstaatsgebot entwickelt wird.

Die verschiedenen Rechtsstaatsmerkmale lassen sich verschiedenartig auflisten und in Gruppen vereinen, weshalb hier keine Einigkeit herrscht. Ich schlage folgende Gruppierungen vor, bei der formelle und materielle Rechtsstaatskriterien zunächst nicht strikt getrennt sind:
— Materielle Gerechtigkeit
— Rechtsverbindlichkeit, Rechtsfrieden und Rechtssicherheit
— Selbstbeschränkung des Rechtsstaats durch Grundrechtsgarantien, Bindung an das Verhältnismäßigkeitsprinzip und Gewaltenteilung

I. Materielle Gerechtigkeit

Wie schon erwähnt, ist die Frage nach der Gerechtigkeit eine Menschheitsfrage, deren Beantwortung sich häufig weniger mit rationalen Argumenten bewerkstelligen läßt als mit dem Rückgriff auf das Gerechtigkeitsgefühl. Allgemeine Aussagen wie beispielsweise »Jedem das Seine« sind wenig ergiebig und also für die Rechtsanwendung nutzlos. Deshalb kann es hier nur darum gehen, am Einzelfall über die Gerechtigkeit zu entscheiden. Einige solcher Fälle aus der Rechtsprechung des BVerfG möchte ich Ihnen nennen:

Das BVerfG hat es als Erfordernis der Gerechtigkeit bezeichnet, daß eine *effektive Strafrechtspflege* möglich ist. Das könnte man auch dem soeben erwähnten Element »Rechtsverbindlichkeit« zuordnen. Aber die Durchsetzung geltenden Rechts ist jedenfalls überwiegend auch ein Gebot der Gerechtigkeit. Jedenfalls hat das BVerfG (E 33, 367/383) um der Gewährleistung einer wirksamen Strafrechtspflege willen die übermäßige Zuerkennung von strafprozessualen *Zeugnisverweigerungsrechten* für bedenklich gehalten.

Überhaupt ist die Strafrechtspflege ein wichtiger Ausstrahlungsbereich für das Rechtsstaatsprinzip. Daß *keine Strafe ohne Schuld* verhängt werden darf, folgt ebenso aus der Rechtsstaatlichkeit wie die *Unschuldsvermutung* und der Grundsatz, daß *Strafe schuldangemessen* sein muß.

Bei der Sanktion eines Vergehens durch eine Disziplinar-Arreststrafe gegenüber einem Soldaten und anschließender Kriminal-Freiheitsstrafe stellt sich zuerst das Problem, ob hier nicht eine gemäß Art. 103 III verbotene Doppelbestrafung vorliegt. Das BVerfG hat das verneint, aber gleichwohl die Anrechnung der Arreststrafe auf die Freiheitsstrafe für rechtsstaatlich geboten gehalten (BVerfGE 21, 378 = StA S. 411).

Das Rechtsstaatsgebot gewährleistet auch ein *faires Strafverfahren*. Die nähere Ausformung hat dieses Verfassungserfordernis in der Strafprozeßordnung gefunden. Einem Angeklagten bei Bedarf einen Pflichtverteidiger auch auf Kosten der Staatskasse zuzuordnen, gilt beispielsweise als Pflicht eines Rechtsstaats. Demgegenüber gilt im Gottesstaat der Ayatollahs die Devise: »Am Tag des Jüngsten Gerichts steht jeder allein vor Allah, auf diesen Tag ohne Anwälte müssen wir uns vorbereiten.« Auch eine angemessene Verfahrensbeschleunigung gilt als Rechtsstaatsgebot.

Es sprechen schließlich gute Gründe dafür, auch ein Mindestmaß an *Gerechtigkeit bei der Güterverteilung*, auf sozialem Gebiet also, zum Rechtsstaatsprinzip im Sinne des GG zu zählen; dieses verschränkt sich hier mit dem Sozialstaatsprinzip. Eine Generalisierung verträgt diese Definition aber kaum; sonst blieben auf der Welt zu wenige Länder übrig, die Rechtsstaat genannt werden dürfen.

II. Rechtsverbindlichkeit, Rechtsfrieden und Rechtssicherheit

1. Die Maßgeblichkeit des Rechts

Der Rechtsstaat funktioniert nicht nach Belieben oder gar Willkür, sondern nach den Vorgaben des Rechts. Die Steuerung durch formalisierte und allgemein zugängliche Rechtsregeln ist für ihn bezeichnend. Wie diese Rechtsregeln heißen und auf welche Art sie erzeugt werden, ist aus dieser Perspektive an sich zweitrangig. Im Rechtsstaat Großbritannien hat man die Entwicklung von Rechtsregeln in großem Umfang der Rechtsprechung überlassen. Unsere Art von Rechtsregeln hingegen sind, wie Sie wissen, (einfache oder Verfassungs-) Gesetze, Verordnungen und Satzungen.

Die Rechtsbindung aller Hoheitsgewalt wird in dem bereits erwähnten Art. 20 III verfügt. Da hier unter »Gesetz« das Gesetz im materiellen Sinn gemeint ist, erscheint die Formel von »Gesetz und Recht« etwas dunkel. Sie soll darauf hindeuten, daß es auch Gesetze voller Un-Recht geben kann. Da dies aber unter der Verbindlichkeit des GG ausgeschlossen ist, kommt der Formel *keine praktische Bedeutung* zu.

Da die an das Gesetz gebundenen Gerichte auch Privatrechtsstreitigkeiten entscheiden, geht Art. 20 III auch von der Existenz einer gesetzlichen Privatrechtsordnung aus.

2. Rechtsschutzgewährung und Rechtsbefriedung

a) Rechtsschutz

Die rechtliche Ordnung der Verhältnisse Bürger-Bürger und Bürger-Staat ist als solche wenig nütze, wenn über den Inhalt dieser Ordnung oder die Anwendbarkeit ihrer Regeln im Einzelfall Streit besteht und jede der Parteien auf ihr Recht pocht. Eine *gerechte Konfliktschlichtung durch unparteiische Richter* ist folglich für jeden Rechtsstaat unabdingbar. Deshalb ist auch die Rechtsprechung im GG durch Art. 1 III, 20 III und 92 ff. institutionalisiert. Darüber hinaus gibt Art. 19 IV 1 (die Sätze 2 und 3 sollten Sie sich einklammern) ein Grundrecht auf Gewährung von Rechtsschutz gegen Hoheitsmaßnahmen. Jedem »steht der Rechtsweg offen«, das heißt, jeder kann vor ein Gericht gehen, der *geltend macht*, durch die öffentliche Gewalt in seinen Rechten verletzt zu sein. Die Verfassung formuliert etwas anders und ungenauer: Eine *tatsächliche* Verletzung kann nämlich nicht Voraussetzung für den Zugang zum Gericht sein, die vor Gericht zu prüfende Behauptung muß genügen. Diese fast einzig dastehende, weit gefaßte »*Rechtsschutzgeneralklausel*« hat zu einem Rechtsschutzsystem geführt, das in der Welt seinesgleichen sucht. Daß man fast jede Zeugnisnote, jede, aber auch jede Maßnahme im Strafvollzug, im Wehrdienst den Befehl »Ein Lied, drei, vier« vor einem unabhängigen staatlichen Gericht angreifen kann, ist so ungewöhnlich, daß es im Ausland oft Kopfschütteln erregt. Damit ist auch schon gesagt, daß eine Norm von der Großzügigkeit des Art. 19 IV nicht zu den Voraussetzungen eines Rechtsstaats gehört, sondern nur ein Kernbereich an Rechtsschutz.

Zu Art. 19 IV sollten Sie sich merken, daß die Vorschrift nach überwiegender Ansicht *keinen Rechtsschutz gegen Normen* gewährt (so BVerfGE 24, 33/49 = StA S. 368 bezüglich förmlicher Gesetze). Auch soll der Rechtsschutz *durch* Gerichte erfolgen und nicht *gegen* Gerichte. »*Öffentliche Gewalt*« *meint also nur die vollziehende Gewalt*.

Auch wenn Art. 19 IV kategorisch formuliert ist, sollten damit sinnvolle und seit jeher gebräuchliche Voraussetzungen für eine Rechtsschutzgewähr, wie die Beachtung von Fristen etwa, nicht verworfen werden (BVerfGE 10, 264/268 = StA S. 367).

Rechtsschutz ist nur dann voll wirksam, wenn beim Staat-Bürger-Streit um ein gesetzliches Merkmal nicht die Ansicht der Behörden, sondern die des Gerichtes maßgebend ist. Deshalb wäre eine Bestimmung »Eine Fahrerlaubnis erhält, wer nach Auffassung der Straßenverkehrsbehörde zum Führen eines Kfz geeignet ist.« nicht nur aus grundrechtlicher Sicht, sondern auch am Maßstab des Art. 19 IV unzulässig. Andererseits ist es unumgänglich festzulegen, daß beispielsweise eine Leistung die Note »befriedigend« bekommt, die nach vertretbarer (!) Einschätzung der Fachprüfer durchschnittlichen Anforderungen genügt; man kann weder Abitur noch Staatsexamen vor dem Verwaltungsgericht repetieren. Wenn Sie aber »vertretbarer« ersetzen durch »freier und beliebiger«, dann wird der Einschätzungsspielraum der (Prüfungs-)Verwaltung suspekt. Um die schwierige Grenzziehung bemühte sich BVerfGE 84, 34 = StA S. 377 auf Antrag eines durchgefallenen Jurastudenten und eines Rechtsreferendars.

b) Rechtsfrieden

Die Streitentscheidung durch unabhängige Gerichte kann man unter der Annahme, daß der Richter das Recht »trifft«, dem Aspekt Rechtsverbindlichkeit zuordnen; hier gewährleistet der Richter, daß alles nach Gesetz abläuft. Anders aber, wenn falsch entschieden wird. Hier kann eigentlich weder von Rechtsverbindlichkeit noch von materieller Gerechtigkeit die Rede sein. Dafür schiebt sich der Gesichtspunkt der Schaffung von Rechtsfrieden in den Vordergrund. Gerichtliche Entscheidungen müssen notwendigerweise verbindlich und abschließend sein, selbst wenn sie falsch sind, also der Rechtsbindung und der materiellen Gerechtigkeit widerstreiten. Diese Verbindlichkeit nennt man die »*Rechtskraft*« gerichtlicher Urteile, und sie ist ein Musterbeispiel für die Spannungslage zwischen materieller Gerechtigkeit und Rechtssicherheit, *beides* wohlgemerkt Rechtsstaatselemente.

Das gibt es auch sonst noch ungemein häufig! Der Rechtskraft von Urteilen ist die sogenannte *Bestandskraft* von Verwaltungsakten verwandt. Ein Verwaltungsakt, der an keinen besonders krassen Fehlern leidet, *gilt ungeachtet seiner Rechtswidrigkeit*, wenn er nicht binnen Monatsfrist angegriffen wurde. (Vgl. schon oben S. 14)

Oder nehmen Sie das Beispiel der *Verjährung*. Um der Rechtsbefriedung willen, um gleichsam einen oft unsicheren Schwebezustand zu beenden, um eindeutige Verhältnisse zu schaffen und dadurch die Dispositionsmöglichkeiten zu verbessern, geht eine materielle Rechtsposition mit Ablauf der Verjährungsfrist verloren. Und dies nicht nur im Zivilrecht, auch im Strafrecht geht der Staat seines — um der Gerechtigkeit willen bestehenden — Strafanspruchs verlustig!

Einen ganz ähnlichen Effekt wie die Verjährungsfristen haben die *materiellen Ausschlußfristen:* Wer sich nicht binnen bestimmter Fristen meldet, hat das Nachsehen, sein Recht geht verloren.

3. *Bestimmtheit des Rechts*

a) Art. 103 II

Das Erfordernis gesetzlicher Bestimmtheit findet sich ausdrücklich nur an einer Stelle des GG, in Art. 103 II: »Eine Tat kann nur bestraft werden, wenn die Strafbarkeit gesetzlich bestimmt war, bevor die Tat begangen wurde.«

Das erlaubt *keinen* Umkehrschluß dahingehend, daß ansonsten gesetzliche Bestimmtheit entbehrlich sei. Die Norm hat nur zur Folge, daß man im Strafrecht etwas strenger ist als sonst, z. B. keine Analogie und selbst für eine Übergangszeit kein Gewohnheitsrecht zuläßt, beides außergesetzliche Instrumente, während man sich zu dieser Strenge im Verwaltungsrecht nicht bereitgefunden hat. Ein Grenzfall, den das BVerfG bei Art. 103 II GG einmal zu beurteilen hatte, war die Strafbarkeit des »groben Unfugs«: BVerfGE 26, 41 = StA S. 606. Die damals angegriffene Bestimmung ist heute durch die etwas präziseren §§ 117, 118 des Ordnungswidrigkeitengesetzes (OWiG) ersetzt, das Sie im »Schönfelder« unter der Nr. 94 finden.

Was Art. 103 II verhindert, zeigt beispielsweise ein Blick auf das Militärregime in der Türkei vor 1983. Dort machte sich strafbar, wer durch mündliche oder schriftliche Kommentare oder Erklärungen »die Öffentlichkeit in die Irre führt«.

Die Bestimmung gilt übrigens nicht nur für Straftaten im engeren Sinne, sondern auch für Ordnungswidrigkeiten.

b) Art. 80

Hinreichende Bestimmtheit ermächtigender Gesetze wird auch in Art. 80 GG für einen Sonderfall, die Ermächtigung zur Verordnungsgebung, gefordert. Die Norm werden wir noch genauer zu analysieren haben, aber schon jetzt können wir registrieren, daß die Festlegung von Inhalt, Zweck und Ausmaß der Ermächtigung im Gesetz nicht nur ein Ausfluß des Demokratieprinzips ist — die Grundfragen soll das Parlament selbst regeln —, sondern auch des Rechtsstaatsprinzips: Der Bürger sollte sich jedenfalls ungefähr ausrechnen können, was an Verordnungen auf ihn zukommen kann.

Deshalb hat BVerfGE 33, 125/157 f. = StA S. 556 denn auch die Anforderungen des Art. 80 im wesentlichen auf die Ermächtigung zu *Satzungen* übertragen, für die Art. 80 eigentlich nicht gilt. (Das wird später noch genauer zu erörtern sein.)

c) Ableitung aus dem Rechtsstaatsprinzip

aa) Außerhalb des materiellen Strafrechts wird die Bestimmtheit des Rechts wiederum nur vom Rechtsstaatsprinzip geboten. Sowohl die unter 1. betonte Maßstäblichkeit des Rechts wie auch die unter 2. erörterte richterliche Prüfungsmöglichkeit sind nur von begrenztem Wert, wenn das Recht nicht ein Mindestmaß an Bestimmtheit aufweist. Nur bei einer halbwegs präzisen Norm weiß der Bürger, woran er ist, kann sich auf das Gesetz einrichten, nur ein »griffiges« Recht kann Gegenstand einer richterlichen oder zuvor einer verwaltungsinternen Kontrolle sein. Wenn eine Norm nur lauten würde, ein Bürger habe sich — sei es in der U-Bahn, der Universität oder auf dem Sportplatz — »ordentlich zu verhalten«, wüßte weder der Bürger, was er tun soll, noch könnte ein Gericht adäquat nachprüfen, ob eine Rüge »unordentlichen« Verhaltens zu Recht erfolgt ist.

bb) Das Bestimmtheitserfordernis ist natürlich unabhängig davon, ob nun eine Norm selbst schon etwas gebietet oder verbietet oder aber nur die Verwaltung zu einer Verfügung *ermächtigt.* »Die zuständige Behörde hat Maßnahmen zu treffen, um ein ordentliches Verhalten der Sportplatzbesucher sicherzustellen« — eine solche Ermächtigung ist so wenig zulässig wie das zuvor erwähnte gesetzliche Gebot. Lesen Sie bitte hierzu noch BVerfGE 8, 274/325 = StA S. 390. Das BVerfG hebt dort nur auf das Rechtsstaatsprinzip ab. Ersichtlich ist aber — bei einem formellen Gesetz — auch das Demokratieprinzip berührt, weil der Gesetzgeber in einem solchen Fall nicht selbst das Wesentliche geregelt hat.

cc) Auch bei der Umsetzung der Ermächtigung mittels einer *Verfügung* ist auf Bestimmtheit zu achten. Denn der Bürger muß genau wissen, was von ihm verlangt wird. Wenn einem Diskotheken-Besitzer aufgegeben wird, seine Musik »auf ein erträgliches Maß zurückzuführen, so daß Anwohner nicht gestört werden«, so ist diese Verfügung mangels Bestimmtheit rechtswidrig. Das »Verwaltungsverfahrensgesetz« (VwVfG), mit dem Sie in Kürze ausführlich Bekanntschaft machen werden, sagt in § 37 I: »Ein Verwaltungsakt muß inhaltlich hinreichend bestimmt sein.«

d) Das Problem der unbestimmten Rechtsbegriffe

Zurück zur Bestimmtheit von Normen: In der vorhin erwähnten Entscheidung des BVerfG (StA S. 390) heißt es:

»Eine ›vage Generalklausel‹, die es dem Ermessen der Exekutive überläßt, die Grenzen der Freiheit im einzelnen zu bestimmen, ist mit dem Grundsatz der Gesetzmäßigkeit der Verwaltung nicht vereinbar.« Aber gibt es nicht unzählige mehr oder weniger vage Generalklauseln? »*Unbestimmte Rechtsbegriffe*« sind das tägliche Brot des Juristen und zwar im doppelten Wortsinn; ohne solche unbestimmten Rechtsbegriffe wären unzählige Juristen ohne Berufschance. Und dennoch zählen wir die Bestimmtheit des Rechts zu den Rechtsstaatsgeboten. Ist das nicht paradox? Die Paradoxie mindert sich etwas, sobald man sich klar macht, daß keine Rechtsordnung ohne unbestimmte Rechtsbegriffe wie beispielsweise »Wohl der Allgemeinheit«, »öffentliches Interesse«, »öffentliche Sicherheit und Ordnung«, »Unzuverlässigkeit«, »anständige Baugesinnung«, »unzumutbare Härte« auskommen kann. Also kann es auch dem Rechtsstaatsgebot nur darum gehen, übergroße Unbestimmtheit zu vermeiden! Zudem werden die Bedenken gegen unbestimmte Rechtsbegriffe um so eher vermindert, je stärker es der Rechtsprechung gelungen ist, durch »case-law« die auslegungsbedürftigen Begriffe zu konkretisieren und über Fallgruppen »griffiger« zu machen. Beispielsweise ist die sogenannte polizeiliche Generalklausel, wonach gegen eine Gefährdung der »öffentlichen Sicherheit oder Ordnung« eingeschritten werden darf, im Laufe eines guten Jahrhunderts durch die Rechtsprechung ausgelegt und konkretisiert worden.

Selbst »das Strafrecht kann nicht völlig darauf verzichten, allgemeine Begriffe zu verwenden, die formal nicht eindeutig allgemeingültig umschrieben werden können und die an die Auslegung des Richters besondere Anforderungen stellen. Ohne die Verwendung solcher flüssigen Begriffe wäre der Gesetzgeber nicht in der Lage, der Vielgestaltigkeit des Lebens Herr zu werden. Sie sind unentbehrlich und ihre Verwendung ist in gewissen Grenzen legitim.« (BVerfGE 11, 234/237) Sie haben in Ihrer Studienauswahl noch eine Reihe interessanter Entscheidungen zum Bestimmtheitsproblem. In BVerfGE 21, 73 = StA S. 310 ging es um einen Fall, in dem man kein Grundstück erwerben durfte, wenn der Erwerb eine »ungesunde Verteilung des Grund und Bodens« bedeutet hätte. Das BVerfG hat das noch gelten lassen. Interessant an der Begründung ist, daß unbestimmte Rechtsbegriffe nicht schon dann beanstandet werden, wenn sie in etwas bestimmtere Fallgruppen hätten aufgelöst werden können. Das ist im Ergebnis bedauerlich, aber verständlich, weil sonst das BVerfG fortlaufend den Gesetzgeber schulmeistern müßte.

Von Interesse sind auch noch BVerfGE 17, 306/314 = StA S. 396, BVerfGE 48, 210/221 = StA S. 398 und BVerfGE 49, 89/133 = StA S. 407. Beachten Sie in der zweiten Entscheidung auf S. 222 die Abhängigkeit der notwendigen Bestimmtheit von der Intensität der erlaubten Maßnahme; das verdient eine Farbmarkierung in der StA.

Bei alledem muß man sich leider immer wieder klarmachen, daß es hierbei letztlich um Bestimmtheit für Juristen geht. Wenn wir die *Normentransparenz für den Laien* als Rechtsstaatsgebot proklamieren wollten, würde das zur Verfassungswidrigkeit der Mehrzahl unserer Gesetze führen. Erstsemester pflegen hier zu fragen, ob das unabänderlich sei. Leider muß man antworten: Ja.

4. Vertrauensschutz

Zu der den Rechtsstaat mit begründenden *Rechtssicherheit* gehört auch, daß ein Vertrauen auf eine bestimmte Rechtslage geschützt wird.

a) Rücknahme von begünstigenden Verwaltungsakten

Wenn jemandem von der Verwaltung irrtümlich, das heißt rechtswidrig, eine Begünstigung erbracht, zum Beispiel eine Genehmigung erteilt wurde und er gutgläubig »darauf gebaut« hat, sei es ein Haus oder einen Gewerbebetrieb, dann würde durch eine Rücknahme sein Vertrauen auf einen Rechtsakt enttäuscht. Deshalb sind solche Rücknahmen nur begrenzt möglich, obwohl ja durch sie dem Recht zur Geltung verholfen wird, also die Rechtsbindung der Verwaltung ebenso wie die materielle Gerechtigkeit durchgesetzt werden sollen! Also auch hier wieder ein Konflikt gleichsam »innerhalb« des Rechtsstaatsprinzips zwischen materieller Gerechtigkeit und Rechtssicherheit.

Der Gesetzgeber hat im Verwaltungsverfahrensgesetz von 1976 die Regelung getroffen, daß rechtswidrige begünstigende Verwaltungsakte, die keine Geldleistung gewähren (sondern etwas genehmigen etc.), zurückgenommen werden dürfen und das in den Verwaltungsakt gesetzte Vertrauen nur zu einer Geldentschädigung führt. Nun streitet man darüber, ob das in jedem Fall dem Rechtsstaatsprinzip genügt, auch dann, wenn beispielsweise eine Genehmigung sehr viel, Geld hingegen sehr wenig bedeutet.

b) Die Rückwirkung von Gesetzen

Der Vertrauensschutz spielt auch eine zentrale Rolle bei der wichtigen Frage, inwieweit Gesetze und andere Normen Rückwirkung haben dürfen.

aa) In einem Punkt muß man freilich für die Rückwirkung von Gesetzen nicht auf das Rechtsstaatsprinzip zurückgreifen. Der schon erwähnte *Art. 103 II* verbietet ausdrücklich rückwirkende *Straf*gesetze. Wir haben ihn zuvor (S. 29) nur unter dem Gesichtspunkt betrachtet, daß der Straftatbestand hinreichend bestimmt gefaßt sein muß — hier geht es hingegen darum, daß *überhaupt* die Strafbarkeit vor Tatbegehung angeordnet worden sein muß. Und auch hier gilt wieder, daß man aus Art. 103 II *keinen Umkehrschluß* ziehen darf.

bb) Folglich stellt sich das weitere Problem, inwieweit eine Nicht-Strafnorm zurückwirken darf. Das ist naheliegenderweise nur problematisch bei *belastenden* Eingriffen, Begünstigungen wie etwa Gehaltserhöhungen können ohne weiteres zurückwirken.

Bei rückwirkend belastenden Gesetzen unterscheidet das BVerfG die sogenannte »echte« Rückwirkung von der »unechten«. Die abstrakte Umschreibung für diese Begriffe finden Sie in BVerfGE 25, 269/290 = StA S. 610 sowie u. a. in BVerfGE 30, 367/386 = StA S. 415. Wir müssen sie freilich noch etwas konkretisieren.

(1) *Bei der »echten« Rückwirkung tritt eine Norm vor dem Zeitpunkt ihrer Verkündung in Kraft.* Ihre Geltung soll also in die Vergangenheit zurückbezogen werden. Das Gesetz steht am 1. 3. 1993 im Bundesgesetzblatt (BGBl.), soll aber ab 30. 6. 1992 gelten. Diese Rück-Geltung wird nur gesetzestechnisch verborgen, wenn ein ab 1. 1. 1993 geltendes Steuergesetz schon für den Veranlagungszeitraum 1992 angewendet werden soll; das ist ganz ebenso, wie wenn es rückwirkend zum 1. 1. 1992 in Kraft gesetzt worden wäre.

Die *echte Rückwirkung* ist *prinzipiell unzulässig*. Der Bürger hatte sich auf eine bestimmte Rechtslage eingestellt und seine Dispositionen daran ausgerichtet, z. B. seinen Verkaufspreis nach der geltenden Steuer oder dem geltenden Zoll kalkuliert. Wenn der Staat dann später eine rückwirkende Neuregelung erläßt, zerstört das die Berechenbarkeit des Rechts und damit die Rechtssicherheit.

Allerdings gibt es *Ausnahmen*, wenn der Bürger auf die seinerzeit geltende Rechtslage *nicht vertraut hat* oder sein *Vertrauen nicht schutzwürdig war.* Drei voneinander unabhängige *Ausnahmelagen* finden Sie in BVerfGE 30, 367/387 = StA S. 416 verzeichnet:

— Der Bürger mußte *mit der Rückwirkung rechnen.* Das ist u. a. spätestens der Fall ab dem Gesetzesbeschluß des Bundes-

C. Rechtsstaatlichkeit

tages (mit dem, wie wir noch sehen werden, das Gesetz ja noch lange nicht gilt). Hingegen hält das BVerfG eine Rückbeziehung auf den Zeitpunkt, in dem das Bundeskabinett die Gesetzesinitiative beschlossen hat, für unzulässig.

— Es besteht eine *unklare Rechtslage*, eine Norm ist möglicherweise nichtig und wird deshalb rückwirkend klar gefaßt.

— Bei *geringfügigen Belastungen*. Die lagen vor im Fall der Hamburger Hundesteuer (BVerfGE 7, 89): Man hatte lange Zeit in unzutreffender Gesetzesauslegung zusätzlich zur Hundesteuer noch 5 DM Gebühren für die Hundemarke eingezogen. Da es dafür keine Rechtsgrundlage gab, hat der Gesetzgeber rückwirkend die Hundesteuer um 5 DM erhöht. (Beachten Sie: Ein solches Gesetz hat nicht die Aufgabe, alle in der Vergangenheit erhobenen Gebühren »zu retten«! Die meisten Gebührenbescheide waren »bestandskräftig«, weil nicht mehr angreifbar — sie galten trotz Rechtswidrigkeit; vgl. vorne S. 29). Diesen Fall könnte man eventuell auch noch unter die zuvor erwähnte zweite Gruppe (unklare Rechtslage) einordnen.

Das BVerfG hat in anderen Entscheidungen (u. a. in der Leitentscheidung E 13, 261/272) noch zwei weitere Ausnahmen vom Verbot der echten Rückwirkung aufgeführt:

— Eine *nichtige Norm wird rückwirkend ersetzt*.

— *Zwingende Gründe des gemeinen Wohls*, die dem Gebot der Rechtssicherheit übergeordnet sind, erfordern eine Rückwirkung.

Der letztgenannte Gesichtspunkt wurde vom BVerfG bislang nicht praktisch »eingesetzt«; hier ist auch große Zurückhaltung geboten. Der erstgenannte Gesichtspunkt ist hingegen von praktisch *überragender Bedeutung*. Das legt die Frage nahe, weshalb er in BVerfGE 30, 367/387 = StA S. 416 nicht aufgeführt ist. Vermutlich deshalb, weil er der dort unter A. aufgeführten, der im obigen Text allerersten Gruppe zugerechnet wird: Bei einer ungültigen Norm muß der Bürger mit der Rückwirkung einer gültigen Norm rechnen. (Der Hundefall zählt nicht direkt hierher; da hatte die Behörde nur an die Existenz einerNorm geglaubt.)

Das bedeutet praktisch, daß der Angriff auf eine aus formellen Gründen unwirksame Norm sich oftmals nicht lohnt! Wer etwa einen Verstoß gegen die Gesetzgebungskompetenzen rügt (der Bund hat statt des Landes das Gesetz erlassen oder umgekehrt) oder das Fehlen der Zustimmung des Bundesrats beanstandet, hat nur dann einen Ertrag aus der Nichtigerklärung der Norm durch das BVerfG, wenn der zuständige Gesetzgeber untätig bleibt oder der Bundesrat nicht »mitspielt«. Ansonsten ergehen rückwirkende Gesetze. Große praktische Bedeutung hat das im *Bereich kommunaler Satzungen*. Diese waren lange Zeit aus Gründen, die hier nicht näher interessieren, zu einem hohen Prozentsatz nichtig. Wenn nun genügend viele Bürger gegen Bescheide über Wasser-, Abwasser-, Friedhofsgebühren oder über Erschließungsbeiträge (mit enormen Summen!) vorgegangen wären und die auf nichtiger Grundlage beruhenden Bescheide nicht hätten bestandskräftig werden lassen, dann hätte das beim Verbot, die nichtige Satzung *rückwirkend* ordnungsgemäß zu erlassen, zu ganz bedrohlichen Ausfällen geführt. Eine abstrakte und — zugegebenermaßen zunächst nicht übermäßig interessante — Rechtsfrage, von der aber in der Praxis das Wohl und Wehe vieler Gemeinden abhängt!

(2) Im Gegensatz zur echten Rückwirkung sind bei der »unechten« *Rückwirkung*, die in Wahrheit gar keine ist (und folglich unglücklich bezeichnet wird), *die Normen niemals zurückdatiert*. Bei der »unechten Rückwirkung« geht es vielmehr um ein ganz einfaches, tausendfach auftretendes Phänomen: Neue oder Abänderungsgesetze können nicht immer nur für Sachverhalte gelten, die erst nach ihrem Erlaß entstehen werden, sondern müssen auch Sachverhalte erfassen, die schon »im Gang« sind. So gelten etwa Änderungen des Mietrechts prinzipiell für bereits laufende Mietverträge, nicht erst für zukünftig abzuschließende. Aber das Problem wird sogleich sichtbar bei einer drastischen Verbesserung des Mieterschutzes, falls der Vermieter nur deshalb vermietet hat, weil er damit rechnen konnte, bei Eigenbedarf die Wohnung rechtzeitig selbst beziehen zu können. Das Gesetz gilt erst ab Verkündung (oder später) und erst für zukünftig eintretende Ereignisse, d. h. Kündigungen. Aber dennoch entwertet es Dispositionen der Vergangenheit.

Oder nehmen Sie folgendes Beispiel: Früher mußte man eine von der Bundeswehr bezahlte und zum Teil über eine Million DM teure Pilotenausbildung nur kurze Zeit »abdienen« und konnte danach zwanglos in die Pfründe der Lufthansa abwandern. Weil das überhandnahm, wurde die Dienstzeit durch Gesetz drastisch verlängert. Das überraschte viele Piloten, die kurz vor dem Absprung waren. Sie machten — erfolglos — eine verbotene unechte Rückwirkung geltend (BVerfGE 39, 128).

Oder: Jemand gibt im Hinblick auf die Studienförderung durch verlorene Zuschüsse seine alte Stellung auf und studiert. Nun wird mitten in seinem Studium die Förderung auf Darlehen umgestellt. Unter dieser Voraussetzung hätte der Betreffende, der noch hohe Verbindlichkeiten hat, niemals studiert. Das neue Gesetz gilt erst für die Zukunft, macht aber Entscheidungen der Vergangenheit zunichte. Oder ein Beispiel aus dem nicht-pekuniären Bereich: »Im Referendarexamen wird das Fach Rechtsphilosophie mündlich geprüft.« Eine solche Bestimmung kann zwar nicht rückwirkend erlassen werden mit der Folge, daß die herkömmlich Geprüften kein gültiges Examen abgelegt haben. Wie aber, wenn das Gesetz ab nächster Woche gilt und damit für einen Prüfungstermin in zehn Tagen? Das Gesetz gilt nicht vor seinem Erlaß, es erfaßt es auch erst *zukünftige* Vorgänge, d. h. Examen. Aber gleichwohl läßt es nachträglich das Studium als unzweckmäßig aufgebaut erscheinen, weil man nicht Rechtsphilosophie gehört hat. Hier bedarf es also vom Vertrauensschutzprinzip wie von den Grundrechten her einer vernünftigen *Übergangsregelung*.

Ein weiteres, praktisch bedeutsames Beispiel: Die *Sparförderung* wird eingeschränkt. Unterstellt, demnächst gibt es weniger Prämien für die Sparleistungen. Das Gesetz gilt und »greift« erst in der Zukunft. Aber mancher hat in Hoffnung auf die »alten« Förderungssätze langfristige Verträge abgeschlossen. Um sein Vertrauen nicht zu enttäuschen, wird die Kürzung in der Regel nur auf »Neuverträge« bezogen. Als Neuvertrag muß dann aber schon gelten, was nach dem ersten Bekanntwerden der Gesetzgebungspläne, meist nach dem Kabinettsbeschluß, abgeschlossen wurde; sonst kämen während des langen Gesetzgebungsverfahrens noch hunderttausende von Verträgen zustande. Hier, bei der »unechten Rückwirkung«, kann man auf diesen Zeitpunkt abstellen, bei der »echten« aber, wie bereits erwähnt, nicht.

Die Leitlinie des BVerfG für »unechte Rückwirkungen«: Es ist hier »das Vertrauen des einzelnen auf den Fortbestand einer bestimmten gesetzlichen Regelung mit der Bedeutung des gesetzgeberischen Anliegens für das Wohl der Allgemeinheit abzuwägen« (BVerfGE 25, 154).

III. Selbstbeschränkung des Rechtsstaates

Der Rechtsstaat legt seiner Hoheitsgewalt Fesseln an, jedenfalls insoweit, wie Gewaltmißbrauch droht. Indem er seine Tätigkeit in vorgezeichnete Bahnen und Prozeduren zwingt, verzichtet der Rechtsstaat in enormem Umfang auf staatliche Effizienz. Wie leicht ist Verbrechensbekämpfung ohne die Fesseln des Rechtsstaats, und wie schnell läßt sich eine neue Bahnstrecke, ein Flughafen oder ein Kernkraftwerk dann bauen! Aber um welcher Opfer an Rechtlichkeit und Gerechtigkeit willen!

1. Grundrechtsgewährleistung und Verhältnismäßigkeitsprinzip

In den Grundrechtsgarantien übernimmt der Staat Unterlassungspflichten. Er verspricht, die Rechtsgüter seiner Bürger nicht oder nur unter Einhaltung strenger Bedingungen zu beeinträchtigen. Außerdem verspricht er, Gleiches gleich und Ungleiches ungleich zu behandeln. Durch die Gewährleistung von Freiheit und Gleichheit setzt sich der Rechtsstaat selbst Grenzen. Den Einzelheiten werden wir uns noch genauestens zu widmen haben.

Ein Rechtsstaat belastet seine Bürger nicht unnötig und nicht in offenbarem Mißverhältnis zu dem Ertrag seiner Maßnahmen. Nur den unbedingt erforderlichen Eingriff vorzunehmen und keinen solchen, der bei geringem Nutzen schwer schadet, gebietet der *Grundsatz der Verhältnismäßigkeit*. Ihn leitet man sowohl aus dem Sinngehalt der Grundrechte wie aus dem Rechtsstaatsprinzip ab. Auch auf ihn wird bei Behandlung der Grundrechte noch ausführlich einzugehen sein.

2. Gewaltenteilung

Die Ausübung von Staatsgewalt bringt eine Vielzahl verschiedenartiger Aufgaben (oder: »Funktionen«) mit sich. Normerlaß, Regierung, Verwaltung, Verkehr mit auswärtigen Mächten, Rechtsprechung, Aufsichts- und Kontrollmaßnahmen, Gnadenpraxis, Landesverteidigung, Repräsentation und anderes mehr.

Dabei ließe sich jede der genannten Funktionen noch weiter aufgliedern, die Verwaltung beispielsweise in einige Dutzend Gruppen wie Kultus-, Wirtschafts-, Ordnungs-, Subventionsverwaltung.

In einer Diktatur oder früher in einer absoluten Monarchie lagen alle Aufgaben gleichsam in einer Hand – und entsprechend die notwendigen Befugnisse. Es liegt deshalb der Gedanke nahe, die verschiedenen Funktionen auf verschiedene und voneinander prinzipiell unabhängige Funktionsträger aufzuteilen, deren keiner die Fülle der Aufgaben und der Macht hat. Ein altes Sprichwort rät: »Divide et impera«, »Teile und herrsche (dadurch)!« Das ist ein Rat an den Herrschenden, seine Herrschaft zu festigen. Für den Beherrschten gilt ein solcher Grundsatz nicht minder. Der muß hier nur lauten: »Teile die Herrschaftsbefugnisse auf, um ihren Mißbrauch zu erschweren.«

Ihre »klassische« Ausprägung hat die Gewaltenteilungslehre durch den Franzosen Montesquieu 1748 in Anlehnung an Vorarbeiten des englischen Staatsphilosophen John Locke (1690) erfahren. Während Locke beispielsweise neben der gesetzgebenden und der ausführenden Gewalt noch keine richterliche Gewalt unterschied, sondern nur die »föderative« = auswärtige Gewalt, unterteilte Montesquieu die Fülle der Staatsfunktionen in deren drei: Gesetzgebung, Vollziehung, Rechtsprechung. Alle drei sollten unabhängigen Funktionsträgern, Parlament, König und Richtern, überantwortet sein.

Ich begnüge mich vorerst damit, auf den schon früher erwähnten Art. 20 II 2 zu verweisen, wonach es gesonderte Organe der Gesetzgebung, der vollziehenden Gewalt und der Rechtsprechung gibt, die die Staatsgewalt für das Volk ausüben. Die sehr komplizierte Struktur des Verhältnisses dieser drei »Gewalten« läßt sich erst dann genau erkennen, wenn man die Bildung dieser Organe und ihre Funktionen analysiert hat.

IV. Zusammenfassung

1. Für den Rechtsstaat sind materielle, inhaltliche wie auch formelle Merkmale bezeichnend. Er wird geprägt durch materielle Gerechtigkeit einerseits, durch die Verbindlichkeit und Sicherheit des Rechts und seiner Handhabung durch unabhängige Gerichte andererseits sowie schließlich durch seine rechtliche Selbstbeschränkung einschließlich der Gewaltenteilung.

2. Zur Rechtsbefriedung müssen auch falsche und also der materiellen Gerechtigkeit widerstreitende Entscheidungen in Kauf genommen werden.

3. Die hinreichende Bestimmtheit allen Rechts ist speziell in Art. 103 Abs. 2 und Art. 80 gefordert, ansonsten Ausfluß des Rechtsstaatsprinzips. Sie betrifft normative Verbote und Gebote ebenso wie bloße Ermächtigungen an die Verwaltung und die Verfügungen aufgrund einer Ermächtigung.

Das Erfordernis hinreichender Bestimmtheit muß vereinbart werden mit der Unentbehrlichkeit unbestimmter Rechtsbegriffe.

4. Zur Rechtssicherheit gehört Vertrauensschutz. Er äußert sich vornehmlich in einer beschränkten Aufhebbarkeit begünstigender Verwaltungsakte sowie in der eingeschränkten Zulässigkeit rückwirkender Gesetze. Echte normative Rückwirkung liegt vor, wenn ein Gesetz vor seiner Verkündung in Kraft treten soll, also rückdatiert wird. Sie ist nur sehr selten zulässig, vor allem, wenn der Bürger mit der Rückwirkung rechnen mußte. Alle anderen Fälle, in denen eine nicht rückdatierte Norm Dispositionen der Vergangenheit entwertet, wird als unechte Rückwirkung bezeichnet. Sie ist zulässig, falls das Vertrauen des Bürgers nicht unzumutbar enttäuscht wird.

D. Sozialstaatlichkeit

I. Rechtsverbindlichkeit der Sozialstaatsklausel

Es spricht eine Vermutung dafür, daß jede Verfassungsbestimmung, ja grundsätzlich sogar jedes Wort im Verfassungstext, Normativwirkung hat. Das meint, daß es mit beiträgt zu einer Zuständigkeitsbestimmung oder zur Festlegung von Rechten oder Pflichten oder zu einer rechtlichen Zustandsregelung. Aber zwingend ist das nicht. In eine Verfassung können auch hochtönende Phrasen, feierliche Bekenntnisse, im schlechtesten Fall Bestandteile aus Sonntagsreden einfließen. Wenn eine Verfassung dem Bürgern ein »Recht« verheißt, glücklich zu werden, so läßt sich damit juristisch so wenig anfangen wie mit folgender Bestimmung einer frühen ostdeutschen Landesverfassung: »Die Jugend hat ein Anrecht auf Frohsinn und Freude«. Nicht rechtsverbindliche Verfassungsnormen nannte man unter der Weimarer Reichsverfassung (WRV) »Programmsätze«.

Wenn die Proklamation eines »sozialen Staates« in Art. 20 und 28 dahin zu rechnen wäre, könnte man diesen Tatbestand in wenigen Sätzen als gutgemeinte, aber nicht weiter erhebliche Floskel abtun. Eine Zeitlang gab es eine Tendenz, die Sozialstaatsklausel ihrer hochgradigen Unbestimmtheit wegen als Programmsatz oder ähnlich zu bezeichnen, jedenfalls nicht als unmittelbar verbindliches Recht und als »justitiabel« zu qualifizieren. Diese Auffassung hat sich nicht durchgesetzt, vielmehr erkennt man heute die *rechtliche Verbindlichkeit des Sozialstaatsgebots* an. Das zieht die Schwierigkeit nach sich, »sozial« zu umschreiben. Die Definition wird jedenfalls folgende Richtung nehmen müssen. Sozial handeln heißt: Notlagen verhindern und beseitigen, jedem einen wirtschaftlich-vermögensrechtlichen Mindeststandard verschaffen, schwerwiegende Nachteile, die aus materiellem Mangel herrühren, ausgleichen.

II. Das Leerlaufen der Sozialstaatsklausel

Sozialstaatlichkeit als Normativgebot hätte dann praktische Auswirkungen, würde den Zwang eines Rechtsgebots entfalten und entsprechende verfassungsrechtliche Auseinandersetzungen auslösen, wenn ein Staat einem Manchester-Liberalismus huldigen, die wirtschaftlich-soziale Entwicklung ihrer Eigenläufigkeit nach Marktgesetzen überlassen und dabei soziale Notlagen und Mißstände in Kauf nehmen würde. Diesen nur auf Wahrung der Rechtsordnung bedachten »Nachtwächterstaat« hat es in reiner Form nur selten und für kurze Zeit gegeben, seit wenigstens einem Jahrhundert – seit der Bismarckschen Sozialgesetzgebung – ist er in Deutschland verschwunden. Und heute erhält moderne Sozialpolitik keinen Antrieb aus verfassungsrechtlichen Geboten.

Mehr oder weniger ist jeder moderne Staat auf Sozialpolitik und sozialen Ausgleich bedacht, selbst die USA mit ihrem – gemessen an der Leistungskraft – sehr dünnen »sozialen Netz«. Und dieser »Zug der Zeit« ist unabhängig davon, ob nun in einer Verfassung das Adjektiv »sozial« steht. Zur Verdeutlichung noch ein Parallelbeispiel: Stellen Sie sich eine Verfassung vor, in der steht: »Der Staat hat die Wirtschaftsentwicklung zu fördern.« Was bringt das in Anbetracht dessen, daß ohnehin jeder Staat Wirtschaftssteuerung betreibt?

Weil demnach das Verfassungspostulat sich mit politischen Zwangsläufigkeiten deckt, wird vielfach die wohl zutreffende Ansicht vertreten, daß die tatsächliche sozialrechtliche Entwicklung um keinen Millimeter anders verlaufen wäre, wenn es die Verfassungszusätze »sozial« nicht gäbe. Man darf sogar die Vermutung wagen, daß auch die verfassungsrechtlichen Frontstellungen in diesem Fall nicht nennenswert anders wären. Denn das »Soziale« kann man auch über das Element der Gerechtigkeit bei der *Rechtsstaatlichkeit* einbringen. Darüber hinaus bietet der Gleichheitssatz eine Handhabe, *Sozialpolitik* zu betreiben. Für die Steuerprogression beispielsweise, die höhere Einkommen prozentual stärker als niedrigere belastet, braucht man nicht zwingend die Sozialstaatsklausel, es genügt, wegen der wirtschaftlich-sozialen Ungleichheit auch eine ungleiche Steuerbehandlung zu verlangen.

Aus dieser Sicht hat das Sozialstaatsgebot schon viel Irritierendes an sich: Ist es bereits merkwürdig genug, daß das bloße Adjektiv »sozial« bis heute eine kleine staatsrechtliche Bibliothek produzieren konnte, so ist es erst recht paradox, daß diese Bibliothek nicht nutzlos würde, wenn das Wörtchen »sozial« einer Streichung zum Opfer fiele. Es gibt das berühmte Wort Julius von Kirchmanns zur »Wertlosigkeit der Jurisprudenz als Wissenschaft« (1848): »Drei berichtigende Worte des Gesetzgebers – und ganze Bibliotheken werden zur Makulatur.« Für das Verfassungswort »sozial« trifft das nicht zu. Aber daß es nicht zutrifft, macht gerade das Problem aus.

Soll das nun heißen, daß die Sozialstaatlichkeit praktisch gar keine verfassungsrechtliche Bedeutung hat, eben weil ein Staat, jedenfalls ein mitteleuropäischer unserer Tage, schon aus politischen Gründen, um des so wichtigen »sozialen Friedens« willen, sich ohnehin nicht unsozial verhält? Diese Frage wird man in der Tat überwiegend bejahen müssen, und dieser Befund spiegelt sich in der Tatsache, daß die Sozialstaatsklausel bislang in der Verfassungsrechtsprechung aller Gerichte keine wirklich tragende Rolle gespielt hat.

Diesen Aussagen wird natürlich derjenige energisch widersprechen, der die derzeitige Sozialgesetzgebung als »Almosen« betrachtet und den »wahren« Sozialstaat noch in unendlicher Ferne sieht. Sofern man die Verwirklichung des Sozialstaats als bindende Verfassungspflicht der staatlichen Organe, insbesondere des Parlaments, ansieht, muß man dieses Ziel nur hoch genug stecken, um sogleich eine Zweckverfehlung und damit einen Zustand der Verfassungswidrigkeit konstatieren zu können. Wer den Sozialstaat so »ausmalt«, daß jedem Studenten 1600 DM Stipendium, jedem ledigen Sozialhilfempfänger 2000 DM Unterstützung, jedem Rentner und jedem Arbeitslosen das letzte Nettogehalt zustehen, der erzielt damit automatisch das Ergebnis »Verfassungsmißachtung«.

Indessen kann die Verfassung kein solcher politischer Selbstbedienungsladen sein. Und wer dementsprechend das Sozialstaatsgebot auf ein halbwegs realistisches Maß zuschneidet, der wird zwischen Soll- und Ist-Zustand keine nennenswerten Differenzen feststellen können.

III. Rechtfertigung sozialpolitischer Maßnahmen

Man kann das Sozialstaatsprinzip aus zwei Perspektiven sehen:

– Rechtfertigt es bestimmte Maßnahmen? So fragt der, den sozialpolitische Maßnahmen nachteilig treffen.

– Verpflichtet es gar zu bestimmten Maßnahmen? So fragt, wer Nutzen ziehen will aus sozialpolitischen Aktionen.

Wenn wir uns hier zunächst der ersten Fragestellung zuwenden (und die zweite unter IV besprechen), so kommt damit eine wichtige *Polarität* in den Blick: Jene zwischen *sozialstaatlicher Gestaltung und grundrechtlicher Freiheit*. Sozialpolitik meint Ausgleich und Umverteilung. Was man dem einen gibt, muß man dem anderen nehmen. Ungeordnete und ungezügelte Freiheit (und Freiheit ist hier wertneutral verstanden, als Freiheit zur Beliebigkeit) führt zu unsozialen Zuständen, ein Übermaß an Sozialstaatlichkeit erstickt die Freiheit, wie nicht nur theoretische Erwägungen, sondern auch das praktische Beispiel etwa in Schweden lehrt. Unbegrenzte Unternehmer- oder Eigentümerfreiheit nach dem Motto: »We hire and fire« (»Wir stellen ein und feuern nach Belieben hinaus«) kann zu unsozialen Zuständen führen – unbegrenzter Kündigungsschutz erstickt die Unternehmerfreiheit und kann beim Hauseigentum die de facto-Enteignung sein. Man hat seit jeher eine *Spannungslage zwischen Rechtsstaatlichkeit und Sozialstaatlichkeit* konstatiert. Das ist insofern ungenau, als der Rechtsstaat ja hinsichtlich seines Bestandteils »materielle Gerechtigkeit« sich mit dem Sozialstaat weithin deckt; die Polarität besteht nur mit dem rechtsstaatlichen Freiheitsschutz.

Diese *Spannungslage* kann und *muß von Verfassungs wegen bestmöglich ausgeglichen werden*, so daß sowohl soziale Gerechtigkeit geschaffen wie auch der Freiheit genügend Spielraum belassen wird. Ein Übermaß an Sozialstaatlichkeit würde vielfach an den Grundrechtsgarantien scheitern, vor allem da, wo es nicht allein durch Geldzahlungen aus Steuermitteln realisiert würde.

Die entscheidende Frage ist nun, ob die zur Sozialgestaltung erforderlichen Eingriffe bis zu der von den Grundrechten gesetzten Grenze über die Sozialstaatsklausel legitimiert werden können und müssen. Die Antwort: Sie können (und sollen), aber sie müssen nicht. Man begreift das Sozialstaatsprinzip allenthalben als *Ermächtigung des Staates zur aktiven Sozialgestaltung*. Das ist zwar richtig, aber eine solche Ermächtigung wäre auch gegeben, wenn die Bundesrepublik nicht als »sozialer« Staat bezeichnet würde. Mit anderen Worten: Es gibt keine einzige Hoheitsmaßnahme, die ausschließlich unter Berufung auf das Sozialstaatsgebot »zu halten« ist und ansonsten verfassungsrechtlich unzulässig wäre.

Konkret: Man kann und soll (und Sie sollen in einer Klausur oder Hausarbeit) gesetzliche Eingriffe oder Eingriffsermächtigungen dann mit der Sozialstaatsklausel begründen, wenn das geboten ist, etwa bei Kündigungsschutznormen und bei preisrechtlichen oder Verbraucherschutzbestimmungen oder bei der Rechtfertigung des staatlichen Arbeitsvermittlungsmonopols. Nur sollten Sie sich dessen bewußt sein, daß diese Maßnahme und ihre Rechtfertigung nicht mit der Sozialstaatsklausel »stehen und fallen«.

IV. Verpflichtung zu »sozialer Gestaltung«?

Was wir soeben erörterten, betraf die Konstellation, daß der Staat von sich aus Sozialpolitik betreibt. Nun zu der Frage, was er in dieser Hinsicht tun *muß*.

Bei der Antwort darauf kann man in einigen Fällen besser argumentieren, wenn man die Sozialstaatsklausel mit einer Grundrechtsgarantie verklammert. Beispielsweise ist eine staatliche Verpflichtung, einem armen Kranken die Behandlung zu finanzieren, überzeugender als allein mit der Sozialstaatsklausel zu begründen, wenn man noch Art. 2 II heranzieht. Da wir uns mit den Grundrechten noch nicht befaßt haben, will ich diesen Gesichtspunkt hier nicht vertiefen. Die nachfolgenden Überlegungen werden davon aber nicht berührt.

1. Pflicht des Gesetzgebers

Eine Verpflichtung zur Sozialpolitik obliegt naturgemäß in erster Linie dem Gesetzgeber. Er muß dem Sozialstaat durch detaillierte Normen konkrete Gestalt geben. Dabei wird man nicht umhinkönnen, dem demokratisch legitimierten Parlament einen großen Beurteilungsspielraum in bezug auf die »soziale« Komponente zuzugestehen.

Bei einer solchen *Gesetzgebungspflicht* stellt sich das Grundsatzproblem, ob auf die Pflichterfüllung auch ein *individueller Anspruch* besteht. Selbst wenn man das bejahen wollte, wäre damit doch wegen der Weite der Pflicht und in Anbetracht der schon aus *politischen* Gründen betriebenen Politik des sozialen Ausgleichs und der sozialen Absicherung kaum etwas anzufangen. Man könnte das Sozialstaatsprinzip erst dann wirklich effektiv einsetzen, wenn der Gesetzgeber das derzeit bestehende »soziale Netz« nicht nur etwas anders knüpfen, sondern überwiegend oder völlig abbauen würde – ein rein theoretischer Fall. Daß jener Staat, der besonders in Wahlzeiten stets einen reichen Gabentisch zu decken versucht und in vielen Bereichen eher schon zu viel als zu wenig umverteilt, Sozialgesetze in verfassungswidriger, weil sozialstaatswidriger Weise abbaut, ist praktisch kaum vorstellbar. Schlimmstenfalls kann mal eine soziale Randgruppe unbeabsichtigt getroffen werden. Außerdem ist es möglich, daß der Staat seine Normen nicht der Geldentwertung anpaßt und dadurch in einen sozialstaatswidrigen Zustand hineingerät. So muß der Gesetzgeber beispielsweise darauf achten, daß die vorgeschriebene Beteiligung auch armer Personen an Prozeßkosten deren Existenzminimum nicht schmälert (BVerfGE 78, 104).

2. Ableitung von Bürgeransprüchen unmittelbar aus der Sozialstaatsklausel

Gerade weil das Sozialstaatsgebot in allen wesentlichen Punkten »erfüllt« ist, stellt sich kaum jemals die Frage, ob ein Bedürftiger aus dieser Rechtsnorm einen *konkreten Anspruch auf eine Leistung* ableiten kann. Zwar bestehen keine Bedenken, unmittelbar aus dem Sozialstaatsprinzip in Verbindung mit Art. 1 und 2 II 1 einen individuellen *Rechtsanspruch auf das* (schwierig zu beziffernde) *Existenzminimum* abzuleiten. Aber einen solchen Anspruch gewährt schon das Bundessozialhilfegesetz (BSHG). Ebenso könnte man notfalls aus dem Sozialstaatsprinzip in Verbindung mit dem Rechtsstaatsprinzip, Art. 19 IV und weiteren Grundrechten einen Anspruch auf Kostenbefreiung einer armen Prozeßpartei herleiten. Aber eine staatliche »Prozeßkostenhilfe« wird seit langem einfachgesetzlich gewährt.

Einen generellen Vorbehalt zu dem (auch unter 1) soeben Gesagten muß man freilich machen: Es ist durchaus vorstellbar, daß eine dem Sozialstaatsprinzip entsprechende Regelung nicht rechtzeitig genug *der Inflation angepaßt* wird und dann keine ausreichende Hilfe mehr bringt. In diesen Fällen einer Nachlässigkeit und Säumnis des Gesetzgebers könnte sich die Frage stellen, ob ein Anspruch auf gesetzgeberische Angleichung oder gar unmittelbar ein Anspruch auf eine über das alte Recht hinausgehende Leistung zu bejahen ist.

3. Die Sozialstaatsklausel als Auslegungsrichtlinie

Unsere bisherigen Überlegungen bezogen sich vorwiegend auf den Gesetzgeber. Das Sozialstaatsprinzip kann aber auch *für Verwaltung und Rechtsprechung bedeutsam sein*, und zwar bei der *Auslegung* unbestimmter Rechtsbegriffe und bei der Handhabung von *Verwaltungsermessen*, also dem Gebrauch von Kann-Bestimmungen. Leicht vereinfacht gesagt: Bei mehreren Auslegungsmöglichkeiten und bei Ausfüllen des Ermessenssspielraums sind jene Lösungen zu bevorzugen, die »sozialer« sind als die Alternativlösungen.

V. Staatszielbestimmung?

Die Sozialstaatsklausel wird oft als Staatszielbestimmung bezeichnet, weshalb wir uns diesem häufiger verwendeten Begriff zuwenden müssen.

Wenn Ihre Eltern Sie angehalten haben, das Abitur zu machen, wurden Sie auf ein anzustrebendes Ziel verpflichtet. Wenn Sie hingegen angewiesen wurden, sich gesittet zu benehmen, dann war das eine unmittelbare Verpflichtung zu einem bestimmten Verhalten und keine Zielsetzung. Diesen Begriff hätte man nur in Erwägung ziehen können, wenn Sie sich nur nach besten Kräften um ein anständiges Benehmen bemühen sollten. Aber sonderlich glücklich wäre es nicht, einen nicht voll verbindlichen, sondern mehr appellhaften Verhaltensmaßstab als Zielsetzung zu bezeichnen.

Wenn man vom persönlichen auf den staatlichen Bereich schaut: Unzweifelhaft war das Wiedervereinigungsgebot im GG eine Staatszielbestimmung. Und sicherlich wäre eine Anweisung, die Vollbeschäftigung anzustreben, ebenso zu qualifizieren. Aber der Sozialstaat soll nicht erst irgendwann vollendet werden, vielmehr ist er ein stets verbindliches Strukturelement unserer Staatlichkeit. Der Ausdruck Staatszielbestimmung paßt also nicht recht.

Ebensowenig paßt er übrigens für den neu eingeführten, dem Umweltschutz gewidmeten Art. 20a, obwohl er dort vielfach verwendet wird (vgl. oben S. 20). Diese Bestimmung verfügt schlicht und einfach eine Schutzverpflichtung, irgendein nahes oder fernes Ziel ist damit nicht vorgegeben. Im übrigen ist auch dieser Schutzverpflichtung, sofern man sie nur einigermaßen realistisch ausdeutet, die Gesetzgebung schon weit voraus. Deshalb ist es äußerst unwahrscheinlich, daß Art. 20a GG je eine wichtige Rolle in einem Verfassungsprozeß spielen wird.

Wenn man es mit dem Terminus Staatszielbestimmung nicht so genau nimmt und mit der h. M. fast jede in die Verfassung geschriebene Wünschbarkeit darunter fallen läßt, dann enthalten die Landesverfassungen, und insbesondere die der fünf neuen Bundesländer, eine Fülle von Staatszielbestimmungen. Im Überschwang hat man teilweise Staatsaufgaben niedergelegt, deren Wahrnehmung gar nicht in der Kompetenz der Länder liegt.

VI. Zusammenfassung

Die Sozialstaatsklausel ist rechtsverbindliche Ermächtigung und Verpflichtung des Staates zu sozialgestaltenden Maßnahmen. Der moderne Sozialstaat ist aber der – notwendigerweise vorsichtig anzusetzenden – Maßgabe des Verfassungsrechts immer schon durch einfache Gesetze voraus. Das Gemeinwesen sähe bei Streichung der beiden Adjektive »sozial« in Art. 20 und 28 nicht anders aus. Gleichwohl kann man die Sozialstaatsklausel unterstützend heranziehen, um sozialgestaltende Gesetze zu rechtfertigen, ferner kann man sie als Auslegungsrichtlinie einsetzen. Einklagbare Pflichten lassen sich ihr in der Praxis kaum jemals abgewinnen.

Bitte lesen Sie noch BVerfGE 40, 121/133 = StA S. 384.

E. Bundesstaatlichkeit

I. Struktur des Bundesstaates

Der Bundesstaat zeichnet sich dadurch aus, daß ein Zentralstaat und mehrere Bundesglieder mit *Staatsqualität*, die Gliedstaaten, nebeneinander bestehen oder, wenn man sich zwei verschiedene Ebenen vorstellt: untereinander. Im Bundesstaat geht es nur um das Rechtsverhältnis *zwischen Staaten*. *Gemeinden und Kreise* sind Untergliederungen der Länder und spielen für das Bundesstaatsverhältnis folglich keine Rolle.

Wenn mehrere Einzelstaaten nur vertraglich koordiniert sind, ist dies ein bloßer *Staatenbund*, ein rein völkerrechtliches Gebilde. Wenn sie überdeckt und integriert werden durch einen Zentralstaat, liegt ein Bundesstaat vor, bei dem naturgemäß Zentral- und Gliedstaaten nicht isoliert neben- oder untereinander bestehen, sondern *miteinander verzahnt* sind. Der Zentralstaat muß gewisse Leitungsbefugnisse haben, die Gliedstaaten müssen in bestimmter Weise bei der Willensbildung der Zentrale beteiligt sein. Außerdem müssen Zentralstaat sowie sämtliche Gliedstaaten eine mindestens ähnliche Grundstruktur haben, sie müssen »homogen« sein. Für den Bundesstaat Bundesrepublik Deutschland wird das in Art. 28 I 1 gefordert (»*Homogenitätsklausel*«).

Beim Bundesstaat unterscheidet man zweckmäßigerweise eine Innen- und eine Außenperspektive. Die Innenperspektive: Auf dem Gebiet der Gliedstaaten (bei uns: »Länder«) und über deren Bürger etabliert sich eine weitere zentrale Staatsgewalt. Denkbar wäre es, daß dieser Zentralgewalt *zusätzlich* noch ein exklusives Territorium unterstünde. So liegt Washington im bundeseigenen »District of Columbia«; postalisch: Washington DC. Dergleichen gibt es bei uns nicht. Jedes Gebiet und jeder Bürger sind »Substrate« sowohl von Gliedstaatsgewalt wie von Zentralstaatsgewalt. Der Zentralstaat heißt bei uns *der Bund*. In aller Regel und so auch bei uns ist der Zentralstaat zumindest in einigen Angelegenheiten den Einzelstaaten übergeordnet, es herrscht eine Art *Hierarchie*, die auch Zwangsbefugnisse umschließt. Diese gipfeln in dem oben auf S. 17 bereits erwähnten *Bundeszwang* (Art. 37). Aus der Außenperspektive hingegen wird man nur das Gesamtgebilde Bundesrepublik Deutschland gewahr, das die Gesamtheit von Bund und Ländern umfaßt.

Hinsichtlich der Staatsqualität der Länder habe ich Ihnen hier die ganz überwiegende Ansicht vorgetragen. Es gibt beachtliche Stimmen, die die Staatlichkeit der Länder bestreiten. Es handelt sich hier aber meist um terminologische Differenzen, die keine praktischen Folgen haben.

Mit der Bundesstaatlichkeit setzt das GG eine mit der Reichsgründung 1871 (und zuvor schon mit dem Norddeutschen Bund) begonnene Tradition fort, die nur im Dritten Reich unterbrochen wurde.

Bundesstaaten sind beispielsweise auch Österreich, die Schweiz, die USA, Kanada, Mexiko, Brasilien, Argentinien, Australien, Indien.

II. Verteilung der Staatsfunktionen im Bundesstaat

Die notwendige Aufteilung der Staatsfunktionen kann nicht so geschehen, daß Bund oder Länder für eine der drei Staatsfunktionen ausschließlich zuständig sind, denn das stünde jener Staatsqualität entgegen, die man Bund und Ländern jedenfalls ganz überwiegend zubilligt. Also trifft man sowohl beim Bund wie bei den Ländern grundsätzlich alle drei Staatsfunktionen sowie die hierfür notwendigen Organe der gesetzgebenden, vollziehenden und rechtsprechenden Gewalt an.

Selbstverständlich müssen die Zuständigkeiten gegeneinander abgegrenzt werden. Sonst kämen sich Bund und Länder überall ins Gehege. In ein und derselben Sache können weder bei der Normsetzung noch bei der Verwaltung noch bei der Rechtsprechung Bund und Länder nebeneinander zuständig sein. Es könnten sonst sowohl Rechts- wie Linksfahrgebot gelten, eine Baugenehmigung sowohl erteilt wie gleichzeitig verweigert (und ein Baustopp angedroht) werden, Bundes- und Landesgericht denselben Rechtsstreit gegenteilig entscheiden.

Wie sieht die Zuständigkeitsabgrenzung im einzelnen aus?

Eine Grundregel gibt Art. 30. Die *Vermutung* spricht zugunsten einer Länderzuständigkeit. Doch ist entscheidend, inwieweit nun »dieses GG eine andere Regelung trifft oder zuläßt«.

Ich möchte Ihnen hierzu einen knappen Überblick geben für Gesetzgebung, vollziehende Gewalt und Rechtsprechung. Schließlich ist auch noch anzudeuten, wie die so wichtige Frage der Finanzen geregelt ist.

1. Die Zuständigkeitsverteilung in der Gesetzgebung

Hier wird Art. 30 in Art. 70 wiederholt.

Man kann sich verschiedene Modelle vorstellen (wobei wir ganz unsinnige wie das Windhundverfahren, wer zuerst kommt, regelt zuerst, außer Acht lassen).

a) Die Zuständigkeiten werden bindend verteilt, Bund und Länder sind jeweils für die gesetzliche Regelung bestimmter Materien ausschließlich zuständig. (*Ausschließliche Gesetzgebungskompetenz*)

b) Denkbar ist indes auch, daß beide in *derselben* »Materie«, d. h. einem Gesamtbereich wie etwa »das Pressewesen«, regeln dürfen, und zwar entweder

— einer die Grundsätze (diese Rolle fällt automatisch dem Bund zu), die anderen die Einzelheiten: *Rahmenkompetenz* oder aber

— zeitlich hintereinander. Das kann vernünftigerweise nicht so aussehen, daß die Kompetenzen alle Jahre wechseln, sondern nur so, daß einer *solange* regeln darf, wie der andere nicht regeln möchte. Die — schwächere — subsidiäre Zuständigkeit fällt dabei angesichts der bundesstaatlichen Hierarchie den Ländern zu. Man spricht hier von »*konkurrierender« Kompetenz zwischen Bund und Ländern*.

c) Die beiden letztgenannten Modelle kann man kombinieren: Der Bund hat eine konkurrierende Kompetenz nur für eine Rahmenregelung.

Das GG hat sich nicht für ein einziges dieser vier Modelle entschieden, sondern läßt je nach Materien verschiedene *nebeneinander* gelten, und zwar alle mit Ausnahme des zweiten Modells: Der Bund hat keine ausschließliche Rahmenkompetenz, deren Nutzung Vorbedingung für eine Landesgesetzgebung ist. Vielmehr ist die Rahmengesetzgebung des Bundes, z. B. für das Presserecht oder für das Hochschulrecht, nur eine konkurrierende, so daß bis zur Bundesregelung die Länder umfassende Gesetze erlassen können (Art. 75). Neben dieser Rahmenkompetenz des Bundes, die es nur für wenige Materien gibt, kennt das GG bei einigen Materien die ausschließliche Zuständigkeit von Bund und Ländern (vgl. Art. 70 u. 71), bei anderen die konkurrierende Kompetenz, bei der die Länder nur subsidiär zuständig sind (vgl. Art. 72).

Auf Einzelheiten der Gesetzgebungskompetenzen und auf die einzelnen Regelungsgegenstände werden wir zurückkommen.

Weil in aller Regel nur entweder Bund oder Länder für eine bestimmte Gesetzgebung zuständig sind, ist die andere Seite inkompetent, ihre gleichwohl erlassenen Gesetze sind aus *diesem* Grund verfassungswidrig und nichtig! Es bedarf dann *nicht* des Art. 31, der folglich von sehr geringer praktischer Bedeutung ist und in die Irre führt: Eine kompetenzgemäße Landesverordnung kann einem Bundesgesetz vorgehen! (Vgl. auch S. 15)

2. Die Zuständigkeitsverteilung bei der vollziehenden Gewalt

Lösungen nach Art der konkurrierenden oder der Rahmenkompetenz sind hier ausgeschlossen. Eine Verwaltungssache etwa kann nicht nur rahmenmäßig entschieden werden, und eine Fachverwaltung der Länder kann auch nicht nach einem Zugriff des »konkurrierenden« Bundes funktionslos werden. Aufgaben der vollziehenden Gewalt müssen also fest aufgeteilt werden.

Sonderprobleme entstehen dabei im Hinblick auf die *Gesetzesdurchführung*; das ist ja eine überaus wichtige, wenngleich nicht die einzige Aufgabe der »vollziehenden Gewalt«. Sollen nun die Bundesgesetze nur von Bundesbehörden und die Landesgesetze nur von Landesbehörden ausgeführt werden? Oder soll eine »fremde« Staatsverwaltung die Gesetze einer anderen Staatsgewalt ausführen? Letzteres ginge freilich – wiederum wegen der Hierarchie im Bundesstaat – nur so, daß Bundesgesetze von den Ländern ausgeführt werden, denn die Ausführung fremder Gesetze macht wenigstens gewisse Aufsichtsrechte erforderlich, und Aufsichtsrechte eines Landes gegenüber dem Bund passen schlecht ins Bild des Bundesstaates. Steht demnach fest, daß Landesgesetze nur von Landesbehörden ausgeführt werden können, so besteht für die Ausführung von Bundesgesetzen noch die Wahl zwischen der Zuständigkeit von Bundesbehörden und von Landesbehörden.

Das GG läßt *beide* Lösungen nebeneinander gelten: Einige Bundesgesetze werden durch Bundesbehörden ausgeführt, die meisten aber durch Landesbehörden. Im letztgenannten Fall gibt es noch verschiedene Modelle, wie stark der Bund in die Ausführung durch die Länder »hineinreden« kann.

3. Die Zuständigkeitsverteilung in der Rechtsprechung

Bei der Rechtsprechung ließe sich eine Zuständigkeitsverteilung dergestalt denken, daß Bundesgerichte über Bundesrecht entscheiden, Landesgerichte über Landesrecht. Dieses – in den USA geläufige – Modell gilt bei uns nicht. Vielmehr hat man die Gerichtsbarkeit zwischen Bund und Ländern zum einen nach Sachmaterien aufgeteilt, zur Hauptsache aber nach dem Instanzenzug: Nur die obersten Gerichte sind Bundesgerichte, und sie entscheiden dann allerdings überwiegend nur über Bundesrecht. In erster und zweiter Instanz sprechen hingegen Landesgerichte (zu denen auch die Landgerichte – vgl. S. 13 – gehören) Recht; diese Rechtsprechung bezieht sich natürlich auch auf Bundesrecht.

4. Die Zuständigkeitsverteilung im Finanzwesen

Auf dem Gebiet der Finanzen stellt sich zum einen die Frage, wer die Gelder aus des Bürgers Tasche zieht: Das ist ein Problem der Kompetenz zur Gesetzgebung und zur Gesetzesdurchführung, wovon gerade die Rede war. Darüber hinaus ist aber die zentrale Frage, wer nun die Gelder bekommt, was damit zusammenhängt, wer welche Aufgaben zu finanzieren hat. Hierbei könnte man die Steuereinnahmen nach Steuer*arten* verteilen (der Bund erhält die Einnahmen aus den Steuern 1–10, die Länder die Erlöse aus den Steuern 11–20). Man kann auch alle Einnahmen in einen Topf werfen und dann aufteilen. Das GG hat beide Systeme zu einem komplizierten Gebilde vereint. Darüber wird später zu sprechen sein (S. 63 ff.).

III. Mitwirkung der Länder bei der Ausübung der Bundesstaatsgewalt

Daß eine solche Mitwirkung kennzeichnend ist für den Bundesstaat, wurde bereits erwähnt. Die »grundsätzliche Mitwirkung der Länder bei der Gesetzgebung« hat Art. 79 III sogar gegen Verfassungsänderungen besonders gesichert.

Diese Mitwirkung geschieht über den *Bundesrat als Ländervertretung*. Die Mitarbeit des Bundesrates bei der Bundes-Gesetzgebung ist zwar am bedeutsamsten, der Bundesrat hat jedoch auch Mitwirkungsrechte bei der Verordnungsgebung des Bundes (Art. 80 II) und bei der Verwaltung (vgl. Art. 50), hier insbesondere bei der Ausführung von Bundesgesetzen (Art. 84 II, 87 III 2).

IV. Bundestreue

Ich weiß nicht, inwieweit Sie bei diesem Ausdruck an »Treu und Glauben« in § 242 BGB denken. Das wäre insofern nicht ganz falsch, als die *ungeschriebene Verpflichtung von Bund und Ländern (auch der Länder untereinander!) zur Bundestreue* einer bundesstaatsrechtlichen Treu und Glauben-Klausel ähnelt. Man hat aus ihr beispielsweise die Forderung abgeleitet, daß in einer staatsrechtlichen Bund-Länder-Auseinandersetzung die Art des Umgangs miteinander, etwa die Art der Verhandlungsführung, von Rücksichtnahme und Fairness geprägt sein sollte (BVerfGE 12, 205 = StA S. 381 – eine Entscheidung, die Sie jetzt nur überfliegen sollten, voll verständlich wird sie erst später). Ein anderer Anwendungsfall (BVerfGE 8, 122): Eine Gemeinde hatte durch eine Volksbefragung zur Atombewaffnung in Bundeskompetenzen übergegriffen. Der Bund hatte keine Interventionsrechte, nur das Land. Eine Pflicht des Landes zum Vorgehen gegen die Gemeinde enthält jedoch das GG nicht ausdrücklich. Sie ergibt sich aber aus der Pflicht zur Bundestreue.

Von dem Prinzip müssen Sie mal gehört haben, in Klausuren wird es Ihnen aber nur sehr selten präsentiert werden.

V. Der »kooperative Föderalismus«

Man kann das auch als »Zusammenarbeit im Bundesstaat« bezeichnen. Nun ist ein Bundesstaat kaum denkbar, in dem die Staatsaufgaben und ihre Durchführung nicht zwischen Bund und Ländern abgestimmt sind. Daß die Länder, wie erwähnt, Bundesgesetze ausführen und über sie Recht sprechen, ist eines von vielen Beispielen einer Verzahnung zwischen Bund und Ländern. Eine Grundgesetznovelle hat sogar den Abschnitt VIII a (den Sie vorerst nicht lesen müssen) mit sogenannten Gemeinschaftsaufgaben eingeführt. Um solche vom GG verfügten Pflichten zur Zusammenarbeit geht es nachstehend nicht, sondern um eine freiwillige Zusammenschaltung, für die es *keine ausdrücklichen Verfassungsnormen* gibt. Sie kommt zwischen Bund und Ländern vor, mehr aber noch zwischen den Ländern untereinander. Ich will hier nur auf den letztgenannten Fall näher eingehen und ihn durch einige Beispiele illustrieren.

Die Vergabe von Studienplätzen regelt eine Zentralstelle der Länder (ZVS) in Dortmund. Die Länder Bremen, Hamburg und Schleswig-Holstein unterhalten für die Zweite Juristische Staatsprüfung ein gemeinsames Justizprüfungsamt, das Oberverwaltungsgericht Lüneburg war ein gemeinsames Gericht der Länder Niedersachsen und Schleswig-Holstein, es gibt eine gemeinsame »Filmbewertungsstelle der Länder«.

Hörfunk und Fernsehen sind – mit Ausnahme von Deutscher Welle und Deutschlandfunk – Ländersache. Bei der ARD hat man die Landesrundfunkanstalten nur ganz locker koordiniert. Hingegen hat man beim ZDF eine Anstalt *aller Länder* gegründet. Bei diesem und anderen Beispielen einer vereinigten Länderstaatsgewalt hat man oft von einer »dritten Ebene« oder der zweiten von drei Ebenen im Bundesstaat gesprochen: Zentralstaatsgewalt – vereinigte Länderstaatsgewalt – Staatsgewalt der Einzelländer.

Ein letztes Beispiel, das keine Zusammenarbeit durch gemeinsame Einrichtungen, sondern durch gegenseitige Abstimmung betrifft: Vor einiger Zeit versuchte man, alle Polizeigesetze, für deren Erlaß die Länder zuständig sind und die früher alle recht unterschiedlich aussahen, zu vereinheitlichen, weil die Unterschiede oft für die Polizei wie für die Bürger irritierend sind. Die Länder haben sich auf einen Mustertext geeinigt, den dann alle Landtage – gegebenenfalls leicht variiert – als Gesetz beschlossen. Ähnlich verfährt man beim Bauordnungsrecht. Vergegenwärtigen Sie sich den Aufwand, wenn ein Bauunternehmen in jedem Bundesland abweichende Vorschriften über Zimmerhöhe, Türbreiten, Fensterflächen etc. zu beachten hat. – Alle Bestrebungen zur Vereinheitlichung von Landesrecht haben freilich den Nachteil, daß die Landesparlamente nur noch vor der Wahl stehen, »ja« zu sagen oder gleichsam Spielverderber zu sein. An der Gesetzesgestaltung sind sie nicht unmittelbar beteiligt, weil über den Mustertext ja zwischen den Regierungen verhandelt wird. Nun geschehen diese Verhandlungen zwar in einer parlamentarischen Demokratie, in der die Regierung von der Parlamentsmehrheit abhängig ist, nicht ohne den Willen der Länderparlamente, aber deren Einverständnis hierzu ist doch ein Stück Selbstentmachtung zugunsten des gemeinsamen Zieles. Die Gewinner sind dabei die – koordinierenden – Ministerialbürokratien.

VI. Vom Sinn des Föderalismus

Bei dem gerade erwähnten Beispiel liegt folgende Frage nahe: wenn ohnehin ein *bundeseinheitlich geltendes* Polizeirecht geschaffen werde, könne man doch die Kompetenz auch gleich dem Bund geben, dessen Gesetzgebung dann weniger mühsam wäre als die von sechzehn sozusagen unter einen Hut zu bringenden Ländern. Das wirft die Frage nach dem Sinn des Föderalismus in unserer Zeit auf.

Die Bundesstaatskonstruktion wurde und wird oft gewählt, wenn sie unerläßliche Bedingung dafür ist, daß ein Gliedstaat seine Selbständigkeit als Einzelstaat überhaupt aufgibt oder nicht durch »Sezession« aus einem bestehenden Staatswesen wiederzuerlangen sucht. Ein Beispiel für den letztgenannten Fall: Das frankophone Quebec konnte nur mit Mühe im kanadischen Bundesstaat gehalten werden; einen Einheitsstaat hätte es längst verlassen. Ein Beispiel für den erstgenannten Fall: Das Deutsche Reich 1871 konnte nur ein Bundesstaat sein; die bestehenden Monarchien wollten natürlich nicht Provinzen eines Einheitsstaates werden. Auch ein Europastaat, sollte er je kommen, könnte selbstverständlich nur ein Bundesstaat sein. Die Länder der Bundesrepublik waren aber 1949 überwiegend sehr künstliche Gebilde und hätten auch in einen Einheitsstaat eingegliedert werden können. (Schärfster Protest aller bayerischen Leser wird zu Protokoll genommen.) Statt dessen zählt man als Vorzüge des grundgesetzlichen Föderalismus üblicherweise auf: Die Vervielfachung und Dezentralisierung politischer Entscheidungszentren führt

- zu *mehr Demokratie:* Die Bürger sind im Bund *und* in den Ländern zur Wahl berufen und haben weitere politische Mitwirkungsmöglichkeiten,
- zur *Heranbildung von politischen Führungskräften,*
- zur *Chance der Opposition* im Bund, sich in den Ländern als regierungsfähig zu erweisen,
- zur *Dezentralisierung* in Parteien und Verbänden,
- zu *mehr Bürgernähe* der Politik und zu sachnäheren Lösungen,
- zu einem *Wettbewerb unter verschiedenen Lösungsmodellen*, etwa im Schul- oder Hochschulbereich; zuweilen kann der Bürger unter diesen Lösungen durch Zuzug in ein bestimmtes Land wählen,
- zu einer *Verstärkung der Gewaltenteilung* insofern, als »horizontal« auf Bundesebene der Bundesrat als Gewalt-Teilhaber auftritt, »vertikal« die Staatsgewalt sich auf Bund und Länder verteilt.

Freilich stehen dem auch Nachteile gegenüber: Die Häufung von Wahlen läßt die Politiker oft nicht recht zum Regieren kommen. Die Vielfalt der konkurrierenden Lösungen bedingt notwendig Ungleichbehandlungen (z. B. Schulmittelfreiheit), die – nebenbei gesagt – natürlich nicht gegen Art. 3 verstoßen. Die Unterschiede insbesondere in der Gesetzgebung sind oft lästig (»Vater in ein anderes Land befördert, Sohn sitzengeblieben«), der Trend zur Vereinheitlichung bei einer engverflochtenen Wirtschaft und mobilen Gesellschaft drängt doch zur Gleichschaltung der Länderkonzepte. Der Vervielfachung der Entscheidungszentren mit allen Regierungs- und Parlamentsapparaten führt zu erhöhten Kosten, zu Zeitverlusten, einer größeren Kompliziertheit und oft zu größerer Unübersichtlichkeit. Im allgemeinen betrachtet man jedoch diese Erschwernisse als überwogen durch die Vorteile des Föderalismus, wie ja auch die Langsamkeit und Kompliziertheit einer Demokratie im allgemeinen, verglichen mit einer Diktatur, in Kauf genommen wird.

VII. Zusammenfassung

1. Der Bundesstaat unterscheidet sich vom lockeren Zusammenschluß zu einem Staatenbund. Nach herkömmlicher Auffassung leben in ihm verschiedene, politisch gleich strukturierte Teilstaaten unter dem Dach eines Zentralstaates. Der Zentralstaat ist im Konfliktsfall den Einzelstaaten übergeordnet.

2. Art. 30 enthält eine Vermutung für die Zuständigkeit der Länder. Diese in Art. 70 wiederholte Vermutung wird aber für die Gesetzgebung in den Art. 71 ff. widerlegt. Fast alle wichtigen Gesetzgebungskompetenzen liegen heute beim Bund. Er hat ausschließliche oder konkurrierende Gesetzgebungskompetenz, außerdem eine Kompetenz zur Rahmengesetzgebung.

Hingegen liegt der Schwerpunkt in der Verwaltung wie in der Rechtsprechung bei den Ländern.

3. Die Länder wirken über das Bundesorgan Bundesrat an der Ausübung der Bundesstaatsgewalt maßgeblich mit.

4. Alle Mitglieder eines Bundesstaates schulden sich aus einem ungeschriebenen föderalistischen Grundsatz heraus gegenseitig Bundestreue.

5. Der »kooperative Föderalismus« ist eine freiwillige, verfassungsrechtlich nicht obligatorische Zusammenarbeit zwischen Bund und Ländern und, was wichtiger ist, zwischen den Ländern. Er ist verfassungsrechtlich erlaubt, führt jedoch zu einer Gewichtsverschiebung von den Länderparlamenten hin zu den Ministerialbürokratien.

6. Als Vorzüge des Föderalismus nennt man die Schaffung vieler politischer Entscheidungszentren, was zu einer Vermehrung von demokratischen Entscheidungsmöglichkeiten und einem Nebeneinander politischen Alternativen sowie zu vermehrter Ausbildung politischer Führungskräfte, zu mehr Bürgernähe und stärkerer Gewaltenteilung führt. Diese Vorteile überwiegen die unvermeidlichen Reibungsverluste.

2. Kapitel:
Die politischen Parteien

A. Begriff und Rechtsstellung der Parteien

Während frühere Verfassungen von den Parteien entweder gar nicht oder nur sehr beiläufig Notiz genommen haben, hat das GG ihre Bedeutung für die moderne Staatlichkeit durch eine ausführliche Regelung in Art. 21 anerkannt. Diese Vorschrift verdrängt als Spezialnorm den Art. 9 I, der ohne den Art. 21 auch für die Parteien passen würde. In Ausführung des Art. 21 hat der Bundestag ein Parteiengesetz erlassen, in dessen § 1 I und II die Aufgaben von Parteien in einer freiheitlichen demokratischen Grundordnung detailliert beschrieben sind. Bitte lesen Sie diese und die im folgenden zitierten Vorschriften des Parteiengesetzes sorgfältig mit.

I. Zum Begriff der Partei und ihrer grundgesetzlich festgelegten Funktion

Eine Legaldefinition der Partei bringt § 2 ParteiG. Dieser einfachgesetzliche Begriff muß sich an jenen Rahmen halten, den man durch die Auslegung des verfassungsrechtlichen Begriffes »Partei« in Art. 21 GG gewinnt. So kann man beispielsweise zweifeln, ob Art. 21 jene *Wählervereinigungen*, die sich nicht an Bundestags- oder Landtagswahlen beteiligen, sondern nur an Kommunalwahlen, wirklich nicht als Partei qualifiziert sehen möchte. Das BVerfG (E 2, 1/76 und 24, 260/264) hat diese Begrenzung gebilligt mit dem sehr anfechtbaren Argument, daß auf kommunaler Ebene nicht »Politik«, sondern nur Verwaltung anstehe.

Das ParteiG sagt nichts über die Rechtsfähigkeit der Parteien, die sich somit einfach nach bürgerlichem Recht bemißt. Die Parteien sind *rechtsfähige oder nicht-rechtsfähige Vereine des BGB*. Als nicht-rechtsfähige Vereine gibt ihnen § 3 ParteiG insofern eine Hilfestellung, als sie für prozeßfähig erklärt werden.

Im Hinblick auf die in § 1 ParteiG aufgezählten Aufgaben der Parteien ist darauf hinzuweisen, daß sie, wie bereits Art. 21 I 1 festlegt, an der politischen Willensbildung des Volkes nur *mit*wirken dürfen. Eine rechtlich fundierte Monopolstellung der Parteien in diesem Bereich wäre also verfassungswidrig. Es muß neben ihnen Raum bleiben für die politische Aktivität von Bürgern, Bürgergruppen, Verbänden, Presse, Rundfunk und Fernsehen.

II. Parteienstatus

Nach seiner Überschrift will § 1 ParteiG zwar auch die »verfassungsrechtliche Stellung« der Parteien umreißen, das geschieht jedoch nur höchst unvollkommen; »Bestandteil« einer »Grundordnung« ist juristisch nur sehr vage. Das BVerfG hat schon sehr früh versucht, den Status der Parteien etwas präziser zu fassen, indem es ihnen die Stellung eines *Verfassungsorgans* zugebilligt hat. (BVerfGE 4, 27 = StA S. 418). Ein Verfassungsorgan ist wohlgemerkt kein *Staats*organ, denn ein solches wäre in den Staat integriert und der Staat müßte für seine Handlungen einstehen, d. h. sich verklagen lassen und für Schädigungen bezahlen (vgl. oben S. 11). Man kann überhaupt sehr zweifeln, ob eine Verfassung ein Organ haben kann. Mit diesem Verlegenheitsbegriff hat das BVerfG aber eine verfassungsprozessuale Folgerung vorbereiten wollen. Um das zu erläutern, müssen wir dem späteren Abschnitt über die Verfassungsgerichtsbarkeit etwas vorgreifen. Das Verfahren gemäß § 93 I 1 vor dem BVerfG nennt man Organstreitverfahren (wenngleich nicht nur Organe, sondern eben auch »andere Beteiligte« streiten können). Nach dieser Bestimmung kann beispielsweise eine Parlamentsfraktion ein Verfahren gegen den Bundestagspräsidenten einleiten. Ersichtlich läßt sich aber ein privater Verein eigentlich nicht unter den Normtext subsumieren. Hier macht das BVerfG jedoch für die Vereine, die Parteien sind, mittels der Benennung als Verfassungsorgane eine Ausnahme. Deshalb kann eine Partei beispielsweise im Organstreitverfahren gegen den Bundestag wegen eines für sie nachteiligen Wahlgesetzes vorgehen. Dafür ist ihr dann die Verfassungsbeschwerde, die dem normalen Verein eröffnet ist, verschlossen. Freilich setzt ein Organstreit der Parteien den richtigen Gegner voraus. Da beispielsweise Rundfunkanstalten keine obersten Bundesorgane sind, ist den Parteien mit ihnen ein Organstreit nicht möglich, weswegen gegen eine als hoheitlich zu qualifizierende Benachteiligung durch die Rundfunkanstalten die Verfassungsbeschwerde erhoben werden muß (BVerfGE 7, 99 = StA S. 420). Stets ist Voraussetzung, daß die Parteien um Rechte und Pflichten aus ihrem verfassungsrechtlichen Status streiten.

Unter uns: Das Vorstehende hätte mich im ersten Semester auch nicht begeistern können, im Gegenteil. Aber es hilft nichts, Sie brauchen wenigstens den Merkstoff: eine Partei kann Beteiligte im Organstreitverfahren sein.

III. Parteienfreiheit

Die Freiheit der politischen Parteien besteht in einer Gründungsfreiheit und einer Betätigungsfreiheit.

1. *Gründungsfreiheit*

Die *Gründung* von Parteien ist gemäß Art. 21 I 2 völlig frei, es bedarf noch nicht einmal einer Anmeldung. Parteigründungen werden freilich durch die Fünfprozent-Sperrklausel unseres Wahlgesetzes gebremst. Wer sich keine Hoffnung machen darf, diese Hürde in absehbarer Zeit zu nehmen, wird schon gar keine Partei gründen wollen.

2. *Betätigungsfreiheit*

Für die *Betätigungsfreiheit* der Parteien ist von ganz besonderer Bedeutung ihre *Chancengleichheit*, die man aus Art. 3 und 21 und dem Demokratiegebot ableitet. Gemäß diesem Gebot der Chancengleichheit verpflichtet § 5 ParteiG die Träger öffentlicher Gewalt zur relativen Gleichbehandlung von Parteien, sofern sie ihnen Einrichtungen zur Verfügung stellen oder andere öffentliche Leistungen gewähren. Das wird praktisch wichtig bei der Einräumung von Sendezeiten in Hörfunk und Fernsehen, bei Überlassung von Stadthallen, bei der Freigabe von Marktplätzen, bei der Erlaubnis, Straßen über das übliche Maß hinaus zu nutzen (sog. »Sondernutzung«), insbesondere Plakatständer während des Wahlkampfes auf den Straßen aufzustellen. Für die Rundfunksendezeiten hat BVerfGE 7, 99 (Leitsatz 4) = StA S. 420 eine abgestufte Zuteilung je nach Bedeutung der verschiedenen Parteien für zulässig angesehen. Muß aber nicht jede Partei eine gleiche Chance zum Neubeginn bei jeder Wahl haben? Bei der Gestaltung ihrer Rundfunk- und Fernseh-Wahlsendungen haben die Parteien übrigens einen außerordentlich großen Spielraum bis hin zu strafbarem Verhalten. Das BVerfG (E 47, 198) hat selbst folgende Werbung für zulässig gehalten: »Das bürgerliche Parlament ist eine korrupte Schwatzbude, die, wie Lenin sagte, nichts anderes verdient, als von den revolutionären Volksmassen auseinandergejagt zu werden«.

Aus dem Konditionalsatz »Wenn ...« in § 5 ParteiG darf man nicht schließen, daß ein Träger öffentlicher Gewalt völlig frei sei in seiner Entschließung, ob er Einrichtungen zur Verfügung stellt oder andere Leistungen gewährt. Zwar räumen die Gesetze meistens ein »Ermessen« für diese Leistungen ein, beispielsweise ist die Sondernutzung nach Ermessen zu gestatten. Es wäre jedoch in Anbetracht von Art. 21 (dem man evtl. noch Art. 5 beigesellen kann) und dem Demokratiegebot des Art. 20 I eine fehlerhafte Ermessensausübung und damit ein rechtswidriges Verwaltungshandeln, wenn gar keine Wahlwerbung der Parteien auf den Straßen erlaubt würde. Da Zeitungen privat verlegt werden und nicht von »Trägern öffentlicher Gewalt«, greift § 5 ParteiG nicht ein. Man hat erwogen, aus Art. 21 eine Pflicht der Zeitungen, auch unliebsame Wahlwerbung der Parteien aufzunehmen, abzuleiten.

B. Parteimitgliedschaft und innerparteiliche Demokratie

Gemäß § 10 I ParteiG sind die Parteien bei der *Aufnahme* von Mitgliedern völlig frei. In der Literatur gibt es hierzu vereinzelt Einwände, die sich auf Art. 21 und das Demokratiegebot berufen. Denn dadurch wird einem Interessenten zwar nicht die einzige, aber evtl. eine sehr wesentliche Möglichkeit abgeschnitten, sich in effektiver Weise politisch zu engagieren. Da die Parteien bedauerlicherweise auch vielfach Karriereförderungsvereine sind, muß man fast daran denken, in diese Überlegungen auch Art. 12 mit einzubeziehen; ich betone aber das »fast«.

Naheliegenderweise muß eine Partei beim *Ausschluß von Mitgliedern* wesentlich mehr gebunden sein als bei der Aufnahme, denn durch einen Ausschluß kann jemand die politische Heimstatt von Jahrzehnten verlieren. Deshalb stellt § 10 III–V ParteiG strenge Anforderungen an einen Parteiausschluß und ermöglicht die Anrufung eines Schiedsgerichts; danach kann man auch noch ein staatliches Gericht, und zwar wegen der Stellung der Parteien als BGB-Vereine ein ordentliches Gericht, bemühen.

Art. 21 I 3 verlangt *innerparteiliche Demokratie*. Es ist dies der einzige Fall, in dem das GG ausdrücklich die demokratische Struktur für einen nichtstaatlichen Bereich vorschreibt. Wir waren darauf weiter oben beim Stichwort »Demokratisierung« schon zu sprechen gekommen (S. 27). Das Gebot zur innerparteilichen Demokratie wird näher konkretisiert durch die §§ 6–17 des ParteiG, die Sie sich einmal durchlesen müssen. Besonders instruktiv erscheint mir § 15 III ParteiG. Alle diese Vorschriften können freilich nur verhindern, daß die Willensbildung ausschließlich von oben nach unten verläuft. Völlig umkehren läßt sie sich in der Praxis nicht. In einer Verbandsorganisation wie der von Parteien mit einer Führungshierarchie gibt es stets Wechselwirkungen mit Einflüssen von oben nach unten und umgekehrt. Mehr oder weniger starke Steuerungsmöglichkeiten der Zentralinstanzen liegen in der Natur der Sache und lassen sich durch Rechtsvorschriften nicht ausschalten.

In der Presse finden Sie oft die Frage erörtert, inwieweit Parteibeschlüsse für Parlamentarier oder für Regierungsmitglieder verbindlich sind. Da es hier um Einflüsse über den Bereich der Parteien hinaus geht, hat dies mit dem Problem der innerparteilichen Demokratie nichts zu tun.

C. Parteienfinanzierung

Das ist ein so trübes wie trauriges Kapitel mit dem Flick-Skandal (1980 ff.) als vorläufigem Höhepunkt. Wenn Karnevalisten nicht ohne Grund den GG-Text dergestalt abwandeln können, daß gemäß Art. 38 Abgeordnete an Weisungen nicht gebunden sind, wohl aber an Überweisungen, ist das eines von vielen Indizien, wieviel Staatsgesinnung hier von allen etablierten Parteien leichtfertig zerstört wurde. So ist es denn kein Zufall, daß oben (S. 19) die Parteienfinanzierung als einziger Fall eines Auseinanderklaffens von Verfassungsrecht und Verfassungswirklichkeit bezeichnet werden mußte – nicht zufällig ein Gebiet, wo es um den Eigennutz und den finanziellen Lebensnerv der »staatstragenden« Organisationen geht.

Die Parteienfinanzierung wurde mehrfach neu geregelt. Anlaß waren meist Beanstandungen des BVerfG an dem früheren Gesetz – Ausdruck dessen, daß der Gesetzgeber in Sachen Parteienfinanzierung Partei ist und ihm die erforderliche Distanz abgeht. Bezeichnenderweise ist auch das jüngste Gesetz von 1994 erneut verfasungsrechtlichen Bedenken ausgesetzt.

Finanziert werden können Parteien von Privatleuten oder vom Staat (auf kommunaler Ebene auch von den Kommunen).

I. Privatfinanzierung

Von Mitgliedsbeiträgen allein kann keine Partei leben. Soweit ihr nicht der Staat aushilft, müssen die Parteien bestrebt sein, Nichtmitglieder um Unterstützung anzugehen. Daß dies die Gefahr einer – im weitesten Sinn verstandenen – Korrumpierung heraufbeschwört, liegt auf der Hand.

1. Rechenschaftspflicht über die Herkunft der Mittel

Um hier Durchsichtigkeit zu gewährleisten, hat die Verfassung in Art. 21 I 4 den Parteien gläserne Taschen verordnet. Diesem Verfassungsgebot haben sich die etablierten Parteien lange Zeit erfolgreich entzogen. Das ParteienG bemüht sich seit 1984 um Verbesserungen, insbesondere um die Ausschaltung von anonymen oder verdeckten Spenden (25 I ParteiG). Aber ein Parteigönner muß erst bei Spenden über 20 000 DM benannt werden (§ 25 II ParteiG). (Diese sehr großzügige Interpretation von Art. 21 I 4 hat BVerfG E 24, 356 mit dem Argument gebilligt, damit lasse sich nicht viel Einfluß ausüben; zumindest für Parteispenden auf kommunaler Ebene ist das sehr anfechtbar. Den Versuch des Gesetzgebers, den Betrag auf 40 000 DM zu verdoppeln, hat BVerfGE 85, 264/319 = StA S. 441 vereitelt.)

2. Steuerliche Begünstigung von Parteispenden

Aus schwer erklärlichem Grund spendet zumindest der deutsche Staatsbürger zwar gern 100 DM, wenn der Staat davon durch Steuererlaß 40 DM bezahlt, aber er hält ohne solche Begünstigung seine 60 DM völlig zurück. Das Gefühl, der Staat nehme einen Teil der Last ab, muß etwas ungemein Beflügelndes haben. Deshalb ist die steuerliche Abzugsfähigkeit der Parteispenden vom Einkommen (man spart also die sonst auf die Spende entfallende Steuer) von großer praktischer Bedeutung. Traurige Konsequenz waren »Staatsbürgerliche Vereinigungen« etc., sogenannte Geldwaschanlagen, die steuerbegünstigte Spenden entgegennahmen, diese aber nicht für gemeinnützige Zwecke verwendeten, sondern an die Parteien weiterleiten. Diese Praxis der Steuerverkürzung war Gegenstand zahlreicher Prozesse.

Schon 1958 hat das BVerfG die steuerliche Abzugsfähigkeit von Spenden an Parteien stark begrenzt. Seine Argumente, die Sie bitte in BVerfGE 8, 51 = StA S. 420 nachlesen sollten: Durch die Steuerprogression sparte der Reiche bei einer 100 DM-Spende über 50 DM Steuern, der Arme aber beispielsweise nur 25 DM, so daß als echte Belastungen 50 und 75 DM verbleiben. Das begünstigte gleichzeitig eine Partei der Wohlhabenden. Derzeit darf noch eine Spende bis 6000 DM pro Person von der Steuer abgesetzt werden; es ist sehr zweifelhaft, ob das den Vorgaben von BVerfGE 85, 264/316 = StA S. 440 entspricht.

II. Staatsfinanzierung

In der Frühzeit der Bundesrepublik hatte sich schrittweise eine immer stärkere unmittelbare Staatsfinanzierung der Parteien etabliert; die Versuchung zur Selbstbedienung aus der Staatskasse war zu groß. Dieser Praxis hat BVerfGE 20, 56 = StA S. 424 ein Ende bereitet. Bitte lesen Sie diese grundlegende und heftig umstrittene Entscheidung nach, die auch wichtige allgemeine Grundsätze zur Struktur eines demokratischen Staatswesen enthält. Die Strenge dieser Entscheidung, wonach staatliche Mittel nur für die Wahlkampffinanzierung zulässig seien, hat das Gericht aber nicht durchgehalten. Es erlaubt nun eine allgemeine, aber summenmäßig begrenzte Staatsfinanzierung (BVerfGE 85, 264 = StA S. 430, LS 2). Keine Partei soll vom Staat mehr bekommen als sie durch Mitgliedsbeiträge und Spenden vereinnahmt hat. Die zusätzlich verfügte absolute finanzielle Obergrenze hat § 18 II ParteiG (von 1994) auf jährlich 230 Millionen DM festgesetzt, aber schon ist eine deftige Erhöhung im Gespräch. Die Verteilung der Mittel orientiert sich am Wahlerfolg der Parteien, an der Höhe ihrer Mitgliedsbeiträge und der von ihnen eingeworbenen Spenden. Für jede Stimme bei Europa-, Bundestags- und Landtagswahlen gibt es 1,30 DM, ab fünf Millionen Stimmen nur noch 1,– DM, des weiteren 0,50 DM Zuschuß für jede Mark an Spenden oder Mitgliedsbeiträgen (aber begrenzt auf 6000,– DM je Geber). Um nicht jede Scherzpartei mitfinanzieren zu müssen, wurde ein Seriositäts-Quorum von 0,5 % der Wählerstimmen bei Europa- und Bundestagswahlen und 1 % bei Landtagswahlen festgesetzt. Diese sehr großzügige Untergrenze hat das BVerfGE 24, 300/339 erzwungen, sehr zum Unwillen der Politiker, die zunächst 2,5 % verfügt hatten.

Daneben kommt es noch zu *verdeckter staatlicher Parteienfinanzierung*. Vom Steuernachlaß war schon die Rede. Ferner erhalten die *Fraktionen* allenthalben Zuschüsse, insgesamt rund 200 Millionen DM jährlich. Das ist an sich zulässig, denn Fraktionen sind Parlamentsbestandteile, ihre Arbeit zur Erledigung von Staatsaufgaben kann staatlich finanziert werden. Fragwürdiger ist schon, daß die Parteien einen Teil der Abgeordnetendiäten für sich abzweigen. Das soll nach BVerfGE 40, 296/316 nicht so sein, aber man kann keinen Abgeordneten hindern, sich seiner Fraktion oder Partei gegenüber großzügig zu zeigen. Außerdem lassen die Parteien ihre in der Bildungsarbeit bis hin zur Entwicklungshilfe tätigen *Stiftungen* (am bekanntesten die Friedrich-Ebert-Stiftung der SPD) reichlich vom Staat dotieren (über 600 Millionen DM jährlich). Natürlich sitzt in den Stiftungen manch recht oder schlecht getarnter Parteiarbeiter, und natürlich kann die Stiftung oft etwas für die eigentliche Parteiarbeit mit erledigen. Unter dem Etikett »Jugend- und Bildungsarbeit« oder ähnlichem werden auch alle Jugendorganisationen der Partei mit Staatsgeldern bedacht.

D. Verbot verfassungswidriger Parteien

Das GG hat sich für das Prinzip einer »streitbaren Demokratie« entschieden. Das zeigt sich außer in Art. 5 III 2 noch in Art. 18, einer Vorschrift, die keine praktische Bedeutung erlangt hat, zum anderen aber in dem praktisch ungleich wichtigeren Art. 21 II. Bestimmend für dieses Konzept, das sich auch mit dem Motto charakterisieren läßt »Keine Freiheit den Feinden der Freiheit«, waren die Erfahrungen aus der Weimarer Republik. Im parlamentarischen Rat wollte man jenes Instrumentarium schaffen, das Ende der zwanziger Jahre gefehlt hat, um die NSDAP aus dem politischen Leben auszuschalten.

Art. 21 II schafft ein *Parteienprivileg* im Vergleich zu Art. 9 II; Vereine werden durch die Exekutive verboten (entgegen dem mißverständlichen Wortlaut bedarf es einer ausdrücklichen Verbotsfügung), hingegen ist das *Verbot einer politischen Partei ausschließlich dem BVerfG vorbehalten.*

Den für ein Verbot zentralen Begriff der »*freiheitlichen demokratischen Grundordnung*« hat BVerfG E 2, 1 = StA S. 442 so definiert:

»Freiheitliche demokratische Grundordnung im Sinne des Art. 21 Abs. 2 GG ist eine Ordnung, die unter Ausschluß jeglicher Gewalt- und Willkürherrschaft eine rechtsstaatliche Herrschaftsordnung auf der Grundlage der Selbstbestimmung des Volkes nach dem Willen der jeweiligen Mehrheit und der Freiheit und Gleichheit darstellt. Zu den grundlegenden Prinzipien dieser Ordnung sind mindestens zu rechnen: die Achtung vor den im Grundgesetz konkretisierten Menschenrechten, vor allem vor dem Recht der Persönlichkeit auf Leben und freie Entfaltung, die Volkssouveränität, die Gewaltenteilung, die Verantwortlichkeit der Regierung, die Gesetzmäßigkeit der Verwaltung, die Unabhängigkeit der Gerichte, das Mehrparteienprinzip und die Chancengleichheit für alle politischen Parteien mit dem Recht auf verfassungsmäßige Bildung und Ausübung einer Opposition.«

Die in Art. 21 III vorgesehene einfachgesetzliche Regelung finden Sie in den §§ 32 und 33 ParteiG sowie in den § 43–47 BVerfGG. Besonders wichtig davon sind meines Erachtens § 33 I ParteiG sowie §§ 43 I, 46 I, III BVerfGG. Eine kleine terminologische Anmerkung zu § 43 I BVerfGG: Wenn eingeschritten werden *kann*, spricht man vom »Opportunitätsprinzip«. Auf diesen Begriff und auf sein Gegenstück, das »Legalitätsprinzip« (= es *muß* eingeschritten werden), werden Sie sowohl im Strafprozeßrecht wie im Verwaltungsrecht noch öfter stoßen. Beispielsweise unterliegt die Polizei bei ihrer Aufgabe, Gefahren abzuwehren, dem Opportunitätsprinzip. Hingegen muß sie prinzipiell ebenso wie die Staatsanwaltschaft Straftaten verfolgen, hier herrscht demnach das Legalitätsprinzip. Bei Ordnungswidrigkeiten wiederum besteht kein Verfolgungszwang, die Verwaltungsbehörden unterstehen hier also dem Opportunitätsprinzip und folglich muß ein Polizist Ihr Falschparken nicht unbedingt verfolgen.

Es hat bislang nur zwei Parteiverbote gegeben, von denen die Sozialistische Reichspartei, eine neonazistische Organisation, und die Kommunistische Partei Deutschlands betroffen waren, vgl. BVerfGE 2, 1 und 5, 85 = StA S. 442 ff.

Es gibt bislang keine Möglichkeiten, verbotene Parteien *wieder zuzulassen.* Da die Regierung frei ist, einen Verbotsantrag zu stellen oder dies zu unterlassen, müßte es auch möglich sein, einige Zeit nach dem Verbot wieder jenen Zustand herzustellen, der herrschen würde, wenn der Antrag unterblieben wäre.

Im Hinblick auf die Fernhaltung von Extremisten aus dem öffentlichen Dienst ist die Frage viel diskutiert worden, ob man die Zugehörigkeit zu einer verfassungswidrigen Partei erst dann »anrechnen« kann, wenn die Partei vom BVerfG verboten wurde. Dieses Argument wird ganz überwiegend für unzutreffend erachtet, es ist auch vom BVerfG (E 39, 334/357 ff. = StA S. 514, Leitsatz 8) mit Recht zurückgewiesen worden.

E. Zusammenfassung

I. 1. Die Parteien und ihre Aufgaben werden in dem Ausführungsgesetz zu Art. 21, dem Parteiengesetz, genauestens umschrieben. Kommunale Wählervereinigungen gelten nicht als Partei. Parteien sind als rechtsfähige oder nichtrechtsfähige Vereine des bürgerlichen Rechts verfaßt.

2. Verfassungsprozessual wird den Parteien der Status eines sogenannten Verfassungsorgans zugebilligt, so daß sie sich am Organstreitverfahren nach Art. 93 I 1 beteiligen können.

3. Parteienfreiheit ist eine Gründungs- und eine Betätigungsfreiheit, zu letzterer gehört die aus Art. 3 und 21 zu begründende Chancengleichheit der Parteien. Ihr trägt § 5 ParteiG Rechnung.

II. 1. Der Freiheit bei der Aufnahme von Parteimitgliedern steht eine strenge Bindung durch das ParteiG beim Parteiausschluß gegenüber.

2. Das GG verlangt innerparteiliche Demokratie; auch hierzu hat das ParteiG Ausführungsvorschriften erlassen.

III. Das Recht der Parteienfinanzierung wurde mehrfach novelliert.

1. Die Parteien müssen über ihre Finanzen öffentlich Rechenschaft geben.

2. Die private Finanzierung von Parteien erfolgt hauptsächlich durch Mitgliedsbeiträge und Spenden. Spenden bis 6000 DM sind steuerlich absetzbar.

3. Die Parteien erhalten vom Staat Finanzhilfen, die sich an ihren sonstigen Einnahmen und ihren Wahlerfolgen ausrichten. Daneben gibt es eine Reihe von verdeckten Zuweisungen, hauptsächlich für die Parlamentsfraktionen und die parteinahen Stiftungen.

IV. Ein Parteiverbot steht nur dem BVerfG zu. Die Antragstellung liegt aber im Ermessen der Regierung. Ein Parteiverbot ist nicht Voraussetzung für das Fernhalten extremistischer Parteimitglieder vom öffentlichen Dienst.

3. Kapitel:
Oberste Bundesorgane (ohne Gerichte)

A. Der Bundespräsident

In Reaktion auf die für verderblich angesehene Machtfülle des Reichspräsidenten in der Weimarer Reichsverfassung hat man dem Bundespräsidenten keine wesentlichen Befugnisse eingeräumt. Bestimmenden Einfluß auf die Politik hat er nicht. Fast alles, was er tut, muß vom Kanzler »*gegengezeichnet*« werden (Art. 58: Unter Anordnungen und Verfügungen versteht man auch Reden! In der Praxis werden Redemanuskripte jedoch nicht vorgelegt.). Daß von seiner Entscheidung etwas abhängt, wie bei der Bundestagsauflösung 1983, ist höchst selten.

Gewählt wird der Bundespräsident – wiederum im Gegensatz zum Reichspräsidenten – nicht vom Volk, sondern von der *Bundesversammlung*, die »aus den Mitgliedern des Bundestages und einer gleichen Anzahl von Mitgliedern, die von den Volksvertretungen der Länder nach den Grundsätzen der Verhältniswahl gewählt werden«, besteht (Art. 54 III). Seine Amtszeit beträgt 5 Jahre. Anschließende (!) Wiederwahl ist nur einmal zulässig, nach einer Wartezeit kann also ein Bundespräsident auch dreimal und öfter amtieren.

Stellvertreter des Bundespräsidenten ist der Präsident des Bundesrates (Art. 57).

Der Bundespräsident vertritt den Bund völkerrechtlich und schließt die völkerrechtlichen Verträge (Art. 59), wobei er sich bei den Vertragsverhandlungen selbstverständlich durch Regierungsmitglieder und Beamte vertreten läßt. Über Detailprobleme der »Auswärtigen Gewalt« werden wir später noch sprechen.

Auch bei seinen Befugnissen nach Art. 60 (Ernennung und Entlassung von Bundesbeamten, Bundesrichtern, Offizieren und Unteroffizieren, ferner Begnadigung) läßt sich der Präsident vertreten. Das Gnadenrecht ist übrigens von geringer Bedeutung, denn Kriminalstrafen werden fast nur von Landesgerichten verhängt, folglich liegt auch das Gnadenrecht insoweit bei den Ländern.

Bitte versäumen Sie nicht, die übrigen Bestimmungen des Abschnittes V einmal durchzulesen.

B. Der Bundestag

I. Wahl

Gemäß Art. 38 I 1 »werden die Abgeordneten des deutschen Bundestags in allgemeiner, unmittelbarer, freier, gleicher und geheimer Wahl gewählt«, und zwar auf vier Jahre (Art. 39 I 1).

1. Wahlsystem

Über das Wahlsystem sagt die Verfassung nichts, hierüber kann also im Rahmen von Art. 38 I 1 der einfache Gesetzgeber entscheiden. Er hat dabei die Wahl zwischen einem Mehrheits- und einem Verhältniswahlrecht.

a) Mehrheitswahlrecht
Beim Mehrheitswahlrecht gewinnt der Kandidat einen Parlamentssitz, der in seinem Wahlkreis die meisten Stimmen, die »relative Mehrheit«, oder die (absolute) Mehrheit der Stimmen erhalten hat. Das ist ein sehr »persönliches« Wahlverfahren, weil nicht ortsfremde Kandidaten über Listen gewählt werden. Es spiegelt aber oft nicht den Willen der Gesamtwählerschaft. Rein theoretisch kann eine Partei, deren

Kandidaten in allen Wahlkreisen beispielsweise mit 35 % der Stimmen die relative Mehrheit erhalten haben, 100 % der Parlamentssitze erringen. Und in der englischen Praxis des Mehrheitswahlrechts hat Frau Thatcher 1983 nicht als erste mit weit weniger als 50 % der Gesamtstimmen eine satte Mehrheit im Parlament erzielt. Auch bei der Wahl des US-Präsidenten, bei der die schließlich den Präsidenten wählenden Wahlmänner ihrerseits nach dem Mehrheitssystem von der Bevölkerung gewählt werden, hat es schon Verlierer gegeben, die mehr Bürgerstimmen als der Sieger erhalten hatten.

Außerdem macht das Mehrheitswahlrecht erfolgreiche Parteineugründungen fast unmöglich. Die 1981 neu gebildete sozialdemokratische Partei in England war seit Jahrzehnten die erste neue (zudem noch aus einer Spaltung hervorgegangene) Partei in Großbritannien mit Chancen auf einige Parlamentssitze!

b) Verhältniswahlrecht

Beim Verhältniswahlrecht bekommt eine Partei Sitze im Verhältnis ihrer Stimmen, also beispielsweise bei einem 30 %-Anteil rund 30 % der Mandate. Der Volkswille kommt also hier weit besser zur Geltung. Freilich muß der Wähler sich hierbei grundsätzlich für Listen entscheiden.

Da das Verhältniswahlrecht auch kleineren Parteien Chancen einräumt, selbst solchen, die in keinem einzigen Wahlkreis auch nur die relative Mehrheit erringen können (F.D.P., Grüne), sagt man ihm die Verursachung von *Instabilität* nach, man hat es sogar dafür verantwortlich gemacht, daß es in der Weimarer Republik meist keine stabilen Regierungen gab. Daran ist ein richtiger Kern, doch gibt es auch sehr stabile Mehrheiten bei einem Verhältniswahlrecht und umgekehrt bei einem Mehrheitswahlrecht zuweilen nur hauchdünne Mehrheiten.

Zudem ist nur das Verhältniswahlrecht in der Lage, die Interessen starker Minderheiten, die sich von den großen Parteien vernachlässigt fühlen, in den demokratisch-parlamentarischen Entscheidungsprozeß einzuführen. Ein Mehrheitswahlrecht hingegen drängt das evtl. beachtliche Protestpotential in die außer- oder antiparlamentarische Opposition ab mit allen Folgen von Staatsverdrossenheit bis zur Gewalt aus Ohnmachtsgefühlen heraus. Das Verhältniswahlrecht verhindert den unguten Zustand, daß bis zu 20 % der Wähler keine Möglichkeit zur parlamentarischen Repräsentation haben.

c) Das geltende Bundestagswahlrecht

In der Bundesrepublik haben wir aufgrund des BWahlG prinzipiell ein *Verhältniswahlrecht*, aber ein »personalisiertes«. Die Stärke der Parteien im Bundestag bemißt sich nach ihrem Anteil an der Summe der abgegebenen *Zweitstimmen*. Bestimmend ist also letztlich das Verhältniswahlrecht. Gleichwohl werden Abgeordnete im Wahlkreis nach der (relativen) Mehrheit der *Erststimmen* gewählt. Diese Verbindung erreicht man so: Von den (zu vielen) 656 Bundestagsabgeordneten wird die Hälfte in 328 Wahlkreisen (die möglichst gleich viele Wähler haben sollen) nach dem relativen Mehrheitsprinzip gewählt. Sodann ermittelt man nach dem Wählerstimmenanteil der Parteien, wieviel der insgesamt 656 Bundestagssitze ihnen zufallen. Von der so ermittelten Sitzzahl zieht man so viele Sitze ab, wie eine Partei jeweils Direktmandate errungen hat. Der Rest, und das sind insgesamt auch wieder 328 Sitze, wird auf die Parteilisten »von oben herab« verteilt. Wenn eine Partei, wie die F.D.P., in keinem Wahlkreis siegen konnte, gelangen nur die Listenkandidaten ins Parlament. Wenn eine Partei hingegen in allen Wahlkreisen erfolgreich war, aber bei den Zweitstimmen unter 50 % blieb, gehen ihre Listenkandidaten leer aus.

Wie ist es nun, wenn eine Partei zum Beispiel alle Wahlkreismandate »kassiert«, aber stets nur mit 45 % der Stimmen? Dann sollten ihr eigentlich nur 45 % der Parlamentssitze zustehen, aber sie hat ja schon alle Wahlkreismandate errungen, und das sind 50 % der Sitze. Diesen Mehrgewinn in Form von *»Überhangmandaten«* läßt man ihr und stockt die Zahl der Bundestagsabgeordneten entsprechend auf. 1994 gab es insgesamt 16 Überhangmandate, ein Rekord, der den Bundestag zum größten Parlament aller demokratischen Staaten machte.

Das gerade geschilderte Abrechnungssystem wird *länderweise* durchgeführt, sozusagen aufgeteilt. Entsprechend gibt es nur Landeslisten der Parteien, auf denen dem Wähler meist nur die ihm ortsnäheren, im Lande ansässigen Kandidaten präsentiert werden, was günstiger ist als eine riesige und sehr gemischte Bundesliste.

Es ist hoffentlich deutlich geworden, daß die Zweitstimmen über die Zusammensetzung des Bundestages entscheiden. Die Erststimme ist also zweitrangig, die Zweitstimme erstrangig. Die von der F.D.P. oft betriebene Werbung, dem Lieblings-Wahlkreiskandidaten der großen Parteien (oder auch nur dem des Koalitionspartners) die Erststimme zu geben, aber dann die Zweitstimme der F.D.P. zu schenken, war folglich meist ein Appell an den mündigen Toren. Leider versprach er durchaus Erfolg, weil die Wähler das Wahlsystem nicht durchschauen. Zwei Monate vor der Bundestagswahl 1976 wußten nur 13 % der Wähler, daß die Zweitstimme über die Zusammensetzung des Bundestags entscheidet, und selbst bei der Wahl wußten es erst 50 %. Im Juni 1980, wenige Monate vor der nächsten Wahl, war dieser Prozentsatz wieder auf 8 (!) % zurückgegangen. Eine Woche vor der Märzwahl 1983 war man stolz, die Quote der Wissenden auf 58 % gebracht zu haben. Dies noch als Nachtrag zum Stichwort Volkssouveränität.

d) Die Sitzverteilung

Der besseren Verständlichkeit halber wurde soeben im ersten Absatz zu c) nicht näher erläutert, wie man die Sitzverteilung »nach dem Wählerstimmenanteil der Parteien« vornimmt. Das sei nun nachgeholt, ist aber kein Lernstoff für Sie. Man teilt (gemäß § 6 II BWahlG) die für jede Landesliste abgegebenen Stimmen durch die auf alle Listen entfallenen Stimmen. Nach diesem Bruch, beispielsweise 1/30, bemißt sich der Anteil der Landeslisten-Partei an den Mandaten. Von den so errechneten Mandaten werden – wie schon dargestellt – die im Lande errungenen Direktmandate abgezogen und der Rest auf die Listenbewerber von oben nach unten verteilt.

Dieses seit 1985 geltende Verfahren (»der mathematischen Proportion«) hat das sogenannte Höchstzahlverfahren nach d'Hondt, einem belgischen Mathematiker, abgelöst, das für kleinere Parteien etwas ungünstiger war.

e) Sperrklausel

Um Kleinstparteien aus dem Parlament fernzuhalten, gibt es seit jeher die *Fünfprozent-Sperrklausel* (wobei für nur regional bedeutsame Parteien auch drei Direktmandate reichen; so 1994 für die PDS): § 6 IV BWahlG. Über die Erwägungen des BVerfG zur Rechtfertigung dieser Klausel lesen Sie bitte BVerfGE 6, 84 = StA S. 517. M. E. würde eine 3 %- oder 4 %-Klausel ausreichen.

2. Wahlgrundsätze

Die in Art. 38 I 1 aufgeführten *fünf Wahlgrundsätze* können gemäß Art. 93 I 4a über die Verfassungsbeschwerde geschützt werden. Darüber hinaus hat BVerfGE 89, 155/171 f. = StA S. 453 (Maastricht-Entscheidung) aus Art. 38 I ein subjektives Recht entwickelt, als Wähler eine substantiell ausreichende demokratische Staatsgewalt bilden zu helfen: Eine unzulässige Weitergabe von Parlamentsbefugnissen (nach

Brüssel) kann Art. 38 verletzen und mit der Verfassungsbeschwerde gerügt werden.

Die fünf Wahlprinzipien sind:

a) Allgemeinheit der Wahl

Die Allgemeinheit der Wahl verbietet prinzipiell den Ausschluß bestimmter Gruppen (etwa der Frauen, der Sozialhilfeempfänger) vom aktiven oder passiven Wahlrecht. Ausnahmen (beispielsweise bei Geisteskranken) sind nur aus zwingendem Grund zulässig. Das Wahlalter ist durch Art. 38 II festgelegt, die Beschränkung des Wahlrechts auf Deutsche erklärt sich daraus, daß gemäß Art. 20 II 2 nur das deutsche Staatsvolk von den Abgeordneten repräsentiert werden soll. (BVerfGE 83, 37 = StA S. 489)

b) Unmittelbarkeit der Wahl

Unmittelbarkeit der Wahl fordert, daß sich kein Mittler zwischen Wähler und Gewählten schieben darf, also keine Wahlmänner (oder Wahlfrauen) wie beispielsweise bei der amerikanischen Präsidentenwahl.

Eine solche Vermittlung zwischen Wähler und Abgeordnetem käme den Parteien zu, wenn sie die nach Abzug der Direktmandate noch für die Partei verfügbaren Sitze frei auf Parteikandidaten verteilen dürften. Statt dessen muß dem Wähler wegen der Unmittelbarkeit der Wahl eine *feste Liste* präsentiert werden, in der nach der Wahl und damit nach Bestätigung der Listen keine Personen mehr »hin und her geschoben« werden dürfen. Wenn ein Gewählter stirbt oder auf das Mandat verzichtet, muß der nächste Listenmann (oder eine Listenfrau) nachrücken. Ein davon abweichendes Verfahren hat deshalb das BVerfG auch beanstandet (BVerfGE 7,77 = StA S. 519).

c) Freiheit der Wahl

Freiheit der Wahl verlangt, daß der Staat niemanden zu einer bestimmten Stimmabgabe zwingt und auch Sanktionen wegen einer Wahlentscheidung von privater Seite aus nicht toleriert. Strittig ist, ob eine *Wahlpflicht* mit dem Grundsatz der (dann: nur inhaltlich) freien Wahl vereinbar wäre.

Unfrei kann man auch durch psychischen Druck werden und durch fortwährende Propaganda. Hinsichtlich des psychischen Drucks können allzu kategorische *»Hirtenworte«* von katholischen Kanzeln herab problematisch werden. *Propaganda* machen zwar alle Parteien, aber eine freie Meinungsbildung zur Wahl wird erschwert bei einseitiger und mit der finanziellen Macht des Staates betriebener Regierungspropaganda (sprich: »Öffentlichkeitsarbeit«). Solche Anzeigenserien vor der Wahl (»Der Bundesminister ... informiert:«) hat das BVerfG erfreulicherweise unterbunden, und zwar auch deshalb, weil darin gleichzeitig ein Verstoß gegen die Chancengleichheit der Parteien lag (BVerfGE 44,125 = StA S. 386).

d) Geheime Wahl

Geheime Wahl meint nur, daß man seine – im Wahllokal verdeckte – Stimmabgabe draußen geheim halten *kann*. Man darf sie aber außerhalb des Wahllokals auch offenbaren. So gibt es manchmal »Wählernachfragen« von Forschungsinstituten, bei denen Wähler nach Verlassen des Wahllokals gebeten werden, nochmals ihre Stimme »privat« abzugeben – und das kann auch ganz offen geschehen!

e) Gleichheit der Wahl

Die Gleichheit der Wahl ist der neuralgischste Wahlrechtsgrundsatz. Er verlangt gleiches Gewicht für jede Stimme. (Daß jeder – grundsätzlich – überhaupt eine Stimme haben muß, gehört zur Allgemeinheit der Wahl!) Unumstritten ist heute das sich daraus ableitende Verbot, das Stimmgewicht nach Besitz oder Bildung auszurichten. (In Preußen gab es bis 1918 ein »Dreiklassenwahlrecht«: Die Zahler des ersten, zweiten und dritten Steuerdrittels hatten jeweils gleich viel Stimmrecht. Ein reicher Fabrikant konnte so das gleiche Stimmgewicht haben wie tausende seiner Arbeiter.)

Prinzipiell muß nicht nur jede Wählerstimme gleich viel zählen (»Zählwert«), sondern auch gleich viel Ertrag bringen (»Erfolgswert«). Keinen Ertrag bringen die Stimmen, die sich auf weniger als 5 % addieren. In der schon erwähnten Entscheidung hat das BVerfG diese Ausnahme aber gebilligt. Keinen Erfolgswert haben auch in dem vorhin erwähnten (theoretischen) Beispiel zum Mehrheitswahlrecht (100 % der Parlamentssitze für 35 % der Wähler) jene 65 % der Wähler, die keinem Kandidaten zur relativen Mehrheit und damit zu einem Mandat verhalfen. Gleichwohl würde das BVerfG (E 6, 104/111) das Mehrheitswahlrecht wohl nicht beanstanden, weil der »Mißerfolg« von Wählern nicht an persönlichen Kriterien (Einkommen, Bildung, Weltanschauung) anknüpft, sondern daran, ob sie mit anderen eine Mehrheit erringen konnten.

Verwechseln Sie mit der Gleichheit der Wahl, d. h. mit der Chancengleichheit des Wählers, nicht die Chancengleichheit der werbenden Parteien. Das gehört nicht zu Art. 38, sondern zu Art. 21!

3. Wahlprüfung

Dem Bundestag obliegt mit der »Wahlprüfung« die Kontrolle, daß bei der Wahl alles seine Ordnung hatte. Gegen seine Entscheidung kann man sich beim BVerfG beschweren (Art. 41). Aber nur wenn der gerügte Fehler auch zu einer anderen Mandatsverteilung geführt hätte, bewirkt er eine Korrektur. Formfehler ohne Folgen für das Ergebnis müssen »geschluckt« werden.

II. Die institutionelle Ordnung des Parlaments und die Stellung der Abgeordneten

1. Institutionelle Ordnung

a) Bundestagspräsident

Der Bundestag wählt einen Präsidenten, der das Hausrecht und die Polizeigewalt im Bundeshaus ausübt und die Sitzungen des Parlaments leitet.

b) Geschäftsordnung

Jeder Bundestag gibt sich eine *Geschäftsordnung* (Art. 40 I 2); in der Praxis übernimmt er die des Vorgängers. Man bezeichnet sie als unmittelbar rechtsverbindliche *»autonome Satzung«*. Selbst wenn man das mal akzeptiert, geht es doch um eine Satzung besonderer Art, abweichend von jenem Normaltyp (autonome Selbstverwaltungsregelungen juristischer Personen des öffentlichen Rechts unterhalb der Staatsebene), den ich Ihnen auf S. 14 schilderte.

Die Geschäftsordnung (GO), die wir ja auf S. 11 mit zum Staatsrecht gezählt hatten, ist für die Parlamentspraxis von größter Bedeutung. Sie sollten sie deshalb wenigstens einmal durchgeblättert haben (Sartorius Nr. 35). Ihre Einhaltung kann, wie Art. 93 I 1 verrät, vom BVerfG im »Organstreit« kontrolliert werden. Aber die *Gültigkeit eines Gesetzes* läßt sich *nur am Maßstab der Verfassung* beurteilen! Verstöße gegen die Geschäftsordnung bei der Beratung und Verabschiedung eines Gesetzes beeinträchtigen die Wirksamkeit des Gesetzes nicht! Das kann auch gar nicht anders sein. Andernfalls hätte die mit einfacher Mehrheit beschlossene Geschäftsordnung ja verfassungsgleiche Wirkung.

c) Fraktionsbildung

In § 10 der GO wird auch definiert, was eine *Fraktion* ist, nämlich eine Vereinigung von Abgeordneten einer Partei oder von Schwesterparteien mit einer Mindeststärke von 5 % der Bundestagsmitglieder; es handelt sich also um ein Parlamentsorgan, nicht um ein Parteiorgan. Da die GO mit einfacher Mehrheit beschlossen wird, kann eine Mehrheitspartei eine kleinere Minderheitspartei schwer in Bedrängnis bringen, wenn sie ihr durch eine – freilich nur begrenzt mögliche, noch sachgerechte – Anhebung des Prozentsatzes den Fraktionsstatus nimmt. Denn mit diesem Status sind wesentliche Vorrechte im parlamentarischen Betrieb verbunden, u. a. das Ausmaß des Rederechts im Parlament.

Seit 1994 enthalten die §§ 45–54 des AbgeordnetenG einige Regeln für die Fraktionen, es werden vor allem die (seit jeher üblichen) Finanz- und Sachzuwendungen an die Fraktionen gesetzlich fundiert; bemerkenswerter Weise erhalten die Oppositionsfraktionen einen Zuschlag.

d) Ausschüsse

Insbesondere die Beschickung von Parlamentsausschüssen richtet sich nach der Fraktionsstärke (§ 12 GO BT), und in den zahlreichen Ausschüssen des Bundestags, insbesondere im Rechtsausschuß und im Innenausschuß, wird die eigentliche Arbeit verrichtet, nicht im Plenum, das heute mehr der Darstellung nach außen dient.

Zwingend vorgeschrieben sind
– der Ausschuß für die Angelegenheiten der Europäischen Union gem. Art. 45
– der Auswärtige Ausschuß
– der Verteidigungsausschuß, beide gemäß Art. 45 a I
– der Petitionsausschuß gemäß Art. 45 c.

Darüber hinaus kann der Bundestag beliebig viele Ausschüsse einsetzen, und er hat von dieser Befugnis nachhaltig Gebrauch gemacht. Gerade weil in den Ausschüssen oft die eigentlichen Entscheidungen fallen, sind sie für *Interessenvertreter* unter den Abgeordneten oder von außerhalb des Parlaments besonders interessant. Da in den Ausschüssen spezialisierter Sachverstand gefragt ist, haben die Experten leichten Zutritt, und diese Experten vertreten meist einseitig bestimmte Interessen. Es wird viel beklagt, daß im Agrarausschuß fast nur Landwirte sitzen, und so fort. Dieses Phänomen findet sich – auf einer Vorstufe – auch schon in den nach besonderen Themenbereichen zugeschnittenen »Arbeitskreisen« einer Fraktion.

Erzwungen werden – und zwar von einem Viertel des Bundestages – kann die Einsetzung eines *Untersuchungsausschusses* über ein den Bund betreffendes Thema von öffentlichem Interesse. Der Ausschuß kann nach der StPO verfahren und also Zeugen unter Eid vernehmen (Art. 44). Einer solchen Einsetzung bedarf es nicht bei Untersuchungen im Verteidigungsbereich, weil der Verteidigungsausschuß auch die Rechte eines Untersuchungsausschusses hat (Art. 45 a II).

Nicht zu verwechseln mit den Untersuchungsausschüssen sind die – selteneren – »Enquête-Kommissionen« (= Untersuchungskommission), denen auch Nicht-Abgeordnete angehören können und die für den Bundestag »Entscheidungen über umfangreiche und bedeutsame Sachkomplexe« vorbereiten sollen (§ 56 GO BT). Sie haben folglich auch keine Vernehmungsbefugnisse etc. Die wichtigste Enquête-Kommission bislang befaßte sich 1970 mit Problemen einer größeren Verfassungsreform.

e) Zum Schluß noch zwei ergänzende Hinweise.

Wie Sie wissen, beruft der Bundestag gemäß Art. 45 b *einen Wehrbeauftragten*. In Art. 43 II finden Sie die Vorschrift, die es Ministerpräsidenten wie F. J. Strauß, J. Rau, O. Lafontaine, B. Engholm und R. Scharping ermöglichte, zuweilen Oppositionsführer in Bonn zu spielen.

2. Die Stellung der Abgeordneten

a) Wahlkampfurlaub, freie Mandatsübernahme

Wer sich um ein Mandat bewirbt, hat gemäß Art. 48 I Anspruch auf den für den Wahlkampf erforderlichen unbezahlten Urlaub. Dies wird nochmals im Abgeordnetengesetz (Sartorius Nr. 48) geregelt. Art. 48 II: »Niemand darf gehindert werden, das Amt eines Abgeordneten zu übernehmen und auszuüben. Eine Kündigung oder Entlassung aus diesem Grunde ist unzulässig.« Wegen dieser Bestimmung hat der BGH einmal Schadenersatzansprüche einer Handelsgesellschaft abgewiesen, die ihren geschäftsführenden Gesellschafter an die Politik verloren und dadurch Nachteile erlitten hatte.

b) Inkompatibilität

Ein in den Bundestag gewählter Beamter oder Richter kann sein Amt nicht beibehalten, sondern tritt in den einstweiligen Ruhestand, eine durch Art. 137 gedeckte Regelung, die der Gewaltenteilung dienen und verhindern soll, daß ein Parlamentarier sich selbst als aktiven Beamten kontrollieren könnte: Sogenannte *»Inkompatibilität«* = Unvereinbarkeit von Amt und Mandat.

c) Abgeordnetendiäten

Art. 48 III 1 verheißt den Abgeordneten eine »angemessene, ihre Unabhängigkeit sichernde Entschädigung«. Darüber, was angemessen ist, gibt es immer wieder Dispute zwischen dem Volk, seinen Abgeordneten und der veröffentlichten Meinung. Sie können das in Presse und Fernsehen oft genug verfolgen.

Besonders üppig lebten früher Verbandsangestellte, die unter Fortzahlung ihrer Bezüge als Interessenvertreter ins Parlament entsandt wurden und dadurch ein Doppeleinkommen hatten. Auch noch gut ging es Richtern und Beamten. Sie wurden in den sogenannten einstweiligen Ruhestand versetzt und bekamen neben den Diäten ein Ruhegehalt. Das war – neben dem größeren Berufsrisiko von Freiberuflern und Angestellten der freien Wirtschaft – einer der Hauptgründe dafür, daß Angehörige des öffentlichen Dienstes die Parlamente überschwemmten. All diesen Praktiken hat BVerfGE 40, 296/311, 315, 327 = StA S. 521 in einer rigorosen, die Verfassungsauslegung voll ausschöpfenden oder gar übersteigenden Entscheidung ein Ende bereitet. Außerdem hat es die Diäten der Steuer unterworfen, was freilich flugs durch eine Aufstockung der Diäten ausgeglichen wurde.

Für die Diäten und die Versorgung der Abgeordneten gilt gleichfalls das schon erwähnte Abgeordnetengesetz. In § 44a (bitte lesen!) bemüht es sich um Transparenz.

d) Indemnität

Um dem Abgeordneten freimütige Äußerungen im Parlament nicht zu erschweren, genießt er *Indemnität*, d. h. Freiheit von Rechtsnachteilen aller Art (Art. 46 I). Nur für Verleumdungen, die wider besseres Wissen erfolgen (§ 187 StGB), ist der Abgeordnete verantwortlich. Ansonsten aber darf er für Abstimmungen und Äußerungen im Bundestag, in den Ausschüssen und wohl auch in den Fraktionen (strittig) weder bestraft noch disziplinarrechtlich oder zivilrechtlich belangt werden. »Zur Verantwortung gezogen werden« ist also denkbar weit zu verstehen, freilich beschränkt auf hoheitliche Maßnahmen.

Die Indemnität gilt nicht für außerparlamentarische Aktionen, weshalb in Wahlkämpfen sich die Politiker zuweilen mit einstweiligen Verfügungen überziehen.

e) Immunität

Sie müssen von der Indemnität streng die *Immunität* nach Art. 46 II–IV unterscheiden. Immunität meint Unangreifbarkeit in dem Sinn, daß ohne Parlamentsgenehmigung ein Abgeordneter nicht strafrechtlich verfolgt und nicht verhaftet werden darf. Während die Indemnität Strafbefreiung – aber nicht nur diese – für eng begrenzte Handlungen verschafft, errichtet die Immunität ein rein *strafprozessuales Verfolgungshindernis* und ein Verhaftungshindernis für *alle* Taten eines Abgeordneten.

»Zur Verantwortung gezogen …« ist auch hier weit zu verstehen, schon das staatsanwaltschaftliche Ermittlungsverfahren bedarf prinzipiell der Genehmigung. Nicht unter die Immunität fällt die Ahndung von *Ordnungswidrigkeiten!* Mit Verlust des Abgeordnetenstatus endet auch die Immunität.

Die Immunität sollte in Zeiten, in denen der Rechtsstaat noch nicht gefestigt war, die Mitglieder des Parlaments vor der monarchischen Exekutive und Strafgerichtsbarkeit schützen; ein Parlament läßt sich leicht lähmen, wenn man seine Führer unter einem Vorwand verhaftet. Die Immunität soll also die Funktionsfähigkeit des *Parlaments* sichern, sie ist ein Parlamentsprivileg, kein Abgeordnetenrecht. Da heute niemand mehr mit willkürlichen Verhaftungen das Parlament schwächen will, ist die Immunität nicht mehr sehr zeitgerecht und entsprechend umstritten. Dem hat der Bundestag dadurch Rechnung getragen, daß er *praktisch zu jeder Strafverfolgungsmaßnahme außer bei Beleidigungen politischen Inhalts sein Einverständnis erteilt* und zwar teilweise ganz generell und vertreten durch einen besonderen Parlamentsausschuß.

f) Freiheit des Mandats

Die Freiheit des Mandats sichert Art. 38 I 2, Ausdruck des streng repräsentativen Prinzips. Der Sicherung dieser Freiheit dienten die Passagen in dem vorhin erwähnten Diäten-Urteil zum »Lobbyistengehalt« (StA S. 521, Leitsatz 5).

Kein Abgeordneter kann zu einer bestimmten Abstimmung gezwungen werden. Vertragliche Abreden, Vertragsstrafen, ein blanko ausgestellter Mandatsverzicht sind rechtlich unverbindlich. Insoweit gibt es also keinen rechtlich effektiven «*Fraktionszwang*».

Andererseits kann nicht jede Sanktion rechtswidrig sein, insbesondere wenn sie von seiten der eigenen Partei und Fraktion kommt. Das ist evident bei rechtlich unfaßbaren Nachteilen wie etwa dem »Schneiden« eines Fraktionsfreundes. Insoweit ist Fraktionsdisziplin primär eine politische Frage. Der Fraktion als einer unentbehrlichen Institution des Parlaments muß es auch erlaubt sein, »unsichere Kantonisten« aus bestimmten Positionen, insbes. in Ausschüssen, wieder zurückzuziehen. Ja, in besonders schwerwiegenden Fällen muß eine Fraktion auch imstande sein, ein »schwarzes Schaf« auszuschließen, vorausgesetzt, es liegen ähnlich schwerwiegende Gründe vor, wie sie gemäß Art. 10 IV ParteiG auch einen Parteiausschluß rechtfertigen.

g) Mandatsverlust

Aber auch dann verliert der Abweichler *nicht* sein Mandat! Das gilt sogar dann, wenn der Abgeordnete *von sich aus* die Fraktion verläßt.

Das ist der Ist-Zustand, der die Frage offen läßt, ob er abänderbar wäre. Dürfte gesetzlich ein Mandatsverlust angeordnet werden? Für die Bejahung dieser Frage könnte man sich auf Art. 21 und auf das Demokratieprinzip berufen: Da ohne Parteizugehörigkeit heute ja niemand mehr gewählt wird, gehört das Mandat quasi der Partei und muß ihr gesichert werden, wenn der Mandatsträger abtrünnig wird. Für die Verneinung müßte Art. 38 I 2 herhalten. Diese Verfassungsnormen stehen also in einem Spannungsverhältnis, und man muß danach entscheiden, welche Norm man in einer bestimmten Konstellation für gewichtiger hält. Man kann dabei u. a. differenzieren nach Fraktionsausschluß und freiwilligem Austritt, ferner nach Direkt- und nach Listenmandaten. Überwiegend wird für alle Fälle dem Art. 38 I 2 der Vorrang gegeben, so daß ein gesetzlicher Mandatsentzug nicht zulässig wäre.

Mandatsverlust tritt außer durch Verzicht u. a. durch *Parteiverbot* ein (vgl. BVerfGE 2, 1/72 = StA S. 442). Auch das war früher heftig umstritten, und zwar gleichfalls als Ausdruck einer Spannungslage zwischen den Art. 21 und 38.

III. Parlamentsfunktionen außer der Gesetzgebung

Die wichtigste Aufgabe des Bundestags ist die *Gesetzgebung*. Über sie werden wir gesondert und sehr ausführlich zu sprechen haben (S. 48 ff.).

1. Legitimierung politischer Entscheidungen

Nicht nur bei Gesetzgebungsfragen, sondern bei allen politisch schwerwiegenden Problemen, die in die Zuständigkeit des Bundes fallen, soll das Parlament ein *Forum der Nation* sein, auf dem über sachgerechte Lösungen diskutiert wird und durch dessen Diskussion ein Problem als besonders wichtig akzentuiert wird. Das sind jedoch idealistische Vorstellungen. In der Praxis dient heute das Parlamentsplenum nur noch der möglichst telegenen Selbstdarstellung der Parteien in der Öffentlichkeit. Kaum jemals wird ein Abgeordneter noch durch Debattenbeiträge überzeugt. Die eigentlichen Entscheidungen fallen vielmehr früher in den zuständigen Regierungs-, Partei- und Koalitionsgremien. In der Plenardebatte sollen sie nur noch gegenüber der Bevölkerung gerechtfertigt werden. Bezeichnenderweise tagen während der Plenarsitzungen wichtige Ausschüsse des Parlaments!

2. Wahlfunktionen

Der Bundestag hat wichtige Wahlfunktionen. Er wählt gemäß Art. 63 den Bundeskanzler, jedoch nicht die Bundesminister! Der Bundestag bestellt, wie bereits erwähnt, einen Wehrbeauftragten. Schließlich wirkt das Parlament bei der Wahl von Bundesrichtern und Bundesverfassungsrichtern mit (Art. 95 II, 94 I 2). In der Bundesversammlung sind die Bundestagsabgeordneten an der Wahl des Bundespräsidenten beteiligt (Art. 54, vgl. oben S. 41).

3. Kontrollfunktionen

Im vorigen Jahrhundert, als der Reichskanzler nicht vom Reichstag gewält, sondern vom Monarchen ernannt wurde, hat häufig das Parlament insgesamt und vereint der Regierung und damit auch der Verwaltung »auf die Finger gesehen«. Freilich gab es auch damals schon viele Fälle, in denen nur einzelne Fraktionen Kritik übten, während eine Gruppe von Abgeordneten dem Kanzler beistand. Im heutigen parlamentarischen Regierungssystem bestellt eine Parlamentsmehrheit »ihre« Regierung. Wie fast jeder Blick in die Zeitungen zeigt, müssen sich beide dauernd »zusammenraufen«, mal dominiert die eine, mal die andere Seite. Insofern wird die Regierung auch von der Parlamentsmehrheit kontrolliert. Aber das ist gleichsam eine familieninterne Kontrolle. Eine spitze *Konfrontation* gibt es nur zwischen Regierung und Parlamentsmehrheit auf der einen Seite und der *Opposition* auf der anderen Seite.

Die »Opposition« kommt nur in einigen neueren Bestimmungen von Landesverfassungen vor, etwa in Artikel 23a der Hamburger Verfassung: »(1) Die Opposition ist ein wesentlicher Bestandteil der parlamentarischen Demokratie. (2) Sie hat die ständige Aufgabe, die Kritik am Regierungsprogramm im Grundsatz und im Einzelfall öffentlich zu vertreten. Sie ist die politische Alternative zur Regierungsmehrheit.«

Wegen dieser wichtigen Rolle der Opposition ist es unerläßlich, ihr parlamentarische Rechte einzuräumen, die sie auch gegen den Willen der Mehrheit geltend machen kann. Über die Bedeutung solcher *Minderheitenrechte* für das Funktionieren der Demokratie haben wir ja schon (auf S. 21, 25) gesprochen.

Die wichtigsten dieser im Grundgesetz und in der GO BT verankerten Rechte sind:
— Ein Drittel der Abgeordneten kann die Einberufung des Parlaments erzwingen (Art. 39 III 3)
— Ein Viertel kann die Einsetzung eines Untersuchungsausschusses erzwingen (Art. 44 I 1)
— Eine Fraktion, also ein Zwanzigstel, kann eine »Organklage« vor dem BVerfG erheben (Art. 93 I Nr. 1, § 63 BVerfGG)
— Ein Zwanzigstel kann »kleine« (= schriftlich zu beantwortende) und »große« (im Plenum zu beantwortende) Anfragen an die Bundesregierung richten (§§ 75, 76, 100 ff. der GO)

4. Diskontinuitätsgrundsatz bei der Aufgabenerledigung

Für die Parlamentsarbeit gilt der sog. *»Diskontinuitätsgrundsatz«:* »Am Ende einer Wahlperiode gelten alle Vorlagen als erledigt. Dies gilt nicht für Petitionen und für Vorlagen, die keiner Beschlußfassung bedürfen« (§ 125 GO BT). Der neue Bundestag soll völlig ungebunden sein und neu beginnen. Auch wenn ein Gesetz kurz vor der Vollendung stand, muß die Gesetzesprozedur im neuen Bundestag neu durchgezogen werden.

5. Aufgabenfülle und erforderlicher Sachverstand

Das Problem des modernen Parlamentarismus liegt im *Ungleichgewicht zwischen Regierung* und der ihr unterstehenden Ministerialbürokratie auf der einen Seite *und dem Parlament* auf der anderen Seite. Idealtypisch gesehen, sollte die Staats*willensbildung* vom Bundestag ausgehen, wenngleich die Planung, die »Impulse« und die Vorbereitung der Willensbildung *auch* der Regierung obliegen. Dieses Entscheidungsmonopol kann ein Parlament nur wahrnehmen, wenn es sachkundig ist und alle notwendigen Informationen hat. Hier aber sind die rund 650 Bundestagsabgeordneten gegenüber den tausenden hochqualifizierter Ministerialbeamter hoffnungslos unterlegen. Zwar hat man versucht, den Parlamentariern Hilfskräfte zuzuweisen, erstens durch einen groß dimensionierten und leistungsfähigen »wissenschaftlichen Dienst« des Bundestages, zweitens durch Fraktionsstäbe und durch die Bezahlung von wissenschaftlichen Mitarbeitern der einzelnen Abgeordneten, aber das mindert das Ungleichgewicht nur, ohne es zu beseitigen. Deshalb müssen die Parlamentarier stets auf der Hut sein, daß sie von der Ministerialbürokratie nicht »überfahren« werden (was freilich aus politischen Gründen nur bei Problemen minderen Gewichts möglich ist). Deshalb ist es kein Zufall, daß Lobbyisten vielfach nur beim Ministerium »ansetzen«, ohne sich um die Abgeordneten zu bemühen. Es sind seit langem auch Überlegungen im Gange, ob man nicht Parlamentarier bei der — oft jahrelangen — Planung von Gesetzeswerken beteiligen sollte, um dadurch den Einblick und die Einflußmöglichkeiten des Bundestags zu mehren.

IV. Zusammenfassung

1. Die Verfassung schreibt eine allgemeine, unmittelbare, gleiche, freie und geheime Wahl vor. Allgemein heißt, daß jeder Wahlmündige wählen darf, unmittelbar meint den Ausschluß von Wahlmännern oder sonstigen Mittlern bei der Auswahl des Gewählten. Das Merkmal »gleich« verlangt gleichen Zähl- und Ertragswert der Stimmen. Die Fünfprozentsperrklausel gegen Splitterparteien gilt als mit dem Gleichheitsprinzip vereinbar. Eine freie Wahl muß insbesondere unbeeinflußt von massiver Regierungspropaganda (»Öffentlichkeitsarbeit«) sein.

2. Innerhalb dieser Wahlgrundsätze läßt die Verfassung dem Gesetzgeber freie Hand zur Bestimmung des Wahlsystems. Wir haben auf Bundesebene ein »personalisiertes« Verhältniswahlrecht. Es werden mit Mehrheit Wahlkreiskandidaten gewählt, aber das Verhältniswahlrecht entscheidet letztlich über die Zusammensetzung des Bundestages.

3. Die Wahlprüfung liegt beim Bundestag, gegen dessen Entscheidung das BVerfG angerufen werden kann.

4. Das Parlament wählt einen Bundestagspräsidenten. Es verfährt nach einer Geschäftsordnung, deren Einhaltung aber nicht Voraussetzung für die Gültigkeit von Gesetzen ist.

Die im Parlament vertretenen Abgeordneten einer Partei formieren sich zu Fraktionen.

Der Bundestag richtet verschiedene Ausschüsse ein. Aus besonderem Anlaß werden Untersuchungsausschüsse eingesetzt, die u. a. Zeugen unter Eid vernehmen dürfen.

5. Die Bewerber um einen Sitz im Bundestag haben Anspruch auf unbezahlten Urlaub und dürfen an der Übernahme des Mandats nicht gehindert werden. Ein gewählter Beamter oder Richter muß in den einstweiligen Ruhestand treten.

Die Abgeordneten erhalten steuerpflichtige Diäten und Aufwandsentschädigungen.

Sie genießen Indemnität (= Freiheit von hoheitlichen Sanktionen für Äußerungen im Parlament und in den Ausschüssen mit Ausnahme von Verleumdungen). Ihre Immunität (Freiheit vor Strafverfolgung während der Mandatswahrnehmung) wird jedoch vom Bundestag außer bei Beleidigungen politischer Art stets aufgehoben.

6. Fraktionszwang ist mehr ein politisches als ein rechtliches Problem. Einen Rechtszwang zu einem bestimmten Abstimmungsverhalten darf es wegen der Freiheit des Mandats nicht geben. Das hindert die Fraktion aber nicht, sich von einem Dissidenten zu trennen.

7. Mandatsverlust tritt durch Tod, Verzicht und Verbot der Partei des Abgeordneten ein.

8. Außer der Gesetzgebung hat das Parlament die Aufgabe der Debatte, die aber praktisch nicht mehr der Entscheidungsfindung, sondern der Entscheidungsbegründung vor dem Volk dient. Daneben hat der Bundestag Wahlfunktionen; er wählt den Bundeskanzler, den Wehrbeauftragten, Bundes(verfassungs)richter und wirkt an der Wahl des Bundespräsidenten mit. Er hat die Regierung und über sie die Verwaltung zu kontrollieren und kann u. a. zu diesem Zweck Untersuchungsausschüsse einsetzen.

9. Alle Vorhaben eines Bundestages gehen mit dessen Ende unter und müssen im folgenden Bundestag völlig neu begonnen werden (Diskontinuitätsprinzip).

10. Es ist notwendig, die Parlamentarier ebenbürtig zu machen gegenüber dem in den Ministerien konzentrierten Sachverstand.

C. Die Bundesregierung

I. Zusammensetzung und Bildung

Die Bundesregierung besteht aus dem Kanzler und den Ministern (Art. 62) »Der Bundeskanzler wird auf Vorschlag des Bundespräsidenten vom Bundestage ohne Aussprache gewählt« (Art. 63 I), wobei der Bundespräsident jenen Kandidaten aussuchen wird, der die größten Aussichten auf eine Parlamentsmehrheit hat. Der Kandidat muß übrigens nicht dem Bundestag angehören. Das ist zwar meist der Fall, aber Kurt Georg Kiesinger, der Kanzler der »Großen Koalition« 1966, war beispielsweise kein Mitglied des Bundestages.

Die *Minister werden* hingegen *nicht gewählt*, sondern auf Vorschlag des Kanzlers vom Bundespräsidenten ernannt (Art. 64). Auch sie müssen nicht dem Bundestag angehören, obwohl das meist der Fall ist. Nach ganz überwiegender und meines Erachtens richtiger Ansicht hat der Bundespräsident die strikte Pflicht zur Ministerernennung, er kann diesen Akt nicht wegen angeblicher oder tatsächlicher Ungeeignetheit des Kandidaten verweigern. Wenn Sie anhand dieses Problems sich in der Auslegungsmethodik und Fallösung schulen wollen, lesen Sie einmal die Ausführungen im Lehrbuch von E. Stein in § 11 V 1.

Es gibt unterhalb der Minsterebene noch die sog. *Parlamentarischen Staatssekretäre*. Es sind dies Ministergehilfen aus den Reihen der Parlamentarier, die neben den beamteten Staatssekretären (den Spitzen der Beamtenhierarchie) wirken und den Ministernachwuchs stellen sollen. Sie gehören aber nicht der Bundesregierung an.

Zur *Richtlinienkompetenz* des Kanzlers und zur Selbständigkeit der Minister in ihrem Geschäftsbereich (sog. *Ressortprinzip*) lesen Sie bitte den Art. 65. Nach der GO der Bundesregierung, die Sie auch mal anblättern sollten (Sartorius Nr. 38), bestimmt der Kanzler die Geschäftsbereiche der Minister (§ 9). In der Praxis ist die Frage, ob beispielsweise der Bundeskanzler über seine – schwer einzugrenzende – Richtlinienkompetenz hinausgegangen ist, keine rechtliche, sondern eine politische, die politisch gelöst wird.

Einer Koalitionsregierung liegen *Koalitionsvereinbarungen* der beteiligten Fraktionen zugrunde. Auch ihre Einhaltung kann nur politisch, aber nicht gerichtlich erzwungen werden.

II. Sturz der Regierung

Das Parlament kann weder die Regierung insgesamt stürzen noch einzelne Minister, sondern *nur den Kanzler*. Dieser kann jedoch *nicht* einfach *abgewählt* werden. Sonst entstünde die Gefahr, daß sich Abgeordnete zur Abwahl zusammenfinden, aber sich auf einen neuen Kanzler nicht einigen können. Eine Abwahl kann nur durch Neuwahl eines anderen Kanzler erfolgen (Art. 67). Man nennt dies »*konstruktives Mißtrauensvotum*« (vgl. schon oben S. 20).

Nicht der grundgesetzlichen Terminologie, wohl aber der Sache nach ist es auch ein Mißtrauensvotum, wenn der Kanzler beantragt, ihm das Vertrauen auszusprechen, und dieser Antrag keine Mehrheit findet. Dann kann der Kanzler dem Bundespräsidenten die Auflösung des Bundestages vorschlagen, der Bundespräsident *kann* diesem Vorschlag folgen (Art. 68).

Im Dezember 1982 stellte sich das heftig umstrittene Problem, ob der Kanzler sich ein Mißtrauensvotum bei seiner Mehrheit bestellen darf, um so eine Bundestagsauflösung zu erreichen. BVerfGE 62, 1 = StA S. 524 (Leitsätze) hat das unter einigen Vorbehalten gutgeheißen. Doch führte das zu Überlegungen, durch eine Verfassungsänderung die Möglichkeit einer Selbstauflösung des Parlaments mit qualifizierter Mehrheit einzuführen.

Die Entlassung der Minister geschieht wie die Ernennung wieder durch den Bundespräsidenten auf Vorschlag des Kanzlers. Das Parlament kann also, wie erwähnt, keinen Minister stürzen, sondern nur auf den Kanzler einwirken.

III. Das parlamentarische Regierungssystem

Die Abhängigkeit der Regierung vom Parlament dergestalt, daß das Parlament die Regierung oder den Regierungschef wählt und prinzipiell auch abwählt, ist Kennzeichen des sog. *parlamentarischen Regierungssystems*. Es wurde in Deutschland erst gegen Ende des Ersten Weltkrieges erkämpft. Zuvor wurde der Kanzler, beispielsweise Bismarck, vom Monarchen ernannt und entlassen, und das Parlament konnte ihm bestenfalls das Leben schwer machen, indem es seine Gesetzesentwürfe und den Haushalt ablehnte.

Eine verbreitete Alternative zum parlamentarischen Regierungssystem ist das »präsidentielle« System, in dem ein Präsident vom Volk gewählt wird und die Regierungsbildung nicht vom Parlament abhängt (USA und Frankreich). Dort ist dann – je nach näherer Ausgestaltung – die Regierung zwar nicht in ihrer Existenz, aber in ihren Gestaltungsmöglichkeiten vom Parlament abhängig. Sie können in den Medien häufig verfolgen, wie der amerikanische Präsident beim Kongreß »gut Wetter machen« muß.

IV. Regierungsfunktionen

Die Regierung ist die *Spitze der Verwaltung*. Sie hat aber nicht nur herausgehobene Verwaltungsaufgaben. Vielmehr obliegt ihr die Staatsführung, die schöpferische Planung und Gestaltung, der Entwurf wegweisender Konzeptionen und deren »Ankurbeln« durch Gesetzesinitiativen. Man spricht zuweilen von »Gubernative«, von gubernare = das (Staats-)Schiff steuern. Dies ist – in sehr grober Konturierung – der inhaltliche, materielle Regierungsbegriff, im Gegensatz zu dem formellen, institutionellen, der das Regierungsgebilde (= Kanzler + Minister) meint.

Zu den Aufgaben der Regierung gehört es auch, daß sie die *Exekutive* »im Griff« hat, *lenken* und beeinflussen *kann*. Deshalb darf es prinzipiell keine »*ministerialfreien Räume*«, d. h. Bereiche ohne Ministerbefugnisse, geben. (Wichtigste Ausnahmen: Bundesbank, Rechnungshöfe, deren Weisungsfreiheit erwünscht bis unabdingbar ist). Das hat das BVerfG in sehr eindrücklichen Wendungen in einer Entscheidung betont, bei der es um folgendes ging: Die Regierung war bei der Beamtenernennung mehr oder weniger von der Zustimmung des Personalrats (das ist eine Art Betriebsrat im öffentlichen Dienst) abhängig. Das hat das BVerfG mißbilligt (BVerfGE 9, 268/281 = StA S. 471). Bedenken Sie dabei bitte: Überall dort, wo eine Regierung nicht »durchgreifen« kann, trägt sie keine Verantwortung. Ohne solche Verantwortung muß sie sich auch nicht dem Parlament verantworten, von dem sie abhängig ist. Also haben die Volksrepräsentanten keine Steuerungsmöglichkeit. Das berührt also auch das demokratische Prinzip.

D. Der Bundesrat

Der Bundesrat ist, wie Sie wissen, das föderative *Bundesorgan*, durch das die Länder bei der Staatswillensbildung im Bund mitwirken (Art. 50).

Der Bundesrat besteht aus Regierungsmitgliedern der Länder, also praktisch aus den Regierungschefs und Ministern (Art. 51 I). »Jedes Land kann so viele Mitglieder entsenden, wie es Stimmen hat« (Art. 51 III 1). Die Stimmenzahl richtet sich nach der Zahl der Landeseinwohner. Dabei herrscht aber nicht Proportionalität (bei der die Sitzzahlen von Bremen und Nordrhein-Westfalen 1 : 25 lauten müßten), sondern eine den kleinen Ländern günstigere Verteilung. »Jedes Land hat mindestens drei Stimmen, Länder mit mehr als zwei Millionen Einwohnern haben vier, Länder mit mehr als sechs Millionen Einwohnern fünf, Länder mit mehr als sieben Millionen Einwohnern sechs Stimmen.« (Art. 51 II) Insgesamt gibt es 68 Stimmen. In anderen Bundesstaaten, wie den USA und der Schweiz, haben alle Gliedstaaten gleich viele Stimmen in der 2. Kammer.

Die in den Bundesrat entsandten Mitglieder eines Landes können nur *einheitlich* votieren (Art. 51 III 2), außerdem sind sie an die Weisung ihrer Regierung gebunden.

Der auf ein Jahr gewählte *Bundesratspräsident,* das ist in der Staatspraxis stets ein Regierungschef in jährlichem Turnus, *vertritt den Bundespräsidenten* (Art. 57).

Wie bereits bei der Besprechung der Bundesstaatlichkeit erwähnt, liegen die wichtigsten Bundesratsbefugnisse auf dem Gebiet der Gesetzgebung, worauf wir bei Analyse des Gesetzgebungsverfahrens zurückkommen werden. Aber auch bei der Ausführung von Bundesgesetzen hat der Bundesrat bedeutsame Rechte. Außerdem wirkt er bei der Wahl der Bundesverfassungsrichter mit.

Auch beim Bundesrat kommt verschiedenen *Ausschüssen* eine große Bedeutung zu. In ihnen sitzen häufig als Landesvertreter die zuständigen Minsterialbeamten, um über anstehende Probleme zu beraten. Dabei werden oft schon die Weichen für Abstimmungen gestellt. Früher sprach man deshalb vom »Parlament der Oberregierungsräte« – heute sind die verkappten Parlamentarier mindestens Ministerialräte, ein Oberregierungsrat dient gerade noch zum Tragen der Aktenköfferchen.

Aber gerade weil in der Beratungen des Bundesrats die gesammelte Verwaltungserfahrung der Länderbürokratien einfließt – und schwergewichtig verwalten ja bei uns die Länder, nicht der Bund! – ist diese Mitwirkung des Bundesrats von eminenter Bedeutung und von hohem Nutzen. Allgemein wird diesen Beratungen große Sachlichkeit über Parteigrenzen hinweg bescheinigt. Nicht selten verlaufen die Abstimmungsfronten quer durch die Länder, unabhängig, ob sie von derselben Partei wie der Bund regiert werden oder nicht. Es gibt freilich auch »hochpolitische« Fragen, in denen sich jene Länder zusammentun, deren Regierung parteipolitisch zur Bundesregierung in Opposition steht. Und jene Länder können im Bundesrat ja durchaus die Mehrheit haben, wie das während der sozial-liberalen Koalititon der Fall war und auch wieder seit 1991. Man hat in der Wissenschaft die Frage diskutiert, inwieweit der Bundesrat mit einer Oppositionsmehrheit die Regierungspolitik im Bund systematisch blockieren dürfte. Eine Einigung darüber wurde nicht erzielt, das GG macht hierzu ja auch keine Aussage. Daß das Problem ungelöst bleibt, ist deshalb unschädlich, weil es in der Praxis gleichfalls politisch gelöst wird: Die Mehrheits-Länder im Bundesrat wollen sich nicht Obstruktion um jeden Preis vorwerfen lassen.

4. Kapitel:
Die wichtigsten Staatsfunktionen

A. Gesetzgebung

Gesetzgebung soll hier im materiellen Sinn verstanden sein, sie umfaßt also beispielsweise auch die praktisch so bedeutsame Verordnungsgebung.

I. Kompetenzaufteilung zwischen Bund und Ländern

Wir haben oben (S. 35) schon die Grundzüge der Kompetenzverteilung besprochen. Zur Wiederholung: Es gibt ausschließliche Kompetenzen des Bundes und der Länder, ferner eine »konkurrierende Kompetenz« des Bundes und eine gleichfalls konkurrierende Kompetenz zur bloßen Rahmengesetzgebung durch den Bund. Die Kompetenzen sind nicht nur für den Neuerlaß von Normen wichtig, sondern auch für die Frage, ob Recht von vor 1949 als Bundes- oder Landesrecht fortgilt (Art. 123 ff.).

1. Ausschließliche Gesetzgebungskompetenz und Rahmenkompetenz des Bundes

Zu beiden ist nicht viel anzumerken. Die ausschließliche Zuständigkeit des Bundes schließt eine – in der Praxis sehr seltene – *Ermächtigung der Länder* nicht aus (Art. 71). Hingegen gibt es das umgekehrte, die Ermächtigung des Bundes durch die ausschließlich gesetzgebungsbefugten Länder, nicht.

Bedeutende Rahmengesetze des Bundes gemäß Art. 75 sind das Beamtenrechtsrahmengesetz und das Hochschulrahmengesetz, zu einem Presserechtsrahmengesetz ist es noch nicht gekommen. Bei der Rahmengesetzgebung liegt das Problem in der Abgrenzung von Rahmen und ausfüllendem Detail; es läßt sich nur am konkreten Einzelfall sachgerecht lösen. Jedenfalls darf der Bund nur ausnahmsweise Einzelheiten regeln und auch nur ausnahmsweise unmittelbar, d. h. ohne Umsetzung durch Landesgesetze wirksame Bestimmungen erlassen (Art. 75 II).

2. Konkurrierende Gesetzgebungskompetenz des Bundes

In Art. 72 I wird den Ländern eine Kompetenz eingeräumt »so lange und so weit der Bund von seiner Gesetzgebungszuständigkeit nicht durch Gesetz Gebrauch gemacht hat«. Das »so weit« steckt voller Probleme. Beispiel: Gemäß Art. 74 Nr. 22 hat der Bund die konkurrierende Kompetenz für das Verkehrsrecht. Eine regelmäßige Kontrolle durch ein technisches Überwachungsamt (TÜA) hat er nur für die Fahrzeuge, nicht für Führerscheininhaber vorgesehen. Vielleicht hat er insoweit von seinem Gesetzgebungsrecht keinen Gebrauch gemacht, und ein Land könnte eine jährliche »Vorstellung« von Führerscheininhabern beim TÜA vorschreiben. Klar unzulässig wäre das, wenn der Bundesgesetzgeber verfügt hätte: »Eine regelmäßige Tauglichkeitskontrolle von Fahrzeugführern findet nicht statt«. Aber dergleichen sagt kein Gesetzgeber, ansonsten müßte er tausende von Dingen ausschließen, beispielsweise auch einen Farbzwang für Autos etc. Praktikabel wäre allerdings eine Generalklausel des Inhalts: »Die vorstehenden Regelungen des Straßenverkehrsrechts sind abschließend« — und eine solche Klausel findet man zuweilen auch in Bundesgesetzen. Aber in den meisten Fällen hat der Gesetzgeber auf sie verzichtet, und dann muß man aus dem Gesamtzuschnitt des Gesetzes und aus seiner Entstehungsgeschichte herauszufinden versuchen, ob es auch ohne ausdrückliche Erklärung hierzu abschließend sein wollte. (Bei einer solchen abschließenden Regelung eines bestimmten Sachgebiets = Kodifikation spricht man zuweilen auch vom »Kodifikationsprinzip«.) Ein Beispiel für ein solches »Abklopfen« eines Regelungswerks auf Vollständigkeit finden Sie in BVerfGE 32, 319/326 = StA S. 528.

Die Wahrnehmung der konkurrierenden Gesetzgebungskompetenz des Bundes macht der 1994 neu und schärfer gefaßte Art. 72 II von bestimmten Voraussetzungen abhängig. Ob diese vorliegen, prüft das BVerfG gem. Art. 93 I Nr. 2a nach. Bei der bisherigen Fassung des Abs. 2 hatte das Gericht es dem Ermessen des Bundes überlassen, die betreffenden Voraussetzungen zu bejahen.

3. Die Aufzählung der Kompetenzen

Die wichtigsten Aufzählungen der zur ausschließlichen, zur konkurrierenden oder zur Rahmenkompetenz des Bundes gehörenden Materien finden Sie in den Art. 72 bis 75. Sie müssen diese Positionen alle einmal durchgelesen haben, und Sie sollten sich einige besonders wichtige anstreichen, wie etwa die Nrn. 1 und 11 des Art. 74, oder den umgekehrten Weg gehen und weniger bedeutsame Nummern einklammern, wie etwa bei Art. 73 die Nr. 11 und bei Art. 74 die Nrn. 2, 5, 6, 8 bis 10a, 14, 15, 23.

Hüten Sie sich aber vor dem Trugschluß, daß man die Gesetzgebungsmaterien nur in den Art. 73 bis 75 suchen müsse! In Wahrheit *kann man überall im GG Gesetzgebungszuweisungen finden*: Art. 105 regelt die wichtigen Kompetenzen für Steuer- und Zollgesetze. Ausschließliche Gesetzgebungsbefugnisse des Bundes findet man auch noch in den Art. 4 III, 12a II, 21 III, 26 II, 29, 87b bis 87f, 98, 114 II, 125a, 131, 143a und 143b.

4. Ungeschriebene Bundeskompetenzen

Trotz der Fülle an Gesetzgebungskompetenzen des Bundes gibt es gelegentlich Fälle, in denen ein Regelung durch die Länder wenig befriedigend wäre. Manche Materien müssen »ihrem Wesen nach« oder »*kraft Natur der Sache*« vom Bund geregelt werden. Besonders evident ist dies, wenn die Materie in engstem sachlichen Zusammenhang mit einem dem Bund zur Gesetzgebung überwiesenen Gebiet steht und eine einheitliche Regelung geboten ist.

Dann spricht man von einer *Bundeskompetenz kraft Sachzusammenhangs*. Beispielsweise kann der Bund zwar die Jugendfürsorge (für gefährdete Jugendliche) gemäß Art. 74 Nr. 7 regeln, nicht aber die Jugendpflege, die man herkömmlicherweise davon unterscheidet. Da aber beides zusammengehört, ist der Bund auch für die Jugendpflege kompetent (BVerfGE 22, 180/213). Den Sachzusammenhang zwischen Rundfunksendetechnik (wofür der Bund zuständig ist) und Rundfunkprogrammgestaltung hat das BVerfG hingegen verneint (BVerfGE 12, 205/237 = StA S. 498/502).

Die Kompetenz kraft Sachzusammenhangs, ein *Unterfall* der Kompetenz kraft Natur der Sache, ist sozusagen an eine ausdrückliche Kompetenz angeleint und deshalb weniger bedenklich als eine gleichsam freischwebende Kompetenz kraft Natur der Sache. Letzterer muß man in Anbetracht des ohnehin erdrückenden Übergewichts des Bundes noch *kritischer gegenüberstehen* als der Kompetenz kraft Sachzu-

sammenhangs. Aber die Bestimmung der Bundeshauptstadt, der Staatssymbole, des Tags der Deutschen Einheit etwa muß mangels einer ausdrücklichen Zuweisung dem Bund kraft Natur der Sache zustehen, falls er dazu ein Gesetz erlassen will. (Vgl. Art. 2 des Einigungsvertrages) Ein weiteres Beispiel bietet wiederum der Rundfunk:

Durch Bundesgesetz wurden die Deutsche Welle und der Deutschlandfunk errichtet. Dem Bund wurden aber nirgends im GG Rundfunkkompetenzen zugewiesen. Die Gesetze über diese beiden Sender, deren Programm auf die DDR und das Ausland ausgerichtet waren, sind also nur dann verfassungsgemäß, wenn der Bund eine ungeschriebene Gesetzgebungskompetenz kraft Natur der Sache hatte, wenn also diese Aufgabe wesensmäßig nur vom Bund wahrgenommen werden konnte; das ist zweifelhaft, aber die Länder haben das nie nach Karlsruhe gebracht, und wo kein Kläger ist, fehlt auch der Richter (vgl. schon S. 9).

In der oben genannten Fernsehentscheidung finden Sie auf S. 252 = StA S. 504 eine kurze Umschreibung der Kompetenz aus der Natur der Sache und ihre Verneinung im Hinblick auf die Gründung der »Deutschland-Fernsehen GmbH«.

5. Kompetenzüberlagerung

Zuweilen berührt ein Gesetzgebungsvorhaben sowohl Materien des Bundes wie auch der Länder. Beispielsweise betrifft die Frage, wann Journalisten im Strafprozeß das Zeugnis über ihre Quellen verweigern dürfen,
— einerseits das Straf-Prozeßrecht, also das »gerichtliche Verfahren« gemäß Art. 74 Nr. 1, das der Bund abschließend in der StPO geregelt hat,
— andererseits das Presserecht, wo der Bund nur eine bislang ungenutzte Rahmenkompetenz (nach Art. 75 Nr. 2) hat, und für das folglich die Länder zuständig sind.

Daß nun beide »gegeneinander« regeln und die Lösung über Art. 31 GG, »Bundesrecht bricht Landesrecht«, gefunden wird, ist schon deshalb unbefriedigend, weil dann stets der Bund obsiegt. Richtiger ist es zu fragen, wohin das Gesetzgebungsvorhaben schwerpunktmäßig hingehört. Das BVerfG (E 36, 193 = StA S. 529) hat im Beispielsfall zugunsten des Bundes entschieden. In einem früheren Fall (BVerfGE 7, 29/39) zur strafrechtlichen Verjährung von Pressedelikten (wie etwa üblen Nachreden in einer Zeitung) hat es sich hingegen für eine Landeskompetenz ausgesprochen, ohne daß die unterschiedlichen Ergebnisse sehr überzeugend begründet sind.

6. Stetiger Kompetenzverlust der Länder

Wenn Sie den Katalog der Bundeskompetenzen durchblättern, finden Sie viele Nummern mit a, einmal sogar einen Artikel (74a), was alles auf Verfassungsänderungen hinweist, bei der dem Bund Kompetenzen *zugewachsen* sind. Den Ländern ist an wichtigen Kompetenzen nicht mehr viel geblieben:
— Das Organisationsrecht, einschließlich des Beamtenrechts (abzüglich Art. 74a und 75 Nr. 1!) und einschließlich des Kommunalrechts,
— das Polizeirecht im engeren Sinn, d. h. im wesentlichen das Recht der uniformierten Vollzugspolizei,
— das Bauordnungsrecht, früher durchgängig Baupolizeirecht genannt,
— das Recht der Landesstraßen,
— ein Teil des Wasserrechts,
— last but not least, das Kultusrecht, aber auch dies vermindert um die Bundeskompetenz aus Art. 74 Nr. 19 und — seit einer Verfassungsänderung — abzüglich der Rahmenkompetenz des Bundes nach Art. 75 Nr. 1a.

Wenn sie einmal die Sammlungen des geltenden Landesrechts in die Hand nehmen, dann sind das immer noch in der Regel einige tausend Seiten, aber darin finden sich durchweg nebensächliche Regelungen, während die wirklich wichtigen Materien außer den obengenannten vom Bund zu regeln sind. Diese Verarmung der Länder im Gesetzgebungsbereich hat zu einem starken *Funktionsverlust der Landesparlamente* geführt. Weitere Kompetenzverluste an den Bund müßten die Frage provozieren, ob der Rest an Kompetenzen noch ausreicht, um die von der h. L. für unabdingbar erachtete Staatlichkeit der Länder bejahen zu können. Bei der 42. Verfassungsänderung 1994 hat man versucht, insbesondere durch Neufassung der Art. 72 II und 75 II die Länderbefugnisse zu stärken; aber selbst diese Verfassungsnovelle hat dem Bund neue Zuständigkeiten eingetragen.

Es kommt erschwerend hinzu, daß die verbliebenen Länderkompetenzen durch Europarecht beeinträchtigt werden können, wie näher im 9. Kapitel auszuführen sein wird.

II. Mitwirkungsrechte des Bundesrates

Der Bundesrat ist, wie schon dargelegt, ein Bundesorgan, über das die Länder an der Verwaltung und vornehmlich an der Gesetzgebung des Bundes mitwirken. Der Bundesrat ist die zweite, die »Länderkammer« bei der Bundesgesetzgebung.

1. Einspruchs- und Zustimmungsgesetze

Je nach dem Ausmaß, in dem ein Gesetz die Belange der Länder berührt,

– bedarf ein Bundesgesetz der *Zustimmung* des Bundesrates, ohne die es nicht zustande kommt (»*Zustimmungsgesetze*«)

– hat der Bundesrat nur die Möglichkeit eines Einspruchs (»*Einspruchsgesetze*«), der vom Bundestag zurückgewiesen werden kann. Dabei muß ein »einfacher«, d. h. mit Mehrheit gefaßter Einspruch des Bundesrates mit der Mehrheit der Mitglieder des Bundestages zurückgewiesen werden (also mit wenigstens 329 Stimmen), ein mit Zweidrittel-Mehrheit im Bundesrat beschlossener Einspruch bedarf zur Zurückweisung auch zwei Drittel der abstimmenden Bundestagsabgeordneten (und mindestens der Hälfte der regulären Mitgliederzahl): Art. 77 IV. Deshalb ist eine Regierung mit knapper Bundestagsmehrheit praktisch in der Hand der Opposition, sobald diese eine Zweidrittelmehrheit im Bundesrat erobert hat. (Das ist um so eher möglich, als ja die Stimmverteilung im Bundesrat kein Spiegelbild der Bevölkerungs- und Wählerverteilung ist!)

Die *Zustimmung des Bundesrates ist* dann *erforderlich, wenn sich das aus dem Wortlaut der Verfassung* oder – ausnahmsweise – *aus ihrem Sinn ergibt.* Solche Zustimmungserfordernisse finden Sie bspw. in Art. 23 VII, 74a II, III, 79 II, 84 I, V, 85 I, 87 III, 105 III. Von besonderer praktischer Bedeutung sind dabei die – später noch näher zu besprechende – Art. 84 I, V, 85 I, 87 III, sie führen am häufigsten zum Zustimmungserfordernis, hier müssen Sie meist ansetzen, wenn bei einer Fallösung fraglich ist, ob ein Gesetz der Bundesrats-Zustimmung bedarf oder nicht. Hier geht es um Verwaltungsbelange, und die Verwaltung ist, wie wir schon sahen, Domäne der Länder. Regelungen in diesem Bereich berühren folglich Länderinteressen, weshalb das GG die Zustimmung des Bundesrates fordert.

2. Der Umfang der Zustimmungsbedürftigkeit

Die Einflußmöglichkeiten des Bundesrates haben sich dadurch stark erweitert, daß die vom BVerfG gebilligte Staatspraxis ein Gesetz insgesamt für zustimmungsbedürftig hält, auch wenn nur ein einziger Paragraph diese Zustimmungsbedürftigkeit ausgelöst hat. Das ist fragwürdig genug. Weshalb führt ein einziger Paragraph über Verfahrensfragen dazu, daß auch evtl. hundert andere Bestimmungen mit materiellrechtlichem Inhalt auf die Zustimmung des Bundesrates angewiesen sind? Zumal Verfahrensregeln oft ebenso unscheinbar wie von relativ geringem Gewicht sind, z. B.: »Der Bescheid ist durch eingeschriebenen Brief zuzustellen«. Wieso berechtigt das den Bundesrat, auch über die Höhe von Sozialleistungen mitzureden? Man kann das dadurch ausschalten, daß man die eine oder die mehreren Verfahrensregeln aus dem Gesetz herausnimmt und daraus ein Sondergesetz macht; auf diese Weise rettet man den Rest vor dem Bundesrat. Die Frage ist allerdings, ob solche Formalität, die Technik, ein Gesetzespaket zu schnüren, über Mitwirkungsbefugnisse des Bundesrates den Ausschlag geben darf. Es spricht vieles dafür, das zu verneinen und die Zustimmungsbedürftigkeit von Vorschriften nicht auf alle anderen Bestimmungen eines Gesetzes übergreifen zu lassen.

Wenn wir gleichwohl einmal die Staatspraxis zugrunde legen, d. h. die Zustimmungsbedürftigkeit des ganzen Gesetzes, dann ergeben sich zusätzliche Probleme, wenn dieses *Gesetz* einmal *abgeändert* wird. Nehmen wir an, § 6 eines aus 10 Paragraphen bestehenden Gesetzes betreffe das Verwaltungsverfahren und führe über die Art. 84 ff. zur Zustimmungsbedürftigkeit des ganzen Gesetzes. Sicherlich muß der Bundesrat dann der Abänderung des § 6 zustimmen. Wie aber ist es bei Änderung des § 5? Der hat ja seinerseits auch die ausdrückliche Billigung des Bundesrates gefunden und finden müssen. Kann er als zustimmungsbedürftiger Paragraph nun auch nur wieder mit Zustimmung des Bundesrates geändert werden? Das würde nun vollends die Einflußrechte des Bundesrates potenzieren, gleichsam eine Kettenreaktion auslösen, und ist deshalb abzulehnen.

Kaum noch der Erwähnung bedarf, daß die den § 5 abändernde Norm ihrerseits in ein Gesetz eingebettet sein kann, in dem andere Vorschriften die Zustimmungsbedürftigkeit des ganzen Gesetzes ausgelöst haben.

Zusammenfassend: Ein zustimmungsbedürftiger Paragraph unterwirft nach herrschender Lehre ein ganzes Gesetz der Zustimmung des Bundesrates; er infiziert gleichsam die übrigen Paragraphen. Diese infizierende Vorschrift kann natürlich nur wieder mit Zustimmung des Bundesrates abgeändert werden, die Änderung der infizierten Bestimmungen hingegen unterliegt grundsätzlich nur dem Einspruch des Bundesrates.

Das Vorstehende finden Sie zusammengefaßt in BVerfGE 37, 363 = StA S. 535. Unterschätzen Sie die praktische Bedeutung dieser – sicherlich sehr trockenen und zunächst wenig ansprechenden – Probleme auf keinen Fall! Hieran hängt häufig das Schicksal bedeutender Gesetzeswerke.

3. Die »Einkleidung« von Einspruchs- und Zustimmungsgesetzen

Zustimmungsgesetze beginnen mit: »Der Bundestag hat mit Zustimmung des Bundesrates das folgende Gesetz beschlossen.« Hingegen heißt es bei Einspruchsgesetzen: »Der Bundestag hat das folgende Gesetz beschlossen:« und am Schluß »Die verfassungsmäßigen Rechte des Bundesrates sind gewahrt.« Auf diese von der Bundesregierung auszuwählenden Formeln kann man sich freilich nicht immer verlassen. Zuweilen herrscht Streit, ob ein Gesetz zustimmungspflichtig ist oder nicht. Dann stimmt beispielsweise der Bundesrat dem – seines Erachtens zustimmungsbedürftigen – Gesetz zu, die Bundesregierung geht aber von einem Einspruchsgesetz aus, qualifiziert die Zustimmung als Verzicht auf den Einspruch und versieht das Gesetz mit der Formel für Einspruchsgesetze.

III. Das Gesetzgebungsverfahren

1. Die Gesetzesinitiative

Der Anstoß zur Gesetzgebung kann gemäß Art. 76 I von der Bundesregierung kommen, was die Regel ist, vom Bundesrat oder aus dem Bundestag, sofern sich Abgeordnete in

Fraktionsstärke (5 %) zusammentun (§ 76 GO BT). Initiativen des Bundesrates müssen über die Bundesregierung an den Bundestag geleitet werden (Art. 76 III), und Gesetzesinitiativen der Bundesregierung über den Bundesrat (Art. 76 II). Die sechs Wochen Bedenkzeit, die dem Bundesrat zustehen, kann die Bundesregierung in Eilfällen einsparen, indem sie ihren Gesetzesentwurf von einer sie tragenden Fraktion einbringen läßt.

Daß die weitaus meisten Gesetzesvorlagen (nämlich gut 60 %) von der Bundesregierung kommen, hat einen einfachen Grund. Die Regierung verfügt mit der hochspezialisierten Ministerialbürokratie über jenen Gesetzgebungsapparat, den man für die durchweg komplizierten Vorarbeiten unbedingt braucht. Zwar hat man, wie oben (S. 46) erwähnt, auch den Bundestag (35 % der Initiativen) mit einem zur Gesetzesvorbereitung befähigten Apparat ausgestattet; aber dieser ist doch den Ministerien deutlich unterlegen. Allerdings kann er die Ministerien zur Hilfe heranziehen.

2. Das Beschlußverfahren im Bundestag

Das Beschlußverfahren im Bundestag ist in der Verfassung nicht näher bestimmt worden. Es richtet sich nach den Regeln der BT-Geschäftsordnung. Diese sieht drei »Lesungen« für jedes Gesetz vor. Nach der ersten Lesung werden die Entwürfe an die zuständigen Ausschüsse überwiesen. Dort wird dann unter Hinzuziehung der zuständigen Ministerialbeamten sowie ggf. unter Anhörung von Sachverständigen oder von Interessengruppen die eigentliche Feinarbeit an den Entwürfen geleistet. Mit einem ausführlichen Ausschußbericht sowie häufig mit umfangreichen Änderungsvorschlägen gelangen dann die Entwürfe zurück ins Parlament, wo sie in zweiter und dritter Lesung, meist kurz hintereinander, ausführlich beraten und schließlich verabschiedet werden. Anschließend werden die verabschiedeten Gesetze dem Bundesrat zugeleitet (Art. 77 I).

Die Gesetzentwürfe samt Begründungen werden ebenso wie alles schriftlich Fixierte in den *Bundestagsdrucksachen* gesammelt. Daneben werden alle *Verhandlungen* des Bundestages veröffentlicht. In diese zentnerschweren Buchreihen werden Sie gelegentlich hineingreifen müssen, wenn es um die Entstehungsgeschichte eines Gesetzes geht.

Auch die Verhandlungen und Drucksachen des Bundesrates werden veröffentlicht.

3. Das Verfahren im Bundesrat. Der Vermittlungsausschuß

Das anschließende Verfahren ist sehr unterschiedlich, je nachdem, ob es sich um ein einfaches oder um ein Zustimmungsgesetz handelt. In beiden Fällen geht das Gesetzgebungsverfahren allerdings rasch zu Ende, falls der Bundesrat beschließt, keinen Einspruch zu erheben oder dem Gesetz zuzustimmen. Komplizierter wird es, wenn der Bundesrat nicht einverstanden ist. Die etwas verwickelte Regelung der Art. 77 und 78 hierzu müssen wir uns näher ansehen; dabei ist zwischen Einspruchs- und Zustimmungsgesetzen zu unterscheiden.

a) Einspruchsgesetze

Vor seinem Einspruch muß der Bundesrat erst den sogenannten *Vermittlungsausschuß* anrufen (Art. 77 III 1). Dieser in Art. 77 II 1–3 näher bezeichnete Ausschuß besteht aus je 16 Mitgliedern aus dem Bundestag und dem Bundesrat; letztere sind weisungsfrei, um kompromißfähig zu sein.

Zuweilen einigt man sich im Vermittlungsausschuß auf eine *Abänderung*. Dann muß das Gesetz nochmals vor den Bundestag (Art. 77 II 5). Dieser kann nun an seinem ursprünglichen Beschluß festhalten oder diesen modifizieren, indem er dem Abänderungsvorschlag des Vermittlungsausschusses folgt.

Wenn man sich hingegen im Ausschuß über keine Abänderung einigen konnte, muß natürlich der Bundestag nicht mehr eingeschaltet werden.

Nach diesem Vermittlungsverfahren muß sich der Bundesrat schlüssig werden, wie er zu dem – unveränderten oder mit Vermittlungsverfahren abgeänderten – Gesetzesbeschluß des Bundestages steht. Lehnt er ihn ab, kann er binnen zwei Wochen *Einspruch* einlegen (Art. 77 III). Dieser Einspruch kann, wie schon auf S. 50 erörtert, vom Bundestag überstimmt werden.

Weil das alles etwas kompliziert ist, vorsorglich noch ein Schema:

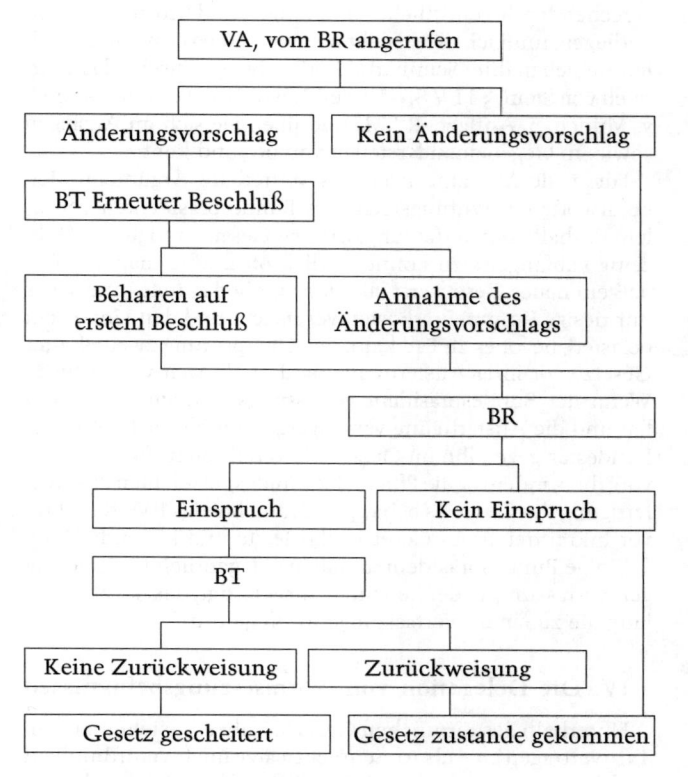

```
              VA, vom BR angerufen
                     │
        ┌────────────┴────────────┐
  Änderungsvorschlag        Kein Änderungsvorschlag
        │
  BT Erneuter Beschluß
        │
   ┌────┴────┐
Beharren auf    Annahme des
erstem Beschluß Änderungsvorschlags
        │
        BR
        │
   ┌────┴────┐
Einspruch    Kein Einspruch
        │
        BT
        │
   ┌────┴────┐
Keine           Zurückweisung
Zurückweisung
        │
Gesetz          Gesetz zustande
gescheitert     gekommen
```

VA = Vermittlungsausschuß
BR = Bundesrat
BT = Bundestag

b) Zustimmungsgesetze

Bei Zustimmungsgesetzen muß der Vermittlungsausschuß nicht angerufen werden. Das *kann* aber durch den Bundesrat und (anders als bei Einspruchsgesetzen) auch durch den Bundestag und die Bundesregierung geschehen. Wenn also der Bundesrat sogleich die Zustimmung verweigert und weder Bundestag noch Bundesrat den Vermittlungsausschuß anrufen, ist das Gesetz gescheitert. Wenn hingegen der Vermittlungsausschuß angerufen wird, läuft das Verfahren dort und ggf. auch noch beim Bundestag weiter wie bei Einspruchsgesetzen und wie soeben beschrieben (der obere Teil des Schemas gilt also auch hier). Es endet dann freilich nicht im Einspruch (und evtl. dessen Zurückweisung), sondern in Zustimmung oder Ablehnung durch den Bundesrat.

4. Die Ausfertigung und Verkündung von Gesetzen

Falls ein Gesetz im Bundestag und auch im Bundesrat zustande gekommen ist, wird es gemäß Art. 82 I 1 dem Bundespräsidenten zugeleitet, der es nach Gegenzeichnung (Art. 58) *ausfertigt und im Bundesgesetzblatt (BGBl.) verkündet* (und zwar in dessen Teil I, den Sie in Ihrer Bibliothek einmal in die Hand nehmen sollten).

Hierbei stellt sich das Problem, ob der Präsident jedes Gesetz ausfertigen muß oder ob er zuvor *prüfen* darf oder gar prüfen muß, ob das Gesetz verfassungsgemäß zustande gekommen ist und auch inhaltlich mit der Verfassung übereinstimmt. Falls ein Elternteil von Ihnen Jura studiert hat, fragen Sie ihn nach diesem Problem, und das Gesicht wird von Erinnerung gezeichnet sein, auch wenn sonst alles Staatsrecht vergessen ist. Denn mit diesem verfassungsrechtlichen Evergreen sind schon ganze Generationen von Jura-Studenten in Klausuren und Hausarbeiten traktiert worden. So sehr man seiner also überdrüssig werden konnte, so unzweifelhaft eignet sich der Fall zum Erlernen des verfassungsrechtlichen Auslegens und Argumentierens. Da nun zu diesem Dauerbrenner auch entsprechend viele schriftliche Anleitungen und Musterlösungen vorliegen, muß ich diese nicht noch um eine vermehren. Greifen Sie sich in Ihrer Seminarbibliothek beispielsweise das Lehrbuch von Stein, § 11 V 3, oder den 1. Band des Lehrbuchs von I. v. Münch, 5. Auflage, R 821, und üben Sie sich im Auslegen sowie im Gegeneinanderstellen von pro und kontra.

Für beide Meinungen gibt es vertretbare Argumente. Ich befürworte ein Prüfungsrecht des Bundespräsidenten vor allem deshalb, um verfassungswidrige Gesetze möglichst frühzeitig »abfangen« zu können. Allzu oft mußte man erleben, daß ein neues Gesetz erst jahrelang Unheil stiftete (und sei es nur riesige Kommentarkosten verursacht und den Unterricht belastet), bevor es zu Fall kam. Die Überprüfung zweifelhafter Gesetze vor ihrer Ausfertigung ist deshalb weit vernünftiger. Wenn der Bundespräsident verfassungsrechtliche Bedenken hat und die Ausfertigung verweigert, kann beispielsweise der Bundestag gegen ihn im Organstreitverfahren nach Art. 93 I 1 vorgehen, indem er die Pflicht des Bundespräsidenten zur Ausfertigung des Gesetzes behauptet. Dann hat das BVerfG schon vor Inkrafttreten des Gesetzes das letzte und klärende Wort.

Einige Bundespräsidenten haben gelegentlich Gesetze wegen Verfassungsbedenken nicht ausgefertigt; das hat aber bislang nie zu einem Verfassungsprozeß geführt.

IV. Die Delegation von Normsetzungsbefugnissen

Unterhalb des förmlichen Gesetzes gibt es – sieht man von Tarifverträgen ab – als Außenrechtssätze noch Verordnungen und Satzungen (vgl. oben S. 14). Sie ergehen aufgrund einer formell-gesetzlichen Ermächtigung. Nachstehend haben wir vor allem über Verordnungen zu sprechen. Sie spielen beim Bund eine weit größere Rolle als Satzungen, allein für sie gibt es auch im GG eine ausdrückliche Regelung. (Hierbei sehe ich von der Ermächtigung zu atypischen Satzungen in Form von Geschäftsordnungen ab)

Die praktische Bedeutung von Verordnungen, abstrakt-generellen Außenrechtssätzen, die von der Exekutive erlassen werden, *kann gar nicht hoch genug eingeschätzt werden*. Wenn Sie, wie ich Ihnen gerade empfohlen habe, ein BGBl. I in der Hand haben oder auch das Gesetz- und Verordnungsblatt (GVBl.) eines Landes, dann wimmelt es dort von Verordnungen, während Sie nach einem förmlichen Gesetz zuweilen regelrecht suchen müssen. Oder schauen Sie sich in Ihrem Schönfelder oder dem der Seminarbibliothek (unter Nr. 35 ff.) das Straßenverkehrsrecht an. Das förmliche StVG umfaßt dort 32 Seiten, die auf der Ermächtigung des StVG beruhende StVO aber 86 Seiten und die StVZO nochmals 72 Seiten. Zum Bundesimmissionsschutzgesetz gibt es 22 Verordnungen! Das spiegelt das quantitative Verhältnis von Gesetz und Verordnung deutlich wider.

Zur Erinnerung: Verordnungen heißen zwar stets Verordnung oder -ordnung, wie eben beispielsweise Straßenverkehrsordnung, aber nicht alles, was -ordnung heißt, ist eine Verordnung, beispielsweise nicht die Zivil- oder Strafprozeßordnung, die Gewerbe- oder Grundbuchordnung.

Zur Verordnungsgebung muß die Exekutive *formell-gesetzlich* ermächtigt sein. Soweit Grundrechtsschutzgüter betroffen sind, ergibt sich das bereits aus dem grundrechtlichen Gesetzesvorbehalt (vgl. oben S. 24). Denn hier bedarf es für jede Regelung mindestens der gesetzlichen Ermächtigung. Von hieraus könnte man auf die Idee kommen, außerhalb grundrechtsrelevanter Regelungen sei nur Wesentliches aufgrund des allgemeinen rechtsstaatlich-demokratischen Gesetzesvorbehalts (vgl. oben S. 24) dem Parlament vorbehalten, Unwesentliches könne aber von der Verwaltung spontan durch Verordnungen (und Satzungen) normiert werden. Das trifft nicht zu! An Art. 80 und entsprechenden Bestimmungen der Landesverfassungen zeigt sich vielmehr, *daß es keine Verordnungen ohne formell-gesetzliche Grundlage gibt*. (Bitte fest einprägen!) Aus Art. 80 ergibt sich ferner, daß eine pauschale Verordnungsermächtigung nicht ausreicht, vielmehr muß das Gesetz nach *Inhalt, Zweck und Ausmaß* der erteilten Ermächtigung hinreichend bestimmt sein (vgl. auch oben S. 29). Wann das der Fall ist, läßt sich *abstrakt nicht präzise umschreiben*, sondern nur jeweils im Einzelfall entscheiden (vgl. BVerfGE 1, 14/59 = StA S. 541; außerdem BVerfGE 58, 257/277 – lesenswert). Die Fixierung von Inhalt, Zweck und Ausmaß muß nicht unbedingt durch den ermächtigenden Paragraphen geschehen, es genügen auch andere Gesetzesbestimmungen, ja, es kann sogar eine ausdrückliche Bestimmung hierzu fehlen, sofern sich aus dem Gesetz durch Auslegung eine Begrenzung ableiten läßt (BVerfGE 8, 274/321 f. = StA S. 547). Die Entscheidungen des BVerfG zu diesem Problem sind leider nur schwer voraussagbar, was für den Gesetzgeber durchaus unerfreulich ist. Wie der Gesetzgeber den Anforderungen des Art. 80 zu entsprechen versucht, sollten Sie sich durch Lektüre, besser durch das Anlesen von § 6 StVG veranschaulichen.

In der zuletzt genannten Entscheidung hat das BVerfG einen interessanten Zwitter legalisiert, eine *Verordnung, die der Zustimmung des Bundestages bedarf*. Das Parlament behält hier ein Höchstmaß an Entscheidungsbefugnis unter Entlastung von der Normsetzungsarbeit.

Das Parlament kann den Verordnungsgeber auch dazu befähigen, förmliche Gesetze abzuändern, bspw. eine Gebühr zu erhöhen oder zu ermäßigen. Das Gesetz läßt dann für den Fall einer einschlägigen Verordnung seine eigenen Festsetzungen zurücktreten und gibt damit Raum frei für die Verordnungsregelung. Es wird also nicht die Verordnung in den Rang eines förmlichen Gesetzes erhoben; dergleichen gibt es (prinzipiell) nicht.

Es kommt auch umgekehrt vor, daß der Gesetzgeber Verordnungen abändert. Das darf er, da die Verordnungsermächtigung zu keinem Kompetenzverlust führt. Es geschieht häufig, wenn einem neuen Gesetz die mit ihm verflochtenen Normen anderer Gesetze und Verordnungen angepaßt werden müssen. Dann will der Gesetzgeber das umständliche Verfahren vermeiden, selbst nur die förmlichen Gesetze zu ändern und die Anpassung der Verordnungen dem Verordnungsgeber aufzuerlegen. Allerdings hat die Abänderungsbestimmung den Rang eines förmlichen Gesetzes. Sie ist dem Zugriff des Verordnungsgebers, etwa zwecks Modifizierung nach einigen Jahren, nur dann zugänglich, wenn die oben beschriebene Ermächtigung zur Gesetzesänderung erteilt wurde (sog. Entsteinerungsklausel).

Zum Verordnungserlaß können durch Bundesgesetz die Bundesregierung, ein Bundesminister oder eine Landesregierung ermächtigt werden, von dort aus kann die Befugnis dann weiter delegiert werden. Verordnungen der Bundesregierung oder eines Bundesministers bedürfen sehr häufig der *Zustimmung des Bundesrates* (Art. 80 II, von dem Sie sich den letzten Halbsatz als praktisch am wichtigsten anstreichen sollten). Verwechseln Sie das nicht mit der gerade erwähnten und sehr seltenen Zustimmung des Bundestages.

Art. 80 gilt nur für Verordnungsermächtigungen des Bundestages! (Einprägen, beliebter Anfänger-Fehler) Soweit Landesverfassungen nicht – wie etwa Art. 53 der Hamburger Verfassung – entsprechende Anforderungen an die Bestimmtheit nach Inhalt, Zweck und Ausmaß stellen, muß man diese aus dem *Rechtsstaatsprinzip* und aus dem Grundsatz der Gewaltenteilung herleiten. Die nähere Begründung hierfür können Sie in BVerfGE 34, 52/58 f. = StA S. 551 nachlesen, eine sehr seltsame Entscheidung in Anbetracht dessen, daß hier eine Gebührenverordnung unbeanstandet blieb, obwohl in der Ermächtigung von Gebührenerhebung bei der juristischen Staatsprüfung keine einzige Silbe steht.

Art. 80 gilt nicht für Satzungen. Doch hat das BVerfG aus dem Rechtsstaats- wie aus dem Demokratieprinzip die Notwendigkeit eines gesetzlichen Ermächtigungsrahmens hergeleitet (BVerfGE 33, 125/157 ff. = StA S. 555 – Facharztentscheidung). Auf diese Entscheidung hatte ich Sie schon bei der Besprechung des Rechtsstaatsprinzips hingewiesen (S. 29).

Verordnungen des Bundes werden im Bundesgesetzblatt, Teil I, veröffentlicht, die der Länder im jeweiligen Gesetz- und Verordnungsblatt.

V. Zusammenfassung

1. Man unterscheidet ausschließliche Gesetzgebungskompetenzen des Bundes und der Länder und eine konkurrierende Gesetzgebungskompetenz, die dem Bund eine Regelung erlaubt, aber bis zu einer solchen Regelung die Zuständigkeit der Länder begründet. Zuweilen ist der Bund auch nur für eine Rahmengesetzgebung konkurrierend zuständig.

Gesetzgebungskompetenzen finden sich über das ganze GG verstreut, nicht nur im Abschnitt über die Gesetzgebung.

Es gibt in seltenen Ausnahmefällen ungeschriebene Bundeskompetenzen kraft Natur der Sache, insbesondere kraft Sachzusammenhangs.

Wenn sich bei einer Materie die Kompetenzen von Bund und Ländern überlagern, ist jene Zuständigkeit maßgeblich, zu der die Regelung den engeren, schwerpunktartigen Bezug hat.

2. Wenn das GG es seinem ausdrücklichem Wortlaut oder (selten) seinem Sinn nach verlangt, muß der Bundesrat einem Gesetz zustimmen. In allen anderen Fällen kann der Bundesrat nur Einspruch erheben, der vom Bundestag mehrheitlich zurückgewiesen werden kann.

Nach h. L. unterwirft eine einzige zustimmungsbedürftige Bestimmung (§ X) ein ganzes Gesetz der Zustimmung des Bundesrates. Bei späterer Änderung dieses Gesetzes muß der Bundesrat aber nur zustimmen, wenn der § X betroffen ist.

3. Das Recht zur Gesetzesinitiative haben Bundesregierung, Bundestag und Bundesrat. Die meisten Gesetzesvorlagen kommen von der Regierung. Sie gelangen über den Bundesrat, der nur eine erste Stellungnahme abgeben kann, zum Bundestag und werden dort nach Ausschußberatungen in drei Lesungen als Gesetz verabschiedet.

Danach hat der Bundesrat zu beschließen. Wenn er das Gesetz nicht billigen möchte, muß er bei Einspruchsgesetzen erst den von Bundestag und Bundesrat paritätisch besetzten Vermittlungsausschuß anrufen. Bei Zustimmungsgesetzen kann er das tun, ebenso wie Bundestag und Bundesregierung. Etwaige Änderungsvorschläge des Bundesrates müssen nochmals dem Bundestag vorgelegt werden.

Verabschiedete Gesetze fertigt der Bundespräsident nach Gegenzeichnung aus und verkündet sie im Bundesgesetzblatt. Nach überwiegender Ansicht darf der Bundespräsident die Gesetze zuvor auf ihre Verfassungsmäßigkeit prüfen.

4. Art. 80 regelt die bundesgesetzliche Ermächtigung zur Verordnungsgebung. Er und entsprechende Artikel in Landesverfassungen zeigen, daß eine Verordnung stets einer formell-gesetzlichen Ermächtigung bedarf.

Der Gesetzgeber muß selbst schon das Wesentliche regeln und den Inhalt, den Zweck und das Ausmaß der erteilten Ermächtigung bestimmen. Diese Merkmale können aber im gesamten Gesetz durch Auslegung ermittelt werden.

Art. 80 gilt nur für bundesgesetzliche Verordnungsermächtigungen, sein Inhalt hat jedoch über das Rechtsstaats- und Demokratieprinzip auch für Landesgesetze Geltung.

Ganz Entsprechendes gilt für Satzungsermächtigungen.

B. Verwaltung im Bundesstaat

Im Abschnitt VIII sind die Art. 83–85 am wichtigsten, die dort getroffene Regelung müssen Sie in den Grundzügen auch behalten. Bei den anderen Artikeln genügt es jeweils, die Einzelheiten bei Bedarf durch Nachschlagen zu ermitteln.

I. Die Kompetenzverteilung zwischen Bund und Ländern

Davon war bei Besprechung der Bundesstaatlichkeit schon die Rede (S. 36). Auch hier gilt die Grundregel des Art. 30. Während jedoch im Gesetzgebungsbereich praktisch die Ausnahmen von der Grundregel der Art. 30 und 70 dominieren, nämlich die Gesetzgebung schwergewichtig dem Bund obliegt, ist die *Verwaltung* in Übereinstimmung mit der Vermutung des Art. 30 zugunsten der Länder tatsächlich *überwiegend Ländersache*.

Bei der Verwaltung muß man unterscheiden zwischen der Verwaltung durch Gesetzesausführung und der sonstigen, nicht gesetzesdurchführenden – und damit freilich keineswegs gesetzesungebundenen! – Verwaltung. Um das auf der Ihnen wohl vertrauteren Ebene der Kommunalverwaltung zu verdeutlichen: Die Bewilligung und Auszahlung von Sozialhilfe ist eine das Bundessozialhilfegesetz (BSHG) ausführende Verwaltung, die Anlage eines Parks oder ein Schwimmbadbau sind nicht-gesetzesdurchführende Verwaltung.

Der VIII. Abschnitt des GG behandelt, wie Sie aus der Überschrift ersehen, zum einen die Ausführung der *Bundesgesetze*, zum anderen die Bundesverwaltung. Im ersten Zugriff könnte man versucht sein, beides im Bild zweier konzentrischer Kreise zu sehen, wobei die Ausführung der Bundesgesetze der kleinere Kreis wäre. Das kann aber deshalb nicht richtig sein, weil Bundesgesetze nicht nur durch die Bundesverwaltung ausgeführt werden, sondern auch und sogar überwiegend von den Ländern. Also muß man sich Bundesverwaltung und Ausführung von Bundesgesetzen als zwei sich schneidende Kreise vorstellen. Und von diesem Bild her erweist es sich als unzutreffend, den VIII. Abschnitt so zweizuteilen, wie es vielleicht zunächst naheliegen könnte: Art. 83–86: Ausführung der Bundesgesetze; Art. 87 ff.: Bundesverwaltung. Beide Komplexe überschneiden sich vielmehr.

Egal, ob es sich um gesetzesausführende oder sonstige Verwaltung handelt, grundsätzlich obliegt sie gemäß Art. 30 den Ländern, solange das GG nichts Abweichendes verfügt!

Was nun *speziell die Verwaltung durch Gesetzesausführung* anbelangt, so gilt hier:

1. Die *Ausführung von Landesgesetzen*, über die das GG nichts Ausdrückliches bestimmt, ist gemäß Art. 30 Ländersache.

2. *Bundesgesetze* sind im Grundsatz von den Ländern als eigene Angelegenheit, d. h. in eigener Verantwortung, auszuführen. Abweichungen von diesem Grundsatz müssen verfassungsrechtlich festgelegt sein (Art. 83). Diese Abweichungen gibt es in zweierlei Form:

a) Die Bundesgesetze werden zwar auch noch von den Ländern ausgeführt, aber nicht »als eigene Angelegenheit«, sondern »im Auftrage« und nach *Weisung* des Bundes.

b) Der Bund selbst führt seine Gesetze aus.

Bitte prägen Sie sich die vorstehenden 4 Gruppen ein.

II. Die Ausführung von Bundesgesetzen

1. Ausführung durch die Länder als eigene Angelegenheit

Die Grundsätze für den Regelfall der Ausführung von Bundesgesetzen, nämlich als eigene Angelegenheit der Länder, bestimmt Art. 84: Die Länder regeln die Behördeneinrichtung und das Verwaltungsverfahren, »soweit nicht Bundesgesetze mit Zustimmung des Bundesrates etwas anderes bestimmen«. *Dieser unscheinbare Satz ist, wie schon erwähnt, Ursache für die Zustimmungspflichtigkeit vieler Gesetze!* (Unbedingt merken!) Ich darf nochmals an das schon genannte Beispiel erinnern: »Bescheide sind durch eingeschriebenen Brief zuzustellen.«

Der Anfänger macht oft den Fehler, auch die ganz normalen gesetzlichen Ermächtigungen der Verwaltung (»Die Behörde kann ... Wehrpflichtige einziehen«) zum »Verfahren« zu zählen. Das ist falsch, weil es sich hier um materielles Verwaltungsrecht handelt. Demgegenüber betrifft das Verwaltungsverfahren nur die Förmlichkeiten, das »wie« des behördlichen Vorgehens! Beispiel: »Die Behörde muß den Wehrpflichtigen zuvor anhören.« Oder: »Vor einer Entscheidung muß die x-Behörde Stellung nehmen.«

In Art. 84 II begegnen wir den Ihnen schon geläufigen *Verwaltungsvorschriften*. Erinnern Sie sich (S. 15): Hier handelt es sich um ausschließlich an die Verwaltung gerichtetes »Innenrecht«, also um kein Gesetz im materiellen Sinn mit irgendwelchen Auswirkungen auf das Staat-Bürger-Verhältnis.

Und schließlich finden Sie in Art. 84 III das für die Ausführung der Bundesgesetze als eigene Angelegenheit der Länder charakteristische Merkmal: Dem Bund kommt hier nur eine *Rechtsaufsicht* zu! Dieser Grundsatz kann durch Zustimmungsgesetz durchbrochen werden (Abs. 5), so daß der Bund in besonderen Fällen Einzelweisungen erteilen darf, die sich von Rechtsbeanstandungen unterscheiden.

Beispiel aus der Praxis: Bei der Entführung des Berliner CDU-Politikers Lorenz im Jahre 1975 verlangten die freigepreßten Häftlinge auf dem Frankfurter Flughafen einen deutschen Reisepaß. Das Paßgesetz des Bundes wird von den Ländern als eigene Angelegenheit ausgeführt. Der zuständige Frankfurter Polizeipräsident sowie der Hessische Innenminister verweigerten die Paßausstellung (unter Berufung auf § 7 PaßG). Da kam vom Bonner Krisenstab eine gegenteilige Weisung, die wegen § 4 PaßG (»Die Bundesregierung kann ..., wenn die öffentliche Sicherheit oder die freiheitliche demokratische Grundordnung gefährdet ist, Einzelweisungen ... über die Ausstellung von Pässen ... erteilen.«) zu befolgen war; die Pässe mußten ausgestellt werden.

2. Ausführung durch die Länder im Auftrag des Bundes

Bei der *Bundesauftragsverwaltung* bedarf es keiner besonderen Vorschriften für eine Weisungsbefugnis des Bundes. Sie ist schon kraft Verfassung gegeben (Art. 85 III, IV). Der Bund kontrolliert nicht nur die Gesetzmäßigkeit der Verwaltung, sondern auch ihre Zweckmäßigkeit. Man nennt das *Fachaufsicht*, im Gegensatz zu der engeren Rechtsaufsicht nach Art. 84 III. Sie sollten sich also *einprägen*:
– Ausführung der Bundesgesetze als eigene Angelegenheit der Länder mit bloßer Rechtsaufsicht.
– Ausführung der Bundesgesetze durch die Länder im Auftrag des Bundes mit einer sich auf Rechtmäßigkeit wie Zweckmäßigkeit beziehenden Fachaufsicht.

Die Bundesauftragsverwaltung muß gemäß Art. 83 durch das GG selbst angeordnet oder zugelassen, das heißt dem Gesetzgeber freigestellt, sein. In der allgemeinen Regelung des Art. 85 findet man hierzu nichts. Unmittelbar durch die Verfassung wird die Bundesauftragsverwaltung beispielsweise angeordnet in Art. 90 II (achten Sie mal auf die großen Projektschilder an Autobahnbaustellen!) und Art. 108 III 1. Ihre gesetzliche Einführung wird zugelassen in Art. 87b II 1, 87c I, 87d II und 120a.

3. Rückblick

Ich hoffe sehr, daß Sie sich bei der Gegenüberstellung von Rechts- und Fachaufsicht wenigstens dunkel an frühere Darlegungen erinnert haben. Die finden sich auf S. 14. Dort ging es um die Frage, ob innerhalb eines Landes Gesetze für das Land durch die Kommunen ausgeführt werden können, und zwar als eigene Angelegenheit (was dort Selbstverwaltung heißt) oder im Auftrag des Landes. Im erstgenannten Fall hat das Land nur eine Rechtsaufsicht, im letztgenannten Fall die umfassendere Fachaufsicht. Es geht also im Verhältnis zwischen Bund und Land einerseits und Land und Kommune andererseits um spiegelbildliche Verhältnisse. Nur die Terminologie ist leicht abweichend, weil man nur bei den Kommunen von Selbstverwaltung spricht, nicht aber bei der Ausführung von Bundesgesetzen als eigene Angelegenheit der Länder, obwohl es der Sache nach nichts anderes als eine Selbstverwaltung ist.

4. Die bundeseigene Ausführung von Bundesgesetzen

Sie kann man unterteilen in
– bundesunmittelbare Verwaltung
– mittelbare Bundesverwaltung durch selbständige, durch den Bund errichtete juristische Personen des öffentlichen Rechts.

a) Die bundesunmittelbare Verwaltung
aa) Mit Verwaltungsunterbau
Das GG war bestrebt, dem Bund nur ausnahmsweise eine durchgehende Verwaltungsorganisation mit einem Unterbau, das heißt Behörden auf lokaler Ebene, zuzugestehen. Dies ist geschehen
(1) in Art. 87 I 1 für den auswärtigen Dienst, die Finanzverwaltung und die Verwaltung der Bundeswasserstraßen und der Schiffahrt. Hierzu könnten Sie sich merken, daß die Unterbehörde der Bundesfinanzverwaltung das Zollamt ist, während das Finanzamt eine Landesbehörde ist. Beide haben als gemeinsame Mittelbehörde über sich die Oberfinanzdirektion.
(2) In Art. 87 I 2 für Bundesgrenzschutzbehörden.
(3) In Art. 87b I 1 für die Bundeswehrverwaltung.
(4) In Art. 87d I für die Luftverkehrsverwaltung.
(5) In Art. 87 e I 1 für die Bundesbahnverwaltung.
(6) In Art. 87 III 2 generell für besondere und dringende Fälle. Diese Vorschrift wurde bislang wenig genutzt.

bb) Bundesunmittelbare Verwaltung ohne Unterbau.
In allen anderen Fällen muß der Bund ohne Unterbehörden auskommen und ohne Mittelbehörden, die regional begrenzt zuständig sind, beispielsweise für einen Regierungsbezirk oder für ein Land. Hier ist der Bund angewiesen auf
(1) selbständige Bundesoberbehörden, naturgemäß zuständig für das gesamte Bundesgebiet. Hier muß noch zur Terminologie angemerkt werden, daß man auch noch, und zwar auf der höchsten, vierten Ebene, »Oberste Bundesbehörden« kennt, nämlich Bundesregierung und Bundesrechnungshof. Die unter einem Ministerium angesiedelten und seiner Weisung unterstehenden Bundesoberbehörden können gemäß Art. 87 III 1, 1. Alternative, durch Bundesgesetz errichtet werden. Davon hat der Bund ausgiebig Gebrauch

B. Verwaltung im Bundesstaat

Unmittelbare Bundesverwaltung

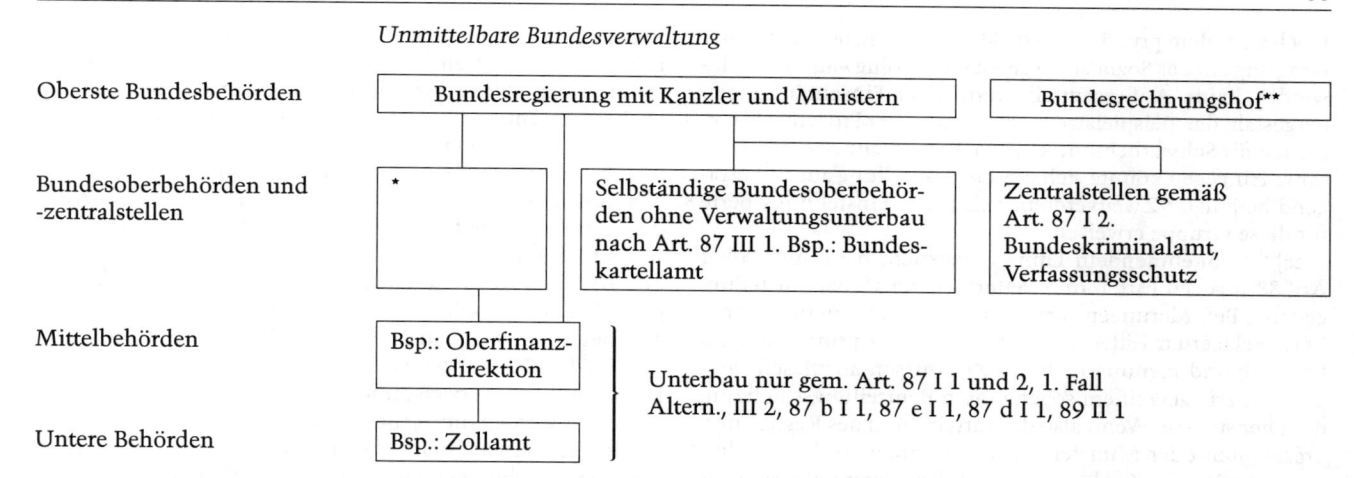

Oberste Bundesbehörden	Bundesregierung mit Kanzler und Ministern		Bundesrechnungshof**
Bundesoberbehörden und -zentralstellen	*	Selbständige Bundesoberbehörden ohne Verwaltungsunterbau nach Art. 87 III 1. Bsp.: Bundeskartellamt	Zentralstellen gemäß Art. 87 I 2. Bundeskriminalamt, Verfassungsschutz
Mittelbehörden	Bsp.: Oberfinanzdirektion	Unterbau nur gem. Art. 87 I 1 und 2, 1. Fall Altern., III 2, 87 b I 1, 87 e I 1, 87 d I 1, 89 II 1	
Untere Behörden	Bsp.: Zollamt		

* Zwischen Oberfinanzdirektion und Ministerium gibt es keine Verwaltungsebene. Aber es kann einen insgesamt vierstufigen Verwaltungsaufbau geben, etwa gem. § 14 WehrpflichtG (Sartorius Nr. 620)

** Hier fehlt der Verbindungsstrich, der sonst Weisungsunterworfenheit markiert. Der Rechnungshof ist ein notwendiger (Ausnahme-)Fall der »ministerialfreien Verwaltung« (vgl. oben S. 47)

gemacht. Einige Beispiele sind: Das Luftfahrtbundesamt in Braunschweig, das Kraftfahrt-Bundesamt in Flensburg, das Bundeskartellamt in Berlin, das Bundesverwaltungsamt und das Bundesamt für den Zivildienst in Köln und das Statistische Bundesamt in Wiesbaden.

(2) Bundeszentralstellen auf dem Gebiet von Polizei und Verfassungsschutz gemäß Art. 87 I 2. Auf dieser Rechtsgrundlage beruhen u. a. das Bundeskriminalamt und das Bundesamt für Verfassungsschutz.

Vgl. zum Vorstehenden obiges Schema.

b) Die mittelbare Bundesverwaltung

Hier gliedert der Bund Verwaltungsaufgaben aus und überträgt sie selbständigen juristischen Personen des öffentlichen Rechts. Da diese durch Bundesgesetz errichtet werden und der Aufsicht des Bundes unterstellt sind, werden sie in Art. 87 II und III 1 bundesunmittelbare juristische Personen genannt. Lassen Sie sich dadurch aber nicht verwirren. Es gibt mittelbare Bundesverwaltung durch bundesunmittelbare juristische Personen. (Nebenbei: Auch die mittelbare Landesverwaltung durch die Kommunen geschieht durch landesunmittelbare juristische Personen.)

Neben den Ihnen schon bekannten Körperschaften tauchen in Art. 87 III auch noch Anstalten als zweitwichtigste Form der juristischen Personen des öffentlichen Rechts auf. Bei ihnen kommt es im Gegensatz zur Körperschaft nicht entscheidend auf die Mitgliedschaft von Personen an. Anstalten (aber landesrechtliche) sind beispielsweise die Rundfunkanstalten oder die Sparkassen. Bedauerlicherweise wird gerade im Sozialversicherungsrecht manches Anstalt genannt, was in Wirklichkeit eine Körperschaft ist. Aber diese verwirrenden Einzelheiten müssen hier nicht interessieren. Ich nenne Ihnen nur noch einige Beispiele für die mittelbare Bundesverwaltung: die Sozialversicherungsträger, die Bundesanstalt für Landwirtschaft und Ernährung, die Deutsche Bibliothek in Frankfurt, die Bundesrechtsanwaltskammer und die Bundesnotarkammer, die Filmförderungsanstalt, die Bundesanstalt für Materialprüfung etc.

Im weiteren Sinne zur mittelbaren Bundesverwaltung kann man auch die *Bundesbank* zählen, die aber wegen Art. 88 einen Sonderstatus hat.

III. Gemeinschaftsaufgaben

Für sogenannte Gemeinschaftsaufgaben wurde der Abschnitt VIIIa durch eine Verfassungsänderung in das GG eingefügt. Er betrifft ein Zusammenwirken von Bund und Ländern auf dem Gebiet der Gesetzgebung, der Verwaltung und der Finanzierung. Ich erwähne ihn hier kurz in dem Kapitel über die Verwaltung.

Es genügt, wenn Sie die beiden Art. 91a und 91b einmal überflogen haben. Verfassungspolitisch wird Art. 91b, der dem Bund wichtige Bereiche auf kulturellem Gebiet eröffnete (beispielsweise die Finanzierung der Max Planck-Gesellschaft und der Deutschen Forschungsgemeinschaft), noch immer positiv beurteilt, während sich gegenüber Art. 91a viele Bedenken erhoben haben.

Am ehesten wird Ihnen in der Presse einmal der Art. 91a I Nr. 1 begegnen. So gab es vor einiger Zeit eine sehr heftige Auseinandersetzung, weil der Bund aus Geldnot seine Finanzierungsversprechen für den Hochschulbau nicht halten wollte und einige Länder mit einem Verfahren vor dem BVerfG drohten.

IV. Grundsätze für den öffentlichen Dienst. Rechts- und Amtshilfe

1. Grundsätze für den öffentlichen Dienst

Sie sind in Art. 33 niedergelegt. Wir wollen nur auf die besonders wichtigen Abs. 2 und 5 näher eingehen. Zu Abs. 4 sei lediglich vermerkt, daß es sich bei dem »öffentlich- rechtlichen Dienst- und Treueverhältnis« um das Beamtenverhältnis handelt. Lehrer beispielsweise sollen in der Regel Beamte sein, können aber auch angestellt werden.

a) Der Zugang zu öffentlichen Ämtern

Art. 33 II gewährt natürlich keinen Anspruch auf Einstellung in den öffentlichen Dienst, aber er legt die maßgeblichen Kriterien für Einstellungen und für Beförderungen fest. Ich möchte Ihnen drei Fälle nennen, in denen diese Norm in der Vergangenheit eine Rolle gespielt hat:

aa) Bei der Frage, inwieweit Extremisten zum öffentlichen Dienst zugelassen werden sollen, spielte der Eignungsbegriff eine wesentliche Rolle. Bemißt sich Eignung nur nach der fachlichen Qualifikation oder ist die politische Grundeinstellung mit zu berücksichtigen?

bb) Es liegt die Überlegung nahe, in Zeiten der Arbeitslosigkeit bevorzugt Alleinverdiener einzustellen und Zweitverdiener, also meist Ehefrauen, zurückzuweisen. Das ließe sich verfassungsrechtlich mit dem Sozialstaatsprinzip begründen.

Doch steht dem prinzipiell Art. 33 II entgegen, der auch unter Berufung auf das Sozialstaatsgebot nicht völlig »ausgehebelt« werden kann. Äußerstenfalls verträgt er Einschränkungen dergestalt, daß beispielsweise ein bestimmter Prozentsatz von Stellen für Schwerbehinderte bevorzugt bereitgestellt werden muß. Hingegen könnte sich die Zurückstellung auch überragend befähigter Zweitverdiener als totale Einstellungssperre für diese Gruppe erweisen.

cc) In zunehmendem Umfang versucht man auch, über Art. 33 II gegen Partei- und Vetternwirtschaft bei Einstellungen und Beförderungen vorzugehen. Das kann freilich nur in krass gelagerten Fällen Erfolg haben. Denn prinzipiell sind Leistung und Eignung nicht an Zeugnissen abzulesen, sondern unterliegen einem sogenannten Beurteilungsspielraum des Dienstherrn. Wenn also der Parteifreund des Regierungspräsidenten oder Ministers auch nur annähernd so qualifiziert ist wie sein Konkurrent, wird der letztere kaum etwas ausrichten können. Aber wenigstens kann Art. 33 II dabei hilfreich sein, in den krassesten Fällen über die Gerichte zu intervenieren. Solche »Konkurrentenklagen« haben immer häufiger Erfolg.

b) Die Garantie des Berufsbeamtentums

Aus Art. 33 V ergibt sich, daß es ein Berufsbeamtentum geben muß, und zwar im wesentlichen in der überkommenen Form. Man kann hier von einer Einrichtungsgarantie sprechen. Da man Einrichtungen des öffentlichen Rechts wie das Berufsbeamtentum (aber auch die kommunale Selbstverwaltung, vgl. Art. 28 II) auch »Institution« nennt, spricht man überwiegend von einer *institutionellen Garantie des Berufsbeamtentums.*

Art. 33 V soll auch für Berufsrichter gelten.

Art. 33 V soll nicht nur ein Programm setzen für erst noch zu schaffendes Recht, er ist vielmehr unmittelbar verbindlicher Maßstab für das geltende Recht. Wie dieser Maßstab im einzelnen beschaffen ist, erweist sich erst bei einer genaueren Analyse des »Hergebrachten«, also des Überkommenen im Beamtenrecht. Hier hat also das GG eine Rechtsüberlieferung verfassungsfest gemacht, freilich nur insoweit, als »Berücksichtigung« gefordert wird, nicht strikte Beachtung.

Nach hergebrachten Grundsätzen des Berufsbeamtentums schuldet beispielsweise der Staat seinen Beamten die Sicherung eines angemessenen Lebensunterhalts, die Versorgung der Nachkommen und der Witwe des Beamten sowie eine allgemeine Treue als Dienstherr. Nicht geschuldet ist beispielsweise ein Zuschuß zum Referendardienst oder die Beihilfe im Krankheitsfall.

Die Rechte des Art. 33 können gemäß Art. 93 I 4a mit der Verfassungsbeschwerde verfolgt werden. Das leuchtet beispielsweise für Art. 33 I und II leicht ein, für Abs. 5 weniger. Es hat jedoch das BVerfG schon sehr früh ein grundrechtsgleiches Individualrecht des Beamten auf Beachtung der »hergebrachten Grundsätze« bejaht. In der Ausgangsentscheidung (BVerfGE 8, 1/17 = StA S. 507) hatte ein Beamter mit der Beschwerde Erfolg, daß sein Gehalt nicht angemessen erhöht worden und also eingefroren sei. Wenn Sie in der Entscheidung noch nicht alles voll verstehen, ist das nicht weiter schlimm. Lesen Sie ferner BVerfGE 44, 249 = StA S. 510.

Aufgrund des beamtenrechtlichen Herkommens lassen sich jedoch nicht nur Rechte begründen, sondern auch *Pflichten des Beamten* und Richters, insbesondere die Pflicht zur Treue. Solche Pflichten sind in aller Regel Grundrechtsschranken. Darauf wollen wir hier noch nicht näher eingehen. Gleichwohl soll schon erwähnt werden, daß beispielsweise unter Hinweis auf Art. 33 V ganz allgemein das *Streikverbot für Beamte* gerechtfertigt wird. Auch bei sonstigen Beschränkungen, denen Beamte unterliegen, beruft man sich gern auf Art. 33 V. Das ist meines Erachtens fragwürdig.

Denn anders als beim Streikverbot, das *nur* für Beamte gilt, geht es meist nicht um beamtenspezifische Beschränkungen, sondern um solche für *alle* Angehörigen des öffentlichen Dienstes; nicht nur Beamte haben beispielsweise im Dienst politische Aktivitäten zu unterlassen. Deshalb erscheint es mir keine überzeugende Lösung, nur die erforderlichen Schranken für die Beamten mit Hilfe des Art. 33 V zu begründen, wenn man sie für Angestellte des öffentlichen Dienstes schlecht durch Analogie zu dem sehr speziell zugeschnittenen Art. 33 V gewinnen kann und also woanders (Einwilligung, Verzicht?) suchen muß. Dieses Problem finden Sie auch angedeutet im sog. Extremistenbeschluß BVerfGE 39, 334 = StA S. 514. Zumindest ein Kernbestand jener Pflichten, die für Beamte üblicherweise und auch vom BVerfG aus Art. 33 V abgeleitet werden, muß auch für Staatsangestellte gelten!

Bitte erinnern Sie sich auf jeden Fall des Art. 33 V, wenn in einer staatsrechtlichen Erörterung oder Arbeit beamtenrechtliche Probleme auftauchen!

2. *Rechts- und Amtshilfe*

Die Behörden des Bundes und der Länder leisten sich gemäß Art. 35 I gegenseitig *Rechts- und Amtshilfe.* Wie so oft, ist auch hier leider der Verfassungswortlaut nicht sehr präzise, denn unter Behörden sollen auch Gerichte verstanden werden. Gerichte leisten Rechtshilfe, Verwaltungsbehörden hingegen Amtshilfe.

Die *polizeiliche Amtshilfe* ist in Art. 35 II, III geregelt, wobei Art. 35 II 1 praktisch am bedeutsamsten ist. Der dort allein geregelten »Anforderung« muß nachgekommen werden. Daneben gibt es noch das im GG nicht geregelte »Ersuchen«, das den Ersuchten nicht verpflichtet. Bei einer Großdemonstration beispielsweise kann ein Land zwar evtl. Kräfte des Bundesgrenzschutzes anfordern, jedoch nicht Polizisten anderer Länder. Dagegen kann es ohne weiteres in den Nachbarländern um Hilfe ersuchen, und so geschieht es auch in der Praxis.

Für die Extremsituation einer »drohenden Gefahr für den Bestand oder die freiheitliche demokratische Grundordnung des Bundes oder der Länder« enthält Art. 91 Sonderregelungen der Polizeihilfe. Unter bestimmten Voraussetzungen kann dann sogar die Bundeswehr eingesetzt werden: Art. 87a IV.

V. Zusammenfassung

1. Nicht die ausschließliche, aber die wichtigste Form von Verwaltung ist der Gesetzesvollzug. Man unterscheidet

a) den Vollzug von Bundesgesetzen durch Bundesbehörden

b) den Vollzug von Bundesgesetzen durch die Länder als eigene Angelegenheit unter bloßer Rechtsaufsicht des Bundes

c) den Vollzug von Bundesgesetzen durch die Länder im Auftrag des Bundes und unter dessen umfassender Fachaufsicht

d) den Vollzug von Landesgesetzen durch die Länder

In der Praxis liegt der Schwerpunkt der Verwaltung bei den Ländern. Die Bundesverwaltung kann eine unmittelbare durch Bundesbeamte sein oder eine mittelbare durch juristische Personen des öffentlichen Rechts wie etwa in der Sozialversicherung. Die unmittelbare Bundesverwaltung soll nur in besonders geregelten Fällen einen durchgehenden Verwaltungszug mit Unterbau haben, ansonsten auf Bundesoberbehörden und Bundeszentralstellen beschränkt sein.

2. Grundsätze für den öffentlichen Dienst bestimmt Art. 33. Abs. 2 macht das Eignungs- und Leistungsprinzip verbindlich, Abs. 5 die sogenannten »hergebrachten Grund-

sätze des Berufsbeamtentums«, woraus sich eine institutionelle Garantie des Berufsbeamtentums ableiten läßt. Aus Art. 33 V können sich ausnahmsweise einklagbare Ansprüche eines Beamten ergeben, die Vorschrift wird jedoch auch zur Rechtfertigung gesetzlich verfügter Beschränkungen, beispielsweise für das Streikverbot bei Beamten, herangezogen.

Die Pflicht zur Rechts- und Amtshilfe für alle Hoheitsträger verfügt Art. 35.

C. Rechtsprechung

Die Rechtsprechung hat das GG in Abschnitt IX geregelt. Lassen Sie uns zunächst wieder einige Artikel wegklammern, die für Sie minder wichtig sind und die Sie nur einmal überflogen haben müssen: Art. 95 II, III, 96, 98, 99, 101 I 1, II. Die wichtigsten Artikel, mit denen Sie viel werden arbeiten müssen, sind Art. 92 und 93 sowie 100, 101 I 2, 102–104.

I. Richtermonopol in der Rechtsprechung. Richterstatus

1. Richtermonopol

Gemäß Art. 92 ist die rechtsprechende Gewalt den Richtern anvertraut. Rechtsprechung ist Richtermonopol. Dabei muß man Rechtsprechung sachlich, *materiell* umschreiben. Denn würde man eine funktionelle oder organisationsbezogene Definition wählen, käme evtl. eine Umschreibung zustande »Rechtsprechung ist alles, was Richtern als Aufgabe zugewiesen ist«. Dann würde sich Art. 92 gleichsam im Kreise drehen: Die den Richtern zugewiesenen Aufgaben sind den Richtern anvertraut. Das kann nicht sinnvoll sein.

Die Frage, was alles Rechtsprechung und folglich Richtermonopol ist, hat große praktische Bedeutung für die *Zuständigkeitsabgrenzung zwischen Rechtspflegern und Richtern*. Die Stellung des Rechtspflegers ist vor einigen Jahren enorm aufgewertet worden, indem man ihm Aufgaben übertragen hat, die vormals den Richtern oblagen. Aber bei dieser Zuständigkeitsverlagerung hatte der Gesetzgeber stets den Art. 92 zu beachten, er durfte also den Rechtspflegern nur Nicht-»Rechtsprechungs«-Aufgaben übertragen. Daß diese zuvor bei den Richtern lagen, war ja nicht zu beanstanden; Art. 92 sagt *nicht*, daß Richter *nur* Recht sprechen und beispielsweise überhaupt nicht verwalten dürfen.

Ganz vage kann man *Rechtsprechung als unparteiische Streitentscheidung sowie Verhängung von Strafsanktionen* beschreiben. Etliche Aufgaben markiert das GG selbst an verschiedenen Stellen als »Rechtsprechung«, zum Beispiel den Rechtsschutz gegen Hoheitsakte gemäß Art. 19 IV oder die Entscheidung über Freiheitsentziehungen gemäß Art. 104. Um welche Aufgaben es sich sonst noch handelt, finden Sie in BVerfGE 22, 49/76 ff. = StA S. 570 aufgeführt.

In dieser Entscheidung wird auch das praktisch überaus bedeutsame Problem erörtert, inwieweit Nicht-Richter, soll heißen: Verwaltungsbeamte, zu Sanktionen ermächtigt werden dürfen. Verhängung von Kriminalstrafen ist, unabhängig von der für Freiheitsstrafen geltenden Spezialnorm des Art. 104, Richtermonopol. Inwieweit kann es ausgeschaltet werden, indem der Gesetzgeber erklärt: »Diese Sanktion ist nicht länger als Kriminalstrafe anzusehen, sondern als Ahndung einer Ordnungswidrigkeit«? Denn Geldbußen wegen Ordnungswidrigkeiten werden von Verwaltungsbehörden verhängt.

Generationen von Jura-Studenten vor Ihnen haben gleich zu Anfang ihrer Strafrechtsvorlesungen die Dreiteilung der Straftaten in Verbrechen, Vergehen und *Übertretungen* gelernt. Die letzteren sind, wie Sie aus § 12 StGB ersehen, verschwunden. Sie sind fast ausnahmslos in Ordnungswidrigkeiten umgewandelt worden. Das ging nur bei Delikten, bei denen es sich nicht um kriminelles Unrecht handelte, dessen Ahndung Richtersache ist. Die Auseinandersetzung des BVerfG mit diesem Problem finden Sie in BVerfGE 27, 18/33 = StA S. 573.

Einem Fehlschluß will ich noch vorzubeugen versuchen: Es geht hier nicht um die Frage, ob man den Richter in irgendeiner Sache zugunsten des Verwaltungsbeamten ausschalten kann. Verwaltungsmaßnahmen unterliegen ja gemäß Art. 19 IV der Richterkontrolle, so daß also *stets,* und so auch in Bußgeldsachen, *der Richter das letzte Wort* hat. Folglich geht es ausschließlich um das Problem, wann *nur* der Richter das Wort hat, und wann es unter dem Vorbehalt richterlicher Nachprüfung auch dem Verwaltungsbeamten gegeben werden kann.

Lesen Sie bitte noch BVerfGE 18, 241/254 f. = StA S. 575 zum Erfordernis eines *staatlichen* Gerichts.

Die altüberkommene Einrichtung einer *privaten Schiedsgerichtsbarkeit* sollte durch Art. 92 nicht in Frage gestellt werden.

2. Richterstatus

Die Unabhängigkeit der Richter, ein zentrales Postulat der Lehre von der Gewaltenteilung, wird durch Art. 97 garantiert.

Die Rechtsstellung der Richter wird durch Bundes- und Landesgesetze geregelt, und zwar
— durch das Deutsche Richtergesetz des Bundes (Schönfelder Nr. 97), das umfassend für die Bundesrichter gilt (Art. 98 I) und als Rahmen für die Landesrichter (Art. 98 III 2)
— durch Richtergesetze der Länder (Art. 98 III 1).

Der Richterstand ist durch eine gesonderte, privilegierte Besoldungsordnung hervorgehoben.

II. Gerichtsorganisation

Die fünf Hauptgerichtsbarkeiten gemäß Art. 95 I, also unter Ausschluß der Verfassungsgerichte, wurden schon auf S. 13 aufgezählt.

Die Gerichtsbarkeit ist überwiegend Ländersache.

Die Gerichte sind kollegial besetzt mit Ausnahme des Amtsgerichts, bei dem oft ein Einzelrichter tätig wird. Die Kollegien heißen Kammern, bei den oberen Gerichten (d. h. bei allen Bundesgerichten und den nächst »tieferen« Landesgerichten mit Ausnahme des LAG) Senate. Bei den Gerichten wirken häufig Laienbeisitzer mit, bei den Bundesgerichten, die als Revisionsinstanz ausschließlich über schwierige Rechtsfragen zu entscheiden haben, jedoch nur in der Arbeits- und Sozialgerichtsbarkeit.

III. Das Bundesverfassungsgericht

1. Status

Das in Karlsruhe residierende BVerfG ist in Art. 92–94 institutionalisiert. Es steht nicht neben den Obersten Bundesgerichten, sondern über ihnen. Es hat den Status eines Obersten Verfassungsorgans, ist gleichsam auf der höchsten Staatsebene angesiedelt. Dieser Stellung und Würde sind sich die übrigen Staatsorgane erfreulicherweise bewußt. Auch in der Bevölkerung genießt das Gericht ein gutes, freilich noch steigerungsfähiges Ansehen. »Judge« beim Supreme Court in den USA ist eine Stellung mit ganz immensem öffentlichem Prestige, mit dem es ein Bundesverfassungsrichter leider noch nicht aufnehmen kann. Der frühere Richter Rupp pflegte von seiner Erfahrung zu erzählen, daß auf eine Nachfrage von »Bundesverfassungsrichter Rupp« für ein Zimmer in einem viel besuchten Hotel nur müde abgewinkt wurde, während bald danach ein Anruf von »Professor Rupp« durchaus noch stille Reserven aktivierte. Das ist schon angesichts von nur 16 Bundesverfassungsrichtern und einigen tausend Professoren eine verkehrte Welt.

Während Art. 93 sich über die Zuständigkeiten des Gerichts recht ausführlich ausläßt, sagt Art. 94 wenig zur Organisation und überläßt das meiste dem Ausführungs-Gesetz über das BVerfG (BVerfGG).

Das Gericht besteht aus *zwei Senaten zu je 8 Richtern*. Die Richter, deren einmalige Amtszeit 12 Jahre beträgt, werden je zur Hälfte vom Bundestag und Bundesrat gewählt, wobei jedem Senat drei Richter aus Obersten Bundesgerichten angehören müssen, was den Senaten höchstrichterliche Praxiserfahrung sichert. Da die Wahl mit Zweidrittelmehrheit erfolgt, hat die Opposition eine sehr starke Stellung. In der Praxis arrangiert man sich, indem die Regierungsparteien und die Opposition sich im Vorschlagsrecht für Kandidaten abwechseln. Das bedeutet nicht, daß nur Parteimitglieder eine Chance hätten. Und wo ein Parteimitglied gewählt wird, heißt das nicht, daß es fortan zur Parteilichkeit neigt. Die Richterrolle emanzipiert ihren Träger fast automatisch, und oft schon wunderten sich Regierung oder Parteien, wie rigoros auch die ihnen nahestehenden, von ihnen gewählten Richter mit ihnen umgingen.

2. Zuständigkeiten

Vom Zuständigkeitskatalog des Art. 93 können Sie sich den Abs. 1 Nr. 4 sowie den Abs. 2 als unwichtig wegklammern. Abs. 1 Nr. 5 verweist z. B. auf Art. 21 II 2, vor allem aber auf Art. 100, den Sie sich am Rand notieren sollten. Die einzelnen wichtigen Fälle wollen wir sogleich durchgehen.

Zuvor jedoch muß ich Ihre Aufmerksamkeit auf eine zentrale Unterscheidung lenken: die zwischen der *Zulässigkeit* und der *Begründetheit* eines Rechtsbehelfs. Für jedes Gerichtsverfahren, und also auch für das verfassungsgerichtliche Verfahren, gibt es bestimmte Voraussetzungen, die erfüllt sein müssen, bevor das Gericht eine Sachentscheidung treffen darf: Das Gericht muß beispielsweise zuständig sein, der richtige Kläger oder Antragsteller muß auftreten, es müssen Fristen gewahrt oder Vorverfahren durchlaufen werden etc. Man nennt dies *Sachentscheidungsvoraussetzungen* (irreführenderweise auch oft Prozeßvoraussetzungen, denn ohne diese Voraussetzungen wird nicht der Prozeß völlig verhindert, sondern nur die Sachentscheidung im Prozeß). *Nur bei Vorliegen aller Sachentscheidungsvoraussetzungen ist ein Verfahren zulässig.* Wenn es unzulässig ist, wird ein Rechtsbehelf (Klage, Antrag, Verfassungsbeschwerde) *verworfen*. Das Gericht äußert sich dann nicht mehr zur Sache. Nur bei zulässigem Rechtsbehelf ergeht eine Sachentscheidung, die darauf hinausläuft, daß der Rechtsbehelf *begründet* ist oder *unbegründet;* im letzteren Falle wird der Rechtsbehelf *abgewiesen* oder *zurückgewiesen*.

Achten Sie also bei den nachstehend genannten Bestimmungen, welche davon Sachentscheidungsvoraussetzungen enthalten.

a) Das Organstreitverfahren nach Art. 93 I Nr. 1

Diesem Verfahren sind wir gelegentlich schon begegnet, beispielsweise bei der Frage nach dem Prüfungsrecht des Bundespräsidenten vor der Ausfertigung von Gesetzen (S. 52). Wenn der Präsident nicht ausfertigt, kann der Bundestag im Organstreitverfahren die Pflicht des Bundespräsidenten zur Ausfertigung geltend machen. Der Bundestag kann mit dem Bundesrat streiten, eine Fraktion mit dem Bundestagspräsidenten, ein Abgeordneter mit dem Bundestag. Anfang 1983 brachten Bundestagsabgeordnete ein Organstreitverfahren gegen den Bundespräsidenten in Gang, in dem sie ihm das Recht zur Bundestagsauflösung bestritten. (Vgl. S. 47 und BVerfGE 62, 1 = StA S. 524)

Die Einzelheiten des Verfahrens sind in den §§ 13 Nr. 5 und 63 ff. BVerfGG geregelt. Bei § 64 ist es — Rechtsschutzbedürfnis vorausgesetzt — ausreichend, daß der Antragsteller verletzt oder gefährdet *wurde*.

Wiederholen Sie bitte auf S. 38 die Beteiligtenrolle der Parteien, die das BVerfG gleichsam gegen § 63 BVerfGG entwickelt hat.

b) Die abstrakte Normenkontrolle nach Art. 93 I Nr. 2

Was es damit auf sich hat, ergibt sich unmittelbar aus dem Normtext. Sie sollten sich nur einprägen, daß Bundesrecht und Landesrecht umfassend zu verstehen sind, also nicht nur förmliche Gesetze meinen. Nähere Einzelheiten sind in den §§ 13 Nr. 6, 76 ff. BVerfGG, auf die wir noch zu sprechen kommen, geregelt.

Auch den Sinn des Adjektivs »abstrakte« möchte ich Ihnen erst etwas später erläutern.

Von der abstrakten Normenkontrolle machen begreiflicherweise die Länder gern Gebrauch. Wenn beispielsweise ein Land meint, der Bund habe für ein Gesetz gar keine Kompetenz gehabt, so kann es dieses Gesetz einer abstrakten Normenkontrolle unterwerfen.

c) Die Bund-Länder-Streitigkeit nach Art. 93 I Nr. 3

In dem soeben erwähnten Konflikt hätte ein Land auch die Möglichkeit, nach Art. 93 I Nr. 3 (i.V.m. §§ 13 Nr. 7, 68 ff. BVerfGG) vorzugehen. Es würde die — ihm gegenüber bestehende — Pflicht des Bundes behaupten, nicht in Länderkompetenzen überzugreifen.

d) Verfassungsbeschwerden nach Art. 93 I Nr. 4a und 4b

Verfassungsbeschwerden sind im wesentlichen Grundrechtsbeschwerden. Man versteht sie deshalb erst ganz, wenn man sich über den Gehalt der Grundrechte klargeworden ist. Aus diesem Grunde wollen wir das Thema erst später ausführlich erörtern (S. 86).

e) Die konkrete Normenkontrolle nach Art. 93 I Nr. 5 und Art. 100

Vorbemerkung: Das Nachstehende ist besonders *wichtig* und muß unbedingt »sitzen«. Es ist sehr unwahrscheinlich, daß Sie durch die kleine öffentlich-rechtliche Übung kommen, ohne ausführlich mit der konkreten Normenkontrolle befaßt zu werden.

Bei Art. 100 können Sie sich die Abs. 2 und 3 einklammern, der Abs. 1 ist noch kompliziert genug. Bei ihm behandeln wir nur die Normenkontrolle durch das BVerfG, nicht aber die nebenbei erwähnte Normenkontrolle durch ein Landesverfassungsgericht.

aa) Nach dem bei uns immer noch vorherrschenden Verständnis sind verfassungswidrige Normen nichtig. Nichtige Bestimmungen könnte und müßte an sich jedes damit befaßte Gericht außer acht lassen. Die Folge wäre, daß jeder Amtsrichter einem gerade beschlossenen Gesetz die Gefolgschaft verweigern könnte. Selbst wenn man — schon um der Rechtssicherheit willen — alle Entscheidungen solcher Art von den Obersten Bundesgerichten überprüfen ließe, so würden doch einfache Gerichte — zugespitzt formuliert — dem Parlament verfassungsrechtlichen Nachhilfeunterricht erteilen. 656 Parlamentarier haben sich um den Erlaß eines verfassungsgemäßen Gesetzes bemüht, 5 Bundesrichter sagen: »Mißglückt«. Das ist dem Ansehen des Parlaments abträglich, auch wenn ein Verfehlen der Verfassung an sich noch nichts Vorwerfbares ist (vgl. S. 19). Wenn die Volksvertreter sich schon korrigieren lassen müssen, so ist das leichter erträglich, wenn es durch ein herausgehobenes Gremium mit hoher Autorität geschieht. Deshalb untersagt Art. 100 I den einfachen Gerichten die Nichtanwendung = die Verwerfung einer Norm als nichtig und erklärt dies zum Privileg des BVerfG. *Das BVerfG hat ein Verwerfungsmonopol für verfassungswidrige Gesetze.*

bb) Deshalb muß ein Gericht ein Gesetz, auf dessen Gültigkeit es bei einer Entscheidung ankommt, dem BVerfG vorlegen, wenn es das Gesetz für verfassungswidrig hält. *Zweifel des vorlegenden Gerichts genügen nicht!* (Beliebter Anfängerfehler.) Das Gericht muß also die Norm schon genauestens auf ihre Verfassungsmäßigkeit geprüft haben, weshalb es falsch ist, von einem Prüfungsmonopol (statt bloßem Verwerfungsmonopol) des BVerfG zu sprechen. Das vorlegende Gericht setzt sein Verfahren aus und schickt einen sogenannten Vorlagebeschluß nach Karlsruhe. Entweder wird nun die Norm entgegen der Ansicht des vorlegenden Gerichts für verfassungsmäßig erklärt, dann ist sie in dem anstehenden Rechtsstreit bei dem vorlegenden Gericht anzuwenden. Oder sie wird für nichtig erklärt, dann kann sie nicht mehr für die zu fällende Entscheidung verwendet werden.

Weil diese Normenkontrolle durch das BVerfG aus Anlaß eines konkreten Rechtsstreits geschieht, heißt sie *konkrete Normenkontrolle.* Die in Art. 93 I 2 zugelassene Normenkontrolle (oben b) wird im Kontrast hierzu als abstrakt bezeichnet.

cc) Wenn ein wesentlicher Grund für das Verwerfungsmonopol des BVerfG der *Schutz der Parlamentsautorität* ist, so muß das Monopol sich *nur auf Gesetze im formellen Sinn* beziehen. Wenn die Verordnung eines Landrats oder die Satzung einer Handwerkskammer von einem normalen Gericht für verfassungswidrig und nichtig erklärt wird, ist das hinnehmbar. Zwar hätte die ausschließliche Zuständigkeit eines einzigen und besonders sachkundigen Verfassungsgerichts einiges für sich, andererseits überwiegen die Verordnungen und Satzungen die förmlichen Gesetze so beträchtlich, daß dies eine Vergrößerung des BVerfG bedingen würde.

dd) Auch die Verwerfung sogenannter *»vorkonstitutioneller« Gesetze,* das sind im wesentlichen Gesetze von vor 1949, durch einfache Gerichte bringt keinen Autoritätsverlust für das Parlament. Denn der Gesetzgeber von 1932 beispielsweise wußte noch nichts vom Grundgesetz und mußte es also nicht beachten.

Studenten, die nur Formeln einpauken und nicht die Begründung mitdenken und sie also auch nicht reproduzieren können, pflegen folgende Aufgabe falsch zu lösen: Ein Landgericht hat ein Gesetz aus dem Jahre 1954 anzuwenden. Es hält das Gesetz für unvereinbar mit einem Artikel, der 1965 in das GG eingefügt wurde. Wie muß es verfahren? Prüfen Sie an dem kleinen Fall Ihr Verständnis.

Ich muß noch erwähnen, daß vorkonstitutionelle Gesetze sich umwandeln können. Wenn in einem Gesetz aus dem Jahre 1930 nur noch fünf Paragraphen die ursprüngliche Gestalt haben, alle übrigen aber nach 1949 abgeändert wurden, dann hat der nachkonstitutionelle Gesetzgeber offenbar auch die unveränderten Bestimmungen gebilligt und *»in seinen Willen aufgenommen«.* Er hat sie damit zu nachkonstitutionellem Recht gemacht. (Vgl. BVerfGE 11, 126/131 = StA S. 3) Im einzelnen kann die Feststellung dieser Verwandlung schwierig sein, das wird aber kaum jemals von Ihnen erwartet.

Insgesamt werden Sie es nur selten mit echt vorkonstitutionellem Recht zu tun bekommen.

ee) Als *Merksatz* können wir also zusammenfassen: *Gegenstand der konkreten Normenkontrolle sind nur nachkonstitutionelle Gesetze im formellen Sinn.*

ff) Damit ist der – praktisch weitaus bedeutsamste – Abs. 1 Satz 1, bei dem wir ja die Normenkontrolle durch Landesverfassungsgerichte ausgeblendet hatten, verständlich. Im Satz 2 können Sie sich die erste Hälfte (»um die Verletzung dieses GG durch Landesrecht«) als überflüssig wegstreichen, denn sie ist bei richtigem Verständnis schon in Satz 1 enthalten. Die zweite Hälfte können Sie als praktisch unwichtig einklammern. Das hängt mit der oben (S. 36) betonten geringen Bedeutung von Art. 31 zusammen. Wenn ein (förmliches) Landesgesetz sich mit einer Bundesnorm (»Bundesgesetz« ist verwirrenderweise weit zu verstehen!) nicht verträgt, dann kann die letztere sich nur als kompetenzgemäße durchsetzen. Dann aber ist das Landesgesetz kompetenzwidrig und also auch grundgesetzwidrig erlassen worden – ein Fall des Satzes 1!

gg) Lesen Sie bitte noch die Begründung des BVerfG für den oben formulierten wichtigen Merksatz in BVerfGE 1, 184/195 ff. = StA S. 579 und BVerfGE 2, 124/129 f. = StA S. 583.

Damit ich mich bei Ihnen durch »offene« Denksportaufgaben nicht unbeliebt mache: Im obigen Fall wußte der Gesetzgeber von 1954 nichts von einer Verfassungsnorm aus dem Jahre 1965. Bezogen auf *diese* Norm ist es ein vorkonstitutionelles Gesetz, das ohne Gesichtsverlust für das Parlament vom Landgericht selbst verworfen werden kann.

3. Verfahren

Bitte lesen Sie zum Verfahren § 25 I, II BVerfGG; mündliche Verhandlungen sind die Ausnahme, meist ergehen also »Beschlüsse«.

Die Möglichkeit, im Eilfall *einstweilige Anordnungen* zu erlassen, eröffnet § 32 BVerfGG; das Gericht macht hiervon sehr selten Gebrauch, beispielsweise 1983 beim Anhalten der Volkszählung. Über das Sondervotum wissen Sie schon Bescheid (S. 7). Wissenswert ist schließlich noch die grundsätzliche Kostenfreiheit gemäß § 34 I und die Möglichkeit einer *Mißbrauchsgebühr* nach § 34 II BVerfGG.

4. Inhalt und Wirkung der Entscheidungen

a) Bei den Organstreitigkeiten wie auch bei den Bund-Länder-Streitigkeiten stellt das BVerfG fest, »ob die beanstandete Maßnahme oder Unterlassung gegen eine Bestimmung des GG verstößt« (§§ 67, 69 BVerfGG).

b) Anders verhält es sich bei der *abstrakten und konkreten Normenkontrolle.* Hier ist ja über die Gültigkeit, primär über die Verfassungsmäßigkeit oder Verfassungswidrigkeit von Rechtsnormen zu entscheiden. Aber auch bei der *Verfassungsbeschwerde* kann sich die Verfassungswidrigkeit eines Gesetzes herausstellen, sei es, daß jemand das Gesetz selbst als verfassungswidrig angreift oder eine Verwaltungs- oder Gerichtsentscheidung, die auf dem Gesetz beruht.

aa) In all diesen Fällen ist eine *verfassungswidrige Norm grundsätzlich für nichtig zu erklären:* §§ 78, 82 I, 95 III BVerfGG. Die Nichtigerklärung wirkt sich auf den Erlaßzeitpunkt zurück. Da man ein jahrelang und millionenfach angewendetes Gesetz aber nicht nachträglich ungeschehen machen kann, muß dieser Grundsatz erheblich modifiziert werden, was in § 79 BVerfGG (vgl. auch § 82 I, 95 III 3) geschehen ist: *Gegen Strafurteile,* die auf einer verfassungswidrigen Norm beruhen, kann man *Wiederaufnahme* des Verfahrens beantragen, *alle anderen Hoheitsakte, die nicht mehr angreifbar sind, bleiben unberührt davon, daß sie auf einer verfassungswidrigen Norm beruhen;* allerdings dürfen sie nicht mehr vollstreckt werden.

bb) Das BVerfG bezeichnet gelegentlich – und leider ohne klares System – Normen *nur für unvereinbar mit dem GG,* ohne sie für nichtig zu erklären. Das geschieht beispielsweise dann, wenn die zeitlich befristete Weitergeltung einer Norm für den Staat unverzichtbar ist. Ein besonders krasser Beispielsfall hierfür war das alte Umsatzsteuergesetz, das an sich wegen Verstoßes gegen Art. 3 für verfassungswidrig hätte erklärt werden müssen. Dies hätte aber eine so schwerwiegende Finanzkrise nach sich gezogen, daß das BVerfG das alte Gesetz bis zur Fertigstellung des neuen hat weitergelten lassen

(BVerfGE 21, 12). Natürlich war damit ein Auftrag an den Gesetzgeber verbunden, so schnell wie möglich ein neues, verfassungsgemäßes Gesetz zu schaffen. Ganz ähnlich verhielt es sich bei BVerfGE 87, 153, wozu unten auf S. 103 Näheres ausgeführt wird.

c) Zur *Bindungswirkung* von Entscheidungen des BVerfG lesen Sie bitte § 31 BVerfGG, wobei Sie die dort aufgeführten Nummern 12 und 14 vernachlässigen können. Die in Absatz 2 enthaltene »Gesetzeskraft« ist verfehlt und verwirrend. Es ist damit nur gemeint, daß die Entscheidung nicht nur wie in Absatz 1 für alle Staatsorgane, sondern auch für alle Bürger verbindlich ist. Das darf übrigens nicht für Ausbildungsarbeiten gelten, denn hier müssen Sie dem BVerfG widersprechen dürfen.

5. Die verfassungskonforme Auslegung

Angenommen, Sie sind fünf Wochen auf einer großen Urlaubsfahrt. In der zweiten Woche wird Ihnen vom Amtsgericht ein Strafbefehl zugestellt, mit dem Sie zwar rechnen konnten, aber nicht mußten. Nach einer weiteren Woche wird der Strafbefehl unangreifbar und also vollstreckbar. Sogenannte »Wiedereinsetzung in den vorigen Stand« und damit die Möglichkeit nachträglichen Einspruchs gegen den Strafbefehl wird Ihnen mit der Begründung verweigert, daß Sie die Frist nicht »ohne Verschulden«, wie vom Gesetz gefordert, versäumt hätten. Es sei Ihre Sache gewesen, einen Bevollmächtigten nach der Post sehen zu lassen. Das ist eine sehr strenge Auffassung, aber in diesem Fall ein ganz leichtes Verschulden anzunehmen, ist nicht völlig ausgeschlossen.

Nun hat jedoch jeder Bürger gemäß Art. 103 I Anspruch auf rechtliches Gehör vor Gericht. Rechtliches Gehör konnten Sie sich nur über den Einspruch gegen den Strafbefehl verschaffen. Kann man für den konkreten Fall den Art. 103 I so auslegen: »Vor Gericht hat jedermann Anspruch auf rechtliches Gehör, vorausgesetzt, er sorgt vor jedem Urlaub für einen Postbevollmächtigten«? Das wäre nicht sehr einsichtig und würde die Verfassungsgarantie entwerten. Deshalb ist die vom Amtsgericht vertretene weite Auslegung des »Verschuldens« (als Sperre der Wiedereinsetzung) mit Art. 103 I nicht vereinbar. Man muß also um der Verfassung willen ein gesetzliches Tatbestandsmerkmal eng interpretieren, der Verfassung anpassen, mit ihr vereinbar = konform machen. Dies ist die verfassungskonforme Auslegung. Von mehreren Bedeutungsgehalten, von mehreren Auslegungsmöglichkeiten bleibt eine (theoretisch auch: bleiben mehrere) im Filter der Verfassung hängen. Eine an sich von der Norm umfaßte Variante wird als verfassungswidrig ausgeschieden.

Der Sache nach handelt es sich hierbei um die Nichtanwendung, die Verwerfung eines Sinnbereichs der Norm = eines Normteils, also um eine Teilnichtigerklärung. Fällt das unter das Verwerfungsmonopol des BVerfG nach Art. 100 I? Das BVerfG sagt: nein, und deshalb *obliegt jedem Gericht die verfassungskonforme Auslegung*. Das erfordern schon praktische Notwendigkeiten. Wenn jedes Gericht jede beabsichtigte verfassungskonforme Auslegung erst dem BVerfG vorlegen müßte, würde Karlsruhe maßlos überlastet. Bedenken Sie beispielsweise, daß von Verfassungs wegen aus den Grundrechten und aus dem Rechtsstaatsprinzip (vgl. oben S. 32) der Grundsatz der Verhältnismäßigkeit gilt. Sofern er nicht, wie zuweilen geschehen, in ein Gesetz reingeschrieben ist, muß er stets bei der Handhabung allgemein gefaßter Eingriffstatbestände mit bedacht werden. Das Ordnungswidrigkeitenrecht erlaubt dem Wortlaut nach auch die Entnahme einer Blutprobe, wenn Sie gegen Mitternacht bei »Rot« über eine völlig unbelebte Straße gegangen sind und eine »Fahne« haben. Aber das ist keine vernünftige Relation von Mittel und Zweck und also unverhältnismäßig. Die deshalb gebotene einschränkende Auslegung muß jedes Gericht vornehmen dürfen.

Eine Grenze findet die verfassungskonforme Auslegung am Wortlaut einer Norm, er darf nicht »verbogen« werden: BVerfGE 8, 28/33 = StA S. 4; seither std. Rspr. Wenn das Strafprozeßrecht eine Fristversäumung »ohne – auch minimales – Verschulden« für die Wiedereinsetzung verlangt hätte, dann wäre für eine Auslegung kein Platz mehr gewesen, vielmehr hätte das Adjektiv »minimal« für verfassungswidrig und nichtig erklärt werden müssen.

Den Wortlaut als Grenze der Auslegung hat aber das BVerfG entgegen seinen eigenen Grundsätzen häufig mißachtet. Das ist insbesondere dann der Fall, wenn einer Belastung mit der gesetzlichen Einschränkung »außer bei A und B« vom Gericht noch der Zusatz »und bei C« hinzugefügt wird. Das verändert den Wortlaut und ist deshalb keine Auslegung mehr. Es kann nur gerechtfertigt werden als verfassungsgebotene Analogie und ist dann ein Mittel, um die Teilnichtigerklärung der Belastung von C zu vermeiden. Dergleichen aber darf nur das BVerfG, während eine verfassungskonforme Auslegung jedem Rechtsanwender erlaubt ist. (Vgl. zu zwei Grenzfällen der verfassungskonformen Auslegung u. a. S. 95 unter H II).

Den Eingangsfall zum Strafbefehl finden Sie in BVerfGE 25, 158/165 f. = StA S. 600 und in BVerfGE 40, 88/91 ff. = StA S. 6.

6. Politik und Verfassungsgerichtsbarkeit

Das ist ein weites Feld, und ich kann nur ein paar Stichworte dazu geben. Es erleichtert den Durchblick, wenn man erst einmal auf die normale Gerichtsbarkeit schaut. Die von ihr angewandten Gesetze wurden vom Parlament in Verfolgung einer bestimmten Politik erlassen. Nun sahen wir ja schon, daß Gerichte nicht nur die Vorgaben des Gesetzes vollziehen, sondern notwendigerweise das Gesetz konkretisieren, ergänzen und fortentwickeln. Rechtsprechung ist nicht nur Normanwendung, sondern auch Rechtsschöpfung. Also muß dabei notwendigerweise auch (Rechts-)Politik getrieben werden. Unser ganzes Arbeitskampfrecht ist Richterrecht des Bundesarbeitsgerichts. Dahinter steckt zwangsläufig ein Konzept, wie die Beziehungen zwischen den Tarifpartnern angemessen zu ordnen sind. Also wird beim Gestalten des Arbeitskampfrechts ganz ähnlich Politik betrieben wie bei der Gesetzgebung.

Wenn das schon bei der einfachen Gerichtsbarkeit so ist, um wieviel mehr bei der Verfassungsgerichtsbarkeit. Verfassungsrecht ist ja in besonderem Maße »politisches Recht«, weil es der Politik einen Rahmen setzt. Wenn das BVerfG die Einhaltung dieses Rahmens kontrolliert, interveniert es im politischen Geschehen, und zwar auch dann, wenn es sich bei der Auslegung strenge Fesseln anlegt. Das ist also völlig legitim! Politik und Verfassungsgerichtsbarkeit sind keine Gegensätze und können es nicht sein! Es ist nur die Frage, ob über das BVerfG »die Verfassung« der Politik Grenzen setzt oder Vorstellungen des BVerfG, die das Gericht nur mit dem Etikett »Verfassung« versehen hat.

Es geht also darum, die Auslegung der Verfassung nicht zu überspannen, nicht mit ihr als Vorwand eigene politische Ansichten durchsetzen zu wollen (»judicial restraint«).

IV. Justizgrundrechte

Zu Art. 19 IV wurde bereits auf S. 28 einiges ausgeführt.

Die Art. 101–104 enthalten einige auf das Gerichtsverfahren bezogene Verfassungsgarantien, die von *großer praktischer Bedeutung* sind. Der Sache nach handelt es sich hierbei um Grundrechte, auch wenn sie nicht im Abschnitt I »Die

C. Rechtsprechung

Grundrechte« stehen. Ob allein aus diesem Grund der Art. 93 I 4a die Art. 101, 103 und 104 nicht zu den Grundrechten zählt, ist ungewiß. Gegen den Ausdruck Justizgrundrechte ist aber insgesamt nichts einzuwenden.

Art. 101 und 103 I sowie Art. 104 betreffen alle Gerichte, Art. 102 und 103 II, III hingegen allein oder ganz überwiegend die Strafgerichte.

Ich lasse im folgenden außer dem schon als unwichtig weggeklammerten Art. 101 I 1, II auch noch den – sehr wichtigen! – Art. 104 weg. Er hängt so sehr mit dem Grundrecht des Art. 2 II zusammen, daß wir ihn erst im Grundrechts-Abschnitt besprechen sollten (S. 91).

1. Das Recht auf den gesetzlichen Richter

Art. 101 I 2 verlangt, daß für jede Gerichtsentscheidung abstrakt-generell im voraus ein bestimmter Richter vorgesehen sein muß, so daß sich jemand mit einiger Sicherheit (also vorbehaltlich eines Krankheitsfalles etc.) ausrechnen könnte, wer ihn richtet, wenn er heute ein Delikt begeht. Das *Gebot des gesetzlichen Richters* soll nicht etwa nur Einflußnahmen der Exekutive und vornehmlich der Staatsanwaltschaft auf die Richterauswahl verhindern, sondern auch die Möglichkeiten einer Manipulation *innerhalb* der Gerichtsbarkeit. Es ist deshalb auch ausgeschlossen, daß ein Kammervorsitzender sich von Fall zu Fall seine Beisitzer selbst aussucht. Es wäre ja denkbar, daß er dann bei einer Trunkenheitstat einen sturen Abstinenzler aussucht und bei einem Sittlichkeitsdelikt einen stockkatholischen alten Herrn – und hier soll schon jeder böse Anschein vermieden werden. Wie streng das BVerfG hier ist, können Sie in dem Fall BVerfGE 4, 412/416 = StA S. 583 nachlesen.

BVerfGE 22, 254/258 ff. = StA S. 587 betraf den Fall, daß der Staatsanwalt kraft Gesetzes frei wählen konnte, ob er beim Amtsrichter als Einzelrichter oder beim Schöffengericht anklagen wollte. Zwar hat der reale Durchschnitts-Staatsanwalt mit dem parteiischen und verfolgungswütigen Leinwand- und Mattscheiben-Staatsanwalt nichts gemein. Aber es soll ja schon die – hier unbestreitbare – Möglichkeit der Manipulation ausgeschlossen werden. Das BVerfG hat überlegt: Akzeptabel wäre es, wenn der Staatsanwalt beim Einzelrichter nicht in allen, sondern nur in minder bedeutsamen Fällen anklagen dürfte und das Gericht auch noch nachprüft, ob tatsächlich ein Fall minderer Bedeutung vorliegt. Zu diesem Zweck muß man aus dem Gesetz, das *für alle Fälle* die Anklage zum Amtsrichter zuläßt, alle Fälle außer jenen von minderer Bedeutung herausfiltern: Wieder ein schönes Beispiel für die verfassungskonforme Auslegung.

Schließlich können Sie aus BVerfGE 42, 237/241 = StA S. 590 ersehen, daß nicht jedes Fehllaufen eines Prozesses zu einem objektiv unzuständigen Gericht den Art. 101 I 2 verletzt. Wenn ich als Richter der ordentlichen Gerichtsbarkeit infolge falscher Rechtsanwendung einen Prozeß an mich ziehe, der eigentlich vor die Verwaltungsgerichte gehört, dann vereitele ich damit, daß der eigentlich zuständige, gesetzlich bestimmte Richter diesen Rechtsstreit entscheidet. Aber selbstverständlich kann nicht jeder Rechtsirrtum, der oft unvermeidbar ist, zu einer Verletzung des Art. 101 I 2 führen. Nur eine völlig unhaltbare, also willkürlich anmutende Verfahrensweise kann gerügt werden.

2. Der Anspruch auf rechtliches Gehör

Art. 103 I ist jene Grundgesetzbestimmung, die im Verfassungsbeschwerdeverfahren am erfolgreichsten ist. Auf die Einhaltung dieser Verfassungsvorschrift achtet das BVerfG also sehr streng.

Wir haben bereits oben (S. 60) bei Erläuterung der verfassungskonformen Auslegung die Rechtsprechung des BVerfG zur Fristversäumnis bei Strafbefehlen kennengelernt. Das Gericht hat übrigens ebenso wie dort argumentiert, wenn während des Urlaubs ein Rechtsbehelf gegen einen Bußgeldbescheid eingelegt werden konnte. Das ist jedoch falsch. Während der Strafbefehl vom Gericht kommt, der Einspruch dagegen also Gehör *vor* Gericht verschaffen soll, kommt der Bußgeldbescheid von der Verwaltung. Daß einem die Abwehr dieser Verwaltungsmaßnahme nicht unangemessen beschnitten wird, ist aber ein Problem des Art. 19 IV, es betrifft (erst) den Zugang *zum* Gericht, nicht das Gehörtwerden *vor* dem (bereits eingeschalteten) Gericht.

Auch das Argument, ein Betroffener habe den Zugang zum rechtlichen Gehör dadurch verpaßt, daß der Gerichtsbriefkasten nach 19 Uhr nicht mehr geleert wurde, hat das BVerfG nicht gelten lassen – eine Entscheidung von erheblicher Breitenwirkung.

Man muß *nur die Möglichkeit* haben, sich an das Gericht zu wenden, deshalb können tobende Angeklagte aus der Hauptverhandlung entfernt werden. Und auch wenn ein Angeklagter durch Hungern oder sonstwie seine Verhandlungsunfähigkeit herbeiführt, kann das Verfahren ohne ihn betrieben werden: BVerfGE 41, 246 = StA S. 598.

Grundsätzlich soll die Anhörung *vor* der gerichtlichen Entscheidung stattfinden. Da es aber albern wäre, jemandem mitzuteilen, man fasse seine Verhaftung ins Auge und gebe hiermit Gelegenheit zur Rückäußerung binnen zwei Wochen, muß in begründeten Fällen die nachträgliche Anhörung ausreichen: BVerfGE 9, 89/94 f. = StA S. 594.

3. Die Abschaffung der Todesstrafe

Art. 102 wirft keine größeren verfassungsrechtlichen Probleme auf. Ignoranten, auch solche mit juristischen Examina, haben Art. 102 gelegentlich gegen den polizeilichen Todesschuß ins Feld geführt; bekanntlich darf die Polizei unter bestimmten engen Voraussetzungen Geiselnehmer vorsätzlich töten. Dies als Todesstrafe zu bezeichnen, ist abstrus.

Als Frankreich die Todesstrafe noch nicht abgeschafft hatte, verlangte es von der Bundesrepublik die Auslieferung eines jugoslawischen Fremdenlegionärs, der wegen vielfachen Mordes im Algerienkrieg gesucht wurde und dem die Todesstrafe drohte. Verbietet nun Art. 102 nur, daß deutsche Staatsorgane die Todesstrafe verhängen und vollstrecken, oder auch, daß sie schon Hilfe leisten? Die erstgenannte Lösung hat BVerfGE 18, 112/116 f. = StA S. 591 vertreten. Sehen Sie nach, ob Sie das überzeugt. (Heute verbietet das Gesetz eine Auslieferung mit Todesfolge.)

4. Keine Strafe ohne (zur Tatzeit geltendes) Gesetz

Art. 103 II hatten wir schon gelegentlich erwähnt, als Beispiel für eine spezielle Anforderung an die Bestimmtheit von Gesetzen (S. 29) und als spezielles Verbot rückwirkender Gesetze (S. 30).

a) Die Bestimmung ist – wie viele andere – ungenau formuliert. Denn allein nach dem Wortlaut dürfte man ein zur Tatzeit mit einem Jahr Gefängnis strafbares Delikt nachträglich und rückwirkend mit zwei Jahren ahnden. »Strafbarkeit« zur Tatzeit lag ja vor. Aber die Grundgesetzgeber wollten auch hier die rechtsstaatliche Tradition fortführen, wonach *nicht nur die Strafbarkeit*, sondern *die Strafe zur Tatzeit* bestimmt sein mußte. Es gilt also nicht nur »Nullum crimen sine lege« = kein Delikt ohne Gesetz, sondern »*Nulla poena sine lege*« = keine Strafe ohne Gesetz.

b) »Strafe« ist hierbei weit zu verstehen, nicht nur als Kriminalstrafe nach dem Strafgesetzbuch. Auch Geldbußen nach dem Ordnungswidrigkeitengesetz, auch Disziplinarstrafen der Beamten oder Soldaten oder Ehrenstrafen der Anwälte oder Ärzte unterfallen dem Art. 103 II.

c) »Gesetzlich« meint nicht nur formell-gesetzlich, wie schon der Vergleich zu dem — später zu besprechenden — Art. 104 I 1 deutlich macht. *Auch ordnungsgemäß ermächtigte Verordnungen und Satzungen,* die zwangsläufig schon einen gesetzlichen Rahmen haben, können die Strafbarkeit begründen. Bitte lesen Sie hierzu BVerfGE 14, 174/185 = StA S. 601, aber nur die Ausführungen zum Leitsatz 1, ferner BVerfGE 32, 346/362 = StA S. 605.

d) Bei Art. 103 II hat sich anläßlich der Verfolgung nationalsozialistischer Verbrechen das Problem gestellt, ob die *Verlängerung oder Beseitigung der Verjährungsvorschriften* für Mord zulässig ist.

Hier sind folgende Standpunkte möglich: Man kann materielles Strafrecht und Strafverfolgungsrecht trennen und dann argumentieren, der § 211 StGB, der Mord mit Strafe bedroht, habe auch schon — sagen wir — 1943 gegolten. Daran habe die Verlängerung der Verjährungsfrist überhaupt nichts geändert. Man kann aber auch materielles Strafrecht und Strafprozeßrecht zu folgender Norm zusammenfassen: »Wer einen Mord begeht..., wird bis zum Ablauf von 20 Jahren ... bestraft.« Wenn jemand 1967 zur Verantwortung gezogen wurde für einen Mord im Jahre 1943, dann hätte das nicht mehr aufgrund der zur Tatzeit geltenden Strafnorm geschehen können, sondern nur aufgrund einer neuen, geänderten Norm mit dem Inhalt: »... wird bis zum Ablauf von 25 Jahren ... bestraft«. Dann läge ein Verstoß gegen Art. 103 II vor.

Noch ein Nachtrag zur erstgenannten Lösung: Wenn Art. 103 II ausscheidet, stellt sich das allgemeine Rückwirkungsproblem. Geht es dann um eine echte oder unechte Rückwirkung? Erinnern Sie sich noch? Bei der echten Rückwirkung tritt das Gesetz vor der Zeit seiner Verkündung in Kraft (S. 30). Da das hier nicht der Fall ist, kann es sich nur um eine unechte Rückwirkung handeln, die grundsätzlich möglich ist. So hat auch BVerfGE 25, 269 = StA S. 608 entschieden. Ob das überzeugend begründet ist, sollten Sie selbst nachlesen.

5. *Das Verbot der Doppelbestrafung*

a) Daß auch Art. 103 III ungenau formuliert wurde, also hierin dem soeben behandelten Abs. 2 gleicht, haben wir schon bei der Erörterung von Auslegungsproblemen gesehen (S. 18). Es ging um die Frage, ob man einen freigesprochenen Geldschrankknacker aufgrund neuer Beweise nochmals anklagen dürfe — was der Wortlaut ohne weiteres erlaubt, was aber dem Sinn nach verboten sein soll. Allerdings kennt unser Strafprozeßrecht einige wenige Fälle der *Wiederaufnahme zu Ungunsten des Angeklagten,* beispielsweise wenn sich der Freigesprochene öffentlich seiner Tat brüstet. Insoweit muß die ausdehnende Interpretation des Art. 103 III wieder eingeengt werden, und zwar mit derselben, nicht unproblematischen Begründung, die auch für die Ausdehnung herangezogen wurde: Der Verfassunggeber wollte den bisherigen Rechtszustand gewährleisten.

b) Daß Art. 103 III die *disziplinarische oder ehrengerichtliche Ahndung eines Verhaltens neben der strafrechtlichen Sanktion* erlaubt, haben wir schon oben auf S. 28 festgestellt; ebenso, daß aus dem Rechtsstaatsprinzip heraus die gegenseitige Anrechnung von Freiheitsstrafe und Arrest notwendig ist.

Art. 103 III gilt meines Erachtens auch für Ordnungswidrigkeiten; wer »allgemeine Strafgesetze« ganz eng versteht, kann dasselbe Ergebnis aus dem Rechtsstaatsprinzip ableiten.

c) Wie würden Sie entscheiden, wenn ein Zeuge Jehovas, der aus Gewissensgründen auch den Zivildienst verweigert, nach der ersten Verurteilung wegen »Dienstflucht« erneut einberufen wird und den Zivildienst wieder verweigert? Droht ihm nun Doppelbestrafung »wegen derselben Tat«, was unzulässig ist, oder wegen einer zweiten Tat, was zulässig wäre? Kontrollieren Sie Ihr Ergebnis an BVerfGE 23, 191/202 = StA S. 612.

V. Zusammenfassung

1. Rechtsprechung ist unparteiische Streitentscheidung sowie Sanktionsverhängung wegen kriminellen Unrechts. Staatliche Rechtsprechung ist Monopol der Richter, denen Art. 97 Unabhängigkeit gewährleistet. Eine private Schiedsgerichtsbarkeit gilt als mit Art. 92 vereinbar.

2. Unter allen Gerichten hat das BVerfG in Karlsruhe einen Sonderstatus als oberstes Verfassungsorgan. Seine zwei Senate mit je acht Richtern entscheiden in den durch Art. 93, 21 II 2, 100 (u. a.) bezeichneten Streitigkeiten.

3. Bei der konkreten Normenkontrolle nach Art. 100 hat das BVerfG nur ein Verwerfungsmonopol für nachkonstitutionelle Gesetze im formellen Sinn.

4. Verfassungswidrige Normen werden für nichtig, zuweilen auch nur für unvereinbar mit dem GG erklärt. Doch bleiben abgeschlossene Verwaltungs- und Gerichtsentscheidungen, die auf diesen Normen beruhen, davon unberührt; gegen Strafurteile ist jedoch eine Wiederaufnahme zulässig.

Die Entscheidungen des BVerfG entfalten eine Bindungswirkung gemäß § 31 BVerfGG.

5. Die verfassungskonforme Auslegung ist eine Anpassung einfachen Rechts an die Verfassung durch — meist einschränkende — Auslegung. Sie steht jedem Gericht frei, findet jedoch am Wortlaut der Norm ihre Grenze.

6. Der gesetzliche Richter ist der für alle zukünftigen Rechtsprechungsfälle normativ im voraus bestimmte Richter. Damit sollen Manipulationsmöglichkeiten von allen Seiten, auch durch ein Gericht, verhindert werden.

7. Rechtliches Gehör ist außer in Eilfällen vor einer gerichtlichen Maßnahme zu gewähren. Wer es nicht nutzt, kann ohne Anhörung verurteilt werden. Doch müssen die Fristen und die Möglichkeiten, eine Fristversäumnis zu reparieren, ausreichende Gelegenheit zum rechtlichen Gehör bieten.

8. Art. 103 II verlangt, daß nicht nur die Strafbarkeit als solche, sondern auch die genaue Strafe zur Tatzeit bestimmt ist. Strafe ist weit zu verstehen und betrifft nicht nur die Kriminalstrafe.

Art. 103 II steht der Verlängerung von Verjährungsfristen nicht entgegen.

9. Art. 103 III verbietet entgegen seinem Wortlaut, daß man wegen derselben Sache zweimal strafrechtlich belangt wird. Jedoch gibt es in seltenen Fällen eine Wiederaufnahme des Strafverfahrens zu Ungunsten eines freigesprochenen Angeklagten.

Zulässig ist neben der strafrechtlichen eine disziplinarische Ahndung bei Soldaten, Beamten, Ärzten, Anwälten etc.

D. Finanzverfassung

Etwa seit 1978 können Sie kaum eine Zeitung aufschlagen, ohne daß Ihnen der beredte Jammer eines Bundes- oder Landesfinanzministers, eines Stadtkämmerers oder Oberbürgermeisters, eines Bundesbahnpräsidenten oder eines Sozialversicherungsträgers über die knappe Finanzdecke entgegenschlägt. Allen fehlt es an Geld — und zumindest für einen Juristen ist es eine unangemessene Reaktion, sich mit einem »Mir auch« zu bescheiden. Er muß wenigstens in den

D. Finanzverfassung

Grundzügen wissen, woher das Geld kommt und wie es auf die verschiedenen »öffentlichen Hände« verteilt wird.

Allerdings gilt das Finanzverfassungsrecht nicht von ungefähr als spröde Materie. Aber unbestreitbar ist es von außerordentlicher Bedeutung. Macht kostet Geld, und »wer zahlt, schafft an«. Bei jeder Organisation mit selbständigen Unterverbänden ist es eine ganz zentrale Frage, wer welche Lasten mit Hilfe welcher Einkünfte zu tragen hat. Ob man nun einen Gewerkschaftsdachverband oder aber einen zentralen Sportverband betrachtet, das sicherste Mittel, die Zentrale »klein zu halten«, ist es, die ihr verfügbaren Finanzmittel zu begrenzen und/oder von der temporären Genehmigung der Unterverbände abhängig zu machen. Deshalb ist es auch bei der »Geburt« von Bundesstaaten eines der entscheidenden Probleme, wie die Bundesstaatsglieder mit Geldmitteln ausgestattet werden. Die umfassendsten Kompetenzen im Verwaltungsbereich beispielsweise sind wenig wert, wenn man keine Beamten besolden kann. Eine gute Bundesstaatsverfassung sollte sich dadurch auszeichnen, daß Finanzierungslasten und Einkünfte ausgewogen verteilt sind und daß weder die Gliedstaaten Kostgänger des Zentralstaats sind noch umgekehrte Verhältnisse einreißen.

Ungeachtet der Wichtigkeit dieser Materie muß jedoch auch betont werden, daß Sie vorerst in den Übungen damit nicht befaßt werden. Infolgedessen müssen Sie diesen Abschnitt weniger oft repetieren als andere.

Nachstehend schildere ich Ihnen die vom GG für den Normalfall bestimmte Rechtslage. Sie mußte für die fünf neuen Bundesländer durch Art. 5 des Einigungsvertages suspendiert werden, überwiegend bis Ende 1994, partiell auch bis Ende 1996. Die dadurch bedingten Abweichungen lasse ich als zu speziell außer Acht.

Die Finanzverfassung kann man mit Hilfe folgender Fragen systematisch unterteilen: Wer muß was bezahlen? Das ist die Frage nach der Finanzierungslast (dazu I). Wer bekommt dafür welches Geld? Das zielt auf die Ertragshoheit (dazu II und III). Wer darf die Bürger zur Erzielung von Einnahmen belasten? Das berührt die Kompetenz zur Steuergesetzgebung (dazu IV). Wer zieht die Steuern und sonstigen öffentlichen Abgaben ein? Das fragt nach der Struktur der Finanzverwaltung (dazu V).

I. Finanzierungslast

Die Grundregel zur Finanzierungslast findet man in Art. 104a I. Vorbehaltlich anderer Bestimmungen im GG tragen danach der Bund und die Länder gesondert die Ausgaben, die sich aus der Wahrnehmung ihrer Aufgaben ergeben. Eine abweichende Regelung findet sich beispielsweise in dem bereits erwähnten Art. 91a über die Gemeinschaftsaufgaben sowie in Art. 120, dessen Abs. 1 Satz 5 derzeit hochaktuell ist, denn die Verpflichtung des Bundes zur Zuschußleistung an die Sozialversicherung bedrückt den Finanzminister sehr.

Art. 104a I wird konkretisiert durch den Abs. 5, von dem Sie vorerst nur der erste Halbsatz interessieren muß. Es ist also ausgeschlossen, daß die Länder bei der Ausführung von Bundesgesetzen im Auftrag des Bundes einen Anteil ihrer Aufwendungen für Beamten und für Gebäudeunterhaltung sowie für Büroausstattung gegenüber dem Bund berechnen.

Art. 104a III 1 (die Sätze 2 und 3 können Sie sich wegklammern) ermöglicht es dem Bund, bei besonders kostenträchtigen Gesetzen für eine Entlastung der Länder zu sorgen. Dementsprechend trägt beispielsweise der Bund von den Kosten des BAföG 65 %.

Durch Art. 104a IV hat man versucht, den früher herrschenden Wildwuchs der sogenannten »Fondswirtschaft« rechtlich zu ordnen. Bevor es diese Bestimmung gab, hat der Bund in Zeiten finanzieller Überschüsse den Ländern Finanzhilfen für Vorhaben angeboten, die im ausschließlichen Kompetenzbereich der Länder lagen. Natürlich hat er diese Mittel nicht bedingungslos vergeben, sondern mit Auflagen verbunden. Mögen diese Auflagen auch sachgerecht gewesen sein, so haben sie doch dem Bund eine Einflußnahme auf Landeskompetenzen ermöglicht. Daß dies nur mit Zustimmung der auf die Gelder erpichten Länder geschehen konnte, ist letztlich unerheblich. Die Kompetenzabgrenzung im Bundesstaat kann nicht unter dem Vorbehalt stehen, daß eine Seite der anderen eine Kompetenz gleichsam abkauft.

Auch nach der Einfügung des Art. 104a IV ins GG hat der Bund noch zunächst versucht, sich weitgehende Einflußrechte zu sichern. Was es damit auf sich hat und wie sich das BVerfG dazu gestellt hat, entnehmen Sie BVerfGE 39, 96/107 f. = StA S. 623.

Es sei nebenbei erwähnt, daß das »System des goldenen Zügels« zwar nunmehr für das Verhältnis von Bund und Ländern genauestens normiert ist, daß hingegen im Verhältnis zwischen Ländern und ihren Kommunen (Gemeinden und Kreisen) das Regieren durch Fördermittel weit verbreitet ist. Allenthalben stellen die Länder für Vorhaben, die in den Entscheidungsbereich der Selbstverwaltungsträger fallen, verlockend hohe Geldmittel zur Verfügung, deren Vergabe freilich an die Erfüllung von bestimmten Bedingungen geknüpft ist. Eine Gemeinde hat dann die Wahl, ob sie trotzig auf ihre Selbstverwaltung pochen und alles selbst bezahlen will oder aber 60 bis 70 % der Kosten für ein Hallenbad oder einen Sportplatz vom Land erhält, falls es sich den Bewilligungsrichtlinien fügt.

II. Ertragshoheit

1993 wurden 748 Mrd. DM Steuern eingenommen.

1. System der Ertragsverteilung.

Eine bundesstaatliche Verfassung kann sich auf die Verteilung der Erträge zwischen Bund und Ländern beschränken und es den Ländern überlassen, was sie ihren Kommunen abgeben. Das GG hat allerdings auch die Kommunen bedacht und ihnen wenigstens einige Einkünfte zugewiesen.

Idealtypisch gibt es zwei Systeme zur Verteilung von Einkünften:
– Nach dem *Trennsystem* erhalten alle Beteiligten die Erträge aus bestimmten, »eigenen« Steuern. Das unterstreicht etwas die Eigenstaatlichkeit der Länder.
– Bei dem sogenannten *Verbundsystem* werden alle Einkünfte gleichsam in einen Topf geworfen und der Inhalt dann nach einer bestimmten Quote aufgeteilt.

Das GG hat sich für ein Mischsystem entschieden, bei dem freilich das Verbundsystem deutlich überwiegt. Der Grund dafür ist, daß das Trennsystem wegen der unterschiedlichen Konjunkturanfälligkeit einzelner Steuerarten die Einkünfte nicht hinreichend konstant hält. So vermindern sich beispielsweise in Zeiten zunehmender Arbeitslosigkeit die Lohn- und Einkommensteuern wesentlich stärker als die Umsatzsteuer oder die Mineralölsteuer.

a) Nach dem Trennsystem teilt Art. 106 I und II einige Steuern auf Bund und Länder auf.

Damit Sie eine Vorstellung von den Größenordnungen haben: Die Bundessteuern nach Art. 106 I betrugen 1993 rund 94 Milliarden DM. Die – darin nicht eingeschlossenen – Zölle waren an die Europäische Gemeinschaft abzuführen, die besten Erträge kamen von den Verbrauchssteuern nach Nr. 2, nämlich der Mineralölsteuer (56 Mrd.), der Tabaksteuer (19 Mrd.) und der Branntweinabgabe (5 Mrd. DM).

Die Landessteuern nach Art. 106 II betrugen 1993 nur 35 Mrd. DM, wobei die Kfz-Steuer mit 14 Mrd. DM und die Vermögenssteuer mit 7 Mrd. DM am meisten zu Buche schlugen.

b) Nach dem Verbundsystem werden die sogenannten *Gemeinschaftssteuern* zwischen Bund und Ländern aufgeteilt, nämlich
- die Einkommensteuer
- die Körperschaftsteuer (= Einkommensteuer juristischer Personen)
- die Umsatzsteuer,

eine Masse von insgesamt 562 Mrd. DM (1993).

aa) Die beiden erstgenannten werden — bei der Einkommensteuer nach Abzug eines 15 %-Anteils für die Gemeinden — hälftig zwischen Bund und Ländern geteilt (Art. 106 III 2, V). Das machte 1993 jeweils 140 Mrd. DM.

bb) Die Umsatzsteuer erbrachte 1993 fast 216 Mrd. DM. Sie wird derzeit zu 56 % auf den Bund und zu 44 % auf die Länder verteilt. Der Bund muß allerdings von seinem Anteil eine beträchtliche Summe an die Europäische Gemeinschaft abführen (1993: 29 Mrd. DM).

c) Die Gemeinden erlösten aus dem soeben beschriebenen 15 %-Anteil an der Einkommensteuer 42 Mrd. DM im Jahre 1993. Hinzu kamen weitere 35 Mrd. DM aus sonstigen Steuereinnahmen. In Art. 106 wird durch verschiedene Bestimmungen sichergestellt, daß die Gemeinden und auch die Gemeindeverbände an den Ländereinnahmen teilhaben.

d) Von den Gesamtsteuereinnahmen verblieben dem Bund (nach Abzug seiner Abgaben an die Europäische Gemeinschaft) rund 360 Mrd. DM, den Ländern 256 Mrd. DM. Bekanntlich reichen diese Summen aber für unsere Ansprüche nicht aus, wir leben vielmehr andauernd auf Pump. Die Gesamtverschuldung der öffentlichen Hand beträgt nicht weniger als 2 Billionen DM. Dafür sind in jeder Minute, in der Sie in diesem Buch lesen (aber natürlich auch: in der Sie schlafen) knapp 300000 DM Zinsen fällig! Ernsthafte Rückzahlungspläne wurden noch nicht gesichtet. Diese Fakten sollte im Kopf haben, wer auf die nächste Demonstration zwecks Erhöhung von Staatsmitteln geht.

2. Die Aufteilung der Ländereinkünfte unter die einzelnen Länder

Selbst wenn geklärt ist, wie sich die Steuereinnahmen auf Bund und Länder verteilen, muß doch noch entschieden werden, wie man unter den verschiedenen Ländern *die Einnahmen aufteilt*. Soll das nach Köpfen geschehen oder beispielsweise danach, an welchem Ort die Steuern gezahlt worden sind? Eine verhältnismäßig komplizierte Regelung hierzu findet sich in Art. 107 I. Diese Bestimmung sollten Sie wie alle genannten Grundgesetzartikel einmal gelesen haben, Sie müssen sie aber nicht behalten.

III. Finanzausgleich

Die Wirtschafts- und Steuerkraft der Länder ist so unterschiedlich wie ihre Belastung mit Aufgaben, man denke etwa an die Beseitigung örtlich massierter ökologischer Schäden. Die neuen Bundesländer sind allesamt ärmer als die alten, unter diesen sind Bremen und das Saarland besonders minderbemittelt. Dieses Gefälle kann man zum kleineren Teil dadurch ausgleichen, daß die reicheren Länder bei kostspieligen Aufgaben eine Überlast tragen wie beispielsweise Hamburg im Hochschulbereich. Ferner können im Rahmen der Gemeinschaftsaufgaben nach Art. 91a und b die ärmeren Länder bevorzugt werden.

Das alles reicht jedoch nicht, um halbwegs einheitliche Lebensverhältnisse im Bund zu erreichen. Deshalb ordnet Art. 107 II einen Finanzausgleich an, der zwischen den Ländern stattfindet, aber auch durch Ergänzungszuweisungen des Bundes an finanzschwache Länder. Das geschieht aufgrund eines besonderen Gesetzes nach sehr komplizierten Regeln.

IV. Steuergesetzgebungskompetenz

Fast alle wichtigen Steuerkompetenzen liegen beim Bund, der seine konkurrierende Kompetenz gemäß Art. 105 II voll ausgeschöpft hat. Für die Länder bleiben nur unwichtige Steuern übrig (Art. 105 IIa), beispielsweise die Getränke-, die Speiseeis-, die Hunde- und die Jagdsteuer.

Niedrige Steuern für eine bestimmte Tätigkeit wirken anziehend, hohe abschreckend. Insofern hat fast jede Steuer einen unvermeidlichen *Lenkungseffekt*. Dieser kann unbeabsichtigt eintreten, er kann aber auch der primäre Zweck der Steuergesetzgebung sein, wobei dann das Ziel der Einnahmeerhebung in den Hintergrund tritt. Lesen Sie bitte in BVerfGE 16, 147/161 = StA S. 628, was das BVerfG zu seinem Leitsatz »Wirtschaftspolitische Lenkung durch ein Steuergesetz bedeutet keinen Formmißbrauch« ausgeführt hat.

Bei solchen Lenkungssteuern können sich sehr schwierige Probleme ergeben, wenn der Bund über seine Steuergesetzgebungskompetenz auf Einflußnahme im Landesbereich, beispielsweise auf kulturellem Gebiet, zielt.

Die Steuern sind nur eine Art der dem Bürger auferlegten *Abgaben*. Neben Steuern gibt es noch *Gebühren*, *Beiträge* und *Sonderabgaben*.

1. Steuern

Steuern sind Geldleistungen, die *nicht als Entgelt für eine besondere Leistung* erbracht werden und die vornehmlich zur Erzielung von Einkünften von allen gezahlt werden müssen, die unter den Steuertatbestand fallen. Eine Unterart der Steuern sind die *Zölle*.

2. Gebühren und Beiträge

Demgegenüber sind *Gebühren Entgelte für* besondere, dem Gebührenpflichtigen individuell zurechenbare *öffentliche Leistungen*, wie beispielsweise die Müllabfuhrgebühr. *Beiträge*, für die die Kurtaxe als Beispiel stehen mag, werden *für die Bereitstellung einer öffentlichen Einrichtung* zu Lasten derjenigen erhoben, die diese Einrichtung nutzen können und an dieser Nutzung ein Interesse haben; die Rundfunk»gebühr« ist deshalb in Wahrheit ein Beitrag (str.).

Da Gebühren und Beiträge keine Steuern sind, bemißt sich die Gesetzgebungskompetenz auch nicht nach dem Art. 105. Vielmehr darf beispielsweise derjenige etwas über Prüfungsgebühren bestimmen, der die Gesetzgebungskompetenz bei den betreffenden Prüfungen hat. Der für das Rundfunkrecht zuständige Gesetzgeber darf selbstverständlich auch die Entgelte für die Inanspruchnahme des Rundfunks regeln.

3. Sonderabgaben

Was eine Sonderabgabe ist, mögen Sie aus folgendem Beispiel ersehen: Der Gesetzgeber schafft einen »Stabilisierungsfonds« für Wein, der sich um den Weinabsatz kümmern soll. Doch wer soll das bezahlen? Der Steuerbürger? Das wäre möglich, aber erstens reichen gerade neuerdings die Steuern hinten und vorne nicht aus, so daß sich der Staat in immer neue Schulden stürzen muß, zum anderen fragt man sich, ob nicht die Nutznießer auch die Lasten tragen sollten. So kann man von allen Winzern oder allen Weinhändlern oder von beiden eine Abgabe zur Finanzierung des Fonds erheben. Das ist keine Steuer, weil sie ein bestimmtes Objekt finanziert – die Kfz-Steuer hingegen kann auch Staatstheater am Leben erhalten. Auch um eine Gebühr oder einen Beitrag handelt es sich nicht.

Die Kompetenz zur Auferlegung von Sonderabgaben richtet sich deshalb keinesfalls nach Art. 105, sondern nach den allgemeinen Kompetenzbestimmungen des Art. 70 ff.

Während steuerfinanzierte Staatshilfen im Haushalt ausgewiesen werden müssen, laufen Sonderabgaben am Haushalt vorbei direkt von den Zahlungspflichtigen zu den Begünstigten – eine (freilich selbstverschuldete) Schmälerung der Budgethoheit des Bundestags.

Nach der Rechtsprechung des BVerfG (BVerfGE 55, 274/308 ff. = StA S. 629; BVerfGE 57, 139/165 ff. = StA S. 633) müssen Sonderabgaben seltene Ausnahmefälle bleiben. Sie sind vor allem dann unzulässig, wenn die Zahlungspflichtigen mit dem Abgabezweck nichts zu tun haben, wenn also nicht ihr Interesse wesentlich befördert wird. An diesem Kriterium ist Ende 1994 die praktisch wichtigste Sonderabgabe vor dem BVerfG gescheitert, der sog. Kohlepfennig (nicht: Kohl-Pfennig), mit dem die Stromkunden die enormen Mehrkosten für die Verfeuerung einheimischer Kohle tragen mußten. (Deutsche Steinkohle ist viermal so teuer wie Importkohle.) Der Kohlepfennig erbrachte 1992 5,3 Mrd. DM. Um hier keine Finanzierungskatastrophe zu bewirken, hat das BVerfG das Gesetz noch für 1995 in Geltung belassen (vgl. oben S. 59 unter 4b bb). Alle Sonderabgaben zusammen, darunter bspw. die Schwerbehindertenabgabe und die Filmabgabe (sog. Filmgroschen), addierten sich 1992 auf 12 Mrd. DM.

V. Finanzverwaltung

Der Aufbau der Finanzverwaltung hat eine verhältnismäßig komplizierte Regelung in Art. 108 erfahren. Die Einzelheiten hierzu müssen Sie sich nicht merken. Zu den erforderlichen Kenntnissen gehört aber, daß es eine (sehr seltene) für Bund und Länder gemeinsame Mittelbehörde in Form der *Oberfinanzdirektion* gibt, in der Bundes- und Landesbeamten tätig sind und deren Präsident sowohl Bundes- wie auch Landesbeamter ist. Über dieser Mittelbehörde geht dann der Instanzenweg entweder zum Bundesfinanzministerium oder zu einem Landesfinanzministerium. Unterhalb der Oberfinanzdirektion sind als untere Landesbehörden die *Finanzämter* tätig und als untere Behörden des Bundes die Hauptzollämter und *Zollämter*.

VI. Haushaltsgrundsätze. Stabilitätsgesetz

Der Haushalt, auch Etat oder Budget genannt, ist eine Aufstellung aller Einnahmen und Ausgaben eines Gemeinwesens. Seine praktisch wichtigste Bedeutung besteht darin, daß die Verwaltung nur im Rahmen des Haushaltes Ausgaben leisten darf.

Hingegen kann niemals ein Bürger aus einer Haushaltsposition, die eine Ausgabe zu seinen Gunsten erlaubt, einen Anspruch ableiten. Umgekehrt kann aber auch einem Bürger, der beispielsweise einen Schadenersatzanspruch hat, niemals entgegengehalten werden, es seien keine Haushaltsmittel mehr vorhanden. Denn der Haushalt betrifft sozusagen nur das Innenverhältnis, die Rechtsbeziehungen innerhalb der Staatsorganisation. Die Haushaltsvorschriften sind deshalb *bloßes Innenrecht*. Da aber der Haushaltsplan gleichwohl durch ein *Haushaltsgesetz* verabschiedet wird, handelt es sich hier um den praktisch wichtigsten Fall eines *Gesetzes im nur formellen Sinn* (vgl. oben S. 16).

Das Recht, mit dem Mittel des Haushaltsgesetzes über die staatlichen Ausgaben zu entscheiden, mußten sich die Parlamente des 19. Jahrhunderts erst mühsam erkämpfen. Seitdem aber ist dies eines der vornehmsten Rechte der Parlamente. Dieses Prinzip wird nur durch wenige Ausnahmen durchbrochen. Beispielsweise dürfen dann, wenn (noch) kein Haushalt vorliegt, die unabdingbar erforderlichen Ausgaben gemacht werden: Art. 111. (In Preußen gab es nach 1850 eine solche Bestimmung nicht, wodurch es nach einer Nichtbewilligung von Militärausgaben durch den Landtag zum preußischen Heereskonflikt kam, der zur Berufung von Bismarck in das Amt des preußischen Ministerpräsidenten führte.) Eine weitere Ausnahme enthält Art. 112. Diese Bestimmung ist im Jahre 1973 von dem Bundesfinanzminister Helmut Schmidt bei weitem zu großzügig ausgelegt worden. Er hatte gegen Jahresende noch einen Einnahmeüberschuß, der für die im Haushalt ausgewiesenen Ausgaben nicht benötigt wurde. Gleichwohl hat er beträchtliche Mittel noch vor Jahresende schnell verteilt. Dadurch wurde das Ausgabenvolumen des Bundes für 1973 erhöht, so daß die Steigerungsraten für 1974 entsprechend niedriger waren, woran prinzipiell jeder Regierung gelegen ist. In Wahrheit war aber für alle diese Mittel kein »unvorhergesehenes und unabweisbares Bedürfnis« vorhanden, wie Sie aus den Angaben in BVerfGE 45, 1/40 = StA S. 635 entnehmen können. Die Kreditanstalt für Wiederaufbau hat bezeichnenderweise die ihr überwiesenen 480 Millionen DM zinsgünstig angelegt, hatte also gerade keinen Bedarf. Es war folglich vorauszusehen, daß das BVerfG hier einen Verstoß gegen Art. 110 und 112 konstatieren würde.

Von wirtschaftspolitisch grundlegender Bedeutung ist Art. 109, eine durch Verfassungsänderung stark umgestaltete Bestimmung. Vor der Novellierung waren die Länder und die Gemeinden in der Gestaltung ihrer Haushalte frei, wodurch sie der von der Bundesregierung betriebenen Wirtschaftspolitik sehr im Wege stehen konnten. Wenn Bundesregierung und Bundesbank beispielsweise die Geldmenge begrenzen wollen, dann ist es störend, wenn die Länder über Kreditaufnahmen ihre Haushalte aufblähen. Durch Art. 109 II sind nun die Länder verpflichtet, bei ihrer Haushaltswirtschaft auf das gesamtwirtschaftliche Gleichgewicht zu achten. Die Einzelheiten können wir hier nicht besprechen. Sie sollten sich aber merken, daß in Ausführung des Art. 109 das sogenannte *Stabilitätsgesetz* ergangen ist, mit dessen Hilfe man versucht, das sogenannte »magische Viereck« der Wirtschaftspolitik anzusteuern: Gleichzeitig Stabilität des Preisniveaus, außenwirtschaftliches Gleichgewicht, hoher Beschäftigungsstand sowie stetiges und angemessenes Wirtschaftswachstum. Das wird naturgemäß nie vollständig gelingen.

VII. Zusammenfassung

1. Grundsätzlich tragen Bund und Länder gesondert die Ausgaben, die sich aus der Wahrnehmung ihrer Aufgaben ergeben (Art. 104 a I).

2. Die Steuererträge werden zwischen Bund und Ländern vorwiegend nach einem Verbundsystem (gemeinsamer Steuertopf) und teilweise nach einem Trennsystem (jeder hat eigene Steuern) verteilt. Die ertragreichen Einkommen-, Körperschaft- und Umsatzsteuern bilden Gemeinschaftssteuern von Bund und Ländern. Die Gesamtsteuereinnahmen werden zwischen Bund und Ländern etwa im Verhältnis 3:2 geteilt. Finanzschwachen Ländern wird vom Bund und auch von anderen Ländern im Finanzausgleich geholfen.

3. Man unterscheidet Steuern, die kein Entgelt für bestimmte Leistungen sind, von den leistungsbezogenen Gebühren und Beiträgen. Außerdem gibt es Sonderabgaben als Lasten für eine Gruppe, die von einem durch die Abgaben

finanzierten Projekt profitiert (Beispiel: Schwerbehindertenabgabe, Filmgroschen).

Die Kompetenz zur Gesetzgebung liegt für alle wichtigen Steuern beim Bund.

4. Durch das Haushaltsgesetz bewilligt das Parlament der Verwaltung Ausgaben. Rechte oder gar Pflichten der Bürger werden durch das (nur formelle) Haushaltsgesetz nicht begründet. Ohne Haushalt dürfen nur bestimmte dringliche Ausgaben vorgenommen werden.

Gemäß Art. 109 müssen die Länder ihre Haushalte am gesamtwirtschaftlichen Gleichgewicht ausrichten.

E. Die Pflege auswärtiger Beziehungen

I. Die Kompetenzverteilung zwischen Bund und Ländern

Wem steht die »auswärtige Gewalt« zu, dem Bund oder den Ländern? Gemäß Art. 32 I ist die Pflege der Beziehungen zu auswärtigen Staaten *Sache des Bundes*. Art. 32 I wird ergänzt durch Art. 73 Nr. 1, der dem Bund die ausschließliche Gesetzgebung über die »auswärtigen Angelegenheiten« zuweist, und durch den schon besprochenen Art. 87 I 1, wonach der Auswärtige Dienst in bundeseigener Verwaltung mit eigenem Verwaltungsunterbau geführt wird.

Für eine besondere Art, die Beziehungen mit auswärtigen Staaten zu pflegen, nämlich für den *Abschluß von Verträgen*, enthalten die Art. 32 II und III Spezialregeln. Gemäß dem wichtigeren Art. 32 III kann ein Land zum Beispiel Schulverträge mit dem Ausland abschließen. Die Frage ist nur, ob allein das Land zuständig ist oder neben ihm auch noch der Bund. Wenn man letzteres mit der überwiegenden Ansicht bejaht, dann wäre freilich der Bund immer noch darauf angewiesen, die Verträge innerstaatlich mit Hilfe der Länder auszuführen, die ja allein die dafür notwendige Gesetzgebungskompetenz haben; er muß sich also die Zustimmung der Länder verschaffen oder aber gegenüber dem ausländischen Partner die innerstaatliche Realisierbarkeit offenlassen.

II. Der Abschluß völkerrechtlicher Verträge durch den Bund

1. Die Zuständigkeitsverteilung im Bund

Die Kompetenzen innerhalb des Bundes regelt Art. 59. Zuständig ist der Bundespräsident. Da er aber, wie wir gesehen haben, völlig von der Bundesregierung abhängig ist (Art. 58 – Gegenzeichnung), fungiert er hier nur als eine Art Staatsnotar für die Bundesregierung.

Wie Art. 59 II 1 zeigt, muß bei wichtigeren Verträgen auch noch der Bundesgesetzgeber mitwirken, was konkret heißt, daß jedenfalls der Bundestag *zustimmen* muß, wohingegen der Bundesrat je nach dem Inhalt der Verträge auf die Möglichkeit des Einspruchs beschränkt sein kann.

Verträge, »welche die politischen Beziehungen des Bundes regeln«, sind – leicht vereinfacht gesagt – solche, die von einigem Gewicht sind. Hinsichtlich der Verträge, »welche sich auf Gegenstände der Bundesgesetzgebung beziehen«, darf man nicht dem naheliegenden Trugschluß erliegen, gemäß Art. 73 Nr. 1 bezögen sich sämtliche Verträge mit auswärtigen Staaten auf Gegenstände der Bundesgesetzgebung. »die auswärtigen Angelegenheiten« im Sinne des Art. 73 Nr. 1 sind eng zu verstehen und nicht etwa als: Angelegenheiten mit Auslandsberührung.

2. Das Verfahren

Der Abschluß völkerrechtlicher Verträge durch den Bund durchläuft bis zu vier Stufen:

a) Regierungsbeauftragte handeln – in Vollmacht des zuständigen Bundespräsidenten – einen Vertrags*entwurf* aus und unterzeichnen ihn mit dem Anfangsbuchstaben ihres Namens = der Paraphe: »Paraphierung«.

b) Wenn dieser Entwurf die Billigung der beteiligten Regierungen findet, *unterzeichnen* Regierungsvertreter, meist die Außenminister, *den Vertrag*. Damit ist eine verbindliche Einigung über den Inhalt der Vereinbarung erzielt. *Rechtsgültigkeit* hat ein solcher Vertrag jedoch noch nicht, weil er nur »vorbehaltlich der Ratifikation« gelten soll.

c) Die *Ratifikation* ist die verbindliche Erklärung des Bundespräsidenten (gegengezeichnet durch den Außenminister), daß die Bundesrepublik sich durch den Vertrag völkerrechtlich gebunden fühlt, also die völkerrechtliche Willenserklärung. Die Ratifikation geschieht durch Austausch oder Hinterlegung der Ratifikationsurkunden.

d) Die Ratifikation hat bei den in Art. 59 II 1 bezeichneten Verträgen die Mitwirkung der Gesetzgebungsorgane zur Voraussetzung! Das den Vertrag billigende Gesetz ist dann als Ratifikationserlaubnis die dritte Stufe des Verfahrens, die Ratifikation die abschließende vierte Stufe.

3. Doppelnatur des Vertragsgesetzes

Das dem Vertrag zustimmende Gesetz wird zuweilen Zustimmungsgesetz genannt, kann dann jedoch mit dem der Bundesratszustimmung bedürftigen Gesetz verwechselt werden. Deshalb spricht man zweckmäßigerweise von Vertragsgesetz. Es hat *zuweilen eine staatsrechtliche Doppelbedeutung*. Stets ist es, wie gerade erwähnt, Ratifikationserlaubnis. Eine solche Zustimmung zum Tätigwerden eines anderen Staatsorgans durch förmliches Gesetz ist ein Beispiel für ein *Gesetz im nur formellen Sinn* – neben dem insoweit ähnlichen Haushaltsgesetz (der Zustimmung für Ausgaben durch die Staatsorgane). Es fehlt hier am materiell-gesetzlichen Gehalt, weil keine Rechte oder Pflichten der Staatsbürger begründet werden.

Dieses nur formelle Gesetz ist ausreichend, wenn ein Vertrag nur Rechte oder Pflichten der Bundesrepublik gegenüber anderen Staaten betrifft. Anders ist es in den überwiegenden Fällen, in denen etwas in bezug auf Rechte oder Pflichten der Bürger vereinbart wird. Diese können nur durch ein (auch) materielles Gesetz begründet werden. Ein solches formelles und materielles Gesetz muß immer dann dem Zustimmungsgesetz nachfolgen, wenn sich die Bundesrepublik nur zur Normsetzung verpflichtet, etwa dazu, »bis ... für die Gleichstellung der Bürger von ... mit deutschen Staatsangehörigen bei Ausschreibungen zu sorgen«. Aber im Vertrag könnte auch stehen: »... haben die Bürger von ... ab ... gleiche Rechte wie deutsche Staatsangehörige«. Solche schon auf sofortige Anwendung hin formulierte Regeln nennt man »self-executing«. Ein gutes Beispiel hierfür ist die unten auf S. 117 näher erläuterte Europäische Menschenrechtskonvention (EMRK), in der es etwa heißt, daß (durch völkerrechtlichen Vertrag) »die unterzeichnenden Regierungen ... folgendes vereinbaren:

... Art. 3: Niemand darf der Folter oder unmenschlicher oder erniedrigender Strafe oder Behandlung unterworfen werden.«

Da man, jedenfalls ganz überwiegend, Völkerrecht und innerstaatliches Recht trennt (dualistische Theorie), bedarf es für die innerstaatliche Geltung des zunächst nur völkerrechtlich wirksamen Art. 3 EMRK eines bundesdeutschen Anwendungsbefehls, und dies kann nur ein Gesetz im formellen und materiellen Sinne sein. Ob dieses Gesetz nun den völkerrechtlichen Vertragsinhalt in deutsches Recht *transformiert* oder nur seine Geltung als Völkerrecht anordnet, ist eine Streitfrage; da von ihr jedoch nicht allzuviel abhängt, wollen wir sie hier nicht vertiefen. Evident ist jedenfalls, daß die Geltungsanordnung bei Verträgen, deren Inhalt »self-executing« ist, gleichzeitig durch das Zustimmungsgesetz erfolgt und daß dieses Gesetz dann eine Doppelfunktion hat.

Es gibt also völkerrechtliche Verträge des Bundes,
— denen der Gesetzgeber gar nicht zustimmen muß,
— denen er durch ein nur förmliches Gesetz zustimmt (erste Alternative des Art. 59 II 1 oder ein Vertrag über Gegenstände der Bundesgesetzgebung, der nur die *Verpflichtung* des Staates enthält, zukünftig Rechte oder Pflichten der Staatsbürger zu schaffen),
— denen er durch ein Gesetz im formellen und materiellen Sinne zustimmt.

Die — gerade an erster Stelle genannten — nicht zustimmungspflichtigen Verträge (die weder hochpolitisch sind noch Gesetzgebungsmaterie betreffen) sind die in Art. 59 II 2 genannten *Verwaltungsabkommen*, zum Beispiel Rechts- und Amtshilfeverträge.

III. Zusammenfassung

1. Die Pflege auswärtiger Beziehungen ist Sache des Bundes. Doch können die Länder mit Zustimmung der Bundesregierung auf Gebieten ihrer gesetzgeberischen Kompetenz Verträge mit fremden Staaten abschließen (Art. 32).

2. Zum Abschluß völkerrechtlicher Verträge durch den Bund ist der Bundespräsident zuständig, doch wird er beim Vertragsabschluß meist vertreten.

3. Ratifikation ist die völkerrechtliche Willenserklärung, daß man sich an den Vertrag gebunden fühle.

4. Wichtige politische Verträge und solche, die Gegenstände der Bundesgesetzgebung betreffen, bedürfen der Zustimmung des Bundestages und der Mitwirkung des Bundesrates.

Alle anderen Verträge heißen Verwaltungsabkommen.

5. Diese Akte der Gesetzgebungsorgane müssen — falls erforderlich — vor der Ratifikation erfolgen.

Ein den Vertragsabschluß billigendes Gesetz genehmigt den Vertrag und ist insoweit nur ein Gesetz im formellen Sinn, vielfach macht es aber auch die in dem Vertrag enthaltenen Pflichten der Staatsbürger für diese verbindlich. Es ist dann auch Gesetz im materiellen Sinn. Billigung des Vertragsabschlusses und Rechtsbefehl an die Bürger machen dann die Doppelnatur des Vertragsgesetzes aus.

5. Kapitel:
Gewaltenteilung

Wir müssen nun zum Prinzip der Gewaltenteilung zurückkommen, dessen Betrachtung wir vorne zurückgestellt hatten, um erst die Struktur der Staatsgewalt und die Kompetenzen der verschiedenen Staatsorgane kennenzulernen.

Gewaltenteilung heißt, Herrschaftsbefugnisse — und damit die Möglichkeit des Mißbrauchs — sowie Verantwortung auf mehrere Schultern zu verteilen. Wenn man sich den Alleinherrscher eines Staates denkt, so wird seine Allgewalt schon geringfügig berührt, wenn beispielsweise ein Monarch einen Kronrat anhören muß, sie wird deutlich eingeschränkt, wenn die Herrschaftsbefugnisse auf eine Junta um den bisherigen Alleinregenten übertragen werden. Darüber hinaus kann man getrennte Organe bilden: Regent und neben ihm stehende Junta etwa müssen zusammenwirken, um etwas anordnen zu können.

Diese Denkmodelle führen freilich vorerst nur zu einer Beschränkung, die *eine* und umfassende Staatsgewalt unbeschränkt *allein* auszuüben. Viel näher liegt es, nicht nur die gesamte Staatsgewalt an das ohnehin schwierige Zusammenwirken mehrerer Organe zu binden, sondern die Staatsgewalt nach Sachgebieten aufzugliedern und dann auf verschiedene Organe möglichst zur alleinverantwortlichen Wahrnehmung zu verteilen. Das dient nicht nur der Machtbalance, sondern auch der sachgerechten Zuordnung bestimmter Funktionen auf kompetente Organe; Rechtsprechung beispielsweise braucht anders strukturierte »Apparate« als Rechtsetzung.

Der jüngeren Tradition des europäischen Staatsdenkens entspricht es, die Staatsgewalt in drei Funktionsbereiche aufzugliedern:
— den der Gesetzgebung,
— den der vollziehenden Gewalt, d. h. Regierung und Verwaltung,
— den der Rechtsprechung.

Zwingend ist diese Dreiteilung nicht; es hat auch andere Untergliederungen gegeben. Man könnte etwa die auswärtige Gewalt oder die Steuergewalt oder das Heerwesen ausgliedern.

Das GG kennt nur die drei erwähnten Staatsgewalten, und es ordnet in Art. 20 II 2 an, daß Gesetzgebung, vollziehende Gewalt und Rechtsprechung »durch besondere Organe ausgeübt« werden. Dies nennt man die *horizontale Gewaltenteilung*. Sie wird ergänzt durch die in einem Bundesstaat zwangsläufig *vertikale Gewaltenteilung* zwischen Zentralstaat und Gliedstaaten: Die vollziehende Gewalt liegt ja beispielsweise nicht nur bei der Bundesregierung, sondern auch bei den Landesregierungen (und den ihnen unterstellten Verwaltungsbehörden), über die Verteilung der Gesetzgebungsbefugnisse zwischen Bund und Ländern haben wir gleichfalls ausführlich gesprochen.

Zurück zur horizontalen Gewaltenteilung. Der Art. 20 II 2 legt es nahe, bei Gesetzgebung, vollziehender Gewalt und Rechtsprechung stets den organisatorischen Begriff vom funktionellen, aufgaben- und tätigkeitsbezogenen Begriff zu sondern; sonst verwirrt oft die Doppelbedeutung eines Wortes. Beispiel: Unter »Rechtsprechung« versteht man einerseits die Tätigkeit, das Rechtsprechen, aber häufig auch den handelnden Apparat, etwa wenn es heißt »Die Rechtsprechung ist hier ganz anderer Ansicht«. Exakter ist es, wenn zwischen »Gerichten« und »Rechtsprechen« unterschieden wird. Das letztere muß nun, wie wir schon bei Art. 92 gesehen haben, *materiell* umschrieben werden und nicht etwa formal als: »Tätigkeit der Gerichte«. Entsprechendes gilt auch für die Begriffe »Gesetzgebung« und »vollziehende Gewalt« (ausüben). *Gesetzgebung* ist Erlaß von abstrakt-generellen Sätzen des Außenrechts, *Rechtsprechung* ist unparteiische Streitentscheidung nach Rechtsnormen plus Strafverhängung, und *Verwaltung* ist nach einer oft als dürftig kritisierten, aber gleichwohl sehr häufig verwendeten Umschreibung: Alle sonstige Ausübung von Hoheitsgewalt.

Art. 20 II 2 enthält nur eine sehr grobe Richtungsangabe. Erst die Gesamtbetrachtung des GG zeigt in den Einzelheiten, welche der drei Staatsfunktionen von welchen Organen wahrgenommen werden.

Von vornherein absurd wäre eine Vorstellung, verschiedene Funktionen würden durch die ihnen speziell zugeordneten Organe beziehungslos nebeneinander ausgeübt. Jeder Staat ist ein hochkomplizierter Mechanismus, der nur funktioniert, wenn alle seine Zahnräder ineinandergreifen. so dient die Gesetzgebung als Grundlage sowohl für die Vollziehung wie für die Rechtsprechung. Die Rechtsprechung hat u. a. die Aufgabe, jedenfalls die vollziehende Gewalt und – als Verfassungsrechtsprechung – auch die Gesetzgebung zu kontrollieren. Schon dies führt notwendigerweise zu einem Verbund der verschiedenen Funktionen.

Eine weitere *Verflechtung* zwischen den drei Staatsfunktionen und ihren Trägern findet dadurch statt, daß

– ein Funktionsträger bei der Erschaffung (»Kreation«) eines anderen mitwirkt
– ein Organ nicht schwerpunktmäßig einer Funktion zugeordnet ist, sondern mehreren
– die Funktionsträger nicht nur »ihre« (Haupt-)Funktion ausüben, sondern in das Gebiet einer der beiden anderen Funktionen übergreifen
– die Funktionsträger mit denselben Personen »besetzt« sind.

Der zuerst erwähnte Fall ist Ihnen vertraut: Bei uns werden nicht alle Staatsorgane vom Volk bestellt, sondern nur der Bundestag. Dieser wählt den Kanzler und bestimmt mittelbar den Zuschnitt der Regierung, die Regierung ernennt die Beamten und – meist zusammen mit den Parlamenten (vgl. Art. 95 II, 98 IV) – auch die Richter. Die Richter des BVerfG werden von Bundestag und Bundesrat bestellt (Art. 94 I 2).

Der zweite Fall ist der des Bundesrates, gemäß Art. 50 ein Organ sowohl der Gesetzgebung wie auch der Verwaltung. Auch der Bundespräsident wirkt bei der Gesetzgebung wie auch bei der »vollziehenden Gewalt« mit, zum Beispiel durch Ernennungen.

Auch die dritte Konstellation, die Wahrnehmung fremder Funktionen, ist Ihnen durchaus geläufig:

– Am auffälligsten ist die Rechtsetzung durch Organe der vollziehenden Gewalt in Form der *Verordnungsgebung*. (Schwieriger ist es übrigens bei der Satzungsgebung: Soll man die Satzungsgremien, etwa den Gemeinderat, die durchweg auch Verwaltungsaufgaben haben, als Organe der materiellen Gesetzgebung oder der vollziehenden Gewalt bezeichnen?)

Außerdem wird man in diesem Zusammenhang die Vorbereitung der Gesetzgebung durch die *Gesetzesentwürfe* der Regierung bedenken müssen.

– Umgekehrt sind die Gesetzgebungsorgane bei Schaffung eines nur förmlichen Gesetzes nicht materiell gesetzgebend tätig. Auch die Kontrolltätigkeit des Parlaments, evtl. nur der Oppositionsminderheit, gegenüber Regierung und Verwaltung ist keine Gesetzgebung.

– Die Gerichte wirken durch die Rechtsprechung zugleich auch rechtsschöpferisch. Richterrecht ist eine Quelle des *materiellen* Rechts. Überdies zählt man zuweilen die Nichtigerklärung von Normen durch Verfassungsgerichte zur »negativen Gesetzgebung«.

Manchmal verwaltet ein Richter auch nur, beispielsweise bei Anordnungen im Kindschafts- und Vormundschaftsrecht.

Wenn Sie diese »Übergriffe« einmal saldieren, ergibt sich

– daß Parlament und auch Gerichte gelegentlich vollziehende Gewalt ausüben und
– daß Regierung und Verwaltung sowie Gerichte zuweilen Rechtsetzungsgewalt haben.

Die einzige Funktion ohne Fremdübergriffe ist die Rechtsprechung – Folge des bereits ausführlich besprochenen Art. 92: Rechtsprechung ist Richtermonopol.

Die Doppelbesetzung mehrerer Funktionsträger durch dieselben Personen ist, wie erinnerlich, ein Problem der *Inkompatibilität*. Solche Unvereinbarkeit zweier Ämter, eine personelle Gewaltenteilung, bedarf ausdrücklicher Anordnung (vgl. auch Art. 137). Ein Abgeordneter kann nicht zugleich Richter oder Beamter sein, der Status eines Beamten und eines hauptamtlichen Richters sind unverträglich (hingegen gibt es viele Hochschullehrer, die im Nebenberuf auch gelegentlich als Richter wirken). Der Bundespräsident darf weder einer Regierung noch einem Parlament angehören (Art. 55 I).

Hingegen sind üblicherweise die Regierungsmitglieder auch Parlamentarier.

Die vorstehend skizzierten vielfältigen Verflechtungen im Gefüge der Staatsfunktionen und der sie wahrnehmenden Staatsorgane, von den Amerikanern als System der »checks and balances« bezeichnet, relativieren den Aussagegehalt von Art. 20 II so stark, daß man zweifeln muß, ob er allein ein hinreichend *präziser Verfassungsmaßstab* sein könnte. Das BVerfG ist der Auffassung, daß der *Kernbereich* der verschiedenen Gewalten unveränderbar sei (BVerfGE 34, 52/59 = StA S. 549; bitte insgesamt lesen). Das ist hinsichtlich der Gerichtsbarkeit ersichtlich falsch; hier darf aus dem Bereich der Rechtsprechung *gar* nichts weggenommen werden. Die Aussage kann sich also nur auf die Gesetzgebungsorgane sowie auf Regierung und Verwaltung beziehen: Ihnen muß demgemäß der Kernbereich »ihrer« Funktionen belassen werden. Infolgedessen dürfte dem Parlament beispielsweise kein Mitspracherecht bei allen Beamtenernennungen oder bei wichtigen Baugenehmigungen eingeräumt werden, umgekehrt darf ein Landesparlament (für das Art. 80 nicht unmittelbar gilt!) sich seiner Rechtsetzungsbefugnisse nicht allzu pauschal zugunsten des Verordnungsgebers entäußern (vgl. die gerade zitierte Entscheidung).

6. Kapitel:
Staatskirchenrecht

Unter Staatskirchenrecht versteht man die verfassungsrechtlichen, einfachgesetzlichen und sonstigen, auch vertraglichen, Bestimmungen, die das Verhältnis von Staat und Kirche regeln.

Schon an dem Begriff ist zweierlei bemerkenswert. Daß es ihn überhaupt gibt, deutet auf eine Sonderstellung der Kirchen hin. Wenn die Kirchen dieselbe Position hätten wie private Vereine, dann würden sie ausschließlich dem Grundrechtsabschnitt unterfallen, nämlich den Art. 4 und 9 I, und man würde so wenig von Staatskirchenrecht sprechen wie man von Staatsvereinsrecht oder Staatsgewerkschaftsrecht redet. Aber diese Gleichstellung der Kirchen mit beliebigen Vereinen gibt es bei uns nicht. Sie ist Ausdruck einer strikten Trennung von Staat und Kirche, wie man sie bei unseren französischen Nachbarn, aber auch in den USA kennt.

Die zweite Merkwürdigkeit ist, daß der Ausdruck auf die Existenz einer Staatskirche hindeutet, so wie der gerade zur Veranschaulichung gebildete Ausdruck Staatsgewerkschaftsrecht auf die Existenz einer staatlichen Gewerkschaft hindeuten würde. Staatskirche war die im aufgeklärten Absolutismus in den Staat integrierte und auch vom Staat organisierte Kirche. In abgemilderter Form blieb sie auch im sogenannten *Landeskirchentum* der evangelischen Kirchen erhalten. Es galt in Preußen immerhin bis 1919. Zwar hatte die Kirche eine eigene Organisation, aber der Preußische König war »Summus episcopus«, höchster Bischof der Kirche.

Dergleichen gibt es heute natürlich nicht mehr. Art. 137 I der Weimarer Reichsverfassung (WRV), den Art. 140 des GG mit einigen anderen Bestimmungen der WRV einfach übernommen und damit zum Bestandteil des GG gemacht hat, sagt kurz und bündig: »*Es besteht keine Staatskirche*«.

Vorläufiges Ergebnis: Wir haben weder eine völlige Trennung von Staat und Kirche noch eine Staatskirche, sondern offenbar etwas dazwischen. Diese Zwischenlösung äußert sich darin, daß der Staat die großen Religionsgesellschaften im Vergleich zu sonstigen Vereinen privilegiert. Die Privilegierung besteht darin,

– daß Religionsgesellschaften das *Recht* zusteht, *ihre Angelegenheiten selbst zu verwalten* (Art. 137 III 1 WRV); das schließt auch eigene Rechtsetzung und Rechtsprechung für den innerkirchlichen Bereich, insbesondere für die Kirchenbediensteten ein,

– daß Religionsgesellschaften der *Status von Körperschaften des öffentlichen Rechts* verliehen werden kann (Art. 137 V WRV),

– daß diesen Körperschaften des öffentlichen Rechts vom Staat das *Recht zur Steuererhebung* verliehen ist (Art. 137 VI WRV). Zur Wahrnehmung dieses Rechts bedienen sich die Kirchen der Einfachheit halber der staatlichen Finanzämter, und zwar gegen Erstattung der Verwaltungskosten.

– daß der Staat die Kirche in vielfacher Weise finanziell unterstützt, zum Teil als Ausgleich für die Wahrnehmung etlicher Wohlfahrts- und Dienstleistungsaufgaben (Krankenhäuser, Kindergärten, Schulen).

Gemäß ihrer gesellschaftlichen Bedeutung können und müssen die Kirchen in verschiedenen Gremien wie beispielsweise den Rundfunkräten vertreten sein. Aber sonst *darf der Staat sich mit ihnen und ihrer Lehre nicht identifizieren*. Das ergibt sich vor allem aus der – im Grundrechtsteil zu besprechenden – negativen Glaubensfreiheit der Staatsbürger. Für den Spezialfall der Militär- und Anstaltsseelsorge ist das auch in Art. 141 WRV niedergelegt.

Sie sollten sich noch einprägen, daß mit Art. 139 WRV eine Spezialnorm die *Sonn- und Feiertagsruhe* schützt. Dergleichen ist zuweilen Gegenstand von Klausuren.

Auf Art. 136 WRV wird im Grundrechtsteil noch näher einzugehen sein.

7. Kapitel:
Notstandsverfassung

Dies ist kein echtes Kapitel, sondern nur ein Hinweis. Sie müssen nur wissen, daß es in Abschnitt Xa des GG eine Regelung des Verteidigungsfalles gibt, die man Notstandsverfassung nennt. Überfliegen Sie diesen Abschnitt einmal, behalten müssen Sie nichts. Spätestens seit dem Zusammenbruch des Ostblocks ist es kaum vorstellbar, daß die Bundesrepublik, als führendes Mitglied der Europäischen Union, in einen Krieg verwickelt wird. Zweitens war von jeher die Vorstellung, daß in einem Krieg in Mitteleuropa das Staatsrecht noch irgendeine wesentliche Rolle spielen könnte, schlicht abwegig. Die Apokalypse hätte sich nicht an Verfassungsartikel und Paragraphen gehalten.

8. Kapitel:
Staatsangehörigkeitsrecht

Über seine Staatsangehörigkeit kann jeder Staat grundsätzlich frei entscheiden, doch sollte es dabei sein Bestreben sein, bei dieser Regelung nicht mit dem Staatsangehörigkeitsrecht anderer Staaten zu stark zu kollidieren. Solche Kollisionen führen zu den allgemein unerwünschten Folgen einer mehrfachen Staatsangehörigkeit oder der Staatenlosigkeit. Deshalb gibt es auch internationale Abkommen, um diese Zustände zu vermeiden.

Es gibt hauptsächlich zwei Anknüpfungsmerkmale für die Verleihung einer Staatsangehörigkeit. Im wichtigsten Regelfall, nämlich dem der Geburt:
— Die Abstammung (jus sanguinis = Das Recht des Blutes)
— den Geburtsort (jus soli = Das Recht des Bodens)

Die deutsche Staatsangehörigkeit ist im Reichs- und Staatsangehörigkeitsgesetz (RuStAG) geregelt, das noch aus dem Jahre 1913 stammt, seither aber mehrfach geändert wurde (Sartorius Nr. 15). Das Gesetz knüpft für den Regelfall des Staatsangehörigkeitserwerbs, nämlich die Geburt, an die Abstammung an. Gemäß § 4 RuStAG erlangt man die deutsche Staatsangehörigkeit durch Geburt.

— als eheliches Kind einer Deutschen oder eines Deutschen
— als nichteheliches Kind einer Deutschen.

Der wichtigste Fall des sonstigen Staatsangehörigkeitserwerbes ist die *Einbürgerung*. Die Einbürgerung eines Ausländers *kann* unter bestimmten Voraussetzungen (unbescholtener Lebenswandel, Wohnung, Einkünfte) vorgenommen werden. Das Ermessen wird meist so gehandhabt, daß der Ausländer längere Zeit im Land gelebt und sich »eingelebt« haben muß; sodann ist zu entscheiden, ob seine Einbürgerung wünschenswert ist. Bei Prominenten, worunter nicht nur Schriftsteller wie der von der UdSSR ausgebürgerte Lew Kopelew, sondern beispielsweise auch erstklassige Eishockeyspieler aus der CSSR fallen, kann aufgrund des Ermessensspielraums eine Einbürgerung auch schon nach wenigen Wochen Aufenthalt in der Bundesrepublik zustande kommen. Die Einbürgerungsfrage wird im Hinblick auf die zweite Generation der Gastarbeiter seit langem kontrovers erörtert.

Ausländische Ehegatten Deutscher »sollen« eingebürgert werden, wenn sie ihre bisherige Staatsangehörigkeit verlieren oder aufgeben (Vermeidung doppelter Staatsangehörigkeit!) und wenn sie sich in die deutschen Lebensverhältnisse einzuordnen versprechen. Was heißt »sollen«? Auf diese Frage müssen Sie spätestens im Verwaltungsrecht eine Antwort wissen. »Sollen« ist etwas weniger als »müssen« und sehr viel mehr als »können«. Es heißt also: »Müssen«, es sei denn, es liegt ein ungewöhnlich gelagerter Sonderfall vor.

9. Kapitel
Grundgesetz und Europäische Union

Ein Blick in die Presse zeigt Ihnen fast täglich, daß Rechtsnormen der Bundesrepublik durch europäische Bestimmungen vorgeprägt, ergänzt oder überlagert werden. Das geschieht in einem ganz beträchtlichen und stetig zunehmendem Ausmaß. Man schätzt, daß heute fast die Hälfte aller deutschen Gesetze durch Europarecht beeinflußt sind und sogar Dreiviertel der wirtschaftsrechtlichen Normen. Also kann nicht zweifelhaft sein, daß man heutzutage als Jurist sich auch um das europäische Recht kümmern muß. Das werden Sie noch sehr gründlich in gesonderten Vorlesungen tun müssen. Aber eine allererste Einführung ist schon an dieser Stelle unerläßlich.

A. Europäische Union und Europäische Gemeinschaften

I. Gestalt und Entwicklung

Die Europäische Gemeinschaft (EU) ist ein 1957 gegründeter wirtschaftlicher und politischer Zusammenschluß von heute 15 europäischen Staaten. Den Gründungsmitgliedern Bundesrepublik Deutschland, Frankreich, Italien und den drei Benelux-Staaten traten 1973 Dänemark, Großbritannien und Irland zur Seite, 1981 Griechenland, 1986 Portugal und Spanien, schließlich 1995 Österreich, Schweden und Finnland (aber nicht Norwegen). 1994 hat man einigen osteuropäischen Staaten (Polen, der Tschechischen Republik, Slowakei und Ungarn) etwas Hoffnung auf eine spätere Aufnahme gemacht. Bulgarien, Rumänien und die baltischen Staaten werden auch noch in die Warteschlange treten. Ob ein Gebilde aus mehr als 20 Staaten überhaupt lebensfähig wäre, ist sehr zweifelhaft.

1957 hieß die Europäische Gemeinschaft noch Europäische Wirtschaftsgemeinschaft (EWG). Im selben Jahr wurde auch eine europäische Atomgemeinschaft (Euratom) gegründet. Beide gesellten sich der schon seit 1951 bestehenden Gemeinschaft für Kohle und Stahl (Montanunion) hinzu. Alle drei Gemeinschaften, die natürlich einen gemeinsamen institutionellen Rahmen und nicht etwa je verschiedene Organe haben, bestehen auch heute noch. Das erklärt den Plural Europäische Gemeinschaften, deren wichtigste die Europäische Gemeinschaft ist — terminologisch töricht, aber leider nicht zu ändern.

Die EG ist kein Staat, denn es fehlen ihr die drei klassischen Staatselemente, eigenes Staatsgebiet, Staatsvolk und souveräne Staatsgewalt, man bezeichnet sie vielmehr als supranationale Staatengemeinschaft.

Die Gemeinschaft hat bis Ende 1992 fast alle Binnenzölle und sonstigen Handelshemmnisse (bspw. durch unterschiedliche technische Normen) beseitigt und den Rest seitdem. Das bedeutet aber leider noch nicht, daß eine Ware ganz unkontrolliert von Schweden nach Portugal versandt wird; es müssen bspw. unterschiedliche Steuersätze in den einzelnen

Ländern beim Export/Import ausgeglichen werden. Der zunehmende Abbau jeglicher Kontrolle beim grenzüberschreitenden Verkehr erschwert die Kriminalitätsbekämpfung beträchtlich.

»Den mit der Gründung der Europäischen Gemeinschaften eingeleiteten Prozeß der europäischen Integration auf eine neue Stufe zu heben«, war der Zweck des 1992 abgeschlossenen Maastrichter Vertrages über eine *Europäische Union*. Er stellt nach seinem Artikel A »eine neue Stufe bei der Verwirklichung einer immer engeren Union der Völker Europas dar, in der die Entscheidungen möglichst bürgernah getroffen werden«. Die Union setzt sich gemäß Artikel B folgende Ziele:

— Die Förderung eines ausgewogenen und dauerhaften wirtschaftlichen und sozialen Fortschritts, insbesondere durch Schaffung eines Raumes ohne Binnengrenzen, durch Stärkung des wirtschaftlichen und sozialen Zusammenhalts und durch Errichtung einer Wirtschafts- und Währungsunion, die auf längere Sicht auch eine einheitliche Währung nach Maßgabe dieses Vertrags umfaßt;

— die Behauptung ihrer Identität auf internationaler Ebene, insbesondere durch eine Gemeinsame Außen- und Sicherheitspolitik, wozu auf längere Sicht auch die Festlegung einer gemeinsamen Verteidigungspolitik gehört, die zu gegebener Zeit zu einer gemeinsamen Verteidigung führen könnte;

— die Stärkung des Schutzes der Rechte und Interessen der Angehörigen ihrer Mitgliedstaaten durch Einführung einer Unionsbürgerschaft;

— die Entwicklung einer engen Zusammenarbeit in den Bereichen Justiz und Inneres;

...

Einige dieser Ziele sind wirtschaftspolitischer Art und erweitern die Aufgabe der bislang primär wirtschaftsbezogenen Europäischen Gemeinschaften. Deshalb war es sinnvoll, zwecks Umsetzung der im ersten Spiegelstrich bezeichneten Ziele die alten Verträge, vornehmlich den EWG- Gründungsvertrag zu ergänzen. Dort findet man folglich die Einzelbestimmungen etwa zur Wirtschafts- und Währungsunion. Darunter hat man eine harmonisierte Wirtschafts- und Haushaltspolitik zu verstehen sowie entweder feste Wechselkurse oder eine einheitliche europäische Währung in Gestalt des Ecu (European currency unit). Letzteres bedingt eine Europäische Zentralbank nach dem Muster der regierungsunabhängigen und deshalb besonders effizienten Deutschen Bundesbank. Auch die Europäische Zentralbank wird ihren Sitz in Frankfurt haben. Den Übergang von Befugnissen der Deutschen Bundesbank auf sie regelt der Art. 88 S. 2 GG.

Auch die im dritten Spiegelstrich erwähnte *Unionsbürgerschaft* wurde näher im ergänzten EG-Vertrag geregelt. Jeder Unionsbürger, d. h. jeder Staatsangehörige eines Mitgliedsstaates, hat ein Aufenthaltsrecht in allen Unionsstaaten, ferner an seinem Wohnsitz das aktive und passive Wahlrecht bei Kommunalwahlen (vgl. als Reflex der deutschen Rechtsordnung den Art. 28 I 3 GG). Diese Ausländerrechte werden übrigens selbst von extremen Ausländerfeinden durchweg akzeptiert. Daß beim Thema Ausländerpolitik in Publizistik wie auch in Verlautbarungen der Politiker stets nur von »Ausländern« gesprochen wird statt Unionsbürger und andere Ausländer auseinanderzuhalten, ist Ausweis platten und undifferenzierten Denkens und stiftet unendlich viel Verwirrung.

Die übrigen der oben bezeichneten Ziele betreffen ganz neue Bereiche jenseits der Wirtschaftspolitik. Folglich konnte man sie nicht sinnvoll in die alten Verträge einarbeiten, sondern mußte sie detailliert im Unionsvertrag regeln. Dessen Titel V betrifft die Gemeinsame Außen- und Sicherheitspolitik, deren Fehlen sich sowohl in der Golfkrise wie auch im Jugoslawienkonflikt als verhängnisvoll, ja blamabel erwies. Titel VI regelt die Zusammenarbeit in den Bereichen Justiz und Inneres, bspw. bei der Verbrechensbekämpfung, aber auch bei der Ausländer- und Asylpolitik. Diese neuen Politiken und Formen der Zusammenarbeit werden — im Einklang mit ihrer Sonderung vom EG-Vertrag — nicht von europäischen Organen durchgeführt, sondern durch Koordinierung unter den Regierungen der Unionsstaaten.

Insgesamt beruht also die Union auf den ergänzten Verträgen der Europäischen Gemeinschaften sowie auf den im Unionsvertrag niedergelegten neuen Politiken und Formen der Zusammenarbeit (vgl. Art. A Absatz 3 Satz 1 des Unionsvertrages).

Was aber ist die Europäische Union eigentlich? Das weiß niemand exakt zu sagen. Die Union ist nicht die erweiterte Europäische Gemeinschaft, sie hat keine eigene Rechtspersönlichkeit, gegenüber anderen Staaten oder internationalen Verbänden tritt nach wie vor nur die EG auf. Vor lauter Verlegenheit hat man die Union als Dach über den modifizierten europäischen Gemeinschaften und den neugeschaffenen Formen politischer Zusammenarbeit bezeichnet. BVerfGE 89, 155 (= StA S. 447) nimmt im LS 8 Zuflucht zu dem Terminus Staatenverbund (sich damit vom alt überkommenen Staatenbund absetzend). Da auch ein solides Dach über einem renovierten Haus erstrebenswert sein kann, hat der neugeschaffene Art. 23 GG denn auch schlicht die »Europäische Union« als Ziel der europäischen Integration bezeichnet.

Wichtiger als diese Benennungsprobleme sind aber zwei bislang noch nicht erwähnte inhaltliche Festlegungen. Die Union bekennt sich (in Artikel F Absatz 2 des Vertrages) zu Grundrechten; über diese überragend wichtige Entscheidung werden wir (sogleich unter B II) noch zu sprechen haben. Und die Union unterwirft sich in Artikel B des Vertrages dem *Subsidiaritätsprinzip*, das in Art. 3b des EG-Vertrages so formuliert wurde:

»In den Bereichen, die nicht in ihre ausschließliche Zuständigkeit fallen, wird die Gemeinschaft nach dem Subsidiaritätsprinzip nur tätig, sofern und soweit die Ziele der in Betracht gezogenen Maßnahmen auf Ebene der Mitgliedstaaten nicht ausreichend erreicht werden können und daher wegen ihres Umfangs oder ihrer Wirkungen besser auf Gemeinschaftsebene erreicht werden können.

Die Maßnahmen der Gemeinschaft gehen nicht über das für die Erreichung der Ziele dieses Vertrags erforderliche Maß hinaus.«

Was genau unter dem Subsidiaritätsprinzip zu verstehen ist und wie es in der Praxis funktionieren könnte, darunter erscheint derzeit fast jeden Tag ein neuer Aufsatz — fast zum Fürchten und glücklicherweise hier nicht näher zu beleuchten. Sie sollten aber die Verknüpfung beachten zwischen einer sprunghaften Ausweitung der Gemeinschaftsbefugnisse und dem Versuch, diese erweiterte Regelungsmacht auf das zu beschränken, was unabdingbar auf europäischer Ebene reglementiert werden muß.

II. Organe

1. Ministerrat

Er ist das mächtigste Organ der Gemeinschaft, in ihm sitzt je ein Minister der 15 Mitgliedsstaaten, und zwar je nach anstehender Materie der jeweilige Fachminister, bei allgemeinen Fragen der Außenminister; zuweilen tagen auch die Regierungschefs. Die Präsidentschaft im Rat hat jeweils ein Mitgliedsstaat für ein halbes Jahr. Der Ministerrat entscheidet nach Maßgabe der Verträge entweder einstimmig oder mit einfacher oder qualifizierter Mehrheit. Das Einstimmigkeitsprinzip, seit jeher eine Achillesferse der Gemeinschaft und Ansatz für manche politische Erpressung, wird mit jedem neu hinzukommenden Mitglied fragwürdiger.

Der Rat ist auch das Gesetzgebungsorgan der Gemeinschaft, ein Grund für die Schwäche des Parlaments. Er wird durch die für Gemeinschaftsbürger unmittelbar geltenden *Verordnungen* tätig, von denen er immerhin 400 bis 500 im Jahr erläßt, sowie durch jährlich ca. 60 *Richtlinien*, die an die Gesetzgebungsorgane der Mitgliedsländer adressiert sind und mit deren Hilfe die Vereinheitlichung des nationalen Rechts erzwungen wird.

2. Kommission

Das ausführende Organ der Gemeinschaft(en) besteht aus 20 Kommissaren, die von den Regierungen im Einvernehmen mit dem Parlament für die Dauer von vier Jahren ernannt werden. Die Kommission dirigiert ein Heer von rund 16000 »Eurokraten«. Allein der Sprachdienst beschäftigt 700 Beamte. Großer Andrang und ein scharfes Ausleseverfahren sichern die hohe Qualifikation der Beschäftigten. Diese werden rund doppelt so gut besoldet wie in Deutschland; selbst wer nur die Akten im Dienstgebäude herumrollt, verdient mehr als manch deutscher Professor.

Die Kommission arbeitet dem Rat mit Vorschlägen zu, was vielfach Voraussetzung für die Ratstätigkeit ist. Solche notwendigen Vorschläge der Kommission kann der Rat im Regelfall nur einstimmig abändern. Sodann führt die Kommission die Ratsbeschlüsse aus. Sie überwacht die Beachtung des EG-Rechts in den Mitgliedsstaaten und hat hierfür die Befugnis, Klage vor dem Gerichtshof zu erheben. Vor allem hat die Kommission enorme Finanzmittel zu verwalten und dabei Verschwendung und Mißbrauch, vor allem Subventionsbetrügereien in Milliardenhöhe, zu bekämpfen; hierbei wird sie von einem Europäischen Rechnungshof unterstützt.

3. Das Europäische Parlament

Nicht zufällig folgt das Parlament, regelmäßig das mächtigste Staatsorgan, hier erst an dritter Stelle. Die demokratische Komponente ist in der Europäischen Union erst schwach ausgebildet, da die nationalen Regierungen keine wesentlichen Befugnisse abgeben möchten. Die Abgeordneten werden nach Maßgabe ihrer nationalen Wahlrechte auf fünf Jahre gewählt. Das Parlament tagt in Straßburg, die Ausschüsse gelegentlich in Brüssel. Es hat bei einigen Rechtsetzungsakten des Rats ein Mitwirkungsrecht, kann aber ansonsten weder Normen erlassen noch auch nur beantragen. Das Mitwirkungsrecht bei der Kommissionsbildung wurde bereits erwähnt, das Parlament kann auch die Kommission kontrollieren und äußerstenfalls durch ein Mißtrauensvotum stürzen. Es muß der Aufnahme neuer Mitglieder zustimmen. Am wichtigsten ist die Budgethoheit des Parlaments.

4. Der Europäische Gerichtshof

Der Gerichtshof mit 15 Richtern und Sitz in Luxemburg überwacht die Einhaltung des Europäischen Rechts und klärt die Vereinbarkeit von nationalem Recht mit dem übergeordneten Europäischen Recht; letzteres geschieht vorwiegend aufgrund von obligatorischen Vorlagen der nationalen Gerichte. 1988 hat man zur Entlastung des EuGH für minder wichtige Angelegenheiten ein zusätzliches Gericht erster Instanz geschaffen.

B. Die Verzahnung der europäischen mit der nationalen Rechtsordnung

I. Grundsätzliches

Das GG regelt die Rechtsprobleme der deutschen Mitgliedschaft in der Europäischen Union seit 1990 in Art. 23, während bis dahin der Art. 24 (ohne den jetzigen Absatz 1a) galt. Jede Verfassung, und so auch das Grundgesetz, setzt prinzipiell voraus, daß die Ausübung von Hoheitsrechten den Organen des eigenen Staates vorbehalten ist. Wenn die Hoheitsausübung durch Organe fremder Staaten oder überstaatlicher Gemeinschaften erlaubt werden soll, so erfordert das an sich eine Verfassungsänderung. Dabei steht es der Verfassung frei, ihre Durchbrechung oder Veränderung einem einfachen Gesetz zu gestatten. So ist es in Art. 24 I geschehen. Art. 23 I 2 und 3 erweckt nun den Anschein, diese einfachgesetzliche Übertragung von Hoheitsrechten bestehe noch immer neben der regelhaften Übertragung gemäß Art. 79 II und III, also durch verfassungsändernde Mehrheiten in Bundestag und Bundesrat. Man sieht aber nicht recht, welche Anwendungsfälle noch übrig bleiben sollten, da doch jede Hoheitsübertragung materiell eine Verfassungsänderung bewirkt. Es überwiegt deshalb die Ansicht, für einfachgesetzliche Ermächtigungen der EG sei kein Raum mehr. Es ist übrigens eine Meisterleistung des Verfassungsgesetzgebers, eine Formulierung zu beschließen, die praktisch schon ein paar Tage später heftige und umfangreiche Auslegungsstreitigkeiten bewirkt. Vielleicht liegt dem Gesetzgeber mittlerweile die Dicke der Kommentare am Herzen, nachdem er sie ganz früher einmal verbieten wollte (S. 17).

Die in Art. 23 I S. 1 und in S. 3 i.V.m. Art. 79 III fixierten Grenzen der Hoheitsübertragung hat das BVerfG zu überwachen. Die Gründung der Europäischen Union wurde in der sog. Maastricht- Entscheidung BVerfGE 89, 155 = StA S. 447 penibel überprüft.

Aufgrund und im Rahmen zulässiger Übertragungen gilt in der Bundesrepublik Deutschland europäisches Recht, und zwar in Form der Gründungsverträge (sogenanntes primäres Gemeinschaftsrecht) und der Rechtsetzungsakte der EG-Organe, vornehmlich Verordnungen des Ministerrates (sogenanntes sekundäres Gemeinschaftsrecht). Es ist wichtig, sich klarzumachen, daß es sich hierbei nicht um deutsches Recht handelt, das durch das Zustimmungsgesetz von Völkerrecht in deutsches Recht transformiert wurde (und zwar hinsichtlich des Sekundärrechts: vorweg und pauschal). Die bei sonstigen völkerrechtlichen Verträgen viel verwendete Transformationstheorie paßt hier nicht. Vielmehr ist die in Art. 23 vorgesehene Übertragung so zu verstehen, daß die deutsche Staatsgewalt sich aus bestimmten Bereichen zurückzieht und dadurch den EG einen Zugriff ermöglicht, außerdem die deutschen Staatsorgane auf Beachtung europäischen Rechts verpflichtet werden. Folge ist dann, daß beispielsweise bei europäischer Rechtsetzung keine Ausübung deutscher Staatsgewalt mehr vorliegt.

Das europäische Recht wird jedoch, wie erwähnt, nicht nur von europäischen Behörden und dem EuGH angewendet, sondern auch von deutschen Behörden und Gerichten. Letztere können oder müssen aber (insbesondere) bei der Auslegung des primären Gemeinschaftsrechts den EuGH einschalten und eine Vorabentscheidung des Gerichts einholen; das ist unabdingbar für die Rechtsvereinheitlichung.

Eine supranationale Gemeinschaft kann nur funktionieren, wenn ihr Recht dem nationalen Recht vorgeht, ansonsten würde das Gemeinschaftsrecht in fünfzehn und zukünftig in noch mehr nationalen Varianten gelten. Das EG-Recht muß sich auf dem ihm eingeräumten Bereich auch gegenüber nationalem Verfassungsrecht behaupten können. Das ist prinzipiell anerkannt und in der Bundesrepublik wegen des materiell verfassungsändernden Gehalts eines Gesetzes gemäß Art. 23 auch unschwer zu begründen.

II. Das Grundrechtsproblem

Wenn europäische Behörden europäisches Recht gegenüber Deutschen anwenden, könnte man sie von der Beachtung deutscher Grundrechte freistellen. Denn eigentlich dachte Art. 1 III nur an deutsche Gesetzgebung, vollziehende Gewalt und Rechtsprechung. So hat es auch das BVerfG lange gesehen (BVerfGE 24, 293/295 = StA S. 461 und E 58, 1/27). In der Maastricht-Entscheidung behauptet es aber nun ohne nähere Begründung, zu seinen Aufgaben gehöre der Grundrechtsschutz in Deutschland, nicht nur der gegen deutsche Staatsorgane (a.a.O., S. 174 f. = StA S. 452).

Dann gelten die Grundrechte erst recht in den häufigen Fällen, in denen EG-Recht von deutschen Behörden und Gerichten angewendet wird, auch hier hat also das BVerfG ein Wächteramt. Es liegt aber auf der Hand, daß dieses Amt nicht wahrgenommen werden darf. Wenn EG-Recht in jedem Mitgliedstaat nur nach Maßgabe der nationalen Grundrechte (im Verständnis der nationalen Verfassungsgerichte!) angewendet werden dürfte, könnte man die Europäische Union gleich auflösen. Folglich muß sich das BVerfG aus diesem Bereich zurückziehen. Das fällt ihm um so leichter, als dies nicht Verzicht auf jede Grundrechtsgeltung bedeutet, sondern nur die Abgabe der Grundrechtsprüfung an den EuGH. Natürlich darf der nicht die deutschen (und in anderen Fällen französische oder holländische) Grundrechte heranziehen, sondern nur europäische. Solche fanden sich nun zwar in den EG-Verträgen nicht. Doch hatte der EuGH in kühner Rechtsschöpfung eine Reihe von Grundrechten aus dem Geist der Verträge und der gemeinen europäischen Grundrechtstradition abgeleitet. Seit 1992 bekennt sich die Europäische Union in Artikel F des Unionsvertrages zu den Grundrechten der Europäischen Konvention zum Schutze der Menschenrechte und Grundfreiheiten (dazu näher unten S. 117) und zu Grundrechten »wie sie sich aus den gemeinsamen Verfassungsüberlieferungen der Mitgliedsstaaten als allgemeine Grundsätze des Gemeinschaftsrechts ergeben«.

Wegen dieses vom EuGH zu wahrenden europäischen Grundrechtsstandards verzichtet das BVerfG auf seine Kontrollbefugnisse (a.a.O. mit Verweis auf BVerfGE 73, 339/387 = LS 2 in der StA S. 463).

III. Der föderalistische Aspekt

Auf die Europäischen Gemeinschaften wurden und werden nicht nur Hoheitsrechte des Bundes übertragen. Folglich hat der Prozeß der europäischen Integration den Ländern eine weitere Kompetenzeinbuße gebracht oder wird sie noch bringen, sobald die EG ihre bislang noch nicht beanspruchten Befugnisse wahrnimmt. Betroffen hiervon sind die Kulturhoheit, beispielsweise durch Regelungen über die Dienstleistungsfreiheit im Bereich Hörfunk und Fernsehen, Kompetenzen im Beamtenrecht, bei der Seehäfenpolitik und der regionalen Wirtschaftsförderung. Durch die Befugnisse der EG zur Rechtsangleichung kann fast jede Gesetzgebungskompetenz beeinträchtigt werden. Es besteht sogar die Gefahr, daß die Länder auf den an die EG verlorengegangenen Gebieten von der Befugnis zur (rechtsetzenden) Durchführung des EG-Rechts zugunsten des Bundes ausgeschlossen werden.

Gegen diese Gefahren vermag das Subsidiaritätsprinzip nur wenig auszurichten. Deshalb hat Art. 23 zusammen mit einem Ausführungsgesetz dem Bundesrat Mitwirkungsbefugnisse eingeräumt, die nach der Betroffenheit von Länderinteressen gestaffelt sind. Zu diesem Zweck kann der Bundesrat gemäß Art. 52 IIIa eine Europakammer bilden, die statt seiner entscheidet.

Viele Bundesländer unterhalten in Brüssel eigene Büros zur Wahrnehmung ihrer Interessen.

3. Teil – **Grundrechte**

1. Kapitel:
Geschichtliche Entwicklung der Grundrechte

Sie müssen keine Angst haben, daß ich Sie mit Geschichte traktiere. Aber das Nachfolgende gehört schon zur besseren Allgemeinbildung und zur unerläßlichen Juristenbildung. Die ersten echten Menschenrechtserklärungen, die gleiche Rechte für alle Bürger enthielten, wurden in Nordamerika formuliert, gespeist aus englischen Traditionen und aus naturrechtlichen Auffassungen von überstaatlichen Menschenrechten. Den Anfang machte die »Bill of Rights« des Staates Virginia vom Juni 1776. Sie beginnt so:

»Eine Erklärung der Rechte, verkündet von den Vertretern der rechtschaffenen Bevölkerung von Virginia, die sich in vollzähliger und freier Versammlung zusammengefunden haben, welche Rechte für sie und ihre Nachkommenschaft als Grundlage und Rechtsquelle ihrer Regierung Geltung besitzen. Artikel I. Alle Menschen sind von Natur gleichermaßen frei und unabhängig und besitzen gewisse angeborene Rechte, deren sie ihre Nachkommenschaft bei der Begründung einer politischen Gemeinschaft durch keinerlei Abmachungen berauben oder zwingen können, sich ihrer zu begeben; nämlich das Recht auf Leben und Freiheit und dazu die Möglichkeit, Eigentum zu erwerben und zu behalten und Glück und Sicherheit zu erstreben und zu erlangen.«

Nur Wochen später wird eingangs der amerikanischen Unabhängigkeitserklärung formuliert:

»Folgende Wahrheiten erachten wir als selbstverständlich: Daß alle Menschen gleich geschaffen sind; daß sie von ihrem Schöpfer mit gewissen unveräußerlichen Rechten ausgestattet sind; daß dazu Leben, Freiheit und das Streben nach Glück gehören ...«

Dies waren die Vorbilder für die Erklärung der Menschen- und Bürgerrechte der Französischen Revolution von 1789. Dort heißt es u. a.:

»1. Die Menschen werden frei und gleich an Rechten geboren und bleiben es. Die gesellschaftlichen Unterschiede können nur auf den gemeinsamen Nutzen gegründet sein.

2. Der Endzweck aller politischen Vereinigung ist die Erhaltung der natürlichen und unabdingbaren Menschenrechte. Diese Rechte sind die Freiheit, das Eigentum, die Sicherheit, der Widerstand gegen Unterdrückung.

3. Der Ursprung aller Souveränität liegt seinem Wesen nach beim Volke. Keine Körperschaft, kein einzelner kann eine Autorität ausüben, die nicht ausdrücklich hiervon ausgeht.

4. Die Freiheit besteht darin, alles tun zu können, was einem andern nicht schadet. Also hat die Ausübung der natürlichen Rechte jedes Menschen keine Grenzen als jene, die den übrigen Gliedern der Gesellschaft den Genuß dieser nämlichen Rechte sichern. Diese Grenzen können nur durch das Gesetz bestimmt werden.

5. Das Gesetz hat nur das Recht, solche Handlungen zu verbieten, die der Gesellschaft schädlich sind. Alles, was durch das Gesetz nicht verboten ist, kann nicht verhindert werden, und niemand kann genötigt werden, zu tun, was das Gesetz nicht verordnet.«

Das amerikanische und französische Vorbild strahlte auch nach Deutschland aus, das noch keine bürgerliche Revolution erlebt hatte. In den deutschen Teilstaaten fügte man vielfach Grundrechtsbestimmungen in die Verfassungen ein, doch blieb ihre praktische Auswirkung begrenzt. Nach der Revolution von 1848 fand man in der später gescheiterten *Paulskirchenverfassung* zu einem großartigen und modernen Grundrechtsteil. Die Bismarcksche Reichsverfassung von 1871 verzichtete auf einen Grundrechtsabschnitt und entschuldigte das mit der Grundrechtsgeltung in den einzelnen Bundesstaaten. So kam es erst wieder 1919 in der Weimarer Reichsverfassung zur Abfassung eines Grundrechtskatalogs, der sich in vielem an der Paulskirchenverfassung orientierte. Die WRV wurde dann vom Parlamentarischen Rat für den Grundrechtskatalog des GG in den Art. 1–19, aber auch für andere grundrechtsgleiche Rechte ausgewertet. Wie schon erwähnt, ließ man aber im Gegensatz zur WRV das GG mit den Grundrechten beginnen, um die Bedeutung dieser von den Nationalsozialisten mißachteten Rechte zu unterstreichen.

2. Kapitel:
Allgemeine Grundrechtslehren

In diesem Kapitel werde ich Ihnen nur die wichtigsten allgemeinen Grundrechtslehren vortragen. Wenn Sie dann etwas Boden unter den Füßen haben, sollten wir uns zuerst damit vertraut machen, wie die Grundrechte mittels der Verfassungsbeschwerde vor dem BVerfG geltend gemacht werden (3. Kapitel). Danach wollen wir uns einige besonders wichtige Grundrechte genauer ansehen (4. Kapitel). Wenn die Grundrechte dadurch für Sie anschaulicher geworden sind, werden wir uns nochmals allgemeinen Grundrechtslehren zuwenden müssen (5. Kapitel).

A. Was sind Grundrechte?

Die Überschrift ist eine abstrakte Frage und bedingt eine abstrakte Antwort, auch wenn diese an einzelnen Grundrechten zu belegen sein wird. Ich möchte Sie wieder um etwas Geduld für diese allgemeine Grundlegung bitten, glaube aber, daß Sie nur auf diesem Fundament die Detailprobleme der einzelnen Grundrechte richtig meistern können. Gewiß wäre es möglich, Ihnen zu Beginn einen aktuellen Fall aus dem Demonstrationsrecht zu bringen und aus diesem Anlaß einiges zu den Art. 5 und 8 zu sagen, aber wie schnell stößt man dann bei gründlichem Nachdenken auf die völlig offene Ausgangsfrage: Was ist überhaupt ein Grundrecht und welche Struktur hat es?

»Grundrecht« hat eine Doppelbedeutung. Es meint zum einen eine *Grundrechtsbestimmung*, also *objektives Recht* (vgl. oben S. 9).

Zum anderen gewähren aber »die Grundrechte« im Sinne von Grundrechtsbestimmungen auch subjektiv-öffentliche Rechte, ja, Grundrechte in diesem Sinn sind *der Prototyp des subjektiv-öffentlichen Rechts* (vgl. oben S. 10).

Daß Grundrechte subjektiv-öffentliche Rechte sind, wird bei der Lektüre jener zahlreichen Grundrechtsverbürgungen deutlich, die mit »Jeder hat das Recht« beginnen. Damit ist eine dem Subjekt zustehende rechtliche Befugnis umschrieben, also ein subjektives Recht.

Wie ist das subjektive Recht näher zu beschreiben? Welchen Inhalt hat es? Meist ist es ein *Recht etwas zu tun*, etwa die Meinung zu äußern, sich zu versammeln, die Persönlichkeit frei zu entfalten. Beim »Recht auf Leben« wird es schon fragwürdiger. Wie ist es beim »Recht auf körperliche Unversehrtheit«? Das läßt sich positiv nicht mehr adäquat umschreiben. Es geht vielmehr um ein Recht, daß etwas nicht geschehe, daß etwas also *unterlassen* werde. Und damit ist jedenfalls dieses Grundrecht im subjektiven Sinn ein (Unterlassungs-)*Anspruch* (vgl. 194 BGB). Noch deutlicher wird es etwa bei Art. 4 III GG. Hier besteht nur die Besonderheit, daß die Verfassung es bei der Pflicht-Statuierung belassen und nicht formuliert hat: Jedermann kann verlangen, daß er nicht ... Aber daß Art. 4 III auch dieses subjektive Recht als Gegenstück zu der staatlichen Pflicht einräumt, kann nicht zweifelhaft sein.

Hätten wir also in der Verfassung einerseits Rechte zur freien Betätigung und andererseits Unterlassungsansprüche? Nein, denn auch das Recht, seine Meinung zu äußern, birgt in sich als wichtigsten Bestandteil einen Unterlassungsanspruch! Denn in Art. 5 I GG ist ja notwendigerweise auch die Pflicht des Staates enthalten, die freie Meinungsäußerung gar nicht oder nur unter bestimmten strengen Voraussetzungen zu beeinträchtigen. Dieser Unterlassungspflicht korrespondiert ein Unterlassungsanspruch.

Zusammenfassend kann man sagen, daß allen wichtigen Freiheitsrechten, durch die den Bürgern der Genuß von Gütern oder die Handlungsfreiheit verbürgt ist, *Unterlassungsansprüche* zugrundeliegen. Daß sozusagen im Schirm dieser Unterlassungsansprüche auch von einem Betätigungsrecht oder einem Innehabungsrecht gesprochen werden könnte, ist nur von zweitrangiger Bedeutung. Deshalb merken Sie sich bitte, daß die allermeisten Grundrechte, als subjektiv-öffentliche Rechte verstanden, gegen den Staat gerichtete Unterlassungsansprüche sind. Man spricht hier auch von *Abwehrrechten* (oder negatorischen Rechten) und von einem »status negativus« des Bürgers.

Daß dies bis heute so im Vordergrund steht, erklärt sich einfach daraus, daß früher wie heute das ganz überwiegende Interesse jeden Bürgers dahin gehen mußte, vom Staat in Ruhe gelassen zu werden. Sein Begehren richtete sich also auf das Unterlassen eines störenden Eingriffs. Zwar hatte man früher und hat man im zunehmenden Maße auch heute den Wunsch, der Staat möge für einen *positiv* etwas tun. Aber diese Wünsche sind entweder nicht so vordringlich, daß man sich veranlaßt sieht, sie in eine Verfassung zu schreiben, oder sie sind nicht stets erfüllbar und stünden deshalb als einklagbare Ansprüche auf dem Papier, etwa das Recht auf Arbeit in einer freien Wirtschaft. Diskutieren kann man aber z. B. über das Recht auf das Existenzminimum. Sie sehen jedoch, es sind Ausnahmefälle, in denen es um Ansprüche auf positives Tun (statt Unterlassen) des Staates gehen kann. Man spricht hier übrigens vom »status positivus«. Wir werden auf ihn noch zurückkommen, uns aber vorerst nur mit dem ungleich wichtigeren »status negativus« befassen. Und was ihn anbetrifft, können wir unsere Überschriftfrage so beantworten: *Negatorische Grundrechte, verstanden als subjektive Rechte, sind Unterlassungsansprüche gegen den Staat.* Diese Unterlassungsansprüche kommen den Schutzgütern der Grundrechte wie Leib und Leben, Freiheit der Person, Glauben, Gewissensbetätigung, Meinungs- und Pressefreiheit, Kunstbetätigung, Wissenschaftsausübung, dem Versammlungs-, Vereins- und Gewerkschaftswesen, dem Beruf und dem Eigentum zugute.

Eine überaus wichtige Frage ist noch offen: Was geschieht in den – insgesamt seltenen – Fällen, in denen der Staat den Unterlassungsanspruch mißachtet, das heißt, in denen er seine *Unterlassungspflicht verletzt?* Ganz einfach: Die Pflichtverletzung muß dann aufhören. Aber wie geschieht das? Nehmen wir an, der Staat verbietet Versammlungen am Sonntag. Das wäre eine Verletzung von Art. 8. Die Verletzung wird durch *Aufhebung* des Gesetzes beendet. Darauf hat der Bürger einen Anspruch, weil unzulässige Beeinträchtigungen der Versammlungsfreiheit unterbleiben sollen. Oder: Aufgrund gesetzlicher Ermächtigung ergeht eine Verwaltungsverfügung, eine geplante Sonntagsversammlung abzusagen. Auch die Verletzung der grundrechtlichen Unterlassungspflicht durch diese unzulässige Verfügung kann durch deren Aufhebung beendet werden.

Ein – bewußt sparsamer – Hinweis darauf, wie das prozessual geltend zu machen ist: Man kann die Aufhebung der Verfügung vor dem Verwaltungsgericht, danach eventuell auch vor dem Verfassungsgericht, und die Aufhebung des Gesetzes nur vor dem BVerfG verlangen. Statt die staatlichen Organe zur Aufhebung zu verurteilen, heben der Einfachheit halber die Gerichte die betreffenden Akte selber auf. Bei Normen nennt man das: Nichtigerklärung.

B. Schutzgüter der Grundrechte und Möglichkeiten staatlicher Beeinträchtigung

Es stellen sich noch zwei Fragen:
— *Was* soll der Staat nun unterlassen?
— Was (nicht: wer!) soll von diesem Unterlassen profitieren, mit anderen Worten, was ist das *Schutzobjekt* der Grundrechte?

I. Grundrechtsschutzgüter

Die erste Frage wollen wir vorerst dahingehend beantworten, daß der Staat bestimmte *Beeinträchtigungen* unterlassen soll, auf Einzelheiten ist sogleich zurückzukommen. Zuvor noch zur zweiten Frage: *Was* soll der Staat nicht beeinträchtigen?

Nun haben wir eben schon einige Schutzgüter aufgezählt, darunter solche wie Leib und Leben, aber vornehmlich *Freiheiten zu einem Handeln*, beispielsweise sich zu versammeln. Wie ist es aber, wenn ein Wahlgesetz dem Wähler den Besuch von mindestens drei Wahlversammlungen vorschreiben würde? Art. 8 garantiert zwar ausdrücklich das Recht, sich zu versammeln, aber nicht, sich von einer Versammlung fernhalten zu dürfen. Kann der Gesetzgeber Sie nun zur Versammlung kommandieren? Nein, denn auch ohne ausdrückliche Umschreibung steckt doch in der grundrechtlichen Garantie eines freien Tuns auch das Recht, von diesem Tun Abstand zu nehmen und eine verfassungsrechtlich gewährleistete *Handlung zu unterlassen*. Man spricht hier von einer *negativen* (Versammlungs-, Glaubens-, Vereins- oder Gewerkschafts-) *Freiheit*. (Hinweis für die ganz Genauen unter den Lesern, zur Erklärung, nicht etwa als Merkstoff: Hier schützt die Verfassung ein Unterlassen durch einen Unterlassungsanspruch. Denn der Staat soll es unterlassen, den Bürger von einem Unterlassen abzubringen.)

Nun müssen wir nur noch bedenken, daß beispielsweise das Recht, Eigentum zu erwerben, schlecht als reine Handlungsfreiheit bezeichnet werden kann. Hier geht es um die Befähigung, durch Handeln Rechtswirkungen herbeizuführen. Und ein Letztes: Wenn Sie sich dagegen wehren, daß ein Polizist Sie fotografiert, dann wollen Sie weder etwas tun noch etwas unterlassen, Sie wollen in Ruhe gelassen werden, und das ist etwas anderes. Sie verlangen hier Selbstbestimmung über die persönliche Sphäre, was mit Freiheit des Tuns oder Unterlassens nicht angemessen bezeichnet werden kann.

Fassen wir die *Grundrechtsschutzgüter* zusammen:
— Freiheit, etwas zu tun
— Freiheit, etwas nicht zu tun (= zu unterlassen)
— die Befähigung, Rechtswirkungen herbeizuführen, etwa Eigentum zu erwerben
— Selbstbestimmung über die persönliche Sphäre (zum Beispiel über die Ehe oder das eigene Bild oder das gesprochene oder das geschriebene Wort)
— sonstige Güter wie Würde (Art. 1), Leben, Gesundheit (Art. 2 II), Ehre.

Von den negatorischen Grundrechten wird also nicht nur die Freiheit geschützt, weshalb die oft gebrauchte Sammelbezeichnung »*Freiheitsrechte*« etwas ungenau ist.

II. Beeinträchtigung von Grundrechtsschutzgütern

Wie sieht nun die staatliche Beeinträchtigung der soeben aufgeführten Schutzgüter aus?

Sie kann normativer, d. h. rechtlich verfügender Art sein oder faktischer Art.
— *Normative Beeinträchtigungen* geschehen meist
  · durch *Verbote* eines grundrechtlich geschützten Tuns (Bsp.: Versammlungsverbot)
  · durch *Gebote*, die das vom Bürger gewünschte Unterlassen ändern wollen (Bsp.: Gebot, eine Wahlversammlung zu besuchen). Verbote und Gebote faßt man zuweilen zu den imperativen Beeinträchtigungen zusammen.
  · durch Entzug von Rechtsstellungen im weiteren Sinn (Bsp.: Enteignung)
— *Faktische Eingriffe* sind das soeben erwähnte Fotografieren, Verhaftungen, Hausdurchsuchungen, Wegnahme von Gegenständen etc.

Ein Sonderproblem ist die »Steuerung« des an sich frei wählbaren Tuns durch Belohnungen oder — vornehmlich finanzielle — Nachteile, es soll vorerst nur stichwortartig notiert werden.

C. Bindung aller Staatsgewalten

Die Grundrechte binden gemäß Art. 1 III die gesamte staatliche Gewalt und zwar auch die Landesstaatsgewalt. (Diese unterliegt also einer Doppelbindung, an die Grundrechte des GG und die der Landesverfassung. Auf das Nebeneinander von Bundes- und Landesrechten ist auf S. 117 zurückzukommen.) Alle Staatsgewalten nach der herkömmlichen Dreiteilung, gesetzgebende, ausführende und rechtsprechende Gewalt, unterliegen also der grundrechtlichen Pflicht, bestimmte Beeinträchtigungen zu unterlassen.

Das ist im Hinblick auf den Gesetzgeber, der doch das Volk repräsentiert, nicht selbstverständlich und war es insbesondere in der Geburtsstunde der Grundrechte nicht. Denn die Freiheitsbedrohung kam jedenfalls in Deutschland von der monarchistischen Exekutive und Richterschaft. Deshalb sollte es für »Eingriffe in Freiheit und Eigentum« der gesetzlichen Billigung durch das vom Bürgertum beschickte Parlament bedürfen. Aus dieser historischen Perspektive heraus gab es wenig Grund, auch dem Gesetzgeber grundrechtliche Bindungen aufzuerlegen. Man konnte die Identität von Volk und parlamentarischen Repräsentanten behaupten und dann fragen, wieso das Volk gegen sich selbst geschützt werden müsse. Freilich führt solch eine abstrakt-theoretische Fragestellung in die Irre. In der Praxis ist es sehr wohl möglich, daß die Mehrheit der Repräsentanten die Minderheit des Volkes unterdrückt. Grundrechte sind gerade *Schutzbastionen von Minderheiten*, und diese müssen, wenn sie effektiv sein sollen, auch gegen den Gesetzgeber wirken.

Deshalb finden Sie selbst in der französischen Menschenrechtserklärung (in den oben zitierten Nummern 4 und 5 sowie in Nr. 8) schon Ansätze zur Parlamentsbindung, und den Amerikanern war das von vornherein ganz selbstverständlich. In ihrer Verfassung heißt es dauernd: »Congress shall make no Law ...«. Auch die nunmehr rund vierzigjährige Erfahrung in der Bundesrepublik zeigt deutlich, daß die Bürger auch und gerade des Freiheitsschutzes gegen das von ihnen gewählte Parlament bedürfen.

Wir müssen nun in aller Genauigkeit untersuchen, wie die von Art. 1 III verfügte Bindung bei den drei Staatsgewalten im einzelnen aussieht. Wem obliegt wann eine Pflicht, eine Beeinträchtigung zu unterlassen?

I. Die Grundrechtsbindung der vollziehenden Gewalt

Die vollziehende Gewalt, das heißt Präsident, Regierung, Verwaltung und Bundeswehr, darf Schutzgüter von Grundrechten nur beeinträchtigen, beispielsweise ein Kraftfahrzeug sicherstellen, eine Versammlung auflösen, jemanden verhaften, eine Wohnung durchsuchen, wenn das betreffende

Grundrecht ihr diese Möglichkeit einräumt. Das kann auf zweierlei Art geschehen.

1. Unmittelbare Eingriffsermächtigung durch eine Grundrechtsnorm

Die Grundrechtsbestimmung selbst erlaubt der vollziehenden Gewalt unter bestimmten Voraussetzungen einen Eingriff. Das ist ein sehr seltener Fall, dem wir nur in Art. 9 II und 13 III, 1. Altern. begegnen. Beispiel: Auch ohne einfaches formelles Gesetz darf die Polizei oder die Feuerwehr im Brandfall in eine Wohnung eindringen.

2. Eingriffe aufgrund einfachen formellen Gesetzes

a) In allen anderen Fällen ermächtigt die Grundrechtsnorm nicht selbst, sondern überläßt diese Ermächtigung dem Parlamentsgesetzgeber (und zwar, je nach Kompetenz, dem des Bundes oder denen der Länder). Ihm wird es unter bestimmten Voraussetzungen oder aber generell freigestellt, die vollziehende Gewalt zu Eingriffen zu ermächtigen. Nehmen Sie beispielsweise Art. 2 II 1 mit seiner Garantie der körperlichen Unversehrtheit. In diese kann gemäß Art. 2 II 3 »nur aufgrund eines Gesetzes eingegriffen werden« — eine häufig, zum Beispiel in Art. 10 II 1, 13 III, 2. Altern. und 16 I 2, verwendete Formel. So kann beispielsweise aufgrund von § 81a StPO (die ein formelles Gesetz ist) ein Polizeibeamter die Entnahme einer Blutprobe anordnen. Hier greift ein Exekutivorgan *unmittelbar* aufgrund eines förmlichen Gesetzes ein. Es kann jedoch auch die Universitätsbehörde aufgrund einer Satzungsbestimmung von Ihnen eine Röntgenuntersuchung verlangen, vorausgesetzt, daß es eine ausreichende Gesetzesermächtigung für diese Satzungsnorm gibt (dazu oben S. 53). Hier greift eine Verwaltungsbehörde unmittelbar aufgrund einer Satzung (eines nur materiellen Gesetzes) und *mittelbar* aufgrund förmlichen Gesetzes ein. Daß eine Satzung oder auch eine Verordnung zwischen Eingriff der Exekutive und förmlichem Gesetz vermittelt, schadet bei der Formulierung »aufgrund Gesetzes« nicht; diese können wir also auflösen in: *Unmittelbar oder mittelbar aufgrund förmlichen (Bundes- oder Landes-)Gesetzes.*

b) An einer Stelle benutzt das GG eine abweichende und auffallende Formulierung: »Die Freiheit der Person kann nur aufgrund eines förmlichen Gesetzes ... beschränkt werden« (Art. 104 I 1). Damit sind offenbar strengere Bedingungen angestrebt als durch die sonst übliche Formulierung »aufgrund Gesetzes«. Hier muß in der Tat ein Eingriff der Verwaltung *unmittelbar* durch ein Parlamentsgesetz erlaubt sein. Das bekommt seinen guten Sinn, wenn man sich klarmacht, daß »Freiheit der Person« nicht eine allgemeine Freiheit, beispielsweise eine Zigarette zu rauchen oder eine Bootspartie zu unternehmen, meint, sondern die körperliche Bewegungsfreiheit. Ihre Beschränkung durch eine Verhaftung beispielsweise sollte nicht von einem Verordnungs- oder Satzungsgeber erlaubt werden dürfen.

c) *Zusammenfassend* läßt sich feststellen: Eine Verwaltungsbehörde darf (nur) dann eingreifen,
— wenn eine Grundrechtsbestimmung den Eingriff »aufgrund eines Gesetzes« gestattet und
— wenn zur Ausfüllung dieses grundrechtlichen Gesetzesvorbehalts eine formell-gesetzliche Grundlage geschaffen wurde, also ein Parlamentsgesetz oder eine daraus abgeleitete Verordnung oder Satzung zu dem Eingriff ermächtigt.

Nur bei Art. 104 I muß das formelle Gesetz unmittelbar die Verwaltung ermächtigen, hier läßt sich eine Verordnung oder eine Satzung nicht zwischenschalten.

d) Diese vorstehende Regel gilt stets, auch wenn mal nicht die geläufige Formulierung »aufgrund Gesetzes« verwendet wird. Bitte lesen Sie einmal Art. 5 II durch. Natürlich können die »allgemeinen Gesetze« oder die »gesetzlichen Bestimmungen zum Schutze der Jugend« auch eine Verwaltungsbehörde zu beschränkenden Maßnahmen ermächtigen, sei es, daß dies durch ein förmliches Gesetz unmittelbar geschieht oder durch eine vom Parlamentsgesetz zugelassene Verordnung oder Satzung.

e) Nach dem Vorstehenden ist die vollziehende Gewalt hilflos, wenn die Grundrechtsnorm es dem Gesetzgeber nicht freistellt, eine Eingriffsermächtigung zu erteilen, wenn also ein Grundrecht ohne Einschränkungsvorbehalt ist. Der Physiker P experimentiert in seinem Labor mitten im Wohngebiet mit radioaktiven Substanzen. Da die Forschung gemäß Art. 5 III 1 vorbehaltlos frei ist, dürfte die Behörde demnach nicht einschreiten. Die Frage ist nur, ob man nicht einen ungeschriebenen Vorbehalt zugunsten einer gesetzlichen Ermächtigung annehmen muß. Da dies aber den — auch zeitlich zuerst betroffenen — Gesetzgeber betrifft, müssen wir das Problem hier noch nicht vertiefen, sondern erst anschließend bei der Grundrechtsbindung des Gesetzgebers (S. 83).

3. Vermutung für die Freiheit

An den bisherigen Ausführungen sollte schon die Modellvorstellung von den Grundrechtsgarantien im liberalen Rechtsstaat deutlich geworden sein: Man geht von der Freiheit aus und qualifiziert alles als *erlaubt, was nicht ausdrücklich verboten ist*. Dieses Denken von der Freiheit her schließt keineswegs das Ergebnis aus, daß am Ende von der Freiheit nicht mehr allzu viel übrig bleibt. In der Tat wird ja unser Freiheitsspielraum leider zunehmend stärker eingeschränkt, man kann kaum noch einen Baum pflanzen, ohne sich an Rechtsvorschriften zu stoßen. Aber das verträgt sich gleichwohl mit einer *Vermutung für die Freiheit*. Es ist übrigens so ähnlich wie bei der grundgesetzlichen Vermutung für die Gesetzgebungskompetenz der Länder in Art. 70, wo ja auch am Ende nicht viel übrig bleibt.

II. Die Grundrechtsbindung der Rechtsprechung

Hier gilt ganz Entsprechendes wie für die vollziehende Gewalt. Auch die Rechtsprechung darf Grundrechtssphären, wenn überhaupt, dann nur (unmittelbar oder mittelbar) aufgrund eines förmlichen Gesetzes beeinträchtigen.

III. Die Grundrechtsbindung der Gesetzgebung

Gesetzgebung meint, um es zu wiederholen, Bundes- und Landesgesetzgebung.

1. Strikte Unterlassungspflichten

Zuweilen enthalten Grundrechtsnormen strikte Verbürgungen, so daß in diesem Bereich auch die Parlamente überhaupt nicht eingreifen dürfen. Das trifft für Art. 1, Art. 4 III 1 und Art. 16 I, II 1 zu.

Scheinbar ist es auch in dem gerade schon erwähnten Art. 5 III der Fall. Aber das dort gebildete Beispiel zeigt bereits, daß das zunächst naheliegende Ergebnis sehr problematisch ist. Wir stellen diese Fälle noch etwas zurück, vorerst sei eine strikte Unterlassungspflicht des Gesetzgebers hier nicht anerkannt.

2. Grundrechte mit Gesetzesvorbehalten

Die meisten Grundrechtsnormen gestatten dem Gesetzgeber ein Tätigwerden in ihrem Schutzbereich, sie enthalten sogenannte *Gesetzesvorbehalte*. Diese sind selten von bestimmten Voraussetzungen abhängig, wie in Art. 11 II und 13 III *(qualifizierte Gesetzesvorbehalte)*, meist aber voraussetzungslos eingeräumt *(allgemeine Gesetzesvorbehalte)*.

a) Gesetzesvorbehalte kann das Parlament auf verschiedene Weise ausfüllen:
— Es kann selbst Beschränkungen anordnen, etwa gesetzlich verbieten oder gebieten. Beispiel: Das StVG verbietet das Fahren ohne Führerschein.
— Es kann den Verordnungs- oder Satzungsgeber ermächtigen, selbst und unmittelbar etwas zu regeln. Beispiel: Das StVG ermächtigt den Bundesverkehrsminister, Halteverbote für bestimmte Verkehrsbereiche festzulegen, wie in § 12 der StVO geschehen.
— Es kann durch förmliches Gesetz die Verwaltung zu Eingriffen ermächtigen. Beispiel: § 4 StVG ermächtigt die Behörde, einem Ungeeigneten die Fahrerlaubnis zu entziehen.
— Es kann den Verordnungs- oder Satzungsgeber ermächtigen, seinerseits die Verwaltung zu Einzeleingriffen zu ermächtigen. Beispiel: Das StVG ermächtigt zum Erlaß von § 36 StVO, wonach Polizeibeamte zum Anhalten von Fahrzeugen ermächtigt sind.

Bei Art. 104 I können, wie erwähnt, keine untergesetzlichen Normen zwischengeschaltet werden, die 2. und 4. Variante entfällt dann.

Ansonsten hat der Gesetzgeber durchweg bei jedem Grundrecht diese verschiedenartigen Möglichkeiten. Das bringen einige Grundrechtsnormen zutreffend mit der Wendung zum Ausdruck, in ein Schutzgut könne »*durch Gesetz oder aufgrund eines Gesetzes*« eingegriffen werden (Art. 8 II, 11 II, 12 I 2, 12a III 1, IV, V 2, VI 1, 14 III 2).

Was gilt nun in den oben erwähnten Fällen, wie etwa Art. 2 II 3 oder Art. 13 III, in denen ein Eingriff »nur aufgrund des Gesetzes« erlaubt sein soll? Auf den ersten Blick könnte man meinen, hier dürfe der Gesetzgeber nur zu Eingriffen ermächtigen, aber nicht selbst unmittelbar eingreifen, es gälten also nur die 2. bis 4. der oben aufgeführten Varianten. Das wäre ein Trugschluß, ein naheliegender freilich. Aber wir sehen leider nicht zum erstenmal, daß das GG alles andere als gesetzestechnisch perfekt ist. Tatsächlich gibt es keinen vernünftigen Grund, weshalb der Gesetzgeber nicht schon selbst beispielsweise einem Wohnungsinhaber die Desinfektion im Seuchenfall sollte befehlen dürfen.

Ergebnis: Ob es nun »durch Gesetz oder aufgrund Gesetzes« oder nur »aufgrund Gesetzes« heißt, stets kann das förmliche Gesetz schon selbst einen Eingriff verfügen oder sich mit einer Ermächtigung begnügen.

b) Wenn wir sagten, daß der Gesetzgeber den Gesetzesvorbehalt auch durch Ermächtigungen ausfüllt, so heißt das gleichzeitig, daß er schon für solche Ermächtigungen den Gesetzesvorbehalt in der Grundrechtsgarantie benötigt, und daß er ohne diesen nicht ermächtigen dürfte. Anders ausgedrückt: *Auch »bloße« gesetzliche Ermächtigungen unterliegen bereits der Grundrechtsbindung. Es ist nicht erst der Ausführungsakt* (der den tatsächlichen Nachteil bringt) an den Grundrechten zu messen! Das wird gerade von Anfängern häufig falsch gemacht.

c) Abschließend noch vorsorglich eine Anmerkung zum Begrifflichen. Wir hatten oben (S. 23 ff.) ausführlich den *Vorbehalt des Gesetzes* kennengelernt, hier taucht plötzlich der *Gesetzesvorbehalt* auf. Wie stehen die zueinander? Der Vorbehalt des Gesetzes verlangt (u. a.) für Eingriffe von Verwaltung (und Rechtsprechung) eine gesetzliche Grundlage. Der Gesetzesvorbehalt erlaubt Eingriffe im Grundrechtsbereich (schon unmittelbar) durch Gesetz oder aufgrund Gesetzes; gleichzeitig verlangt er dieses Gesetz. Hier handelt es sich also um die weitere Perspektive. *Alle* Eingriffe, auch die des Gesetzgebers selbst, bedürfen des Gesetzes.

3. Erfordernis der Gültigkeit eines den Grundrechtsbereich einschränkenden Gesetzes

Ein Gesetz, das Schutzgüter von Grundrechten beeinträchtigt, muß *gültig* sein. Zwar sagt die Verfassung nirgends »aufgrund eines gültigen Gesetzes«, aber das versteht sich von selbst. Voraussetzungen für die Gültigkeit sind:

a) Das Gesetz muß vom *zuständigen Gesetzgeber* stammen. Ansonsten ist es nichtig und also zur Grundrechtseinschränkung ungeeignet.

b) Das *Gesetzgebungsverfahren* muß eingehalten worden sein. Wichtige Frage: Ist die Zustimmung des Bundesrates erforderlich gewesen und erteilt worden?

c) Das Gesetz darf gegen keine sonstigen GG-Normen verstoßen, insbesondere *nicht rechtsstaatswidrig* sein. Ein in die Grundrechtssphäre eingreifendes Gesetz, das nicht hinreichend *bestimmt* ist oder das in unzulässiger Weise *zurückwirkt*, ist nicht nur rechtsstaatswidrig und folglich nichtig, sondern es ist damit auch automatisch grundrechtswidrig, weil eben nur gültige Gesetze den Grundrechtsbereich beeinträchtigen dürfen. Sie werden vielleicht fragen, was das denn noch bringt. Es bringt wichtige *prozessuale* Möglichkeiten. Ein Bürger kann allein wegen der Rechtsstaatswidrigkeit eines Gesetzes nicht vor das BVerfG ziehen, aber bei einer Grundrechtsverletzung steht ihm die Grundrechtsbeschwerde, sprich Verfassungsbeschwerde, zur Verfügung.

d) Die prozessuale Möglichkeit, über die Verfassungsbeschwerde eine Grundrechtsverletzung wegen jeder Nichtigkeit eines belastenden Gesetzes zu beanstanden, hat weitreichende Konsequenzen. Ein Bürger kann ein Gesetz, selbst wenn er ihm ausdrücklich inhaltliche Vernunft und sachliche Mäßigung bescheinigt, allein mit der Behauptung angreifen, es habe der Zustimmung des Bundesrates bedurft oder es hätte statt durch das Land vom Bund erlassen werden müssen. Hier *kann sich* also *der Bürger* mittels seines grundrechtlichen Anspruchs, nur (wenn überhaupt) durch ein in jeder Hinsicht gültiges Gesetz belastet zu werden, *zum Anwalt des Bundesrates oder des Bundes* gegenüber einem Land *machen!*

Zuweilen können Sie noch lesen, die gerade beschriebenen Möglichkeiten habe der Bürger nur bei Art. 2 I. Geben Sie nichts darauf, denn es ist ganz offensichtlich falsch.

4. Art. 19 als Schranke für den schrankenziehenden Gesetzgeber

Wenn der Gesetzgeber bei Grundrechten mit allgemeinem Gesetzesvorbehalt durch ein gültiges Gesetz *beliebige* Freiheitsbeschränkungen anordnen oder erlauben könnte, wären diese Grundrechte nicht sonderlich viel wert. Sie würden nur gewährleisten, daß der Gesetzgeber eingeschaltet werden muß, also insbesondere die Exekutive einer gesetzlichen Ermächtigung bedarf. So hat man lange Zeit, auch noch unter der WRV, gesagt, die Grundrechte mit allgemeinem Gesetzesvorbehalt wiederholten nur noch einmal den altbekannten Vorbehalt des Gesetzes für Eingriffe in Freiheit und Eigentum, liefen aber sonst leer.

Das trifft für das Grundgesetz keineswegs zu. Daß der Gesetzgeber keine grenzenlosen Vollmachten hat, ersieht man schon aus Art. 19 I und II. Hier ist von Voraussetzungen für einschränkende Gesetze die Rede und von einer letzten Grenze, »soweit nach diesem GG ein Grundrecht durch Gesetz oder aufgrund eines Gesetzes eingeschränkt werden kann.«

C. Bindung aller Staatsgewalten

Ich will nur nebenbei anmerken, daß diese grundgesetzliche und auch sonst allgemein übliche Terminologie nicht ganz richtig ist. Wir hatten ja die hier einschlägigen negatorischen Grundrechte als Abwehrrechte, genauer: als Unterlassungsansprüche qualifiziert. Art. 19 I behandelt den Fall eines *erlaubten* gesetzlichen Eingriffs. Wenn nun beispielsweise der Gesetzgeber Demonstrationen vor den Parlamentsgebäuden in der sogenannten Bannmeile verbietet, schränkt er da einen Unterlassungsanspruch ein? Nein! Denn gegenüber dieser Anordnung des Gesetzgebers bestand und besteht gar kein grundrechtlicher Unterlassungsanspruch. Eingeschränkt wird nicht das subjektive Recht in Form des Unterlassungsanspruchs, sondern die *Freiheit* zur Demonstration. Ich werde deshalb versuchen, stets von Einschränkungen der Freiheit oder Beeinträchtigung anderer Grundrechtsschutzgüter zu sprechen. Nicht so richtig, aber in Anbetracht von Art. 19 I natürlich vertretbar ist es, von Einschränkungen des Grundrechts zu sprechen. Bitte merken Sie sich aber, daß man von »*Verletzung*« *nur bei einer rechtswidrigen Einschränkung* spricht! Schreiben Sie also niemals: »Durch das Verbot von Versammlungen in der Bannmeile hat der Gesetzgeber das Grundrecht aus Art. 8 GG verletzt. Deshalb ist zu prüfen, ob das verfassungsrechtlich zulässig ist.«

Nun zu Art. 19 I. Hier wird zunächst gefordert, daß das einschränkende Gesetz allgemein und nicht nur für den Einzelfall gelten muß. Dahinter verbirgt sich eine verwickelte Problematik. Da es auf Art. 19 I 1 praktisch nur in verschwindend wenigen Fällen ankommt, lassen wir die Einzelheiten auf sich beruhen.

Weiterhin »muß das Gesetz das Grundrecht unter Angabe des Artikels nennen« (Satz 2). Diesem Gebot nachzukommen, ist ziemlich mühsam. Bedenken Sie, daß der eingreifende Staat gar nicht anders kann, als unausgesetzt die Freiheitssphäre seiner Bürger zu berühren und auch (nach der Terminologie des Art. 19 I) deren Grundrechte einzuschränken. Deshalb wird die Vorschrift des Art. 19 I 2 auch häufig als völlig verunglückt und unpraktikabel bezeichnet. Das BVerfG hat sie zu entschärfen versucht, indem es sie in einer Reihe von Fällen nicht anwendet. Diese Fälle betreffen einzelne Grundrechte, deren Einzelheiten wir uns erst noch aneignen müssen. Ich führe sie deshalb hier noch nicht auf (sondern erst auf S. 107). Art. 19 I 2 spielt glücklicherweise auch in der Praxis der Rechtsprechung wie des Universitätsunterrichts keine große Rolle.

Art. 19 I enthält verfahrensrechtliche Begrenzungen. Demgegenüber verfügt Art. 19 II eine inhaltliche Begrenzung in Form der sogenannten *Wesensgehaltssperre*. Danach muß sozusagen ein Kern des Grundrechtes in jedem Fall von staatlichen Eingriffsmaßnahmen verschont bleiben. Aber auch die Erörterung dieses wichtigen Problems müssen wir noch zurückstellen, weil es erst an späterer Stelle (S. 83) voll verständlich wird.

5. *Der Grundsatz der Verhältnismäßigkeit*

Die Wesensgehaltssperre ist nämlich von dem im GG nicht ausdrücklich aufgeführten Grundsatz der Verhältnismäßigkeit völlig zurückgedrängt worden. Dieses dominierende Prinzip müssen wir daher zuerst analysieren. Sie kennen es vermutlich schon aus der Presse, wo es häufig in Verbindung mit Polizeieinsätzen, sei es bei Demonstrationen oder bei Hausbesetzungen, zitiert wird. In den Polizeigesetzen liest man etwa:

»Maßnahmen zur Gefahrenabwehr dürfen für den Einzelnen oder die Allgemeinheit keinen Nachteil herbeiführen, der erkennbar außer Verhältnis zu dem beabsichtigten Erfolg steht.

Kommen für die Gefahrenabwehr im Einzelfall mehrere Maßnahmen in Betracht, so ist nach pflichtgemäßem Ermessen diejenige Maßnahme zu treffen, die den Einzelnen und die Allgemeinheit voraussichtlich am wenigsten beeinträchtigt.« (§ 4 des Hamburger Gesetzes zum Schutz der öffentlichen Sicherheit und Ordnung vom 14. 3. 1966)

Bezeichnenderweise stammt dieses Prinzip auch aus dem Polizeirecht. In der Aufklärungszeit hat man es vor über 200 Jahren zwar nicht entdeckt, denn es ist dies ein uralter Menschheitsgedanke, aber neu akzentuiert.

Bei den Grundrechten gilt der Grundsatz der Verhältnismäßigkeit nach Ansicht des BVerfG aus deren Natur heraus sowie als Bestandteil des Rechtsstaatsgebots:

»In der Bundesrepublik Deutschland hat der Grundsatz der Verhältnismäßigkeit verfassungsrechtlichen Rang. Er ergibt sich aus dem Rechtsstaatsprinzip, im Grunde bereits aus dem Wesen der Grundrechte selbst, die als Ausdruck des allgemeinen Freiheitsanspruchs der Bürger gegenüber dem Staat von der öffentlichen Gewalt jeweils nur soweit beschränkt werden dürfen, als es zum Schutz öffentlicher Interessen unerläßlich ist.« (BVerfGE 19, 342/348 = StA S. 94)

Der Grundsatz der Verhältnismäßigkeit ist für die Grundrechtslehre und -praxis von schlechterdings *überragender Bedeutung*. Es ist deshalb in Ihrem Interesse, wenn Sie sich auf das Folgende konzentrieren. Wer den Grundsatz der Verhältnismäßigkeit begriffen hat, verfügt schon fast über ein Viertel der im Universitätsbereich erforderlichen allgemeinen Grundrechtslehren, und wer ihn nicht begriffen hat, wird mit den Grundrechten nie umgehen lernen.

Was sagt dieses wichtige Prinzip im einzelnen? Es hat drei Bestandteile:

a) Geeignetheit des Eingriffs

Die durch das Gesetz bewirkte Beeinträchtigung muß im Hinblick auf das erstrebte Ziel geeignet sein, einen Zweck zu erreichen. Eine ungeeignete und deshalb schlicht unnötige Schutzgutminderung widerspricht in der Tat jenem Gesamtbild, das man aus den grundrechtlichen Garantien gewinnen muß.

Daß der Gesetzgeber ein schlechterdings ungeeignetes Gesetz erläßt, das von dem beabsichtigten Zweck gar nichts erreicht, ist ungewöhnlich selten. Deshalb kann man diesen Gesichtspunkt, der bei der Überprüfung eines Gesetzes am Verhältnismäßigkeitsprinzip als erster zu bedenken ist, sehr kurz abhandeln.

Ein Beispielsfall: Der Gesetzgeber hat von Falknern nicht nur Spezialkenntnisse über die Beizvogeljagd verlangt, sondern auch sehr genaue waffentechnische Kenntnisse. Da die einzige »Waffe« des Falkners der Falke ist, war das eine unsinnige und ungeeignete Belastung (BVerfGE 55, 159).

b) Erforderlichkeit des Eingriffs

Der zweite Bestandteil ist der *Grundsatz der Erforderlichkeit oder des mildesten Mittels*. Wenn man ein bestimmtes Ziel mit der (numerisch bemessenen) Eingriffsintensität 5 erreichen kann, belastet eine Maßnahme mit dem Schweregrad 6 oder 7 um ein oder zwei Einheiten zu stark. (Diese *Mehrbelastung*, die nichts mehr bringt, könnte man übrigens auch als ungeeignet bezeichnen, tut das aber im allgemeinen nicht.)

Daß der Gesetzgeber zu harte Mittel wählt, obwohl mildere Maßnahmen *exakt dasselbe Ergebnis* erzielen würden, ist verhältnismäßig selten. Es ist jedoch beispielsweise in der StPO die Verhaftung eines mutmaßlichen Mörders oder Totschlägers zwingend vorgesehen. Für jene – seltenen – Fälle, in denen man nur Meldeauflagen, Besuchsverbote, Telefonsperre, Entzug des Passes anordnen muß, um Flucht oder »Verdunkelung« des Verdächtigen zuverlässig auszuschließen, schreibt das Gesetz ein übermäßig hartes, nicht erforderliches Mittel vor. Deshalb war es von Art. 2 II her geboten, anstelle der gesetzlich bestimmten Untersuchungshaft mildere Mittel einzusetzen (BVerfGE 19, 342 = StA S. 92).

Wie ist es übrigens, wenn ganz ausnahmsweise gar keine Maßnahmen gegenüber einem des Totschlags Verdächtigen geboten sind? Welcher Fehler liegt dann vor? Überlegen Sie mal!

Der Antwort sei noch ein weiteres Beispiel für einen Verstoß gegen das Erforderlichkeitsprinzip vorgeschaltet: Der Gesetzgeber hatte es Firmenvertretern untersagt, bei Landwirten vorzusprechen und Bestellungen auf apothekenfreie Tierarzneimittel entgegenzunehmen. Dafür wurde u. a. geltend gemacht, die Vertreter setzten zuweilen bestimmte Mittel ab, die ohne genügende Beratung durch Ärzte und Apotheker schädlich sein könnten. Zur Bekämpfung dieser Gefahr genügte es jedoch, die *betreffenden* Mittel apothekenpflichtig zu machen und damit vom Vertrieb durch reisende Vertreter auszuschließen, anstatt den Verkauf *aller* Mittel zu verbieten. Der Grundsatz des mildesten Eingriffs war verletzt (BVerfGE 17, 269/279).

Zurück zur Frage des vorletzten Absatzes. Hier liegt einer der extrem seltenen Fälle von Ungeeignetheit vor.

c) Güterabwägung, Mittel-Zweck-Relation

aa) Das dritte und weitaus wichtigste Element im Grundsatz der Verhältnismäßigkeit ist das *Güterabwägungsprinzip.* Eine Maßnahme darf demnach, gemäß der Rechtsprechung des BVerfG, den Betroffenen »nicht *übermäßig belasten«,* für ihn nicht »*unzumutbar«* sein. Zweck und Mittel dürfen »nicht außer Verhältnis zueinander« stehen, weshalb man auch von der Verhältnismäßigkeit im engeren Sinne spricht. Wir fanden diese Aussage ja auch schon in der oben zitierten polizeirechtlichen Vorschrift. Es ist dies das entscheidende Prüfkriterium bei den Grundrechten, das Ihnen auf Schritt und Tritt begegnen wird. Während es selten ist, daß der Gesetzgeber ein zu starkes Mittel wählt, wenn ein schwächeres exakt den gleichen Erfolg hätte (Erforderlichkeit), und es noch seltener ist, daß der Gesetzgeber ein schlechterdings ungeeignetes Mittel wählt, kommt es häufiger vor, daß er um geringwertiger Ziele willen übergewichtige Freiheitseinbußen verordnet.

bb) Nehmen Sie als beliebiges Beispiel die Kassenarzt-Entscheidung BVerfGE 11, 30/43 = StA S. 262 – und zwar ab S. 263 Mitte; was davor steht, muß Sie jetzt noch nicht interessieren. Früher wurde ein Kassenarzt nur bei Bedarf zugelassen. Gerechtfertigt wurde das damit, daß man den zugelassenen Ärzten ein auskömmliches Einkommen sichern müsse, damit sie sich nicht durch illegales Tun bereicherten. Auch würde die freie Arztzulassung die Kassenausgaben stark erhöhen und also die Patienten finanziell belasten. Das BVerfG kam nach genauer Analyse der tatsächlichen Verhältnisse (und nach Anhörung von Sachverständigen) zu dem Ergebnis, daß diese Gefahren nur in ganz unerheblichem Umfang gegeben seien. Da um ihrer Vermeidung willen das massive Mittel einer Berufszulassungssperre gewählt worden war, lag *Disproportionalität* vor, das Prinzip der Güterabwägung war verletzt. Das kommt in der Formulierung des BVerfG nicht so ganz klar zum Vorschein, wenn es sagt, daß diese Regelung »nicht unumgänglich« sei, was sehr nach dem Erforderlichkeitsprinzip »riecht«.

cc) Eine solche Konstellation trifft man sehr häufig, daß sich nämlich die Frage erhebt, ob der Gesetzgeber nicht gut daran getan hätte, mit einer *wesentlich* geringeren Belastung einen nur unwesentlich schwächeren Effekt zu erzielen. Sie werden vielleicht schon in den Zeitungen gelesen oder im Fernsehen gehört haben, daß die Entfernung der letzten 10 % an Schadstoffen aus Abgasen ebensoviel oder noch viel mehr kostet als die der ersten 90 %. Die »Grenzkosten« sind besonders hoch. Ganz ebenso ist es im Verkehr. Wenn Sie die Todesrate noch einmal ebenso stark drücken wollen wie durch die Gurtausrüstung der Autos, die pro Fahrzeug nur 100 bis 150 DM kostet, benötigen Sie tausende von Mark für Luftsäcke, Prallflächen und Knautschzonen. Ein anderes Beispiel: Wegen verhältnismäßig wenigen Unfällen mußten vor Jahren tausende von Aufzügen mit Millionenkosten umgebaut werden.

Bei all dem handelt es sich *nicht* um ein Problem der Erforderlichkeit! Beim Verstoß gegen das Erforderlichkeitsprinzip hat ja die Mehrbelastung den Effekt Null. Hier aber wird ein Effekt erzielt durch die technisch angemessenen Mittel, die durch weniger aufwendige Mittel nicht zu ersetzen sind. Jedoch stellt sich das *Abwägungs*problem, ob die sehr hohen Aufwendungen für die letzten Prozente an Sicherheit zu rechtfertigen sind.

Illustrativ hierfür ist der sogenannte Puffreisschokolade-Fall BVerfGE 53, 135 = StA S. 278). Hier war ein Verbot ergangen, Lebensmittel, die mit Schokolade verwechselt werden können, in den Verkehr zu bringen. Dagegen wandte sich ein Fabrikant, der Weihnachtsmänner und Osterhasen aus Puffreis mit einem Schokoladenüberzug herstellte. Das BVerfG sagte, im Ergebnis sicher zu Recht, es genüge auch ein striktes Kennzeichnungsgebot, um Verwechslungen auszuschließen. Deshalb sei gegen den Grundsatz der Erforderlichkeit verstoßen worden. Wenn man an einen aufgedruckten Hinweis denkt und nicht an ein Bild, dann bewahrt freilich die geschriebene Kennzeichnung weder kleine Kinder noch Ausländer noch Analphabeten vor der Verwechslung. Deshalb hätte das mildere Mittel *nicht* exakt denselben Erfolg wie das stärkere. Also liegt streng genommen ein Verstoß gegen den Grundsatz der Erforderlichkeit wohl nicht vor. Jedoch wird hier ein außerordentlich kleiner Mehrertrag durch eine ungewöhnliche Mehrbelastung erzielt. Insoweit wird die notwendige Güterabwägung verfehlt.

dd) Noch ein weiteres Beispiel zur Güterabwägung: Es gab im Sozialhilferecht eine Bestimmung über Personen, »die aus Mangel an innerer Festigkeit ein geordnetes Leben in der Gemeinschaft nicht führen können«. Waren diese Personen willensschwach und verwahrlost oder von Verwahrlosung auch nur bedroht, so konnten sie in ein Heim oder eine Anstalt zwangseingewiesen werden. Da die Betroffenen niemanden störten, ging es nur um *ihre* Besserung. Dieses gesetzgeberische Ziel war zwar mit einem milderen Mittel als der Freiheitsentziehung nicht zu erreichen, jedoch stand es zu dem massiven Eingriff in einem offenbaren Mißverhältnis. Deshalb war die Norm verfassungswidrig (BVerfGE 22, 180/218 ff.).

ee) Wir sollten uns als Kontrastprogramm aber auch einen der Fälle ansehen, in denen das Parlament der Güterabwägung Rechnung trägt. Das ist übrigens durchaus der Normalfall, während dem BVerfG nur die pathologischen oder zumindest verdächtigen Fälle unterbreitet werden – ebenso wie vor die Zivilgerichte auch nur vielleicht einer aus hunderttausend Verträgen kommt. Wenn Sie in Ihrem Studium verhältnismäßig viel Verfassungsverstößen begegnen, dürfen Sie nicht dem Irrtum erliegen, die Verfassung werde gering geachtet. Die Ihnen vorgelegten Fälle sind eine Auswahl aus hunderttausenden!

Nun zu dem Beispiel: Bei der Verfolgung von bloßen Ordnungswidrigkeiten sind gemäß § 46 III OWiG »Anstaltsunterbringung, Verhaftung und vorläufige Festnahme, Beschlagnahme von Postsendungen und Telegrammen sowie Auskunftsersuchen über Umstände, die dem Post- und Fernmeldegeheimnis unterliegen, unzulässig«. So schwerwiegende Mittel sind dem dadurch verfolgten Ziel, eine Ordnungswidrigkeit, also kein kriminelles Unrecht (S. 57), zu ahnden, unangemessen. Und wenn wir nochmal einen Blick auf die bereits erwähnte Untersuchungshaft werfen, so sagt § 113 I StPO: »Ist die Tat nur mit Freiheitsstrafe bis zu sechs Monaten oder mit Geldstrafe bis zu 180 Tagessätzen bedroht, so darf die Untersuchungshaft wegen Verdunkelungsgefahr nicht angeordnet werden.«

Darüber hinaus verfügt § 112 I 2 StPO in Form einer Generalklausel:

»Die Untersuchungshaft darf nicht angeordnet werden, wenn sie zu der Bedeutung der Sache und der zu erwartenden Strafe oder Maßregel der Besserung und Sicherung außer Verhältnis steht.«

Überaus häufig sind »*Härteklauseln*«, durch die auch in einem atypischen Ausnahmefall dem Verhältnismäßigkeitsprinzip Geltung verschafft werden soll. Beispiel: Alle Einwohner eines Stadtteils müssen die Fernheizung benutzen, außer wenn es eine »unzumutbare Härte« bewirkt.

ff) Man könnte bei den vorstehenden Beispielen auf die Idee kommen, der Gesetzgeber dürfe sein Ziel so hoch *werten*, daß es an Gewicht dem eingesetzten Mittel gleichstehe: Der Bundestag erklärt die Besserung von »Ausgeflippten« zu einem der vordringlichen Ziele der Legislaturperiode und mißt ihm hohen staatspolitischen Rang zu. — Ginge das? Sie werden hoffentlich sogleich spüren, daß ein solches Belieben des Parlaments zur Werteinstufung seiner Ziele die ganze Güterabwägung zur Farce machen würde. Der Gesetzgeber müßte dann nur stets erklären, sein Ziel sei vordringlicher und wertvoller als die damit verbundenen Beeinträchtigungen.

Das BVerfG hat im wesentlichen nur einmal in diesem Punkt eine begrenzte Konzession an den Bundestag gemacht. Die entsprechenden Ausführungen finden Sie in BVerfGE 13, 97/107 = StA S. 267, ab letztem Absatz (Handwerksentscheidung). Das vom Bundestag geadelte Interesse war das »an der Erhaltung und Förderung eines gesunden, leistungsfähigen Handwerksstandes als Ganzem«. Aber Sie erkennen auch die Einschränkung des Gerichts, vor allem hat es sich die Möglichkeit vorbehalten, auch hier die Ranghöhe des mit der Beschränkung verfolgten Interesses festzulegen; und das ist letztlich entscheidend. Aber auch die Befähigung, Interessen in den Rang wichtiger Gemeinschaftsinteressen zu befördern, hat das BVerfG dem Parlament später nicht mehr zuerkannt: BVerfGE 19, 330/341 = StA S. 277. Das Gericht selbst befindet, ob ein Interesse legitimerweise als wichtiges Gemeinschaftsinteresse gelten kann, sodann wägt es ab, ob dieses Interesse gewichtiger ist als die seinetwegen erforderlichen Beeinträchtigungen. Übrigens ist es unklar, ob das Gericht *über*wiegende Interessen verlangt oder nur *gleich*gewichtige, aber davon hat bislang in der Rechtsprechungspraxis noch nichts abgehangen.

Um Mißverständnisse zu vermeiden: Selbstverständlich ist es belanglos, ob das Gericht die Verfolgung der betreffenden Interessen für politisch *zweckmäßig* hält. Wenn der Schwerlasterverkehr zugunsten der Bahn eingeschränkt wird, dürfen selbstverständlich die verkehrspolitischen Vorstellungen des Gerichts überhaupt keine Rolle spielen. Auch wenn es die Maßnahme für grundfalsch hält, kann und muß es entscheiden, das Gemeinschaftsgut »intakte und leistungsfähige Bundesbahn« wiege schwerer und rechtfertige die Berufsbeschränkungen bei den Spediteuren etc.

d) Insbesondere zum Vorgang des Abwägens

Wie geht denn nun das Abwägen vor sich? Ersichtlich ist das kein Vorgang wie beim physikalischen Wiegen. Rechnerische Gewißheit kann es nicht geben. Bei der Bewertung geht es um Akte des Vorziehens und Hintansetzens. Der subjektive Einschlag dabei ist unverkennbar, wie es ja auch zwischen Ihnen und einem Freund Bewertungsunterschiede geben wird, ob man etwa in einer Konfliktlage die berufliche Karriere oder das Familienleben höher einschätzen soll. Solche Subjektivität kann in kritischen Zweifelsfällen den Ausschlag geben, z. B. bei der so umstrittenen Frage, was »mehr zählt«, das Leben eines Fötus oder das Selbstbestimmungsrecht der Eltern — mit allem was daran hängt, z. B. das Recht zur Abwendung einer Notlage. Andererseits gibt es aber auch vielfach Übereinstimmung, etwa darüber, daß der Schutz von Leben und Gesundheit schwerer wiegt als die Freiheit, mit 90 km/h durch die Städte zu rasen. Gleichwohl steht die Güterabwägung im Geruch einer gewissen Beliebigkeit, gar Willkür, weil eben der Prozeß des Vorziehens eines Gutes und des Hintansetzens eines anderen rational nur beschränkt erfaßbar ist. Das unerläßliche »Wertfühlen« ist zugegebenermaßen ein sehr ungewisser Maßstab. Indes hat die Rechtspraxis, und nicht nur die deutsche, erwiesen, daß ohne das Güterabwägungsprinzip nicht auszukommen ist. Es wird Ihnen übrigens auch in fast allen anderen Rechtsgebieten begegnen — einfach deshalb, weil allenthalben Interessengegensätze auszugleichen sind und dieser Ausgleich von der maßgebenden Norm nicht immer exakt vorprogrammiert sein kann.

Erwähnt sei noch, daß die Güterabwägung sehr problematisch wird, sobald es dabei um *Menschenleben* geht. Immer wieder kann man lesen, das menschliche Leben gelte auch im Wertesystem der Verfassung als Höchstwert. Andererseits ist offensichtlich, daß wir uns die Erhaltung eines Menschenlebens nicht unbegrenzt viel kosten lassen können. Diese Probleme stellen sich nicht nur im Bereich der Intensivmedizin, sondern tausendfach im Bereich der Gefahrenbekämpfung. Wir könnten mit Sicherheit jährlich einige tausend Menschen am Leben erhalten, wenn wir für die Städte etwa 30 km in der Stunde und außerhalb der Städte 60 km in der Stunde als Höchstgeschwindigkeit vorschreiben würden. Dieser Preis ist uns aber zu hoch.

Das alles sind nur Andeutungen zu einer sehr schwierigen, rechtsphilosophisch fundierten Problematik; ihre Vertiefung sollte späteren Studien vorbehalten bleiben, wenn Sie auch noch mehr Fälle aus der Güterabwägungspraxis kennengelernt haben.

Auf ein Problem müssen wir aber noch näher eingehen: Güter- und Interessenabwägung bleibt vollends nur ein Schlagwort, wenn man pauschal von irgendwelchen Interessen redet, statt so *konkret* wie möglich zu erfassen, was im Einzelfall zur Abwägung ansteht. Wenn es beispielsweise um die Rezeptpflichtigkeit eines ganz bestimmten Präparates geht, dann ist es fast als Geschwätz zu werten, wenn man hier »Berufsfreiheit« und »Volksgesundheit« gegeneinander hält. Richtig ist es allein, ganz konkret jene Gefahren zu erfassen, die gerade durch die Rezeptfreiheit dieses Medikaments drohen — und die Interessen an dessen freiem Verkauf und an freien Bezugsmöglichkeiten.

Nun kann man freilich so konkret nur argumentieren, wenn man auch eine detaillierte gesetzliche Regelung vor sich hat, also dann, wenn das betreffende Präparat in eine dem Gesetz beigefügte Liste aufgenommen wird. Anders sieht es schon aus, wenn das Gesetz nur allgemein verfügt, daß Arzneimittel bei Nachteilen und Gefahren rezeptpflichtig gemacht werden können. (Sie erinnern sich: Schon eine gesetzliche Ermächtigung ist an den Grundrechten zu messen!) Hier geht es in der Tat vorerst nur um abstrakte Interessen. Eine substantielle, genaue Güterabwägung ist dann erst möglich in bezug auf den konkret-individuellen Fall, wenn aufgrund der Ermächtigung das Hühneraugenmittel H unter Rezeptpflicht gestellt wird.

Die entscheidende Frage lautet nun: Muß auch die *Einzel*maßnahme proportional sein, obwohl das Gesetz als Ganzes betrachtet und unter der notwendigerweise abstrakten Güterabwägung nicht beanstandet werden konnte?

Ein wichtiger Beispielsfall: In der StPO lautet der § 81a: [Körperliche Untersuchung, Blutprobe] (1) ¹Eine körperliche Untersuchung des Beschuldigten darf zur Feststellung von Tatsachen angeordnet werden, die für das Verfahren von Bedeutung sind. ²Zu diesem Zweck sind Entnahmen von Blutproben und andere körperliche Eingriffe, die von einem Arzt nach den Regeln der ärztlichen Kunst zu Untersuchungszwecken vorgenommen werden, ohne Einwilligung des Beschuldigten zulässig, wenn kein Nachteil für seine Gesundheit zu befürchten ist.

(2) Die Anordnung steht dem Richter, bei Gefährdung des Untersuchungserfolges durch Verzögerung auch der Staatsanwaltschaft und ihren Hilfsbeamten (§ 152 des Gerichtsverfassungsgesetzes) zu.«

Generell wird man gegen diese Norm unter dem Aspekt der Güterabwägung nichts einwenden können. Eine ordnungsgemäße Strafrechtspflege hat höheres Gewicht als das Interesse eines Beschuldigten, von körperlichen Eingriffen, die nicht gesundheitsschädlich sind, verschont zu werden. Wie aber, wenn diese allgemein gehaltene Norm (und solche Allgemeinheit ist kennzeichnend für die meisten Normen, die durch eine weitgreifende Fassung viele Fallgestaltungen abdecken wollen!) in einem Fall angewendet wird, bei dem ein sehr erheblicher Eingriff zur Aufklärung eines sehr geringfügigen Delikts vorgenommen wird? Dem BVerfG wurde folgender Fall unterbreitet: Der G war mit seiner Mutter Inhaber einer GmbH und deren Geschäftsführer. Da er sich stur weigerte, Fragebogen einer Handwerkskammer auszufüllen, wurden gegen die Gesellschaft (das gibt es!) zwei Bußgelder von je 500 DM verhängt. Wer als Geschäftsführer eine Gesellschaft schädigt, macht sich unter Umständen wegen sogenannter »Organuntreue« strafbar. (Daß es seine eigene Gesellschaft ist, spielt keine Rolle, das Vermögen soll auch für die Gläubiger erhalten bleiben.) In der Hauptverhandlung kamen dem Amtsrichter Zweifel an der Zurechnungsfähigkeit des G, und er ordnete eine Liquor-Untersuchung an. Der Hirnliquor wird durch Einstich in den Wirbelsäulenkanal gewonnen; das kann zu Komplikationen führen. Dieser erhebliche Eingriff steht in keinem rechten Verhältnis zur Ahndung eines so leichten Deliktes (BVerfGE 16, 194 = StA S. 80).

Unverhältnismäßigkeit kann man hier aber nur feststellen, wenn man die abstrakte Norm auf den konkreten Fall zuschneidet, wenn man in unserem Fall also aus § 81a StPO ableitet: »Auch beim Verdacht einer leichten Organuntreue darf beim Beschuldigten eine Lumbalpunktion vorgenommen werden.« Und eine solche Aufbereitung der Norm für den konkreten Fall ist angezeigt, wenn das Güterabwägungsprinzip nicht in vielen Fällen leerlaufen soll.

In unserem Fall ist also der soeben herauspräparierte Bestandteil des § 81a StPO wegen Verstoßes gegen die Mittel-Zweck-Relation unverhältnismäßig, deshalb eine Verletzung von Art. 2 II und folglich verfassungswidrig. Und was geschieht mit § 81a StPO? Dazu müßten Sie bereits eine Idee haben! Ein bestimmter Sinngehalt und damit ein Anwendungsbereich einer Norm ist mit der Verfassung nicht vereinbar, während in anderen Anwendungsfällen (hier: bei Mord etc.) keine Bedenken bestehen. Das hat die *verfassungskonforme Auslegung* zur Folge. Der als verfassungswidrig erkannte Anwendungsbereich der Norm wird ausgeschieden, § 81a StPO wird um die Variante: »Auch bei leichten Delikten sind schwere Eingriffe erlaubt« verkürzt.

Um diese Operation entbehrlich zu machen, bauen viele Gesetze durch eine Generalklausel den Grundsatz der Verhältnismäßigkeit ein. Das Beispiel des Polizeirechts haben wir ja schon kennengelernt, ebenso den § 112 I 2 StPO.

Aber wo dies nicht geschehen ist, *muß man sich das Verhältnismäßigkeitsprinzip bei der Rechtsanwendung immer hinzudenken*. Prägen Sie sich deshalb bitte unbedingt ein: *Verwaltung und Rechtsprechung haben stets den Grundsatz der Verhältnismäßigkeit zu berücksichtigen.*

Noch ein Hinweis auf die Güterabwägung in einem besonders gelagerten Fall. Da Sie gemäß der hier aufgeführten Reihenfolge *stets erst die Geeignetheit, dann die Erforderlichkeit des Mittels, dann die Mittel-Zweck-Relation zu prüfen haben,* könnten Sie vor der Güterabwägung vielleicht einen Vorstoß gegen den Grundsatz der Erforderlichkeit festgestellt haben: Statt des Stärkegrades 8 hätte auch 5 völlig ausgereicht. Dann darf anschließend bei der (zusätzlich vorzunehmenden!) Abwägung nur das erforderliche Mittel (mit dem Gewicht 5) auf die Wagschale gebracht werden.

e) Prognosespielraum des Gesetzgebers

Der Historiker ist in der Regel klüger als der Zeitgenosse. So kann es auch sein, daß man bei der verfassungsrechtlichen Prüfung eines schon längere Zeit gültigen Gesetzes zu dem Ergebnis kommt, es habe seinen Zweck nicht erreicht. Wenn man den tatsächlich erreichten Zweck in Beziehung setzt zu dem angewandten Mittel, dann kann das Ergebnis aus dieser Rückschau in extremen Fällen auf Ungeeignetheit des Eingriffs lauten. Praktisch häufiger wird ein Verstoß gegen das Erforderlichkeitsprinzip sein, weil für den erzielten geringen Effekt auch ein milderes Mittel ausgereicht hätte, oder Verfehlung der Güterabwägung, weil das erforderliche Mittel für dieses klägliche Resultat zu stark war. Das kommt nicht selten bei Gefahreinschätzungen sowie bei wirtschaftspolitischen Gesetzen vor, bei deren Instrumentarium man oft nicht weiß, ob es greift. Soll man da bei der Messung am Verhältnismäßigkeitsprinzip den beabsichtigten oder den erreichten Zweck einbringen? Wenn die Untauglichkeit des Gesetzes nicht schon bei Erlaß zu erkennen war, dann muß man dem Gesetzgeber – jedenfalls für eine gewisse Zeit – ein Recht auf Irrtum zugestehen; er muß einen »*Prognosespielraum*« haben. Bitte lesen Sie dazu die kurze Passage in BVerfGE 39, 210/230 = StA S. 261 Mitte.

f) Wechselwirkungstheorie und praktische Konkordanz

aa) Das BVerfG hat scheinbar unabhängig vom Verhältnismäßigkeitsprinzip noch eine weitere Schranke für den Gesetzgeber errichtet, indem es die *Theorie der Wechselwirkung* (nämlich zwischen Grundrecht und einschränkendem Gesetz) entwickelt hat (zuweilen auch Schaukel- oder Pingpongtheorie genannt). Zuerst bei Art. 5, der Garantie der Meinungsäußerungsfreiheit, dann aber auch bei anderen Grundrechten, hat das BVerfG ausgeführt, was Sie zweckmäßigerweise im Original lesen sollten, nämlich in BVerfGE 7, 198/208 = StA S. 135 Mitte bis S. 136 1. Absatz (aber beschränken Sie sich auf diese Passage!). Bei Licht besehen, ergeben sich zwischen dem Grundsatz der Verhältnismäßigkeit und der Schaukeltheorie keine nennenswerten Unterschiede. Sie sollten letztere deshalb soweit ignorieren, wie es eben geht.

bb) Zuweilen begegnet Ihnen auch anstelle des Verhältnismäßigkeitsprinzip die Theorie der *praktischen Konkordanz*. Danach sollen die widerstreitenden Interessen zu einem schonenden Ausgleich gebracht werden. Das klingt schon deswegen sehr anspruchsvoll, weil es sich um ein Fremdwort handelt, ferner scheint es das Bedürfnis des Menschen nach Kompromiß und Harmonisierung zu befriedigen. Manche Anfangssemester unterliegen deswegen dem Trugschluß, diese Theorie würde die Staatsinteressen mit den Bürgerinteressen jeweils zu einem harmonischen Ausgleich bringen, während die Güterabwägung ein Gut dem anderen vorziehen müsse. Das ist Augenwischerei. Im konkreten Fall muß stets ein Interesse über das andere obsiegen. Die Verfolgung geringerer Kriminalität wird eben zurückgestellt zugunsten der Verschonung von schweren Eingriffen. Das Interesse an Strafrechtspflege *unterliegt* insoweit. Und beim Problem des Schwangerschaftsabbruchs kann entweder der Fötus leben oder aber die Mutter über ihren leiblichen Zustand selbst bestimmen zugunsten der Freiheit von Schwangerschaft. Beides läßt sich – Konkordanz hin, Konkordanz her – nicht miteinander in einen harmonischen Einklang bringen.

g) Der Gleichschaltungseffekt des Verhältnismäßigkeitsprinzips

Abschließend noch einen Hinweis zur *gleichmacherischen Wirkung des Verhältnismäßigkeitsprinzips*. Es wirkt ja als »Bremse« für den Gesetzgeber. Dann kann er bei den allgemeinen Gesetzesvorbehalten ganz ebenso bremsen wie das bei qualifizierten Gesetzesvorbehalten durch die besonderen Voraussetzungen für das Tätigwerden des Gesetzgebers geschieht. Konkret: Wenn Art. 11 einen allgemeinen Gesetzesvorbehalt hätte, würde man vermutlich über den Grundsatz der Verhältnismäßigkeit genau jene Beschränkungen des Parlamentes erzielt haben, die heute ausdrücklich in Art. 11 II drinstehen. Mit anderen Worten: Der Art. 11 würde auch bei einem allgemeinen Gesetzesvorbehalt keine schwächere Freiheitsgarantie bieten. Folglich ist es sehr problematisch, die Grundrechte mit speziellem Vorbehalt als »stärker« zu bezeichnen als jene mit allgemeinem Gesetzesvorbehalt.

6. Die Wesensgehaltssperre

Nach unserer ausführlichen Befassung mit dem Grundsatz der Verhältnismäßigkeit und nach Einsicht in dessen überragende Bedeutung können wir die Probleme der Wesensgehaltssperre wesentlich besser verstehen als zuvor. Das Verhältnismäßigkeitsprinzip ist bei richtiger Anwendung eine so effektive Sperre, daß es zu einer Wesensgehaltsverletzung gar nicht mehr kommen kann. Es ist deshalb auch kein Zufall, daß die Finger einer Hand genügen, um aus über 90 Bänden Verfassungsrechtsprechung die Fälle mit wichtigen Aussagen zur Wesensgehaltssperre aufzuzählen.

Ich sagte eben, daß die Wesensgehaltsgarantie nur bei richtigem Umgang mit dem Verhältnismäßigkeitsprinzip entbehrlich ist. Über die Güterabwägung kann man ja jeden Eingriff rechtfertigen, sofern man nur das damit verfolgte Staatsinteresse hoch genug wertet. Wer die Belange der Strafrechtspflege über alles setzt, der kann auch im Bereich der Kleinstkriminalität die Untersuchungshaft oder aber gefährliche körperliche Eingriffe rechtfertigen. Das könnte natürlich Anlaß sein, auf die Wesensgehaltsgarantie zurückzugreifen, was sich auch das BVerfGE 34, 238/245 = StA S. 33 Mitte vorbehalten hat.

Das Verständnis des BVerfG von Art. 19 II ist leider völlig offen. Gelegentlich hat es den Anschein, als ob das Gericht die Wesensgehaltssperre mit dem Grundsatz der Verhältnismäßigkeit gleichsetze. In zwei Entscheidungen (BVerfGE 22, 219 und 30, 53) hat es die Wesensgehaltssperre seltsamerweise vor dem Grundsatz der Verhältnismäßigkeit geprüft und zudem noch mit der Güterabwägung verquickt.

In der sonstigen Rechtsprechung und in der Literatur gibt es drei grundsätzlich verschiedene Auffassungen zum Verständnis des Wesensgehalts:

— Man kann der Ansicht sein, der Wesensgehalt werde verletzt, *wenn der Grundsatz der Verhältnismäßigkeit mißachtet wird*.

Während sich nach dieser Theorie der Wesensgehalt von Fall zu Fall ändert, mal größeren, mal geringeren Umfang hat, wird Wesensgehalt überwiegend als ein konstanter Kern angesehen, nicht als relativierbar durch die Anforderungen des Gemeinwohls, sondern absolut feststehend. Wesensgehalt ist demnach also ein Kernbestand, der nach allen Beeinträchtigungen der Grundrechtsschutzgüter »übrigbleiben« muß. Hierbei gibt es aber wieder zwei Lösungsmöglichkeiten:

— Man kann fordern, daß bei jedem Eingriff *gegenüber einem Individuum* »etwas übrigbleiben« müsse. Hierbei gerät man aber zuweilen in Schwierigkeiten. Wie ist es bei der Einziehung von mißbräuchlich verwandtem oder von gefährlichem (verseuchtem) Eigentum? Hier könnte man argumentieren, nicht der übrigbleibende Rest am einzelnen Eigentumsobjekt sei entscheidend, sondern die Tatsache, daß dem Betroffenen überhaupt noch Eigentum (an anderen Gegenständen) verbleibe. Schwieriger wird es aber in folgenden Fällen:
· Beim »Todesschuß« der Polizei
· bei der lebenslänglichen Freiheitsstrafe, Sicherungsverwahrung oder Freiheitsbeschränkung für Gemeingefährliche
· beim Berufsverbot
· bei der Entziehung der elterlichen Gewalt.

— Von hier aus könnte es näher liegen, anstelle dieses (absolut-)individuellen Ansatzes einen kollektiven, ganzheitlichen Ansatz zu wählen und (nur) zu fordern, daß *im Sozialleben überhaupt* noch ein Kernbestand an Schutzgütern von bestimmten Grundrechtsgarantien übrigbleibt. Freilich ist es kaum vorstellbar, daß unsere Parlamente die Summe der von allen Bürgern beanspruchten Meinungsäußerungs-, Religions- oder Versammlungsfreiheit derart beschneiden, daß nicht wenigstens ein Kern zurückbleibt.

Sie mögen sich selbst jene Theorie aussuchen, die Sie am meisten überzeugt. Mir scheint die dritte Theorie noch als die beste unter drei schlechten.

Bitte prägen Sie sich fest ein: *Der Grundsatz der Verhältnismäßigkeit ist vor der Wesensgehaltssperre und ungleich ausführlicher als diese zu prüfen.*

7. Grundrechte ohne Gesetzesvorbehalte

a) Das Problem

Einige Grundrechtsbestimmungen enthalten gar keinen Einschränkungsvorbehalt zugunsten des Gesetzgebers. Das muß auf den ersten Blick so verstanden werden, als dürfe der Gesetzgeber in diesem Bereich gar nicht mehr tätig werden. So ist es oftmals auch gemeint und gewollt: Wie schon einmal erwähnt, unterliegt der Gesetzgeber bei Art. 1, 4 III 1, 16 I 1, II strikten Unterlassungspflichten. Diese Auffassung führt in der Staatspraxis auch nicht zu sinnwidrigen Ergebnissen.

Wie aber verhält es sich mit Art. 4 I, II, 5 III, 8 (bei Versammlungen in geschlossenen Räumen), 12 I (hinsichtlich der Berufswahl)? Haben Prozessionen Vorrang vor dem Feierabendverkehr, darf mein Nachbar nach Mitternacht lautstark einen Gottesdienst abhalten, kann man aus Gewissensskrupeln Schöffendienste oder das Steuerzahlen verweigern, seine Zeugenpflicht bestreiten oder als Arzt Auskünfte verweigern? Darf ein Künstler fremdes Eigentum bemalen oder eine Fahrbahn blockieren, Häuser verhängen oder zum Happening Tiere metzeln? Darf ein Romanschriftsteller einen anderen verleumden (Fall Gründgens-Mephisto, BVerfGE 30, 173 = StA S. 176)? Darf man wissenschaftliche Experimente, auch kernphysikalische, ohne Sicherheitsvorkehrungen durchführen? Müssen Versammlungen auch in Bruchbuden geduldet werden? Darf man bei jemandem, der den Arztberuf erwählen will, nicht nach seiner Vorbildung fragen?

Ich glaube, Ihre Antwort wird durchweg »nein« lauten. Was macht man dann aber als Gesetzgeber oder als Verfassungsrichter? Man kann sich zum einen an den Wortlaut klammern, sich stur stellen und die Verantwortung dem verfassungsändernden Gesetzgeber zuschanzen. Das ist — jedenfalls für eine gewisse Zeitspanne — die Devise »fiat justitia, pereat mundus« (Es walte Gerechtigkeit, auch wenn die Welt untergeht), wobei »justitia« nicht inhaltliche Gerechtigkeit, sondern Vollzug von wortwörtlich verstandenen Normen wäre. Man kann aber auch annehmen, daß das GG hier »Lücken« aufweise, daß Gesetzesvorbehalte »planwidrig« fehlen, und daß diese Lücken durch Entwicklung ungeschriebener Rechtssätze zu schließen seien. Freilich: Wenn nicht nur der Wortlaut des Gesetzes, hier des GG, sondern auch der durch eine »Gesamtschau« zu erschließende (und zugegebenermaßen: oft nur spekulativ zu greifende) »Wille des Gesetzes« (nicht: des historischen Gesetzgebers) ergibt, daß ein Gesetzesvorbehalt fehlen *sollte*, dann ist keine »planwidrige« Lücke des Gesetzes vorhanden (sondern höchstens eine rechtspolitische Lücke) und folglich nichts, was man durch Normergänzung schließen könnte.

Die Tatsache allein, daß einige Grundrechtsbestimmungen Gesetzesvorbehalte haben und andere nicht, beweist *nicht*, daß das Fehlen mit allen Konsequenzen gewollt ist. Das ersehen Sie schon aus den vorhin aufgeführten Beispielen, die weder im Sinne »des GG« (und auch nicht im Sinne des GG-Gebers) liegen oder gelegen haben können. Gesetze sind eben nicht perfekt, sondern als Menschenwerk unvollkommen, und das GG ist, um es zu wiederholen, gesetzestechnisch schlecht gemacht. Ein in sich schlüssiges System von Grundrechtsschranken liegt nicht vor. Wenn man also hier Lücken annimmt, und das geschieht allgemein, müssen diese geschlossen werden, was de facto durch die Staatspraxis und letzten Endes durch das BVerfG geschieht, unter wichtiger Assistenz der Wissenschaft übrigens.

Wie schließt man Lücken? Dazu kann ich nur Andeutungen machen. Das beliebteste Mittel der Lückenergänzung ist die *Analogie*, die sich den passenden Regelungsgehalt einer anderen, Ähnliches betreffenden Norm gleichsam ausborgt. Man hat vor allem erwogen, ob man eine Analogie zieht zu Art. 2 I, der Garantie der allgemeinen Handlungsfreiheit, mit der wir uns noch näher befassen müssen. Sie hat, um das vorweg zu nehmen, einen allgemeinen Gesetzesvorbehalt, weil »verfassungsmäßige Ordnung« verstanden wird als verfassungsgemäße, d. h. von der Verfassung her nicht zu beanstandende und damit gültige Rechtsordnung. Überwiegend empfindet man diese Analogie als unpassend. Denn es stehen alle Grundrechte dem Art. 2 I als *Spezial*normen gegenüber, d. h. wo sie anwendbar sind, kann Art. 2 I nicht mehr gelten: Man kann beispielsweise selbstverständlich auch die Persönlichkeit in der Kunst frei entfalten, aber das ist allein durch Art. 5 III, nicht durch Art. 2 I garantiert. Auf eine Spezialnorm aber will man nicht die Schranken der generellen Norm übertragen. Zudem würden dadurch die vorbehalts*freien* Grundrechtsbestimmungen einen minderen Status erhalten als diejenigen mit qualifiziertem Vorbehalt. Das sei auch wieder nicht im Sinne des GG, wenngleich es eine Lücke hinsichtlich eines Vorbehalts überhaupt enthalte, also *völlige* Vorbehaltsfreiheit auch nicht wolle.

Das klingt in sich ganz schlüssig, nur muß man sich auch fragen, ob ein allgemeiner Gesetzesvorbehalt denn praktisch von großem Nachteil wäre. Ich hatte Sie schon darauf hingewiesen, daß auch Grundrechtsnormen mit allgemeinem Vorbehalt dadurch sehr stark sein können, daß der Grundsatz der Verhältnismäßigkeit den Gesetzgeber gleichsam bremst. Von hier aus kann man zweifeln, ob im Endergebnis ein Unterschied besteht zwischen Grundrechtsnormen mit qualifiziertem und mit allgemeinem Gesetzesvorbehalt.

Die ganze Diskussion könnten wir uns ersparen und Sie hätten den Kopf frei für Wichtigeres, wenn man in einer der über 40 Verfassungsänderungen eine Klärung geschaffen hätte. Dem steht nicht nur eine allgemeine Trägheit und Gleichgültigkeit des Gesetzgebers für solche Klarstellungen entgegen, sondern auch die Scheu, am Wortlaut des Grundrechtsabschnitts mehr als unbedingt erforderlich zu rühren. Denkmalschutz für rechtstechnisch Mißlungenes, darüber läßt sich trefflich streiten.

b) Die Lösung des BVerfG

Die *»Linie« des BVerfG* ersehen Sie u. a. aus der Gründgens-Mephisto-Entscheidung, BVerfGE 30, 173/191 = StA S. 178, aus einer weiteren Entscheidung, BVerfGE 32, 98/107 = StA S. 117 unten sowie aus BVerfG 33, 23/29 = StA S. 126. In den zuerst genannten Entscheidungen findet sich jeweils auch eine Ablehnung der Schrankenübertragung von Art. 2 I. Ein Leitsatz des BVerfG (E 28, 244) lautet: »Nur kollidierende Grundrechte Dritter und anderer mit Verfassungsrang ausgestattete Rechtswerte sind mit Rücksicht auf die Einheit der Verfassung und die von ihr geschützte gesamte Wertordnung ausnahmsweise imstande, auch uneinschränkbare Grundrechte in einzelnen Beziehungen zu begrenzen.« (Text einprägen! — obwohl es eigentlich heißen müßte: »Nur kollidierende Grundrechts*schutzgüter* . . .«)

Das klingt recht überzeugend. Insbesondere bei Kollisionen eines vorbehaltsfreien Grundrechts mit einem anderen liegt es nahe, daß nicht nur das andere »nachgeben« muß. Evident ist dies, wenn auch das andere keinen Vorbehalt hat, wie im Gründgens-Mephisto-Fall, wo Art. 5 III gegen Art. 1 stand. Aber auch, wenn das andere Grundrecht mit einem Gesetzesvorbehalt versehen ist, bedeutet das angesichts der fehlenden »Schranken*systematik*« des GG nicht, daß dieses zurückstehen müßte.

Zum anderen müssen auch die von der Verfassung geschützten überindividuellen Werte, z. B. die Staatssicherheit, die Intaktheit der Staatsorganisation oder (spezieller) der Rechtspflege sich je nach Erforderlichkeit gegenüber einem vorbehaltsfreien Grundrecht durchsetzen können.

Sie sollten sich klarmachen, daß die Formel des BVerfG viel restriktiver klingt als sie tatsächlich ist: Nur Verfassungswerte . . ., das nimmt sich sehr streng aus. Aber es gibt sehr viele Verfassungswerte, insbesondere wenn man — was freilich problematisch und umstritten ist — die Kompetenzbestimmungen des GG mit heranzieht (Sie kennen ja schon die Aufzählung in Art. 73 bis 75!) und berücksichtigt, daß sich für die — wenigen — dort nicht aufgeführten Länderkompetenzen meist andere Fingerzeige im GG finden lassen, z. B. Art. 5 III und 7 im Kultusbereich.

Dennoch nötigt die enge Formel zuweilen zu grotesken Verrenkungen. Wenn eine Baugestaltung oder -bemalung die Gegend verschandelt, muß man, sobald sie sich als Kunst ausgibt, ein Verbot mit Werten von Verfassungsrang zu unterfüttern suchen. Ein harmonisches Stadtbild hat jedoch keinen Verfassungswert. BVerwG, NVwZ 1991, 983, hat in seiner Not Zuflucht genommen zu »Unlustgefühlen«, deren Vermeidung zum »allseitigen psychischen Wohlbefinden der Bürger (vgl. Art. 2 II GG) sowie zum sozialen Frieden in der Gemeinschaft« beitrage. Das ist natürlich Schmus, aber er ist erzwungen durch Fehlleistungen des Verfassungsgebers und durch die zu strikte Formel des BVerfG.

Zur Terminologie: Das Vorstehende betraf ungeschriebene, »immanente« Grundrechtsschranken, exakter: ungeschriebene Gesetzesvorbehalte, denn die Schranke muß durch Gesetz gezogen werden.

Ganz entsprechende Probleme wie die eben erörterten ergeben sich dann, wenn *sich ein qualifizierter Gesetzesvorbehalt als zu eng erweist*.

8. *Grundrechte und »besonderes Gewaltverhältnis«*

»Besonderes Gewaltverhältnis« ist ein aus früheren Zeiten, d. h. noch aus dem 19. Jahrhundert, überkommener, heute nicht mehr recht passender Begriff. Er erklärt sich so: Neben dem allgemeinen Staat-Bürger-Verhältnis, in dem man der gleichsam »allgemeinen« Staatsgewalt unterworfen ist, gab und gibt es Verhältnisse, in denen man in gesteigertem, *besonderem* Maße der Staatsgewalt unterliegt: hauptsächlich als Schüler, Soldat, Beamter, Gefangener.

Nun konstruierte man früher folgendes: Der Soldat oder der Gefangene waren gleichsam Teile des Staates, sie waren eingebunden in die Staatsorganisation. Was sich innerhalb der Staatsorganisation abspielte, unterlag aber nicht dem *Vorbehalt des* (formellen) *Gesetzes*, denn die »Eingriffe in Freiheit und Eigentum«, die nur durch oder aufgrund eines (Parlaments-)Gesetzes erlaubt waren, betrafen ausschließlich das Außenrechtsverhältnis Staat-Bürger, nicht die Vorgänge innerhalb des Staates. Folge: Die »internen« Verhältnisse des Staates konnten auch ohne Parlamentsgesetz geregelt werden, durch *Verwaltungsvorschriften* der Exekutive, z. B. der Strafvollzug durch eine »Dienst- und Vollzugsordnung«.

Man hatte also den Funktions-, den Zuständigkeitsbereich des »Innenrechts« viel zu weit ausgedehnt. Innenrecht betrifft nur Verwaltungsfunktionen in den Behörden (oben S. 15), im Gefängnis etwa: »Ein verstärkter Tordienst ist für die Zeit von ... bis ... vorzusehen« etc. Regeln über Hausstrafen hingegen haben nichts zu tun mit der Verwaltungsorganisation, sondern primär beschränken sie die verbliebene Freiheit eines eingesperrten Bürgers. Und da sich aus dessen Grundrechten ergibt, daß ihm Beschränkungen nur durch (formelles) Gesetz oder aufgrund Gesetzes auferlegt werden dürfen, können Verwaltungsvorschriften nicht genügen. Es sei denn, man würde behaupten, Grundrechte gelten im besonderen Gewaltverhältnis nicht. Das hat man früher mal getan, aber es ist falsch und vom BVerfG mit Recht verworfen worden (BVerfGE 33, 1 = StA S. 18). Als *Merksatz* können Sie sich notieren: Auch für besondere Gewaltverhältnisse, die man früher durch Verwaltungsvorschriften glaubte regeln zu dürfen und die man für grundrechtsfrei hielt, gelten die Grundrechte ohne weiteres.

Kaum noch der Erwähnung bedarf die Selbstverständlichkeit, daß Anlaß bestehen kann, bei besonderen Gewaltverhältnissen besondere Grundrechtseinschränkungen gesetzlich zu erlauben. Der Gefangene muß ebenso wie der Soldat und wie der Beamte andere Eingriffe hinnehmen als der »normale Bürger«. Daß sich dies beim Beamten evtl. durch Art. 33 V rechtfertigen läßt, haben wir oben (S. 56) schon gesehen, für die Soldaten ist es unmißverständlich in Art. 17a festgelegt. (Dieser Artikel ist sozusagen ein bißchen versteckt, vergessen Sie ihn deshalb nicht, wenn Sie mit Grundrechtsproblemen bei Soldaten befaßt werden.)

9. Gesetzliche Einräumung von Verwaltungsermessen

Darf der Gesetzgeber der Verwaltung Ermessen für solche Aktionen einräumen, die die Grundrechtssphäre berühren?

Ermessen, durch eine Kann-Bestimmung eingeräumt, eröffnet eine *Wahlmöglichkeit*, etwas zu tun oder zu lassen, es so oder anders zu machen.

Da das Ermessen einen gewissen Freiraum eröffnet, das Gesetz selbst also weniger vorentscheidet, hat dieses Problem Ähnlichkeit mit dem schon besprochenen der hinreichenden Bestimmtheit einer Norm.

Ganz unbestritten darf die Verwaltung vom Gesetzgeber dazu ermächtigt werden, einen an sich zulässigen Eingriff (Verhängung von Verwarnungsgeld etwa) nach — sachgerecht ausgeübtem! — Ermessen vorzunehmen oder nicht. Wenn aus der Grundrechtssicht eine Bestimmung unbedenklich ist, daß Falschparker verwarnt werden *müssen*, dann ist eine Norm, nach der sie verwarnt werden *können*, noch unbedenklicher (BVerfGE 9, 137 = StA S. 392).

Schwieriger ist es, wenn das Gesetz nicht das Ermessen zu einem Verbot durch Verwaltungsakt einräumt, sondern selbst schon etwas verbietet und hinzufügt: Die Verwaltung kann eine *Erlaubnis* erteilen. Autofahren ist zunächst mal verboten und bedarf der Einzelfallerlaubnis = des Führerscheins. Eine Bestimmung des Inhalts, der Führerschein *kann* (auch dem Fahrkundigen, Geprüften!) erteilt werden, d. h. er kann auch versagt werden, wäre grundrechtswidrig. Überlegen Sie mal, wie Sie das begründen würden!

Anders soll es z., B. beim Erlauben des Waffentragens sein, weil man das auch *völlig* verbieten könne, die Erlaubnis also eine Art Großzügigkeit ist, die vom Ermessen abhängen dürfe. Das ist im einzelnen sehr fragwürdig, aber wir können es hier nicht vertiefen.

D. Zusammenfassung

I. 1. Grundrechtsbestimmungen als objektives Recht gewähren subjektiv-öffentliche Grundrechte.

Die wichtigste Funktion von Grundrechten besteht in der Abwehr staatlicher Beeinträchtigungen. Subjektive Grundrechte sind also vornehmlich Unterlassungsansprüche. Wenn sie verletzt werden, muß die Verletzung beseitigt werden, auch darauf besteht ein Anspruch.

2. Die Grundrechte schützen nicht nur Freiheiten zum Tun und Unterlassen, sondern auch weitere Rechtsgüter wie Leben, Gesundheit und Persönlichkeitssphäre gegen normative (das heißt gebietende oder verbietende) oder faktische Eingriffe von Hoheitsträgern.

II 1. Die Grundrechte binden gemäß Art. 1 III jede Form der unmittelbaren oder mittelbaren Staatsgewalt.

2. Die Grundrechtsbindung der Exekutive bedeutet vor allem, daß die Verwaltung für Eingriffe grundrechtlich geschützte Bereiche einer gesetzlichen Ermächtigung bedarf. In der gesetzlichen Grundlage kann eine Unterermächtigung eines Verordnungs- oder Satzungsgebers vorgesehen sein.

Bei der Gesetzesanwendung hat die Verwaltung stets das Verhältnismäßigkeitsprinzip zu beachten.

3. Die Rechtsprechung unterliegt der gleichen Bindung wie die Verwaltung.

4. Die Grundrechtsbindung der Gesetzgebung bedeutet, daß die Parlamente in einigen Bereichen gar nicht tätig werden dürfen (Art. 1, 4 III, 1, 16 I 1, II 1).

5. Ansonsten kann der Gesetzgeber aufgrund qualifizierter oder allgemeiner Gesetzesvorbehalte bei den einzelnen Grundrechten tätig werden. Dann darf er selbst etwas generell-abstrakt anordnen oder aber die Verwaltung zu Einzelmaßnahmen ermächtigen. Beides kann auch der vom Gesetzgeber ermächtigte Verordnungs- oder Satzungsgeber tun. Ausnahme: Zu Freiheitsentziehungen muß gemäß Art. 104 I 1 ein formelles Gesetz unmittelbar ermächtigen.

6. Ein den Grundrechtsschutzbereich beeinträchtigendes Gesetz muß in jeder Hinsicht der Verfassung entsprechen, das heißt in ordnungsgemäßem Verfahren vom zuständigen Gesetzgeber erlassen worden sein und dem Rechtsstaatsgebot genügen. Deshalb kann man mit der Verfassungsbeschwerde rügen, in seinem Grundrecht durch ein kompetenzwidriges oder der Zustimmung des Bundesrates bedürftiges Gesetz verletzt zu sein.

7. Art. 19 I enthält — praktisch nicht sehr bedeutsame — Voraussetzungen für schrankenziehende Gesetze.

III. 1. Von überragender Bedeutung für den Grundrechtsschutz ist der Grundsatz der Verhältnismäßigkeit. Er verlangt die Eignung eines hoheitlichen Eingriffs, seine Erforderlichkeit (= Gebot des mildesten Mittels) und eine Gleichgewichtigkeit bei der Güterabwägung von Mittel und Zweck. Das Gebot der Erforderlichkeit ist freilich nur verletzt, wenn das mildere Mittel exakt denselben Erfolg bringt, wenn ein wesentlich milderes Mittel fast denselben Erfolg bewirkt, liegt Ungleichgewichtigkeit vor.

Die Güterabwägung muß fallbezogen und ganz konkret vorgenommen werden.

Das Gewicht, das einem Zweck vom Parlament beigemessen wurde, ist nicht entscheidend. Doch hat der Gesetzgeber bei Ungewißheit, ob der Zweck eines Gesetzes erreicht wird, das Recht zum Irrtum (Prognosespielraum).

2. Die Wechselwirkungstheorie des BVerfG und die Theorie von der praktischen Konkordanz stimmen inhaltlich mit dem Verhältnismäßigkeitsprinzip überein.

3. Der Grundsatz der Verhältnismäßigkeit verstärkt Grundrechte mit allgemeinem Gesetzesvorbehalt und gleicht sie solchen mit einem qualifizierten Gesetzesvorbehalt an.

IV. Die Wesensgehaltssperre spielt in der Rechtsprechungspraxis kaum eine Rolle. Sie ist nach dem Verhältnismäßigkeitsprinzip zu prüfen. Zuweilen wird die Wesensgehaltssperre mit dem Grundsatz der Verhältnismäßigkeit identifiziert. Wenn man dieser Relativierung nicht folgt, sondern den absoluten Schutz eines Kerns fordert, kann man das schwerlich auf das Schutzgut eines einzelnen Individuums beziehen, sondern nur auf die Summe an einem Grundrechtsschutzgut überhaupt: Welcher Kern bleibt vom Schutzgut des Art. x insgesamt noch übrig?

V. Grundrechte oder Gesetzesvorbehalt sind in aller Regel nicht praktikabel. Ihnen muß man einen ungeschriebenen Vorbehalt hinzufügen, was sich aus einer Gesamtschau der Verfassung rechtfertigen läßt. Das BVerfG gestattet Einschränkungen zum Schutz anderer Grundrechte sowie weiterer durch das GG legitimierter Rechtswerte.

VI. Grundrechte gelten auch unbeschränkt in besonderen Gewaltverhältnissen. Diese durch gesteigerte Verpflichtungen gekennzeichneten Rechtsverhältnisse bedingen oftmals weitergehende Grundrechtseinschränkungen als im normalen Staat-Bürger-Verhältnis.

VII. Der Gesetzgeber kann, statt einen Eingriff vorzuschreiben, ihn dem pflichtgemäßen Ermessen der Verwaltung anheimstellen.

Wenn man von den Grundrechten her einen Anspruch auf ein bestimmtes Tun hat, also keine anderen Interessen beeinträchtigt, darf die Erlaubnis dieses Tuns nicht im behördlichen Ermessen stehen (Bauerlaubnis, Führerschein). Die h. L. läßt ein Ermessen zu Ausnahmegenehmigungen zu, wenn eine Tätigkeit überwiegend verboten bleiben soll (Waffenschein, Straßenrennen, Straßenverkauf).

3. Kapitel:
Die Verfassungsbeschwerde

Die Verfassungsbeschwerde ist grundgesetzlich durch Art. 93 I Nr. 4a garantiert und einfachgesetzlich durch die §§ 90 ff. BVerfGG ausgeformt. Hier müssen Sie sich als besonders wichtig anstreichen: §§ 90 I, II 1, 93 II und 95. Überlesen Sie im letzten Satz des § 95 nicht die wichtige Verweisung auf den Ihnen schon bekannten § 79 (vgl. S. 59).

Praktisch überaus bedeutsam ist das »*Annahmeverfahren*« der aus 3 Richtern bestehenden »Kammern« (§ 15a BVerfGG) gemäß Art. 94 II 2 GG und §§ 93a–c BVerfGG. (Die Kammern hießen bis 1985 Vorprüfungs- oder Dreierausschüsse.) Ohne dieses Sieb, in dem rund 98 % aller Verfassungsbeschwerden hängenbleiben, wäre das BVerfG nicht mehr arbeitsfähig. Unerfreulich ist jedoch, daß nur wenige Entscheidungen der Kammern veröffentlicht werden. So weiß man vielfach nicht genau, über welche Fragen das Gericht bereits entschieden hat.

Verfassungsbeschwerde kann man gegen alle Akte der »öffentlichen Gewalt« erheben, also gegen Gesetzgebungs-, Verwaltungs- und Rechtsprechungsakte. Im folgenden lasse ich den relativ einfachen Fall beiseite, daß man ausschließlich gegen Rechtsprechungsakte Verfassungsbeschwerde erhebt, etwa mit der Behauptung, der Amtsrichter habe entgegen Art. 103 I kein rechtliches Gehör gewährt. Ich nehme ihn nur zum Anlaß, sogleich auf das höchst wichtige Prinzip hinzuweisen, daß *vor einer Verfassungsbeschwerde erst der Rechtsweg erschöpft* sein muß (§ 90 II 1 BVerfGG). Ein Gang nach Karlsruhe als ultima ratio ist erst nach Nutzung aller Rechtsschutzmöglichkeiten zulässig; die Verfassungsbeschwerde ist »subsidiär«. Also müßte erst versucht werden, das Verhalten des Amtsrichters vor einem höheren Gericht zu rügen.

Genauer seien die übrigen beiden Gruppen von Verfassungsbeschwerden betrachtet.

A. Verfassungsbeschwerde gegen Verwaltungsmaßnahmen

Unter Verwaltungsmaßnahmen sind hier Einzelmaßnahmen ohne Rechtsetzungsakte zu verstehen. (Die Verordnungsgebung fällt nachstehend unter B.) Die Einzelmaßnahme kann ein Verwaltungsakt (d. h. ein regelnder Akt, z. Bsp. ein Befehl) oder ein Realakt sein. Wenn wir als Beispiel einen Verwaltungsakt nehmen, dann muß man dabei zwei Varianten unterscheiden:

— Die Verwaltung hat etwas verboten, zum Beispiel die schon erwähnte Versammlung am Sonntag, *ohne* dazu *gesetzlich ermächtigt* zu sein. Das ist nicht nur ein Verstoß gegen einfaches Recht, sondern auch grundrechtlich unzulässig, weil die Freiheit, wenn überhaupt, dann nur aufgrund gesetzlicher Ermächtigung beschränkt werden darf. Eingriffe ohne Gesetz sind Grundrechtsverletzungen. Gegen ein solches Gebot kann man sich nicht sogleich in Karlsruhe wehren, sondern muß – wie wir gesehen haben – den Rechtsweg ausschöpfen, also zunächst vor dem Verwaltungsgericht auf Aufhebung klagen. (Vgl. auch oben S. 75 zum grundrechtlichen Aufhebungsanspruch.) Wenn das Gericht zutreffend entscheidet, so hebt es den Verwaltungsakt selbst auf, statt umständlich die Verwaltung zur Aufhebung zu verurteilen. Falls das Gericht aber nicht so verfährt, und auch die Oberinstanzen nicht, dann kann man nach dieser Erschöpfung des Rechtswegs (binnen Monatsfrist, § 93 BVerfGG) Verfassungsbeschwerde erheben. Zweckmäßigerweise richtet man die Verfassungsbeschwerde dann sowohl gegen die Verwaltungsentscheidung wie auch gegen die bestätigenden Gerichtsentscheidungen bzw. gegen die letzte Entscheidung. Denn die Gerichte haben sich ja hier gleichsam zum Komplizen der Verwaltung gemacht. Das BVerfG hebt dann sowohl die Verwaltungsverfügung wie auch die bestätigende Gerichtsentscheidung auf!

— Der weitaus häufigere Fall ist aber der, daß die Verwaltung mit gesetzlicher Ermächtigung einen grundrechtlich unzulässigen Eingriff vornimmt. Unser Beispiel müssen wir nur so abwandeln, daß ein Gesetz zum Verbot von Sonntagsversammlungen ermächtigt. Nun läuft das Verfahren ganz ebenso, wie gerade beschrieben. Der einzige, aber wichtige Unterschied ist der, daß das BVerfG nicht nur die Verwaltungsverfügung und das Gerichtsurteil aufhebt, sondern auch das beide »tragende« Gesetz für nichtig erklärt (§ 95 III 2 BVerfGG).

Bei der soeben besprochenen Konstellation kommt es natürlich nicht zur Verfassungsbeschwerde, falls schon das Verwaltungsgericht die Verfassungswidrigkeit des ermächtigenden Gesetzes erkennt. Falls dieses Gesetz nachkonstitutionell ist, muß dann das Verwaltungsgericht eine konkrete Normenkontrolle nach Art. 100 einleiten (vgl. oben S. 58).

Nur eine Abwandlung der vorstehend erörterten zweiten Variante ist es, wenn ein Gesetz eine recht pauschale und für einige Fälle durchaus angemessene Ermächtigung enthält, im Einzelfall aber das Verhältnismäßigkeitsprinzip nicht ausreichend berücksichtigt wurde. (Es kann bei Unzuverlässigkeit ein Gewerbebetrieb geschlossen werden, aber im Ausnahmefall können Anlaß und Rechtsfolge außer Verhältnis zueinander stehen.) Dann muß das Gesetz nicht aufgehoben werden, es genügt vielmehr, es dem Verhältnismäßigkeitsprinzip zu unterwerfen und auf diese Weise verfassungskonform zu interpretieren.

B. Verfassungsbeschwerde gegen Normen

Weiter oben (S. 78) hatten wir festgestellt, daß bereits die Ermächtigung zu Eingriffen durch die Verwaltung an den Grundrechten zu messen ist und Grundrechte verletzen kann. Deshalb könnte man auf die Idee kommen, bereits gegen die soeben beschriebene Ermächtigung zu einem Versammlungsverbot Verfassungsbeschwerde zu erheben, beispielsweise, um die Rechtslage vor Erlaß einer konkreten Verbotsverfügung zu klären. Das geht jedoch nicht, weil hier in aller Regel jedem Betroffenen *zugemutet werden kann, erst einmal die Konkretisierung des Gesetzes auf einen bestimmten Einzelfall abzuwarten* und dann erst die konkrete Verfügung anzugreifen.

Man begründet das damit, daß (außer in seltenen Ausnahmefällen) Verfassungsbeschwerde nur gegen einen Akt erhoben werden könne, durch den man »*selbst, gegenwärtig und unmittelbar*« betroffen sei. (Fest einprägen!) Dieses Dreigestirn ist bei Verfassungsbeschwerden gegen Verwaltungsakte und Gerichtsentscheidungen fast immer unproblematisch, bei *Verfassungsbeschwerden gegen Gesetze* dagegen *stets zu beachten*. An der Gegenwärtigkeit fehlt es beispielsweise, wenn mir eine Geldleistungspflicht erst ab nächstem Jahr auferlegt wird, ich jedoch schon sofort Verfassungsbeschwerde erheben möchte. Und die Unmittelbarkeit ist nicht gegeben, wenn die eigentlich fühlbare Beschwerde erst durch die Umsetzung einer Norm mittels einer Verfügung bewirkt wird. Dies ist unser Ausgangsfall. Unmittelbare Betroffenheit durch die Norm ist jedoch dann zu bejahen, wenn das Gesetz selbst schon die Sonntagsdemonstrationen verbietet und an einen Verstoß Rechtsfolgen knüpft.

Aber selbst bei unmittelbarer Grundrechtsbetroffenheit durch eine Norm ist nicht stets die Verfassungsbeschwerde zulässig, denn sie soll subsidiär, ein letztes Mittel sein. An welche vorher einsetzbaren Mittel ist hier zu denken? Einen Rechtsweg gibt es der h. L. und BVerfGE 24, 33/49 = StA S. 368 zufolge mindestens gegen förmliche Gesetze nicht (vgl. oben S. 29). Deshalb spielte über Jahrzehnte hinweg die Subsidiarität auch bei Verfassungsbeschwerden gegen Normen keine Rolle. In neuerer Zeit hat jedoch das BVerfG unter dem Stichwort »Subsidiarität« gefordert, daß auch bei unmittelbar grundrechtsbeeinträchtigenden Normen erst ein — zumutbarer! — Gang vor die Fachgerichte versucht wird, indem man nämlich erst eine Normanwendung abwartet und diese dann angreift (u. a. BVerfGE 71, 305/334 f.). Zumutbar ist dies bei geringen Belastungen, die man abwarten kann, unzumutbar beispielsweise bei allen Normen mit einer Sanktion durch Straf- oder Ordnungswidrigkeitenrecht. (Die ziemlich komplizierte Rechtsprechung ist hier stark verkürzt. Falls man Ihnen diese schwierige Materie in einer Hausarbeit vorsetzen sollte, müßten Sie sich in die Entscheidungen und das begleitende Schrifttum vertiefen.)

Merksatz für Ihre Prüfungsreihenfolge: »Selbst, gegenwärtig und unmittelbar« ist vor der Subsidiarität zu prüfen.

Gegen Normen kann man nur binnen Jahresfrist Verfassungsbeschwerde erheben (§ 93 II BVerfGG). Ein Gesetz können Sie aber auch danach noch mittelbar angreifen und seine Aufhebung erreichen, wenn Sie einen auf das Gesetz gestützten Akt angreifen. In unserem Fall müßten Sie sich deshalb gegen die Bestrafung der Sonntagsdemonstration wenden. Das führt dann nach dem soeben unter A. geschilderten Ablauf zur Aufhebung des Gesetzes.

C. Keine Superrevision durch das BVerfG

Bei der Überprüfung von Verwaltungs- und Gerichtsentscheidungen durch das BVerfG gibt es noch ein schwieriges Sonderproblem, auf das Sie sehr häufig stoßen werden und das Sie deshalb verstanden haben müssen. Die Verwaltung darf in den Grundrechtsbereich nur aufgrund Gesetzes eingreifen. Nehmen wir an, die Verwaltung verfügt über ein solches Eingriffsgesetz. Die Anwendung eines solchen Gesetzes geht nun in zwei Stufen vor sich: durch abstrakte Auslegung (was hat man allgemein unter »Presse« oder unter »Wegnahme« oder unter »Gewalt« zu verstehen?) und durch Subsumtion des Einzelfalls unter die ausgelegte Norm. Hinsichtlich der Interpretation wollen wir weiter unterstellen, daß keine verfassungskonforme Auslegung oder Reduktion der Norm erforderlich ist. Dennoch kann der Erfassungsbereich der Bestimmung durch falsche Auslegung so weit ausgedehnt werden, daß man auf diese Weise gleichsam über das richtig zu verstehende Gesetz hinausgreift in gesetzesfreie Bereiche. Damit beschneidet man in der Sache (wenngleich nicht der Form nach) Freiheiten ohne gesetzliche Grundlage — an sich ein klarer Grundrechtsverstoß. Ferner kann bei der Subsumtion ein bestimmtes Verhalten zu Unrecht einer Norm unterstellt werden (sei diese nun richtig oder falsch ausgelegt). Man kann aus rechtlichen wie aus tatsächlichen Gründen jemand zu Unrecht als Störer oder Straftäter qualifizieren und damit Beschränkungen aussetzen, die eigentlich nicht gelten sollen. Auch das ist grundrechtswidrig: Nur ein Dieb soll bestraft werden, die Aburteilung jemandes, der aus Rechts- oder Tatsachenirrtum zum Dieb gestempelt wird, läuft den Grundrechten entgegen.

Am deutlichsten ist es beim Tatsachenirrtum, daß er nicht vor dem BVerfG als Grundrechtsverstoß gerügt werden kann (abgesehen von krasser Willkür = Verstoß gegen Gleichbehandlungs- und Rechtsstaatsgebot). Aber auch Rechtsfehler kann das BVerfG regelmäßig nicht kontrollieren. Sonst wäre es eine »Superrevisionsinstanz« und bräuchte statt zwei Senaten derer 20 oder 50. *Deshalb prüft das BVerfG die Auslegung einfachen Rechts und falsche Subsumtion grundsätzlich nicht nach.* Freilich macht es Ausnahmen, »wenn es um die *Verletzung spezifischen Verfassungsrechts* geht« (BVerfGE 18, 85/92 und 43, 130 = StA S. 8 ff.). Wann das der Fall ist, läßt sich nicht ganz präzise angeben. Im Grunde hat sich das BVerfG mit dieser Formel ein Ermessen eröffnet, krasse Fälle aufzugreifen, in denen entweder die Fehlinterpretation einfachen Rechts besonders unerträglich oder/und der dadurch bewirkte Eingriff besonders intensiv ist (vgl. etwa BVerfGE 67, 213/222).

In Miet- und Asylstreitigkeiten ist das BVerfG allerdings von der Superrevisionsinstanz nicht mehr weit entfernt.

Die vorstehenden Probleme gehören aufbaumäßig zur Begründetheit der Verfassungsbeschwerde.

Vorsorglich noch ein Hinweis: Zuweilen erwecken die Rechtsprechung des BVerfG oder Schrifttumsstellen den irreführenden Eindruck, die vorstehenden Probleme stellten sich nur bei der Anwendung von Zivilrecht; das ist völlig verfehlt.

D. Zusammenfassung

Bei Verfassungsbeschwerden gegen Verwaltungsentscheidungen und Rechtsprechungsakte muß erst der Rechtsweg erschöpft werden. Die Verfassungsbeschwerde richtet sich dann gegebenenfalls gegen die Verwaltungsentscheidung und den sie bestätigenden Richterspruch. Hat die Verfassungsbeschwerde Erfolg und beruht die Verfassungswidrigkeit des angegriffenen Aktes auf einer verfassungswidrigen Norm, ist diese neben dem angegriffenen Akt (oder den Akten) aufzuheben.

Verfassungsbeschwerden gegen Normen sind nur zulässig, wenn der Beschwerdeführer selbst, gegenwärtig und unmittelbar betroffen ist. An der Unmittelbarkeit fehlt es, wenn ein Gesetz nur zu einem Zugriff durch Verwaltung oder Rechtsprechung ermächtigt und es zumutbar ist, diesen Zugriff abzuwarten.

Falsche Beweiswürdigung führt ebenso zu einer Grundrechtsverletzung wie eine zu ausdehnende Auslegung und falsche Subsumtion.

Beidemal wird das Gesetz für Fälle mißbraucht, auf die es nicht paßt und für die also keine gesetzliche Eingriffsgrundlage vorliegt; das ist eine Grundrechtsverletzung. Doch kann eine falsche Beweiswürdigung gar nicht, eine falsche Auslegung und Subsumtion nur in krassen Ausnahmefällen durch das BVerfG korrigiert werden. Das Gericht ist keine Superrevisionsinstanz.

4. Kapitel
Einzelne Grundrechte

Im folgenden möchte ich Ihnen nur die wichtigsten Grundrechte erläutern; wie über jede Auswahl, so kann man auch über diese streiten. Sollte Ihnen einmal in einer Klausur ein Grundrecht begegnen, das hier nicht besprochen wurde, so ist das kein Grund zur Verzweiflung. Die meisten Probleme liegen im Bereich der allgemeinen Grundrechtslehren, die in diesem Buch sehr gründlich behandelt werden. Allerdings: Die Entscheidungen der StA zu Art. 6 und zu Art. 13 müssen Sie gelesen haben! Auch diejenigen zum Asylrecht sollten Sie aktualitätshalber nicht auslassen.

Man kann die Grundrechte in verschiedene Sachgruppen unterteilen, kann beispielsweise nach dem Schutzbereich der körperlichen und der geistigen Sphäre, der Bewegungsfreiheit, des politischen, künstlerischen, wissenschaftlichen Wirkens, der wirtschaftlichen und beruflichen Betätigung gliedern und nach manch anderen Gesichtspunkten. Andererseits ist es unschädlich, wenn man sich ganz einfach an die Reihenfolge der grundgesetzlichen Verbürgung hält. So sei im folgenden verfahren, allerdings mit zwei Ausnahmen. Die erste betrifft gleich am Anfang den Art. 2 I. Das Grundrecht gewährleistet die freie Entfaltung der Persönlichkeit. Darunter ist, wie wir noch sehen werden, das Recht zu freiem Tun und Lassen zu verstehen. So gesehen, handelt es sich um ein umfassendes Freiheitsrecht, das zweckmäßigerweise hinter speziellen Freiheitsgewährleistungen zurücktreten muß. Wenn es den Art. 8 nicht gäbe, würde die Freiheit zur Versammlung von Art. 2 I geschützt. Da Art. 8 aber einen speziellen Schutz gewährleistet, kann Art. 2 I nicht anwendbar sein. Dieses »*Auffanggrundrecht*« ist gegenüber Spezialgrundrechten *subsidiär*. Es kann beispielsweise erst eingreifen, wenn man die Zusammenkunft von zwei Menschen noch nicht als Versammlung und deswegen den Art. 8 nicht als einschlägig ansieht. Also muß Art. 2 I hinter den Spezialgrundrechten erörtert werden.

Der zweite Sonderfall ist Art. 3, der Gleichheitsgrundsatz. Freiheit und Gleichheit sind nahe verwandt, aber doch grundsätzlich verschieden. Die innere Struktur von Gleichbehandlungsgeboten weicht von der normaler Abwehrgrundrechte etwas ab. Deshalb erscheint es zweckmäßig, den Gleichheitsgrundsatz erst nach der Behandlung der wichtigsten negatorischen Grundrechte zu besprechen.

Und noch eine letzte Vorbemerkung. Nachstehend wird es noch immer um den Abwehrcharakter der Grundrechte gehen. Der schon (auf S. 75) angesprochene Gesichtspunkt, ob einzelne Grundrechtsnormen auch Ansprüche auf positives Tun des Staates gewähren, wird hier noch nicht angesprochen. Auf ihn kommen wir bei unserer erneuten Behandlung allgemeiner Grundrechtslehren zu sprechen (Kapitel 5).

A. Schutz der Menschenwürde nach Art. 1

Dem letzten Absatz entsprechend wollen wir auch bei Art. 1 nur die Achtungspflicht des Staates näher ins Auge fassen. Die durchaus bemerkenswerte, weil sonst seltene Schutzpflicht, die den Staat auch zu positivem Tun anhält, wollen wir vorerst nur als Merkposten notieren.

Nicht umsonst hat der Parlamentarische Rat das GG mit dem Bekenntnis zur Menschenwürde eröffnet. Es sollte dies das Leitmotiv nicht nur für den Grundrechtsteil, sondern für das gesamte Verfassungsbild sein, weshalb der Art. 1 auch einer Verfassungsänderung entzogen ist (Art. 79 III).

I. Subjektives Grundrecht auf Achtung der Menschenwürde?

Zuweilen wird Art. 1 wegen seines Abs. 3 (»die *nachfolgenden* Grundrechte...«) nur als beherrschendes Grundprinzip der Verfassung angesehen, aber nicht als Grundrecht. Das führt dann weiter zu der Erwägung, die Verfassung habe mit der Grundrechtsqualität wohl auch ein subjektives Recht verneinen wollen; also sei Art. 1 nur als objektives Recht zu verstehen. Ganz überwiegend betrachtet man aber den Abs. 3 als unglücklich formuliert und Art. 1 als objektives wie subjektives Grundrecht.

Davon hängt aber in der Praxis nichts ab. Denn bei einer Verletzung von Art. 1 ist stets auch noch ein sonstiges Grundrecht betroffen, das zur Gegenwehr mit Hilfe der Verfassungsbeschwerde berechtigt. Dies führt übrigens dazu, daß in der Praxis eine Maßnahme nur ungewöhnlich selten an Art. 1 allein überprüft wird, sondern fast stets an einem Verbund von Art. 1 und einem weiteren Grundrecht. Besonders wichtig ist das für die Begründung eines sogenannten *Persönlichkeitsrechts* aus Art. 1 und Art. 2 I, auf das wir bei der Besprechung von Art. 2 I noch näher eingehen müssen.

Übrigens kann man bei vielen Grundrechten einen Kern herauszupräparieren versuchen, bei dessen Beeinträchtigung auch die Menschenwürde verletzt wird. Dieser Menschenwürdekern, der sich mit dem Wesensgehaltskern decken kann, aber nicht muß, könnte als Sperre für Verfassungsänderungen wichtig werden.

II. Die Umschreibung der Menschenwürde

Menschenwürde und ihre Mißachtung sind schwer zu definieren. Freilich herrscht in der Beurteilung einiger Beispielsfälle weitgehend Einigkeit. Das An-den-Pranger-Stellen des Mittelalters, der Judenstern der Neuzeit, die Schandkleidung und Narrenkappe der Chinesischen Kulturrevolution unserer Epoche, zeitlose Verhörmethoden von der Folter bis zum hinterhältigen Austricksen des Angeklagten, das alles gilt zu Recht als menschenunwürdig. Allerdings gibt es auch hier Grenzfälle, und in ihnen, im Detail, pflegt ja der Teufel zu sitzen. Unter die im Strafprozeß verbotenen Methoden (lesen Sie gelegentlich einmal den § 136a StPO – Nr. 90 im Schönfelder) rechnet die h. L. auch den Lügendetektortest. Das ist problematisch, wenn es mit Einwilligung des Beschuldigten geschieht, und schlechterdings abwegig, wenn jemand sich in Indizien verstrickt hat und den Test zum Erweis seiner Unschuld dringlich erbittet. Hier lernen wir schon einen Aspekt kennen, der sehr wichtig ist und auf den wir zurückkommen müssen: Der *Zweck*, um dessentwillen etwas geschieht, ist von zentraler Bedeutung.

Naturgemäß sind Strafprozeß und Strafvollzug, in denen der Bürger am stärksten der Staatsgewalt ausgeliefert ist, der Grenze zur Menschenwürdeverletzung am nächsten angesiedelt. Grausame und überharte Strafen verletzen die Würde des Menschen, ebenso der Rechtszwang, sich durch die Aussage selbst zu belasten (BVerfGE 55, 144/150), die öffentliche Bekanntgabe auch kleiner Delikte mit Namensnennung, die Unterbringung in (wie stark?) überfüllten Zellen, unzureichende Gelegenheiten zur Verrichtung der Notdurft und jede stark demütigende und bloßstellende Behandlung. Die Zwangsernährung hungernder Gefangener ist gewiß ein unwürdiger Anblick, andererseits kann man zu dieser Beurteilung auch schon beim geringeren Eingriff der zwangsweisen Blutentnahme kommen, die aber nicht deshalb schon verfassungswidrig sein kann. Verhindert der Zweck, dem Gefangenen das Leben zu retten, die Menschenwürdeverletzung? Andererseits will der Gefangene nicht gerettet werden, aber wie lange ist er in seinem Willen frei?

Die Vereinbarkeit der lebenslangen Freiheitsstrafe mit Art. 1 ist von BVerfGE 45, 187 = StA S. 26 beleuchtet worden. Das Gericht hat für notwendig erachtet, daß wegen Art. 1 den – nicht gemeingefährlichen – Gefangenen die Hoffnung bleiben muß, vorzeitig entlassen zu werden. Infolgedessen werden derzeit die Fälle von Lebenslänglichen erstmals nach 15 Jahren auf die Möglichkeit vorzeitiger Entlassung überprüft.

Das Bundesverwaltungsgericht (BVerwGE 64, 264) hat entschieden, daß die Präsentation von Frauen in »peep shows« die Menschenwürde verletze. Das wurde vielfach mit dem Argument kritisiert, schließlich böten die Frauen sich aus freiem Entschluß dar, und ein freiwilliges Verhalten könne nie die Würde des Handelnden verletzen.

Lassen Sie uns nochmals auf die Zwecksetzung staatlichen Tuns zurückkommen. Viele Maßnahmen im Strafprozeß und Strafvollzug, die man als unabdingbar ansehen muß, können wir nur hinnehmen, weil ohne sie der Zweck, Straftaten aufzuklären und zu sühnen, nicht erreichbar ist. Ohne diese Zwecksetzung wären sie hingegen menschenunwürdig, beispielsweise eine häufige Leibesvisitation, die Beobachtung durch Gucklöcher, der Zwang zum Tragen einer Anstaltskleidung, die Postkontrolle etc. Überhaupt hat ja das, was ohne Zweck geschieht, einen schikanösen Anstrich, es kann allein aus diesem Grund leicht der Menschenwürde zuwiderlaufen.

Neben der Zweckverfolgung spielen auch die äußeren Gegebenheiten und die verfügbaren Alternativen eine Rolle. In einem zerbombten Land, in dem alle unter Raumnot leiden, wird man eine Obdachlosenunterbringung nicht so schnell als menschenunwürdig einstufen wie unter normalen Verhältnissen.

Aktuell diskutiert wird die Maßstäblichkeit von Art. 1 für die Gentechnik. Art. 1 steht auch im Hintergrund des 1990 erlassenen Embryonenschutzgesetzes.

Unter den so schwierigen abstrakten Umschreibungen von Menschenwürde hat sich die Formel von G. Dürig am stärksten behauptet, der Mensch dürfe *nicht zum bloßen Objekt eines staatlichen Verfahrens degradiert werden*. Sehr viel hilft das im konkreten Fall aber auch nicht weiter. BVerfGE 30, I/25 f. = StA S. 24 meint, die bloße Objektstellung des Menschen sei oft unvermeidlich, sie dürfe nur nicht auf einer »verächtlichen Behandlung« durch Hoheitsträger beruhen. Da ist etwas Richtiges dran. Freilich ist das Abheben auf eine »verächtliche Behandlung«, also auf vorsätzliches Tun, wohl zu eng. Man kann sich auch Menschenwürdeverletzungen aus Gedankenlosigkeit und Nachlässigkeit vorstellen, und drei abweichende Richter meinten gar, auch aus »guter Absicht« heraus könne die Menschenwürde verletzt werden.

III. Einschränkungen der Menschenwürdegarantie?

Sie treffen gelegentlich auf Stellungnahmen im Schrifttum, die in sehr undifferenzierter Weise eine Einschränkbarkeit von Art. 1 behaupten. Trotz aller Einsicht in die häufig unvollkommene Gesetzgebungstechnik des GG ist das mit der zwingenden Formulierung ». . . ist unantastbar« nicht zu vereinbaren.

Freilich nötigt das dazu, den Tatbestand einer Menschenwürdeverletzung praxisgerecht zu umschreiben und nicht schon die zwangsweise Abnahme von Fingerabdrücken als menschenunwürdig zu qualifizieren, so daß man schon aus diesem Grund eine Einschränkungsmöglichkeit für Art. 1 benötigt.

Äußerstenfalls ins Auge fassen kann man den Fall einer Menschenwürdekollision: Der gemeingefährliche und sicherungsverwahrte S ist entsprungen und hat bald darauf drei Kinder als Lösegeldgeiseln genommen. Bei einem Banküberfall wird er verwundet und festgenommen. Die Kinder hat er in einem Verlies eingesperrt, das trotz großer Suchaktion nicht zu finden ist. S, der nichts zu verlieren hat, gibt aus Rachegefühlen das Versteck nicht preis. Unterstellt, es gäbe ein Mittel, das, durch eine Impfpistole schmerzlos injiziert, den S zum Sprechen bringt und dadurch die drei Kinder vor dem sicheren Tod rettet, dürfte das Mittel angewandt werden? Liegt in einem solchen Ausnahmefall gar keine Menschenwürdeverletzung vor, wozu ich neige, oder ist sie zwar gegeben, jedoch zur Rettung von Leben als Grundlage der Menschenwürde ausnahmsweise, und gleichsam auch aus Art. 1, gerechtfertigt?

IV. Grundrechtsträger

Über Grundrechtsträgerschaft allgemein wollen wir später (im 5. Kapitel, B) sprechen. Hier stellen sich zwei Sonderprobleme. Das eine betrifft die Frage, ob einer Leibesfrucht schon der Menschenwürdeschutz gebührt, was BVerfGE 39, 1 = StA S. 53 in seiner bedeutsamen Abtreibungsentscheidung bejaht hat. (Die Entscheidung müssen Sie jetzt noch nicht lesen.) Zum anderen kann es fraglich werden, ob einem Toten noch Menschenwürde zukommt. Das BVerfG hat dem verstorbenen

Schauspieler G. Gründgens noch einen Anspruch auf Achtung seiner Menschenwürde gegen Verleumdung zugesprochen (BVerfGE 30, 173/194). Das erscheint wenig plausibel.

B. Recht auf Leben und körperliche Unversehrtheit, Art. 2 II

Art. 2 ist gesetzestechnisch nicht glücklich gefaßt. Ist es schon nicht sonderlich zweckmäßig, das Recht auf Leben und körperliche Unversehrtheit einerseits und das Recht auf Freiheit der Person andererseits zusammenzupacken, so ist es erst recht verwirrend, diesen Abs. 2 mit dem ganz anders gearteten Abs. 1 zu vereinigen. Die beiden Absätze haben so viel und so wenig miteinander zu tun, wie zum Beispiel Art. 5 mit Art. 13. Sie sollten sie also stets streng auseinanderhalten.

I. Recht auf Leben

Die Spezialnorm des Art. 102 haben wir bereits oben (S. 61) kennengelernt.

1. Schutzbereich

Um nicht zu viele Untergliederungen zu machen, sei hier der Schutzbereich weit verstanden, so daß ich auch ein Wort zur Grundrechtsträgerschaft sagen kann. In den Schutz des Lebens ist auch der sogenannte Nasciturus, das heißt die Leibesfrucht, eingeschlossen. Die hierfür wichtige Abtreibungsentscheidung des BVerfG in Bd. 39, 1 = StA S. 53 wurde bereits erwähnt. Da das Gericht dort, wenngleich zu Unrecht, auf die Verpflichtung des Staates, das Leben Ungeborener zu schützen, abgehoben hat, also auf eine Pflicht zu positiver Leistung, wollen wir uns diesem Thema erst später genauer zuwenden.

Ferner ist hier auf eine generell interessante Form der staatlichen Beeinträchtigung aufmerksam zu machen, nämlich auf die *Gefährdung*. Alle Grundrechte geben einen Abwehranspruch nicht nur dagegen, daß der Staat ein Schutzgut effektiv mindert, sondern auch schon dagegen, daß er es (nicht ganz unerheblich) gefährdet. Durch Staatsmaßnahmen gefährdet wird das Leben infolge der Wehrpflicht, aber auch durch die Dienstpflicht von Polizeibeamten und Feuerwehrleuten.

Ich hatte Sie oben auf die sogenannten *negativen Freiheiten* hingewiesen, beispielsweise die Freiheit, der Kirche, einem Verein, einer Versammlung oder einer Gewerkschaft fernbleiben zu dürfen. Diese negative Freiheit gesteht die h. M. beim Recht auf Leben nicht zu. Allerdings wird das gar nicht oder wenig plausibel begründet. Am ehesten könnte man noch versuchen, dem GG eine generelle Tendenz zur Lebenserhaltung und Lebensbejahung nachzuweisen. Zwingend ist aber auch dies nicht. Praktische Bedeutung hat das Problem für die Frage, ob man eine Selbsttötung verhindern darf. Bei Hungerstreiks von Strafgefangenen sieht das Strafvollzugsgesetz eine Zwangsernährung vor.

2. Einschränkungen

Selbst das Grundrecht auf Leben steht unter einem allgemeinen Gesetzesvorbehalt. Daß dieser aber seinerseits unter dem strengen Regiment des Verhältnismäßigkeitsprinzips steht, wissen Sie bereits. Schon aus diesem Grunde wäre beispielsweise ein »Euthanasie«-Gesetz nationalsozialistischer Prägung verfassungswidrig.

Nicht verfassungswidrig sind die Wehrpflicht im Kriegsfall und die Dienstpflicht von Polizisten und Feuerwehrleuten, die allesamt für den äußersten Fall das Opfer des Lebens abverlangen. Nicht verfassungswidrig ist ferner etwa die staatliche Erlaubnis zur Tötung in *Notwehr*situationen – vorausgesetzt, daß kein milderes Mittel hilft. Sehr stark umstritten ist noch der sogenannte »Todesschuß« der Polizei, der sachgerechter »Rettungsschuß« genannt werden müßte. Hier ist man sich insoweit einig, als der gezielt tödliche Schuß erlaubt sein muß, wenn nur so die unmittelbar bevorstehende »Exekution« einer Geisel verhindert werden kann. Auch zur Abwendung schwerer Verstümmelungen und von Folter muß die rechtliche Erlaubnis gelten. Wie aber, wenn der Geisel evtl. nur leichtere Körperverletzungen drohen? An diesem Beispiel sehen Sie auch wieder, daß man nicht unreflektiert die Formel »Das Leben ist der Güter höchstes« anwenden darf. Dann wäre der Rettungsschuß wie auch die Notwehr nur zur Lebensrettung zulässig. Wie schwierig die Probleme sind, sobald man sich um eine präzise Begründung bemüht, ersehen Sie auch an folgendem: Mit Tötung der Geiseln wird ja oft nur gedroht, falls man gegen den Täter vorgeht oder falls man seine Forderung nicht erfüllt. Der Todesschuß zur Rettung der Geisel dient also letztlich dem Ziel, eine erpresserische Forderung abzuwehren, etwa die auf Freilassung von Kumpanen oder nur die auf Zahlung von 100 000 DM. In vordergründiger Betrachtung stehen hier Leben und 100 000 DM gegeneinander. Dennoch muß gleichsam das Leben zurücktreten. Wer das für verfehlt hält, muß die Folgen bedenken: Der gesamte Staat würde sich in die Hand von ein paar Geiselnehmern geben, nur weil er deren Grundrecht auf Leben als Höchstwert ansetzt.

Wenn der Staat jemanden einer Lebensgefährdung aussetzt, muß selbstverständlich die *Intensität der Gefahr* eine maßgebliche Rolle spielen. Das ist beispielsweise für Zwangsbehandlungen bedeutsam. Die – heute abgeschaffte – Pockenschutzimpfung konnte nur deshalb zur Pflicht gemacht werden, weil damit ein nur ganz verschwindendes Lebensrisiko verbunden war.

II. Recht auf körperliche Unversehrtheit

1. Schutzbereich

Zum Schutzbereich seien nur zwei Fälle erwähnt, die an der Grenze liegen. Wenn jemand im gerichtlichen Verfahren zu einer Elektroenzephalographie (EEG) gezwungen wird, das heißt zur Registrierung von Hirnströmen durch aufgeklebte Elektroden, so wird damit die körperliche Unversehrtheit wohl nicht beeinträchtigt (BVerfGE 17, 108/115 hat diese Frage offengelassen). Auch wenn einem Polizisten oder Soldaten das Stutzen einer überlangen Mähne befohlen wird, berührt das wohl noch nicht den Art. 2 II; so hat auch das Bundesverwaltungsgericht (BVerwGE 46, 1/7) entschieden. Beide Fälle werden also vom Auffanggrundrecht aus Art. 2 I erfaßt.

Was die Beeinträchtigung durch Gefährdung betrifft, so ist hier das *Atomrecht* von großer praktischer Bedeutung. Wenn der Staat Ihnen ein ungenügend gesichertes Kernkraftwerk vor die Haustür setzen wollte, das Sie aufgrund staatlichen Rechtsbefehls zu dulden und zu ertragen hätten, würde er seiner Unterlassungspflicht aus Art. 2 II 1 zuwiderhandeln. Aus unerfindlichen Gründen stellen jedoch Schrifttum und Rechtsprechung (u. a. BVerfGE 53, 30 = StA S. 84) auf eine – nicht einfach zu begründende und von uns später zu besprechende – aktive *Schutzpflicht* des Staates ab.

2. Einschränkungen

Zu den Schranken, denselben wie beim Recht auf Leben, ist nicht mehr viel anzumerken. Wir haben ja auch schon (S. 82) am konkreten Fall der Liquoruntersuchung bei einem Angeklagten die Wirkungsweise des Verhältnismäßigkeitsprinzips genau kennengelernt.

Maßvolle körperliche Züchtigung durch einen Lehrer hat der Bundesgerichtshof in einer schon älteren Entscheidung für gewohnheitsrechtlich erlaubt gehalten. Das ist deshalb problematisch, weil Grundrechte ja nur durch formelles Gesetz oder aufgrund eines solchen einschränkbar sind. In diesem Falle hat man allerdings vorkonstitutionelles (!) Gewohnheitsrecht als gleichwertig erachtet.

C. Freiheit der Person

I. Schutzbereich

Freiheit der Person meint nicht allgemeine Handlungsfreiheit, sondern *körperliche Bewegungsfreiheit*.

Art. 2 II 2, 3 müssen Sie zusammen mit Art. 104 lesen! (Schreiben Sie sich Art. 104 an den Rand.) Die Verfassung unterscheidet in Art. 104 Freiheitsentziehung und Freiheitsbeschränkungen.

Eine *Freiheitsentziehung*, der schärfere und *richterlicher Genehmigung bedürftige* Eingriff, liegt vor, wenn jemand für nicht unerhebliche Zeit *festgehalten oder eingesperrt* wird. Ein Anhalten zur polizeilichen (Verkehrs-)Kontrolle ist also keine Freiheitsentziehung. Der Bundesgerichtshof (BGH) hatte zu entscheiden, ob es Freiheitsentziehung ist, wenn jemand zwangsweise zu einer amtsärztlichen Untersuchung vorgeführt wird, ob das also richterlicher Anordnung bedarf (NJW 1982, 753). Das Gericht hat das mit der Begründung verneint, daß die Freiheit nur für kurze *Dauer* beschränkt werde, und daß dies nur eine an sich unerwünschte Nebenfolge sei, jedoch primär der *Zweck* verfolgt werde, ein Untersuchungsergebnis zu gewinnen, nicht hingegen, die Freiheit zu beschränken. Überzeugend ist das nicht.

Freiheitsbeschränkung ist jener Eingriff, durch den man zwar nicht festgehalten, aber gehindert wird, einen bestimmten Ort aufzusuchen. Beispiel: Die Polizei hat einen bestimmten Bezirk wegen eines Unglücks oder bei einem Staatsbesuch abgesperrt. Freiheitsbeschränkungen sind im Verhältnis zu Freiheitsentziehungen selten.

II. Einschränkungen

Art. 104 I 1 verlangt ausnahmsweise (vgl. oben S. 77), daß zu Freiheitsbeschränkungen unmittelbar aufgrund eines förmlichen Gesetzes ermächtigt werden muß. Die Ermächtigung durch eine Verordnung reicht also ausnahmsweise nicht, bestenfalls können durch Verordnung unerhebliche Ausgestaltungen eines Straftatbestandes, der Haftstrafe nach sich zieht, vorgenommen werden (BVerfGE 14, 174/186 unter 2 = StA S. 603).

Die Freiheitsentziehung bedarf, wie schon erwähnt, der richterlichen Billigung. Diese ist nach Möglichkeit vorweg einzuholen, wenn das nicht möglich ist (Verhaftung von Bankräubern), muß es sogleich nachgeholt werden.

Lesen Sie zum Erfordernis der richterlichen Genehmigung bitte auch noch BVerfGE 22, 311 = StA S. 620, wo Sie wieder einen interessanten Anwendungsfall für die verfassungskonforme Auslegung haben.

Daß die Untersuchungshaft ein ganz bedeutsamer Anwendungsfall für den Grundrechtsschutz aus Art. 2 II 2 und 104 ist, liegt auf der Hand. Wir haben ja die interessante Entscheidung BVerfGE 19, 342 = StA S. 92 schon (auf S. 79) besprochen. Ein Erfordernis des Verhältnismäßigkeitsprinzips ist es auch, daß Untersuchungshaft nur zum Zweck einer *zügigen* Deliktsaufklärung verhängt werden darf. Verzögerungen aus Nachlässigkeit der Staatsanwaltschaft und der Gerichte können eventuell zu einer Freilassung führen: BVerfGE 20, 45/49 = StA S. 97.

D. Freiheit des Glaubens, des Gewissens, des religiösen und weltanschaulichen Bekenntnisses

Glaubens- und Gewissensfreiheit waren in der historischen Entwicklung der Freiheitsrechte von ganz zentraler Bedeutung. Sie standen bei vielen Proklamationen der Freiheit ganz weit oben an. Auch heute muß man Art. 4 gewiß als bedeutsames Grundrecht einschätzen. Andererseits steht es in seiner praktischen Wirksamkeit, in der Häufigkeit seines Erscheinens vor dem BVerfG, hinter jenen Grundrechten, die wir genauer besprechen werden, etwas zurück. Ich werde mich deshalb mit einigen Hinweisen begnügen.

Deren erster gilt dem Abs. 3, den Sie zusammen mit Art. 12a II lesen müssen. Dessen Satz 2 hat BVerfGE 69, 1 – eine der fragwürdigsten Entscheidungen der letzten Jahrzehnte – in ein Prokrustesbett der Auslegung gesteckt und es gebilligt, daß – u. a. wegen der Wehrübungen – der Ersatzdienst ein Drittel länger dauert als der reine Wehrdienst.

I. Schutzbereich

Bei der Religionsfreiheit wird zwar schon durch Art. 4 II erkenntlich, daß sie nicht auf das individuelle Fürwahrhalten und das Bekennen beschränkt ist, sondern auch religionsbezogenes Handeln mit umfaßt. Allerdings kann »Religionsausübung« sehr eng verstanden werden als Gottesdienst, Gebet, Prozession, kultische Handlung. Und bei der Gewissensfreiheit wäre vollends die Deutung möglich, daß man nur Gewissen haben oder sich eins machen dürfe. Das würde auf die wohlfeile Gewährleistung hinauslaufen, daß Gedanken frei seien; das bedarf jedoch, sieht man vom Extremfall einer »Gehirnwäsche« ab, keiner verfassungsrechtlichen Absicherung. Kurzum, Gewissens- wie auch Glaubensfreiheit sind erst dann vollendet garantiert, wenn auch *gewissens- und glaubensgeprägtes Tun* darin *eingeschlossen* sind. Das war durch Art. 4 auch beabsichtigt.

Die allen Grundrechten – außer, der h. L. zufolge, dem Grundrecht auf Leben – innewohnende *negative Freiheit* (oben S. 76) ist hier ersichtlich von ganz besonderer Bedeutung und deshalb sogar ausdrücklich garantiert, was eine Ausnahme ist: Art. 140 GG / 136 III, IV WRV. Religionszwang gibt es in Europa zwar schon lange nicht mehr, aber was negative Religionsfreiheit wert ist, lehrt ein Blick auf den Iran.

In Hessen hat jahrelang ein juristischer Kampf um das *Schulgebet* getobt. Der Hessische Staatsgerichtshof hatte es für unzulässig erklärt, daß in der Schule vor Beginn des Unterrichts auf Wunsch der Mehrheit ein Gebet gesprochen wird, wenn ein Schüler oder seine Eltern dem widersprechen. Das BVerfG hat entgegengesetzt entschieden. Lesen Sie BVerfGE 52, 223 = StA S. 189 einmal durch, aber bekümmern Sie sich nicht, wenn Ihnen nicht alles gleich durchsichtig geworden ist. Die Begründung der Entscheidung ist nicht sehr prägnant.

Wenn Sie Ihrer Religion wegen einen ungerechtfertigten Nachteil erleiden, betrifft das zum einen Art. 4 I, II, zum anderen aber den *Gleichbehandlungsgrundsatz*. Infolgedessen hat die Verfassung das Verbot der Ungleichbehandlung wegen einer Religionszugehörigkeit noch besonders ausgesprochen: In Art. 3 III, 33 III und, etwas verdeckt, in Art. 140 GG / 136 I, II WRV.

II. Einschränkungen

Art. 136 I WRV ist auch von Interesse für das schwierige Schrankenproblem. Die schwer verständliche Formulierung sagt ja u. a., daß die staatsbürgerlichen Pflichten durch die

Ausübung der Religionsfreiheit nicht beschränkt werden, das heißt der Religionsfreiheit vorgehen. BVerfGE 33, 23/30 f. = StA S. 127 hat diese Bestimmung als von Art. 4 I verdrängt angesehen. Das ist wenig logisch, denn hier geht es um das Verhältnis von zwei gleichwertigen Verfassungsnormen, und Art. 4 ist schwerlich die speziellere Norm, eher trifft das Gegenteil zu.

Wenn man dem BVerfG folgen möchte, dann ist die Religionsfreiheit ebenso vorbehaltsfrei gewährleistet wie – unbestritten – die Gewissensfreiheit. Gerade weil Art. 4 auch Handlungen nach dem Gebot des Glaubens und des Gewissens schützen soll, ergeben sich daraus Schwierigkeiten. Glauben und Gewissen sind ja nichts Objektives, sondern werden vom einzelnen Individuum gleichsam erzeugt. Das kann aber keinen Freibrief zur Beliebigkeit geben. Sonst würden im Extremfall Steuern und Gebühren unter Berufung auf Glaubensoffenbarungen verweigert.

Folglich ist man hier wie auch bei anderen vorbehaltsfreien Grundrechten genötigt, ungeschriebene Schrankenvorbehalte anzunehmen. Dieses Problem haben wir schon besprochen, und ich habe Sie dabei auf BVerfGE 32, 98/107 = StA S. 115 ff. hingewiesen, wo es um immanente Schrankenvorbehalte zu Art. 4 ging (oben S. 84).

Bitte lesen Sie diese Entscheidung und die beiden anderen in der Studienauswahl durch. Alle drei betreffen hochinteressante Fälle: Ein Mann wird bestraft, weil er aus religiösen Gründen seine kranke und leicht zu heilende Frau sterben läßt und seine vier Kinder zu Halbwaisen macht. Ein katholischer Jugendverein sammelt mit Werbeunterstützung der katholischen Kirche Altmaterialien und kommt einem Altwarenhändler ins Gehege, der auf Unterlassung klagt. (Daß der Verein sich hier gegen ein Zivilgerichtsurteil wendet, sollten Sie vorläufig unbeachtet lassen. Sie können den Fall auch so betrachten, als ob eine Behörde die Altwarensammlung untersagt hätte.) Ein Pfarrer verweigert den Zeugeneid vor Gericht als unbiblisch. Achten Sie beim letzten Fall wieder auf die – hier sehr großzügig gehandhabte – verfassungskonforme Auslegung. Der Pfarrer hatte mit Hilfe von Art. 4 das Gebot angegriffen »Du sollst den Zeugeneid leisten, sofern kein gesetzlicher Grund zur Verweigerung besteht«; die – für den Pfarrer nicht einschlägigen – Verweigerungstatbestände waren in der StPO einzeln aufgeführt. Dieses Gebot war grundrechtswidrig, falls ein Zeuge sich durch den Glauben ernsthaft an der Eidesleistung gehindert sah. Für diese Fälle hätte das BVerfG den Eideszwang für nichtig erklären können. Statt dessen hat es den gebotseinschränkenden »gesetzlichen Grund« gleichsam erweitert um den Fall einer religiösen Eidesverweigerung. Also statt Teilnichtigkeit des Gebots eine Aufblähung der Gebotsausnahmen durch verfassungskonforme Auslegung. Aber diese soll ja grundsätzlich am Wortlaut enden (vgl. S. 60). Ob diese Grenze hier eingehalten wurde, ist sehr zweifelhaft.

Die Entscheidung ist auch noch deshalb interessant, weil sie einen der relativ seltenen Fälle eines Verstoßes gegen den Grundsatz der Erforderlichkeit betrifft: Ein für den Betroffenen milderes Mittel führt zum gleichen Erfolg.

E. Freiheit der Meinungsäußerung, Informationsfreiheit, Pressefreiheit

I. Schutzbereiche

1. Freiheit der Meinungsäußerung

»Das Grundrecht auf freie Meinungsäußerung ist als unmittelbarster Ausdruck der menschlichen Persönlichkeit in der Gesellschaft eines der vornehmsten Menschenrechte überhaupt. Für eine freiheitlich-demokratische Staatsordnung ist es schlechthin konstituierend, denn es ermöglicht erst die ständige geistige Auseinandersetzung, den Kampf der Meinungen, die ihr Lebenselement ist. Es ist in gewissem Sinn die Grundlage jeder Freiheit überhaupt.« (BVerfGE 7, 198/208 = StA S. 130) Mit diesen Worten hat das BVerfG zutreffend die Bedeutung der Meinungsäußerungsfreiheit gewürdigt. Entsprechendes gilt freilich auch für die in Art. 5 I 2 speziell geschützten Freiheiten der Meinungsäußerung in Presse, Rundfunk und Film.

Bei der Würdigung des Wertes von Meinungsäußerung für den demokratischen Prozeß darf man nicht einseitig nur auf die »große« Meinungsäußerung, beispielsweise auf Kundgebungen, schauen, die nur Meinungsmacher und nicht den Durchschnittsbürger betrifft. Aber für uns alle ist das Recht bedeutsam, auch im kleinen Kreis den Mund aufmachen zu dürfen, am Stammtisch oder bei anderer Gelegenheit einmal »Dampf abzulassen«. Ihnen ist das vielleicht selbstverständlich, im »Dritten Reich« sind jedoch noch Menschen unter das Fallbeil gekommen, weil sie unter vier Augen die Meinung äußerten, der Krieg sei verloren, oder weil sie einen Witz über den »Führer« machten.

Art. 5 I 1 ist wieder ein Beispiel dafür, daß das GG nicht sehr präzise gearbeitet ist. Nur die Meinungsäußerung in »Wort, Bild und Schrift« soll geschützt sein. Wie ist es nun, wenn jemand seine Meinung stillschweigend durch eine Handlung, zum Beispiel durch Teilnahme an einem Protestmarsch, äußert? (Der Schutz einer sich bewegenden Versammlung durch Art. 8 interessiert hier nicht.) Daß er weniger geschützt sein sollte, ergibt keinen vernünftigen Sinn. Deshalb *nimmt man die Beschränkung auf Wort, Bild und Schrift nicht wörtlich und wertet diese Aufzählung nur als beispielhaft.*

Zwischen »äußern« und »verbreiten« einer Meinung sollte man nicht groß nach Unterschieden suchen.

Von einer Meinungsäußerung lassen sich Tatsachenäußerungen oft nur sehr schwer trennen. Bereits die Auswahl unter verschiedenen Tatsachen kann oft eine Meinung zum Ausdruck bringen. Aus diesen Gründen wird ganz überwiegend *auch die Verbreitung von Tatsachen als durch Art. 5 I 1 geschützt* angesehen. Allerdings nimmt das BVerfG (E 85, 1/15) an, daß die erwiesene oder bewußt unwahre Tatsachenbehauptung schon gar nicht in den Schutzbereich des Art. 5 I 1 falle. Notwendig ist diese umstrittene Annahme nicht, man kann ja in solchen Fällen die einschlägigen Schranken wirken lassen. Ob man so oder so verfährt: Die falsche Tatsachenbehauptung kann leicht untersagt werden, eine Meinungsäußerung hingegen nur schwerer. Die Grenze zwischen beiden, geprägt durch das Merkmal wertender Stellungnahme, ist deshalb praktisch sehr bedeutsam.

2. Pressefreiheit

Entgegen dem Alltagssprachgebrauch meint »Presse« nicht nur Zeitungen und Zeitschriften, sondern *jedes Druckerzeugnis*, also auch Bücher, Flugblätter, Plakate und Bilder. Irgend ein Mindestmaß an Seriosität wird nicht vorausgesetzt. Auch die Regenbogenpresse genießt den Schutz von Art. 5 I 2.

Das Pressewesen und die Pressetätigkeit sind umfassend geschützt, von der Beschaffung von Nachrichten bis zur Verbreitung des Presseerzeugnisses, auch das Anzeigewesen unterliegt dem Schutz der Pressefreiheit.

Unter der gemäß Art. 5 I 3 verbotenen *Zensur* ist nur die *Vorzensur* zu verstehen, bei der ein Presseinhalt der vorgängigen Prüfung und Genehmigung von seiten einer staatlichen Behörde unterliegt. Nicht unter den Begriff der Zensur fällt die nachträgliche Rechtssanktion für eine bestimmte Pressetätigkeit. Wenn ein Journalist jemanden gröblich beleidigt und dafür bestraft wird, ist das keine Zensur und kann auch nicht von Verfassungs wegen unstatthaft sein.

Das Problem, ob sich auch angestellte Journalisten gegenüber dem Verleger auf ihr Grundrecht der Pressefreiheit berufen können, läuft unter der Bezeichnung »*innere Pressefreiheit*«. Dieses Problem soll nur einmal beim Namen genannt werden, für eine vertiefte Besprechung ist es zu kompliziert.

Wo gehört nun die in der Presse geäußerte Meinung hin, zu Satz 1 oder Satz 2? Für das Ergebnis ist das zwar unerheblich, aber man wird dennoch von Ihnen eine klare Zuordnung verlangen. Die Antwort von BVerfGE 85, 1/11 lautet: Zu Satz 1. Für S. 2 bleibt dann an Schutzwürdigem übrig: Der Pressebetrieb, die Presserecherche, Bildbeschaffung, Anzeigenaquisition (!), Vertrieb etc.

II. Einschränkungen

Von den in Art. 5 II genannten Schranken machen die gesetzlichen Bestimmungen zum Schutze der Jugend keine besonderen Schwierigkeiten.

1. Das Recht der persönlichen Ehre

Auch das Recht der persönlichen Ehre muß gesetzlich verfaßt sein, doch ist das im bürgerlichen Recht und im Strafrecht umfassend geschehen.

Bei einer wörtlichen und abstrakten Auslegung könnte man zu der Auffassung kommen, der Ehrenschutz gehe der Meinungs- und Pressefreiheit in jedem Falle vor, also auch dann, wenn eine sehr geringe Beeinträchtigung der Ehre durch einen Beitrag von sehr weitgehender Bedeutung und großem öffentlichen Interesse geschieht. Jedoch wissen Sie bereits, daß man bei der Güterabwägung innerhalb des Verhältnismäßigkeitsprinzips auf die Umstände des Einzelfalls abstellen muß. Infolgedessen kann eine Meinungsäußerung im Einzelfall vorzugswürdiger sein als das Rechtsgut der Ehre, sofern es nur in geringem Ausmaß tangiert ist. Bitte lesen Sie dazu den berühmten Schmid-»Spiegel«-Fall BVerfGE 12, 113 = StA S. 138. Dort hatte ausgerechnet ein Oberlandesgerichtspräsident sehr rüde gegen den »Spiegel« zurückgeschlagen und war deshalb wegen Beleidigung bestraft worden. Er hatte mit seiner Verfassungsbeschwerde Erfolg, weil Meinungsäußerungen, die im öffentlichen Meinungskampf fallen, nicht auf die Goldwaage gelegt werden sollen. Ebenso hat das BVerfG einer Zeitschrift die Bezeichnung »Kredithaie« für Kreditvermittler aus Art. 5 I zugestanden (BVerfGE 60, 234). In BVerfGE 54, 129 hat das BVerfG leider auch ein diffamierendes Geifern von Funk-Feuilletonisten, mit dem ausschließlich ein Mangel an Sachargumenten verdeckt werden sollte, durch Art. 5 I gerechtfertigt. Diese Art Rechtsprechung hat eine überaus heftige Kritik im Schrifttum hervorgerufen; man beklagt, z. T. durchaus mit Recht, den Verlust des Ehrenschutzes. Beispielsweise hat eine Kammer des BVerfG es für evtl. erlaubt gehalten, Polizeibeamten, die aufgrund rechtmäßigen Befehls eine rechtmäßige Handlung vornahmen, Gestapomethoden vorzuwerfen (NJW 1992, 2815).

Bitte lesen Sie auch noch BVerfGE 43, 130/137 = StA S. 12.

2. Die Schranke der allgemeinen Gesetze

a) Das Problem

Was sind »allgemeine« Gesetze? Auf diese Frage erhalten Sie vielfach Antwort in einem einzigen Satz, den Sie sich, so scheint es, nur zu merken brauchen, um für einen der zahlreichen Fälle zu Art. 5 I und II gewappnet zu sein. Damit werden Sie jedoch etwas hinters Licht geführt. In Wahrheit hat man diesem Begriff, den schon die WRV kannte, seit über 70 Jahren keinen schlüssigen Sinn abgewinnen können.

Man kann als allgemeine Gesetze jene verstehen, die für unbestimmt viele Personen und für unbestimmt viele Sachverhalte gelten. Aber für alle Grundrechte sind Einzelfallgesetze durch Art. 19 I verboten.

Es liegt die Vermutung nahe, daß das GG die Jugend- und Ehrenschutzbestimmungen nicht zu den allgemeinen Gesetzen zählt und deshalb gesondert aufführt. Aber welches abstrakte Merkmal ist es, das diese Normen nicht »allgemein« sein läßt?

Man hat erwogen, jene Gesetze als »allgemein« zu qualifizieren, die nicht nur (oder zumindest hauptsächlich) die Schutzgüter von Art. 5 I beeinträchtigen. Aber es gibt speziell auf die Presse zugeschnittene Landespressegesetze. (Sie schreiben u. a. ein Impressum vor, regeln das Recht der Gegendarstellung, enthalten Bestimmungen über die Beschlagnahme von Presseerzeugnissen und über die strafrechtliche Verantwortlichkeit für den Inhalt. Oben auf S. 49 hatten wir Kompetenzprobleme aus diesem Bereich besprochen.) Ferner muß es Gesetze geben, die nur eine Meinungsäußerung verbieten, zum Beispiel eine Anstiftung zum Verbrechen, hetzerische Agitation, Aufrufe zum Umsturz etc.

Schließlich hat man erwogen, jene Gesetze für allgemein zu halten, die nicht die »rein geistige Wirkung« der Meinungsäußerung, von Presse und Rundfunk bekämpfen. Aber die rein geistige Wirkung einer versuchten Anstiftung zu einem Verbrechen (das heißt, ohne daß dieses versucht wurde und die geistige in eine reale Wirkung umschlug) darf sicherlich bestraft werden. Und die Publikation von Staatsgeheimnissen kann ungeachtet ihrer (vorerst oder dauerhaft) rein geistigen Wirkung unterbunden werden.

b) Die Auffassung des BVerfG

Was ist die Ansicht des BVerfG hierzu? Allgemeine Gesetze sollen solche sein, »die nicht eine Meinung als solche verbieten, die sich nicht gegen die Äußerung der Meinung als solche richten, die vielmehr dem Schutze eines schlechthin, ohne Rücksicht auf eine bestimmte Meinung, zu schützenden Rechtsguts dienen, dem Schutze eines Gemeinschaftwerts, der gegenüber der Betätigung der Meinungsfreiheit den Vorrang hat.« (BVerfGE 7, 198/209 = StA S. 136. Bitte vorerst nur diese Passage lesen!) Das klingt ganz schlüssig, oder? Wir wollen diese Passage einmal etwas genauer unter die Lupe nehmen. Überlesen Sie das Folgende nicht, weil es Ihnen zu »pingelig« erscheint. In späteren Abschnitten Ihres Studiums wird es Ihre Hauptaufgabe sein, Stimmen aus Rechtsprechung oder Schrifttum sehr kritisch zu lesen und evtl. Wort für Wort auf ihren Sinn zu befragen. Das sollten Sie hier wenigstens einmal nachvollziehen.

Wenn Sie den zitierten Satz einmal nur zur Hälfte lesen, bis ». . . als solche richten«, so weiß man überhaupt nicht, was unter »Meinung als solche« oder Meinungsäußerung »als solche« zu verstehen ist. Wenn man den nächsten Halbsatz (bis . . . »dienen«) mit heranzieht, dann scheint plötzlich ein Sinn aufzuleuchten. Die Beschränkung von Grundrechtsschutzgütern muß »vielmehr« einem schlechthin zu schützenden Rechtsgut dienen, ansonsten würde die Meinung »als solche«, nur um ihrer Unterdrückung willen und wegen sonst nichts bekämpft. (Zwischenfrage: Gibt es sowas?) Aber sinnigerweise hebelt der nun folgende Halbsatz den vorhergehenden wieder aus: Nicht irgendein Rechtsgut darf der Meinungsäußerung etc. vorgehen, sondern — unter Ausschluß von Individualrechtsgütern — nur ein »Gemeinschaftswert«, und nur ein höherrangiger. Das mit dem »*Gemeinschaftswert*« ist freilich ausweislich weiterer Entscheidungen nicht wörtlich zu verstehen, *jedes* Rechtsgut kann Anlaß für Einschränkungen sein, aber höherrangig im Vergleich zu dem betroffenen Grundrechtsschutzgut muß es in der Tat sein. Wenn aber »vielmehr« (!) ein höherwertiges Rechtsgut die Beschränkung von Meinungsfreiheit rechtfertigen muß, wird dann beim Eingriff zugunsten eines geringerwertigen Rechtsguts automatisch die Meinung »als solche« betroffen? Offensichtlich nicht! Zwingende Schlußfolgerung: Die erste Satzhälfte läßt sich überhaupt nicht vernünftig erhellen. Sie ist ohne Sinn.

Was übrig bleibt, ist das Erfordernis der Güterabwägung, aber diese gilt über das Verhältnismäßigkeitsprinzip ohnehin bei allen Grundrechten, bedarf nicht der Hervorbringung durch die notwendige Allgemeinheit eines Gesetzes. Wenn Sie nun noch bedenken, daß sich in über 90 Bänden Verfassungsrechtsprechung aus rund 50 Jahren nur ein Fall findet, in dem ein Gesetz als nicht »allgemein« bezeichnet wurde, und daß man auch diesen Fall (BVerfGE 21, 271/280) auf andere Weise angemessen hätte lösen können, dann ermessen Sie die praktische Bedeutung des Adjektivs »allgemein«: sie tendiert gegen Null. Wenn man dieses nicht sinnvoll zu interpretierende Wort außer acht läßt, ist nichts verloren.

Aber leider wird Ihnen das in einer Klausur nicht unbedingt abgenommen. Sie müssen also Sinn im Sinnlosen vortäuschen. Entweder Sie lernen die oben zitierte Formel des BVerfG auswendig, oder Sie merken sich wenigstens: Allgemeine Gesetze sind solche, die ein höherwertiges Rechtsgut schützen.

In der oben zitierten Entscheidung (StA S. 130/135) entwickelte das BVerfG gerade in bezug auf den Vorbehalt der allgemeinen Gesetze seine *Wechselwirkungslehre*, über die wir auf S. 82 schon gesprochen haben.

c) Einige Anwendungsfälle

Lassen Sie uns einige Beispiele herausgreifen, in denen zwischen Meinungs- und Pressefreiheit und allgemeinen Gesetzen ein Spannungsverhältnis besteht.

aa) Bei der Presse würde eine Pflicht der Journalisten, als Zeugen auch ihre Gewährsleute zu offenbaren, zu einer so erheblichen Beschränkung ihrer Wirkungsmöglichkeiten führen, daß dies mit Art. 5 I nicht zu vereinbaren wäre. Das Rechtsgut Pressefreiheit wiegt hier schwerer als die — begrenzten — Strafverfolgungsinteressen. Deshalb hat die StPO den Journalisten ein berufliches *Zeugnisverweigerungsrecht* eingeräumt (§ 53 I Nr. 5), dem ein Verbot entspricht, einschlägige Unterlagen zu beschlagnahmen. Hingegen hat BVerfGE 56, 247 entschieden, daß jedenfalls bei Verfolgung eines schweren Landfriedensbruchs die Beschlagnahme von Pressefotos zur Identifizierung von Straftätern gestattet sei. Hier geht die Güterabwägung zugunsten des konkreten staatlichen Strafinteresses aus und zu Lasten eines konkreten Bereichs an Pressefreiheit.

bb) Gegenstand vieler Gerichtsentscheidungen ist auch die *Flugblattverteilung auf öffentlichen Straßen* gewesen. Das Problem rührt daher, daß man ein Gebrauchsrecht an öffentlichen Wegen nur für Zwecke des »Verkehrs« hat. Nimmt man nun am Verkehr teil, wenn man Flugblätter verteilt, oder wenn man sie gar auf einem Tisch auslegt? Wenn nein, bedarf das einer besonderen Genehmigung, deren Erteilung nach dem Wortlaut der Gesetze im Ermessen der Behörden liegt. Inwieweit ist das mit Art. 5 GG vereinbar? Überwiegend wird die Verteilung politischer Flugblätter für zulässig gehalten, wohingegen bei Werbematerial Einschränkungen gestattet sein sollen.

cc) Ansteckknöpfe in der Schule, sei es bei Lehrern, sei es bei Schülern, haben die Verwaltungsrechtsprechung viel beschäftigt. Diese Fälle sind ein gutes Beispiel für die Notwendigkeit, ganz konkret das Pro und Kontra an den Gegebenheiten des jeweiligen Einzelfalls auszurichten. Welchen Schaden kann ein »button« am Lehrerjackett stiften? Kann er auch Anstoß zu Auseinandersetzungen und insoweit von Nutzen sein? Überwiegt der Schaden den Nutzen? Und ist die Schadensabwehr von größerem Wert als das Interesse des Lehrers, während der Schulzeit seine Meinung missionarisch zur Schau zu tragen? Wir können das hier leider nicht bis in alle Verästelungen verfolgen, aber wenn es Sie interessiert, dann ist es für Sie sicher aufschlußreich, einmal eine der folgenden Entscheidungen zu lesen: Verwaltungsgericht Hamburg, NJW 1979, 2164; Bundesarbeitsgericht, JZ 1982, 869.

dd) Gleichfalls um Meinungsäußerung in einem »besonderen Gewaltverhältnis«, nämlich bei der Bundeswehr, ging es in dem Fall BVerfGE 44, 197 = StA S. 150, meines Erachtens eine krasse Fehlentscheidung, die alle diejenigen besonders interessieren wird, die schon »beim Bund« waren.

F. Rundfunkfreiheit

Das Fernsehen, an das man 1949 noch nicht dachte, unterfällt technisch dem Begriff des Rundfunks.

Art. 5 I gewährleistet zwar nur die »Berichterstattung« durch den Rundfunk, doch wird anerkanntermaßen der Schutzbereich auf das gesamte Sendeprogramm erstreckt: BVerfGE 12, 205/260 = StA S. 155. Zu diesem berühmten Fernseh-Urteil war es gekommen, weil Konrad Adenauer versucht hatte, den Bund am Aufbau eines zweiten Fernsehprogramms zu beteiligen. Er hatte zu diesem Zweck eine Privat-GmbH gegründet, deren Träger der Bund war und der die Länder beitreten sollten. Diese hielten jedoch mit Recht das Fernsehen für Landessache und klagten erfolgreich vor dem BVerfG. Bei dieser Gelegenheit hat das BVerfG auch Stellung genommen zu den Anforderungen an die Organisationsstruktur einer Rundfunkanstalt. Das Interessante ist, daß nach der dort getroffenen Auslegung des Art. 5 I die Rundfunkfreiheit nicht nur einen staatsabwehrenden Charakter hat, sondern das Grundrecht vom Staat ein positives Handeln verlangt.

Wie diese gesetzliche Ausgestaltung der Rundfunkfreiheit auszusehen hat, wird in BVerfGE 57, 295/319 ff. = StA S. 159 genau umrissen. *Der Staat hat einen freien Rundfunk mit Meinungsvielfalt zu sichern. Es muß ein Mindestmaß an inhaltlicher Ausgewogenheit, Sachlichkeit und Toleranz gewährleistet sein.* Leider steht die Freiheit von Parteipatronage noch aus.

In den beiden gerade genannten Entscheidungen hat das BVerfG zwar gesagt, daß Art. 5 I 2 das *Monopol eines öffentlich-rechtlichen Rundfunks* nicht fordert. Es hat jedoch offengelassen, ob das GG das bis 1984 durch einfache Gesetze errichtete öffentlich-rechtliche Rundfunkmonopol erlaube oder aber auch privaten Veranstaltern einen Zugang eröffnet.

Ab 1984 wurden von den Ländern auch Privatsender zugelassen und damit eine sogenannte *duale Ordnung des Rundfunks* geschaffen. Wie diese aussehen muß, lesen Sie bitte in den Leitsätzen von BVerfGE 73, 118 = StA S. 169 nach. In einem 5. Rundfunkurteil hat BVerfGE 74, 297 Bestimmungen des baden-württembergischen Landesmediengesetzes aufgehoben, durch die Regionalsendungen (und deren Werbefunk-Einrahmung) den privaten Veranstaltern vorbehalten bleiben sollten. Seitdem hat es weitere Entscheidungen gegeben, oder sie sind in Arbeit. Und die verfassungsrechtlichen Arbeiten zum Rundfunkrecht kann man kaum noch zählen. All das zaubert man aus 8 Worten: »Die Freiheit der Berichterstattung durch Rundfunk wird gewährleistet.« Schon ein seltsames Fach, auf das Sie sich da eingelassen haben!

In welchem Ausmaß darf das Fernsehen jemanden zum Gegenstand eines Dokumentarspiels machen? Einen beinahe dramatischen Fall mit diesem Problem hatte BVerfGE 35, 202 = StA S. 170 (zum sogenannten Soldatenmord von Lebach) zu entscheiden. Ich empfehle ihn Ihrer Lektüre. Daß sein Ursprung in einem Zivilrechtsstreit lag, sollten Sie vorerst überlesen.

G. Kunstfreiheit

Da wir in anderem Zusammenhang die Gründgens-Mephisto-Entscheidung BVerfGE 30, 173 = StA S. 176 schon kennengelernt haben, müßten Sie bereits über die Grundauffassungen des BVerfG zur Kunstfreiheit Bescheid wissen. Die Entscheidung enthält auch eine Skizzierung dessen, was man unter Kunst zu verstehen hat. Das ist, wenn man näher hinschaut, ein überaus komplexes Problem, das wir hier nicht vertiefen können. Wichtig ist: Als Kunst darf nicht nur das geschützt werden, was staatliche Organe als Kunst anerkennen. Solche Qualifikationsmacht wäre die Befugnis, über den Schutzbereich des Grundrechts zu verfügen. Andererseits genügt die bloße Behauptung, etwas sei Kunst noch nicht (ganz). Wenn sich dieser Behauptung aber ein paar Leute anschließen, die halbwegs ernst zu nehmen sind, geschweige, wenn sie von Sachverständigen geteilt wird, dann pflegt man vom Sachverhalt Kunst auszugehen. Insgesamt liegt in der gerichtlichen Praxis die Kunstschwelle sehr niedrig. Praktisch jede Collage und jeder gehobene Knittelvers werden zur Kunst geadelt.

Die Grenzlinie ist deshalb so wichtig, weil Art. 5 III wegen des fehlenden Gesetzesvorbehalts ein so viel stärkeres Grundrecht zu sein scheint als Art. 5 I. Man könnte demnach seine eigene Meinungsäußerung gleichsam panzern, wenn man sie als Kunst darbietet. Das ist auch für den nicht schwer, der Probleme mit dem Reim hat – moderne Gedichte reimen sich durchweg nicht. Weshalb eine Meinung schutzwürdiger ist, wenn sie sich ein Gedichtkleid überwirft, weiß niemand so recht zu erklären. Wir haben ja auch oben (S. 84) schon gesehen, daß sich das BVerwG im Ergebnis zutreffend nicht darum gekümmert hat, ob ein verschandelter Bau von einem Künstler stammt oder nicht. Andererseits soll nicht bestritten werden, daß es – vornehmlich bei der Güterabwägung – einen Unterschied machen kann, ob jemand nur ein Elaborat zum Geldverdienen vorlegt oder das Ergebnis einer vielleicht langjährigen künstlerischen Bemühung. BVerfGE 83, 130 hat in der sogenannten Mutzenbacher-Entscheidung selbst für einen deftig pornographischen Roman, der »offensichtlich Kinder oder Jugendliche sittlich schwer gefährden« kann, die Abwägung zwischen Jugendschutz und Kunstfreiheit vorgeschrieben. Da nun bei einem »Gerade-noch-Kunstwerk« nicht viel auf die Grundrechts-Waagschale kommt, was dem Gewicht des Jugendschutzes Paroli bieten könnte, ist die Frage »Kunst oder nicht Kunst?« im Ergebnis doch nicht so erheblich wie es zunächst scheint.

Aber deutlich geworden sein sollte auch dies: Wenn schon, wie dargelegt, im Bereich des Art. 5 I der Verlust des Ehrenschutzes beklagt wird, dann ist diese Gefahr in den genannten – praktisch sehr häufigen! – Fällen noch viel größer, in denen die Ehrabschneidung in künstlerischer Form abläuft. Streichen Sie sich in der StA auf S. 178 die Unterscheidung von Werk- und Wirkbereich an (vom Schutz des letzteren profitierte der beschwerdeführende Verleger des Romans) – dieses Wissen wird bei Klausuren vorausgesetzt.

H. Versammlungsfreiheit

I. Schutzbereich

Eine Versammlung unterscheidet sich von einer – durch Art. 8 nicht geschützten – Ansammlung (zum Beispiel von Passanten bei einer Schlägerei) dadurch, daß die Versammelten um eines gemeinsamen Zweckes willen zusammengekommen und dadurch innerlich verbunden sind. Nach h. M. muß dieser *Zweck in einer Meinungsbildung oder Meinungsäußerung* liegen. Infolgedessen fallen Sportveranstaltungen, Konzerte, Zirkusvorstellungen etc. nicht unter den Schutz des Art. 8 (sondern »nur« unter den des Art. 2 I).

Man streitet darum, ob es schon eine Zweipersonen-Versammlung geben könne, ohne daß dies von wesentlicher praktischer Bedeutung wäre. Von der Einmannschlange an englischen Bushaltestellen ist man selbst damit noch ein gutes Stück entfernt.

Versammlungen, die sich bewegen, nennt man *Aufzüge*. Hingegen kennt das GG den Begriff der *Demonstration* nicht. Da es durchaus Einmanndemonstrationen gibt, sind Demonstration und Versammlung nicht identisch.

Gewährleistet ist nur das Recht, sich *friedlich und ohne Waffen* zu versammeln – eine seltene tatbestandliche Einschränkung grundrechtlicher Freiheit. Es sollte klar sein, daß eine unfriedliche Versammlung nun nicht etwa dem Schutz des Auffanggrundrechts aus Art. 2 I unterfällt (aber selbst das wird vertreten).

II. Einschränkungen

Art. 8 unterscheidet zwischen Versammlungen im Freien und in geschlossenen Räumen. Letztere können scheinbar überhaupt keinen rechtlichen Beschränkungen unterworfen werden, ein Problem, über das wir schon gesprochen haben (S. 83). Es liegt aber auf der Hand, daß man sich nicht in fremden Häusern gegen den Willen des Eigentümers versammeln darf, und auch bei dessen Einwilligung nicht, wenn das Haus baufällig ist.

Für Versammlungen im Freien enthält Art 8 II einen Einschränkungsvorbehalt, von dem im Versammlungsgesetz Gebrauch gemacht wurde. Dort wird u. a. verlangt, daß jede Versammlung 48 Stunden vor ihrer Bekanntgabe angemeldet werden muß. Damit wird die Grundaussage des Art. 8 I für diese Art von Versammlung außer Kraft gesetzt. Gegen das Anmeldeerfordernis ist im Regelfall nichts einzuwenden, weil es sinnvoll ist, daß die Behörde Kenntnis von geplanten Versammlungen im Freien erhält. Den meisten Umzügen beispielsweise bahnt ja erst die Polizei den Weg durch eine Stadt. Freilich gibt es auch Fälle, in denen ein legitimes Bedürfnis besteht, eine Versammlung kurzfristig aus aktuellem Anlaß einzuberufen. Es können sich auch spontan Versammlungen bilden, die gar keinen Veranstalter haben, dem die Anmeldung obliegt. Hier muß man das Versammlungsgesetz wohl so lesen, daß eine Anmeldung nur erforderlich ist, wenn sie den Veranstaltern vernünftigerweise abverlangt werden kann. Auch das ist wieder ein interessanter Fall einer verfassungskonformen Auslegung. Ob eine solche auch noch bei sogenannten Eilversammlungen möglich ist, hat in BVerfGE 85, 69 = StA S. 223 zu einem Streit im Senat geführt. Einigkeit bestand darin, daß bei einer kurzfristig einzuberufenden Versammlung die 48-Stunden-Frist nicht gelten kann. Während jedoch die Mehrheit die Bestimmungen über die Anmeldefrist so lesen möchte: ». . . 48 Stunden, in Eilfällen so schnell wie möglich«, hält ein (in der StA nicht abgedrucktes) Sondervotum hier den Wortlaut der Norm für mißachtet und eine verfassungskonforme Auslegung deshalb für unzulässig.

Gehört haben sollten Sie einmal von der praktisch wichtigsten Bestimmung des Versammlungsgesetzes, dem § 15, dessen Kenntnis Ihnen das Verständnis von Zeitungsmeldungen zukünftig erleichtern wird.

Diese Bestimmung muß ich Ihnen nicht abdrucken, weil sie in BVerfGE 69, 315 = StA S. 196/198 zitiert wird. Bitte lesen Sie dort nach.

Aus der Entscheidung des BVerfG zu den großen Brockdorf-Demonstrationen ergibt sich, mit welchen Einschränkungen das BVerfG diese Eingriffsgrundlage des § 15 VersG gehandhabt wissen will. Diese Leitentscheidung müssen Sie unbedingt lesen; ihr ist öfter vorgeworfen worden, daß sie die Realität vieler gewalttätiger Demonstrationen zu verklärt sehe.

Nicht minder interessant ist BVerfGE 73, 206 = StA S. 218 mit Ausführungen zu politisch motivierten Sitzblockaden und zum sogenannten »Zivilen Ungehorsam«.

J. Koalitionsfreiheit

I. Schutzbereich

Koalitionen sind die in Art. 9 III 1 geschützten »Vereinigungen zur Wahrung und Förderung der Arbeits- und Wirtschaftsbedingungen«. Praktisch sind damit die *Gewerkschaften* und die *Arbeitgeberverbände* gemeint. Da dies etwas qualitativ ganz anderes ist als die in Art. 9 I erwähnten und von mir nicht weiter zu behandelnden Vereine und Gesellschaften, worunter auch der Kaninchenzüchterverein fällt, sollten Sie zwischen Art. 9 II und III einen Trennstrich ziehen.

1. Individuelle und kollektive Koalitionsfreiheit

Man unterscheidet *individuelle* und *kollektive Koalitionsfreiheit*. Nur die erstgenannte ist ausdrücklich in Art. 9 III angesprochen, nämlich das Recht des Individuums, zusammen mit anderen eine Koalition zu bilden. Freilich ist auch hier wieder der Wortlaut viel zu eng, verbürgt ist auch das Recht, einer schon bestehenden Koalition beizutreten, in ihr aktiv zu werden und ferner das Recht, aus einer Koalition auszutreten oder sich ihr von Anfang an fernzuhalten. Nicht ausdrücklich garantiert ist das Recht der Koalition selbst, aktiv zu werden (kollektive Koalitionsfreiheit). Doch wäre ohne sie die individuelle Koalitionsfreiheit ja ganz sinnlos. Zum Recht auf eine sinnvolle und effektive Betätigung kann es, freilich nur in Grenzen, auch gehören, ein unzuverlässiges oder feindlich gesinntes Mitglied auszuschließen. Ein wichtiges Recht der kollektiven Koalitionsfreiheit ist das auf Werbung neuer Mitglieder. Zu diesem Problem hatte BVerfGE 19, 303 = StA S. 225 (vgl. Sie ferner BVerfG E 42, 133 = StA S. 231) Stellung zu nehmen. Übrigens mußte sich das BVerfG noch mehrfach mit solchen Streitfällen aus dem Bereich der Bundesbahn befassen, so daß es den Anschein hat, daß sich dort jahrelang zwei konkurrierende Gewerkschaften bis auf das Messer bekämpft haben.

2. Tarifautonomie

Über den nicht sehr aussagekräftigen Wortlaut des Art. 9 III hinaus wird durch diese Verfassungsnorm auch die sog. *Tarifautonomie* gewährleistet, das heißt die Befugnis, die Arbeitstarife (= Löhne) sowie sonstige Arbeitsbedingungen zwischen Arbeitgebern und Arbeitnehmervereinigungen frei auszuhandeln und darüber Tarifverträge abzuschließen. Nur über Tarifverträge können die Koalitionen die Arbeits- und Wirtschaftsbedingungen wirklich effektiv beeinflussen. Die Rechtsnatur des Tarifvertrages kann ich Ihnen hier nicht im einzelnen erläutern. Doch verdient seine Besonderheit Erwähnung, daß er ähnlich wie eine Rechtsnorm wirken kann, indem an seine Bestimmungen alle Mitglieder der beteiligten Koalitionen, also alle Arbeitgeber und alle Arbeitnehmer, rechtlich gebunden sind, ohne daß diese Gebundenen sich je einzeln durch Vertrag verpflichtet hätten. Es handelt sich hier um eine Art delegierte Rechtsetzungsmacht (vgl. oben S. 15).

Freilich ist ja ein solcher Rechtsmechanismus nicht von Natur aus vorhanden und damit dem Zugriff einer »natürlichen« Freiheit preisgegeben. Vielmehr *muß der Staat erst ein Vertragssystem bereitstellen*, wozu man ihn als durch Art. 9 Abs. 3 verpflichtet ansehen muß. Hier begegnet uns – nach Art. 5 (beim Rundfunkwesen) – der zweite Fall, in dem ein Grundrecht unter dem Aspekt des »Status negativus« nicht voll zu erschließen ist.

3. Recht zum Arbeitskampf

Die Tarifautonomie ist zwar nicht stets, aber doch prinzipiell auf die Möglichkeit zur Führung von Arbeitskämpfen angewiesen. Deshalb muß man ein *Arbeitskampfrecht* als notwendigen Bestandteil der Tarifautonomie ansehen; insoweit ist es – als Streik- und als Aussperrungsrecht – auch durch Art. 9 III 1 garantiert. Ein indirekter Beleg für die Richtigkeit dieser Auffassung ist Satz 3, wonach selbst im Notstandsfall nach Maßgabe der dort aufgeführten Artikel das Arbeitskampfrecht nicht beschränkt werden darf. Dann muß es auch im Normalfall garantiert sein.

Daß *Beamte* aufgrund von Art. 33 V nicht streiken dürfen, wurde bereits auf S. 56 festgestellt.

II. Einschränkungen

Der gesamte Schutzbereich von Art. 9 III soll nach Ansicht des BVerfG nur in einem Kern absolut geschützt sein. Bis zu diesem Kern habe der Gesetzgeber einen *Gestaltungsspielraum*. Das wurde nie näher begründet, im Grunde handelt es sich hier um einen richterrechtlich entwickelten Gesetzesvorbehalt.

Zu diesen gesetzgeberischen Ausgestaltungs- und damit auch Beschränkungsmöglichkeiten, aber auch zum Schutzbereich, finden sich sehr aufschlußreiche Passagen in der sogenannten Mitbestimmungsentscheidung BVerfGE 50, 290/367 ff. = StA S. 234 und 235. Diese beiden Seiten müssen Sie einmal durchgelesen haben.

Wichtige Ausführungen zur Koalitionsfreiheit, zum Arbeitskampfrecht und seiner richterrechtlichen Ausgestaltung enthält BVerfGE 84, 212 = StA s. 239. Dessen verfehlter Verzicht auf einen Gesetzesvorbehalt wurde schon oben auf S. 25 notiert. Nach alledem ist auch das Arbeitskampfrecht *gesetzgeberischer Ausgestaltung zugänglich*. Es wäre also beispielsweise möglich, analog ausländischen Vorbildern bei länger dauernden Streiks eine Abkühlungspause zu verordnen. Bislang hat sich freilich der Gesetzgeber vor dieser Ausgestaltung gedrückt. Die undankbare Aufgabe, über die Rechtsverhältnisse bei Arbeitskämpfen zu entscheiden, ist deshalb dem Bundesarbeitsgericht zugefallen, das darüber sehr detaillierte Regelungen in mehr oder weniger freier Rechtsschöpfung, also durch *Richterrecht*, entwickelt hat. Insbesondere hat es auch den Arbeitskampf an den Grundsatz der Verhältnismäßigkeit gebunden, es dürfen also nur die jeweils schonendsten Maßnahmen ergriffen werden, die nicht auf eine Vernichtung des Gegners abzielen sollen. Völlig verboten ist der sog. politische Streik, um Druck auf Staatsorgane auszuüben.

K. Berufsfreiheit

Ich muß nicht viele Worte machen, um die Bedeutung der Berufsfreiheit zu unterstreichen. Für fast alle ist sie elementar wichtig zum Lebensunterhalt, und für diejenigen, denen der Beruf – im weitesten Sinn – Berufung ist, bedeutet freie Berufstätigkeit auch noch ein Stück Persönlichkeitsentfaltung. Etwas weniger Berufsfreiheit, und viele unter Ihnen, deren Väter oder Mütter z. B. durch das Sieb einer Bedürfnisprüfung bei der Berufszulassung gefallen wären, hätten das finanziell am eigenen Leib zu spüren bekommen. Dementsprechend wird man wohl Art. 12 GG als das neben Art. 2 I und Art. 3 praktisch *wichtigste Grundrecht* in der Rechtsprechung des BVerfG bezeichnen müssen; welche Rolle es in den Universitätsübungen und in den Prüfungen spielt, können Sie sich leicht selbst ausrechnen.

Diese Rechtsprechung hat es mit sich gebracht, daß die Aspekte Schutzbereich und Einschränkungen stark miteinander verzahnt sind. Deshalb bilden sie nachstehend keine getrennten Gliederungspunkte.

I. Zum Begriff des Berufs

Beruf ist jede Tätigkeit, die dauernd ausgeübt werden und dem Lebensunterhalt dienen soll. Meist wird noch hinzugefügt: *... erlaubte Tätigkeit.* Das darf man natürlich nicht so verstehen, daß ein gesetzliches Verbot einer bestimmten Tätigkeit (Beispiel: Stellenvermittlung) diese zum Nicht-Beruf macht und damit den Schutz des Art. 12 GG vernichtet. Hinnehmbar ist dieses Adjektiv nur, wenn das betreffende Tun wegen seines allgemein anerkannten sozialen Unwertes verboten ist, wie beim Berufsverbrecher, Zuhälter, Dealer, Spion (anders das angebliche »älteste Gewerbe«, das nicht verboten ist).

Beruf ist grundsätzlich alles, was jemand auf Dauer zum Lebensunterhalt tut, auch wenn es keinem überkommenen oder gar rechtlich geformten Berufsbild entspricht. So hat das BVerfG beispielsweise das Aufstellen und Betreiben von Automaten als Beruf anerkannt, ferner den Tierarzneimittel-Vertreter (vgl. oben S. 80). Jene heiteren Berufe, die über viele Jahre hinweg in einer bekannten Fernsehsendung zu erraten waren, können prinzipiell auch »Berufe« im Sinne des Art. 12 GG sein, also auch der Regenwurmzüchter. Allerdings: Ob Sie das als eigenen Beruf ansehen oder als besondere Form des umfassenderen Berufs Tierzüchter, sollte für den Schutz des Art. 12 keinen Unterschied machen.

II. Die Dreistufentheorie des BVerfG

1. Die Theorie

a) Der Wortlaut des Art. 12 I bietet zwei Schwierigkeiten:
— Es scheint, als könne die Berufswahl gar nicht beschränkt und also niemand gehindert werden, beispielsweise nach einigen Erste Hilfe-Kursen das Schild »Unfallchirurg« oder »Geburtshelfer« an die Tür zu heften. Das würden angesichts der Strafdrohungen wegen fahrlässiger Tötung zwar nur wenige tun, aber »Psychotherapeut« würden sich einige, die ein paar Volkshochschul-Kurse durchlaufen und als wichtigstes Investitionsgut eine Couch erstanden haben, vermutlich gerne nennen.
— Berufswahl und Berufsausübung überlappen sich in vielen Fällen derart, daß sie kaum sauber zu trennen sind; so führen etwa Verstöße gegen Berufsausübungsregeln oft zum Berufsverbot und betreffen so doch die Berufswahl.

b) Das BVerfG hat deshalb seit der berühmten »Apotheken-Entscheidung« BVerfGE 7, 377 = StA S. 245, in der es um die Verfassungsmäßigkeit einer Apotheken-Konzessionierung *nach Bedarf* ging (was bis heute in vielen Ländern außerhalb der Bundesrepublik Brauch ist!)
— Berufswahl und - ausübung gleichsam zusammengezogen zur einheitlichen *Berufsbetätigung,*
— diese Berufsbetätigung insgesamt einem *Vorbehalt gesetzlicher Regelung* unterworfen.

Diese Einheitslösung schien aber wieder in Frage gestellt, weil das BVerfG zumindest im Apotheken-Urteil die gesetzlichen Einschränkungen danach differenzierte, ob
— »nur« die Berufs*ausübung* betroffen ist oder
— die Berufs*wahl,* und hier wiederum danach, ob bei *Berufsaufnahme*
  · »nur« *subjektive* Voraussetzungen gefordert werden oder
  · *objektive* Zulassungsvoraussetzungen.

Zur Veranschaulichung nenne ich Ihnen als:
Prototyp einer *Berufsausübungsregelung*: Diverse Standespflichten des Rechtsanwalts, etwa das Werbeverbot.
Prototyp einer *Berufswahlregelung*
— in Form einer subjektiven Zulassungsvoraussetzung: Erfordernis zweier juristischer Staatsexamen für die Zulassung zur Rechtsanwaltschaft,
— in Form einer objektiven Zulassungsvoraussetzung: Zulassung nur bei Bedarf an Rechtsanwälten (was nicht geltendes Recht ist).

Das BVerfG hat nun jene berühmte »Stufentheorie« entwickelt, die Sie aus dem Leitsatz 6 der Apotheken-Entscheidung ersehen können, und *die Sie sich fest einprägen müssen!*

2. Kritik

Diese von der Lehre bedauerlicherweise allzu unkritisch gebilligte Theorie ist nur vordergründig schlüssig.

a) Die Differenzierung in Berufswahl- und Berufsausübungsregelungen

aa) Nach dem BVerfG dürfte eigentlich eine gesetzlich geforderte Anmeldung der Berufsaufnahme (= Berufswahlregelung) nur zum Schutz besonders wichtiger Gemeinschaftsgüter zulässig sein, wohingegen eine Berufsausübungsregelung der Art, daß ein Anwalt nicht mehr als drei Mandanten am Tag betreuen darf, nur irgendwelchen »vernünftigen Erwägungen des Gemeinwohls« genügen muß.

Anders gesprochen: Berufsausübungsregelungen können existenzbedrohend, Berufswahlregelungen im Vergleich hierzu reine Bagatellen sein. *Also fordert der Grundsatz der Verhältnismäßigkeit auch bei Berufsausübungsregelungen strikte Beachtung;* das erkennt nunmehr auch das BVerfG an (BVerfGE 41, 378/395 = StA S. 259). Dann aber muß man praktisch an Berufswahl- und Berufsausübungsregelungen den gleichen Maßstab anlegen: nämlich den Grundsatz der Geeignetheit, der Erforderlichkeit (oder des mildesten Mittels) sowie das Prinzip der Güterabwägung je nach Eingriffsschwere.

Das hat beispielsweise zur Folge, daß man in dem schon (S. 80) besprochenen Fall der Herstellung von Puffreis-Schokolade (BVerfGE 53, 135 = StA S. 278) sich keine Gedanken machen muß, ob »Fabrikant von Puffreis-Schokolade« ein eigener Beruf ist, den das behördliche Verbot beendet (Berufswahlregelung) oder Teil des Berufs Schokoladefabrikant, wobei es sich nur um eine Berufsausübungsregelung handeln würde. So oder so widerspricht das Verbot dem Verhältnismäßigkeitsprinzip, und alle vorhergehenden Erwägungen zum Berufsbegriff sind völlig umsonst.

bb) Die Unterscheidung von Berufswahl- und Berufsausübungsregelungen ist auch deswegen wenig sinnvoll, weil ein hartnäckiger Verstoß gegen Berufsausübungsregelungen fast durchweg zur Berufsuntersagung (und damit zu einer Berufswahlregelung) führen kann.

b) Die Unterscheidung von objektiven und subjektiven Berufswahlbedingungen

Das BVerfG erweckt den Anschein, daß objektive Zulassungsbedingungen den schärfsten Eingriff darstellen und deshalb auch durch besonders wichtige Gemeinwohlinteressen gerechtfertigt werden müssen. Tatsächlich aber sind die subjektiven Zulassungsvoraussetzungen, beispielsweise in Form einer hinreichenden Intelligenz mit anschließender zehnjähriger Schulung, viel einschneidender als beispielsweise eine Bedürfnisprüfung vor der Berufszulassung.

c) Zusammenfassung

Alle Gründe sprechen dafür, ein einheitliches Grundrecht beruflicher Betätigung anzunehmen, das — wie alle anderen — nur nach Maßgabe des Verhältnismäßigkeitsprinzips beschränkt werden darf. Die Stufentheorie ist entbehrlich, sie wird überwiegend auch vom BVerfG selbst nur noch dem Namen nach praktiziert.

Wenn Sie die vorstehende Kritik einmal näher interessieren sollte, dann lesen Sie bitte in den »Juristischen Arbeitsblättern« (JA) 1981, S. 318 nach (vgl. auch Ipsen, JuS 1992, 634).

Falls Sie sich dieser Kritik anschließen wollen, dürfen Sie dennoch in keiner Klausur den Eindruck erwecken, Sie hätten von der Dreistufentheorie noch nichts gehört! Vielmehr müssen Sie mit einigen Sätzen begründen können, warum Sie ihr nicht folgen.

III. Das Problem der Berufsdifferenzierung

Wir müssen uns noch einem Problem zuwenden, das Sie aus folgendem Beispiel ersehen: Wer unter Ihnen technisch geschickt ist und schon etwas Bastelerfahrung hat, kann ohne weiteres in ein paar Wochen das absolut zuverlässige Erneuern von Auspuffanlagen und Stoßdämpfern erlernen, ohne daß daraus Gefahren resultieren. Wenn Sie nun aber – des Jurastudiums und insbesondere des öffentlichen Rechts müde – eine Werkstatt für diesen Service eröffnen wollten, ginge das nicht ohne weiteres. Nun würden Sie sich zwar wohl einer erforderlichen Prüfung im Stoßdämpfer- und Auspuffwechsel bereitwillig unterziehen, um den Titel eines Diplom-Stoßdämpfer- und Auspuffmeisters zu erlangen. Das geht jedoch nicht. Voraussetzung für die geplante Tätigkeit ist der Kfz-Meisterbrief. Das werden Sie, der Sie nie einen Kurbelwellenschaden reparieren wollen, als übermäßig empfinden. Problem: Inwieweit muß der Gesetzgeber Berufe »portionieren«? Klare Kriterien dafür gibt es nicht. Das BVerfG (E 13, 117 = StA S. 272) überläßt das dem sachgerechten Ermessen des Gesetzgebers, jedoch wiederum nicht seinem freien Belieben: In BVerfGE 34, 71 erhob eine Frau Verfassungsbeschwerde, die 12 Automaten mit Kaugummikugeln betrieb. Das ist Lebensmitteleinzelhandel (BVerfGE 19, 330 = StA S. 274 betrifft den sonstigen Einzelhandel!). Ihn durfte man nur unter bestimmten Voraussetzungen betreiben, beispielsweise mit einer Kaufmannsgehilfenprüfung und praktischer Tätigkeit von drei Jahren. Also sechs Jahre Vorbereitung auf das Einfüllen von Kaugummikugeln? Das hat das BVerfG zu Recht für unvereinbar mit Art. 12 erklärt:

»Auch soweit die Berufszulassungsbeschränkung allgemein dem Grundsatz der Verhältnismäßigkeit entspricht, kann sie nach Art. 12 I in Verbindung mit Art. 3 I GG verfassungswidrig sein, wenn nicht in allen wesentlichen geregelten Fällen die Verhältnismäßigkeit gewahrt oder in gleicher Weise gewahrt ist, die Beschränkung also nicht die Ungleichheiten berücksichtigt, die typischerweise innerhalb der betroffenen Berufsgruppen bestehen. Das ist anzunehmen, wenn nicht nur einzelne aus dem Rahmen fallende Sonderfälle, sondern bestimmte, wenn auch zahlenmäßig begrenzte Gruppen typischer Fälle ohne zureichende sachliche Gründe verhältnismäßig stärker belastet werden als andere.« (S. 78 f.)

IV. Notwendige Lektüre

Sie müssen unbedingt die in der Studienauswahl zu Art. 12 abgedruckten Entscheidungen lesen, jedoch vorläufig mit Ausnahme von BVerfGE 33, 303 = StA S. 281. Die Handwerks- und die Einzelhandelsentscheidung hatten wir oben auf S. 81 schon berührt, die Mühlenentscheidung BVerfGE 39, 210 oben auf S. 82, wo es um den Prognosespielraum des Gesetzgebers ging.

Wenn Sie später, gleichsam im zweiten Durchgang, noch einige andere interessante Entscheidungen lesen wollen, so empfehle ich Ihnen die nachstehenden, bei denen Sie die noch nicht verständlichen Passagen einfach überlesen können:

BVerfGE 9, 338 (Altersgrenze für Hebammen); 11, 168 (Taxi- und Omnibuskonzessionen); 13, 237 (LadenschlußG); 14, 19 (Ladenschlußzeiten auch für Warenautomaten?); 23, 50 (Nachtbackverbot); 40, 371 (Verbot von Werbefahrten im Straßenverkehr).

L. Eigentumsschutz

Der schon mehrfach erwähnte »klassische« Vorbehalt des Gesetzes bezog sich auf »Eingriffe in Freiheit und Eigentum«. Das könnte zu der falschen Annahme verleiten, Freiheit und Eigentum seien Gegensätze. In § 903 BGB beispielsweise wird das Eigentum umschrieben als Recht, mit einer Sache nach Belieben zu verfahren und andere von jeder Einwirkung auszuschließen; und das ist die Umschreibung einer – auf eine Sache bezogenen – Freiheit. Art. 14 GG ist also durchaus auch ein Freiheitsrecht, freilich eines von besonderer Art, und ein besonders kompliziertes dazu. Wenn Ihnen die nachfolgende Darstellung, die sich auf die Nachzeichnung der wichtigsten Grundlinien beschränken muß, beim ersten Durchlesen noch keine volle Klarheit verschafft, liegt das an der Schwierigkeit dieses Grundrechts.

I. Eigentum im verfassungsrechtlichen Sinn

Der hier gerade herangezogene § 903 BGB bezieht sich auf das Sacheigentum des BGB, mithin auf das, was auch jeder Laie unter Eigentum versteht. *Jedoch weicht der verfassungsrechtliche Eigentumsbegriff von dem bürgerlich-rechtlichen ab! Eigentum im verfassungsrechtlichen Sinne ist jedes vermögenswerte Recht*, also auch zum Beispiel eine Geldforderung, die Sie gegenüber einem Nachbarn oder einem Verkehrsteilnehmer haben. Wenn der Staat eine solche Forderung annullieren wollte, könnte das an Art. 14 GG überprüft werden. Eine Geldforderung besonderer Art ist ein *Rentenanspruch*, denn er beruht auf öffentlichem Recht. Aber auch öffentlich-rechtliche vermögenswerte Rechte können Eigentum im Sinne des Art. 14 sein, wenn sie – wie Renten – auf eigener Leistung oder auf einem Opfer beruhen und kein bloßes Geschenk des Staates sind (BVerfGE 53, 257/289; 72, 9/18 f.). Wenn wir wieder auf die privaten Rechte blicken, so ist das *Urheberrecht* an Werken der Literatur oder Tonkunst ein interessanter Beispielsfall für verfassungsrechtliches Eigentum.

II. Die gesetzliche Eigentumsformung und die Institutsgarantie

Im folgenden geht es nur um Art. 14 I und II, den Abs. 3 stellen wir zurück.

Sacheigentum, Forderungseigentum, Renteneigentum, Urhebereigentum, alles ist *gesetzlich ausgeformt*. Das entspricht nicht nur praktischen Notwendigkeiten, sondern auch dem Verfassungsauftrag. Des Eigentums »*Inhalt und Schranken werden durch die Gesetze bestimmt*« (Art. 14 I 2). Gesetz ist hier im materiellen Sinne zu verstehen, umfaßt also *auch Verordnungen und Satzungen*, vorausgesetzt freilich, sie sind durch formelles Gesetz hinreichend ermächtigt.

Für die normative Inhalts- und Schrankenbestimmung hat die Verfassung auch gleich einen Orientierungspunkt gesetzt: »Eigentum verpflichtet. Sein Gebrauch soll zugleich dem Wohle der Allgemeinheit dienen.« (Art. 14 II). Diese *Sozialpflichtigkeit des Eigentums* geht meines Erachtens über eine Ermächtigung an die Normgeber nicht hinaus und räumt weder Behörde noch Privaten unmittelbar irgendwelche Befugnisse ein, Eigentum dem Wohl der Allgemeinheit dienstbar zu machen (strittig). Konkret: Art. 14 II ist beispielsweise kein Rechtstitel zur Besetzung leerstehender Häuser, wohl aber wäre er Basis für ein gesetzliches Verbot, Häuser unter diesen oder jenen Umständen leerstehen zu lassen.

Die Befugnis des Gesetzgebers (und der von ihm ermächtigten Normgeber) läßt theoretisch Raum für die Möglichkeit, die eigentumsformenden Gesetze ganz wegzulassen oder außerordentlich einengend zu gestalten. Beispiel: Es ergeht überhaupt kein (objektives) Urheberrecht oder ein solches, das kaum Befugnisse für die Urheber beläßt. Hier wird nun Art. 14 I 1 bedeutsam, der besagt: »Das Eigentum wird gewährleistet«, und den man sinngemäß ergänzen muß: Das *private* Eigentum wird gewährleistet.

Dieses ist dadurch gekennzeichnet, daß der Bürger über ein Eigentumsobjekt verfügen und es nutzen kann (sogenannte Privatnützigkeit). Es muß also der Gesetzgeber grundsätzlich privatnütziges Eigentum ausformen, und dies nicht nur gelegentlich, sondern in weitem Ausmaß. Alles, was zur elementaren Betätigung im vermögensrechtlichen Bereich gehört, muß Privateigentum sein. Es wird also gewährleistet oder garantiert, daß es Privateigentum als dominierende Einrichtung (= Institut) des Rechts gibt. Deshalb spricht man von der *Institutsgarantie* des Privateigentums. Das bedeutet für unser Urheberrechtsbeispiel: Das vermögenswerte Ergebnis schöpferischer Leistung muß dem Urheber als Privatrecht zustehen, und er muß die Freiheit haben, eigenverantwortlich darüber verfügen zu können (vgl. BVerfGE 31, 229/240 f. = StA S. 319).

Dies kann allerdings nur ein Grundsatz sein, der keineswegs dazu nötigt, dem Urheber unbegrenzte Rechte etwa zum Verbot einer Werknutzung oder auch nur zur finanziellen Nutzung einzuräumen. Die beiderseitigen Interessen, des Eigentümers und der Allgemeinheit, muß der Gesetzgeber ausbalancieren. BVerfGE 52, 1/29 = StA S. 328 umschreibt diese Anforderungen so:

»Der Gesetzgeber muß bei Regelungen im Sinne des Art. 14 Abs. 1 Satz 2 GG beiden Elementen des im Grundgesetz angelegten Verhältnisses von verfassungsrechtlich garantierter Rechtstellung und dem Gebot einer sozialgerechten Eigentumsordnung in gleicher Weise Rechnung tragen; er muß die schutzwürdigen Interessen der Beteiligten in einen gerechten Ausgleich und ein ausgewogenes Verhältnis bringen. Eine einseitige Bevorzugung oder Benachteiligung steht mit den verfassungsrechtlichen Vorstellungen eines sozialgebundenen Privateigentums nicht in Einklang (BVerfGE 37, 132 [140 f.]). Dem entspricht die Bindung des Gesetzgebers an den verfassungsrechtlichen Grundsatz der Verhältnismäßigkeit. Das Wohl der Allgemeinheit ist nicht nur Grund, sondern auch Grenze für die dem Eigentümer aufzuerlegenden Beschränkungen. Um vor der Verfassung Bestand zu haben, müssen sie vom geregelten Sachbereich her geboten und auch in ihrer Ausgestaltung sachgerecht sein. Einschränkungen der Eigentümerbefugnisse dürfen nicht weiter gehen, als der Schutzzweck reicht, dem die Regelung dient (vgl. BVerfGE 21, 150 [155]; 25, 112 [117 f.]; 37, 132 [141]).

Das bedeutet freilich nicht, daß die jeweiligen Maßstäbe zu jeder Zeit und in jedem Zusammenhang dasselbe Gewicht haben müßten. Regelungen, die in Kriegs- und Notzeiten gerechtfertigt sind, können unter veränderten wirtschaftlichen und gesellschaftlichen Verhältnissen eine andere verfassungsrechtliche Beurteilung erfahren. In jedem Fall fordert jedoch die verfassungsrechtliche Gewährleistung die Erhaltung der Substanz des Eigentums (BVerfGE 42, 263 [295]) und die Beachtung des Gleichheitsgebots des Art. 3 Abs. 1 GG (BVerfGE 34, 139 [146]; 37, 132 [143]; 42, 263 [305]).«

Ob diese Bedingungen vom Gesetzgeber eingehalten werden, prüft das BVerfG nach. Wenn der Gesetzgeber zu weit gegangen ist, muß das Gesetz wegen Verstoßes gegen Art. 14 I 1 für nichtig erklärt werden.

Wie das BVerfG dabei vorgeht und argumentiert, sollten Sie sich an einigen Beispielen klarmachen: Darf der Gesetzgeber die Zweckentfremdung von Wohnraum unterbinden (BVerfGE 38, 348 = StA S. 303) und die Kündigung erschweren (BVerfGE 68, 361 = StA S. 352), darf er den Verkauf von Agrargrundstücken erschweren (BVerfGE 21, 73 = StA S. 310), darf er die Bebauung von Deichen verbieten (BVerfGE 25, 112 = StA S. 314), wie sind die Interessen der Grundeigentümer und der Schrebergärtner in einen Ausgleich zu bringen (BVerfGE 52, 1 = StA S. 324)?

1. Entschädigungsregeln bei der Inhalts- und Schrankenbestimmung

Die dem Gesetzgeber obliegende Balance läßt sich zuweilen nur dadurch herstellen, daß zwar dem Eigentümer gewisse Beschränkungen zugemutet werden, er aber dafür einen *finanziellen Ausgleich* erhält. So muß es der Eigentümer beispielsweise nach § 904 BGB hinnehmen, daß sein Eigentum in einem Notfall von Fremden benutzt und evtl. zerstört wird. Aber der Gesetzgeber ist durch Art. 14 I gehalten, dafür einen Schadenersatzanspruch einzuräumen. Ein anderes Beispiel: Der Gesetzgeber kann es einem Mehrheitsaktionär unter bestimmten Voraussetzungen gestatten, einen Minderheitsaktionär aus der Aktiengesellschaft herauszudrängen und ihm insoweit sein Miteigentum an der Firma zu nehmen. Aber selbstverständlich muß der erlaubende Gesetzgeber den Begünstigten zur Entschädigung verpflichten (BVerfGE 14, 263/283 = StA S. 306/310). Oder: Der Gesetzgeber darf das Eigentum des Urhebers derart einschränken, daß ein geschütztes Werk auch ohne Erlaubnis in ein Schulbuch aufgenommen wird. Jedoch gibt es keine hinreichenden Belange des Gemeinwohls, die eine kostenlose Nutzung rechtfertigen könnten; also schuldet der Gesetzgeber eine Vergütungsregelung (BVerfGE 31, 229 = StA S. 317). Natürlich kann auch die Höhe einer Vergütungsregelung anhand von Art. 14 I kontrolliert werden; so hat das BVerfG bezweifelt, ob der Gesetzgeber verfassungsgemäß handelt, wenn er einem Verpächter nur eine monatliche Pacht von 2,50 DM für 300 qm Kleingartenland zugesteht (BVerfGE 52, 1/39 = StA S. 324/333).

Fazit: *Auch die Institutsgarantie kann eine gesetzliche Entschädigungsregelung fordern.* Das hat mit der unten zu besprechenden Enteignungsentschädigung *nichts* zu tun!

2. Das Doppelgesicht des Eigentums

Die Ausgestaltung des Eigentums muß der Gesetzgeber sowohl in Richtung auf andere Private wie auch in Richtung auf Hoheitsträger vornehmen. Er muß zum einen eine Notstandregelung in Form des soeben erwähnten § 904 BGB treffen, aber auch bestimmen, daß die Feuerwehr im Notfall ein Grundstück betreten darf. Und dort, wo diese Eingriffsbefugnisse enden, hat der Eigentümer einen Abwehranspruch, und zwar gegenüber einem anderen Privaten einen zivilrechtlichen, gegenüber einem Hoheitsträger einen öffentlich-rechtlichen Anspruch. Eigentum hat also fast immer ein Doppelgesicht, die öffentlich-rechtliche und die privatrechtliche Seite; letztere kann man nie gegen den hoheitlich handelnden Staat kehren!

Was der Gesetzgeber an Eigentum gestaltet *hat*, genießt dann gemäß Art. 14 I *Bestandsschutz*. Der Einzelne hat hier ein subjektives Grundrecht, das sich in erster Linie gegen die Verwaltung richtet, jedoch auch gegen einen Reformgesetzgeber, der die von ihm früher eingeräumten Rechte abändert.

III. Die Enteignung nach Art. 14 III

Der Laie versteht unter Enteignung nur den erzwungenen Eigentumswechsel an einer Sache; der Enteignete verliert sein Eigentum zugunsten des Staates. Daß es bei Art. 14 nicht nur um Sacheigentum geht, wurde soeben schon geklärt. Aber auch die Beschränkung der »Enteignung« auf die Zwangsübertragung des Volleigentums ist unzutreffend. Der *juristische Enteignungsbegriff* ist wesentlich weiter als der laienhafte. Er umfaßt *jede (qualifizierte) Eigentumsbeeinträchtigung von einer bestimmten Stärke* (über die noch zu sprechen sein wird). Enteignet wird also nicht nur derjenige, den man ein Grundstück für den Straßenbau wegnimmt, sondern auch derjenige, dessen Grundstück man gegen seinen Willen mit einer Elektrizitätsleitung überspannt. Der letztgenannte Eingriff ist so *schwer*, daß man dem Betroffenen die entschädigungslose Hinnahme *nicht mehr zumuten* kann. Anders ist es beispielsweise, wenn jemand gezwungen wird, das Anbringen von Straßenschildern an seinem Haus oder auf seinem Grundstück zu dulden. *Schwere* und *Unmutmutbarkeit* (der entschädigungslosen Duldung) sind Merkmale für einen Eingriff, der sich als Enteignung darstellt. Das wird in neuerer Zeit gelegentlich bestritten, jedoch zu Unrecht.

Bei einer oberflächlichen Lektüre des Art. 14 insgesamt könnte man auf folgende Idee kommen: Leichte und zumutbare Beeinträchtigungen des Eigentums sind Ausfluß der Inhalts- und Schrankenbestimmung nach Art. 14 I und II, wo hingegen das Gesetz schwere und (ohne Entschädigung) unzumutbare Beeinträchtigungen vornimmt oder erlaubt, liegt eine Enteignung nach Art. 14 III vor. So einfach ist es leider nicht, sondern sehr viel komplizierter. Das ergibt sich schon daraus, daß wir ja auch im Rahmen von Art. 14 I und II Fälle kennengelernt haben, in denen der Gesetzgeber durchaus schwergewichtige Eingriffe gestattet wie etwa den »Hinauswurf« des Minderheitsaktionärs, aber das mit einer Entschädigungsregelung ausgleicht. Schwere und entschädigungspflichtige Beeinträchtigungen fallen also nicht immer unter Art. 14 III.

Was ist im Verständnis des BVerfG eine Enteignung? Ein »stattlicher Zugriff auf das Eigentum des Einzelnen, zweckhaft auf die vollständige oder teilweise Entziehung konkreter subjektiver Rechtspositionen gerichtet, die durch Art. 14 I 1 GG gewährleistet sind« (BVerfGE 52, 1/27 = StA S. 326).

Dieser Zugriff kann gemäß Art. 14 III 1 »durch Gesetz« oder »aufgrund Gesetzes« geschehen; unter »Gesetz« versteht das BVerfG mit der ganz überwiegenden Meinung in der Literatur hier das formelle Gesetz. Dementsprechend unterscheidet man die *Legalenteignung* »durch Gesetz« und die von der Verwaltung »aufgrund des Gesetzes« vollzogene *Administrativenteignung*.

1. Die Legalenteignung

Die Legalenteignung ist »dadurch gekennzeichnet, daß das Gesetz (zu ergänzen: im formellen Sinn) selbst und unmittelbar mit seinem Inkrafttreten ohne weiteren Vollzugsakt individuelle Rechte entzieht oder beschneidet, die einem bestimmbaren Kreis von Personen oder Personengruppen nach dem bis dahin geltenden Recht zustehen« (BVerfGE a.a.O.).

Hier muß man zwei Fallgruppen unterscheiden. Ein Gesetz kann einmal im Sinne eines rationellen Verfahrens bestrebt sein, viele Einzelenteignungen zu bündeln. Deshalb wäre denkbar, daß ein Gesetz sämtliche, genau bezeichneten Grundstücke für eine bestimmte Autobahntrasse in Staatseigentum überführt. Nachteil für die Betroffenen: Gegen ein Gesetz kann man nicht vor einem Verwaltungsgericht klagen, etwa mit der Behauptung, die in Art. 14 III geforderten Enteignungsbedingungen lägen hier gar nicht vor. Wohl aber könnte man so vorgehen gegen die vom Gesetz wegrationalisierten, jeweils nur ein Grundstück betreffenden Enteignungsverfügungen. Vor allem wegen dieser Minderung des — in Art. 19 IV als wichtig anerkannten — Rechtsschutzes hat das BVerfG eine derartige *Enteignung durch Gesetz nur für ausnahmsweise* zulässig erklärt. Einen solchen Ausnahmefall hat es bejaht, wenn der Gesetzgeber nach einer verheerenden Sturmflut alle Deichgrundstücke unmittelbar in Staatseigentum überführt, um effektiven Hochwasserschutz betreiben zu können (BVerfGE 24, 367).

Praktisch bedeutsamer als solch ein Sammelzugriff auf Gegenstände, deren der Staat bedarf, ist die *Schmälerung oder der Entzug bislang bestehender Rechte durch einen Reformgesetzgeber*. Lassen Sie uns wieder das Beispiel des Urheberrechts bemühen. Ein neues Gesetz verfügt:

»Mit Inkrafttreten dieses Gesetzes dürfen Schulen und Hochschulen urheberrechtlich geschützte Werke frei nutzen. Eine Vergütung wird nicht geschuldet.«

Diese Regelung muß man zweiteilen. Soweit sie erst *zukünftig entstehende* Werke betrifft, ist sie reine Inhalts- und Schrankenbestimmung und als solche nach den oben unter II dargelegten Kriterien zu beurteilen. Eine Legalenteignung ist mangels Eingriffs in schon bestehende Rechte von vornherein ausgeschlossen. Anders ist es bei der Regelung in bezug auf *schon geschaffene* Werke und an ihnen – nach altem Recht – erworbene Urheberbefugnisse = Eigentum im verfassungsrechtlichen Sinn. Diese normative Neugestaltung, das heißt Schmälerung vorhandenen Eigentums, ist von solcher Intensität, daß sie zumindest den gleichen Effekt hat wie eine Enteignung. Zweifellos würde auch ein entsprechender Individualakt, also die teilweise Aberkennung des Urheberrechts durch eine behördliche Verfügung als (Administrativ-)Enteignung zu werten sein. Daß man dennoch zögert, bei normativem, unmittelbar durch Gesetz erfolgtem Zugriff auf das Eigentum von einer Legalenteignung zu sprechen, hat u. a. den folgenden Grund: Die neuen Zugriffsbefugnisse auf die Urheberrechte könnten ja nicht den Schulen und Universitäten, wie in obigem Beispiel, zugeteilt worden sein, sondern Privatleuten und Gewerbetreibenden. Dann aber hätte man bei einer Qualifizierung als (Legal-)Enteignung enorme Schwierigkeiten mit dem Erfordernis »zum Wohl der Allgemeinheit« in Art. 14 III.

Ungeachtet dieser Probleme hat das BVerfG in einschlägigen Fällen häufig eine Legalenteignung angenommen (u. a. E 52, 1/28 = StA S. 327 und E 58, 300/330 = StA S. 341). Neuestens hat es jedoch diese Rechtsprechung ohne eine Silbe der Begründung fallen lassen und wie folgt erkannt: »Art. 14 III GG ist ... dann nicht unmittelbar anwendbar, wenn der Gesetzgeber im Zuge der generellen Neugestaltung eines Rechtsgebiets bestehende Rechte abschafft, für die es im neuen Recht keine Entsprechung gibt.« (BVerfGE 83, 201/211). Infolgedessen ist die betreffende Neuregelung eigentlich nur an Art. 14 I und II zu messen (wohingegen das BVerfG verwirrenderweise den Absatz 3 mitbedenken will, weil hier die Novellierung wie eine Enteignung wirkt). Daß sich dabei die Notwendigkeit einer Ausgleichsregelung ergeben kann, wurde schon oben unter II 1 dargelegt. Zu ergänzen ist aber noch, daß ein finanzieller Ausgleich entbehrlich sein kann, wenn die Eigentumsbeeinträchtigung beispielsweise durch *Übergangsfristen* zeitlich gestreckt und dadurch in ihrer Härte abgemildert wird; das Recht wird dann nicht abrupt entzogen, sondern gleichsam abgeschmolzen. So hatte beispielsweise das in der Auskiesungsentscheidung (BVerfGE 58, 300/348 ff. = StA S. 335 ff.) zu beurteilende Gesetz den Kiesgrubenbesitzern noch 17 Jahre Zeit gelassen, ihre Vorhaben auszubeuten. Was ihnen danach noch weggenommen wurde, war dann zu wenig, um noch eine Entschädigungspflicht auszulösen (wobei damals das Gericht noch an eine Entschädigung wegen Legalenteignung hätte denken müs-

L. Eigentumsschutz

sen, nunmehr aber an eine Ausgleichspflicht im Rahmen von Art. 14 I und II).

Wenn Sie nach dem Vorstehenden noch etwas »schwimmen«, dann trösten Sie sich: selbst Professoren und dem BVerfG ergeht es auf dem morastigen Untergrund nicht viel anders.

2. Die Administrativenteignung

Die Administrativenteignung umschreibt das BVerfG meist als Enteignung durch Verwaltungsakt. Gewiß ist es die häufigste Art einer Enteignung, daß aufgrund gesetzlicher Ermächtigung in bezug auf ein bestimmtes Objekt eine Enteignungsverfügung = ein Verwaltungsakt ergeht. Es gibt aber auch Fälle, in denen eine einschneidende Eigentumsbeschränkung durch eine Verordnung oder Satzung verfügt wird. Besonders Nutzungseinschränkungen in bestimmt umgrenzten Gebieten, sei es zu Zwecken des Naturschutzes oder der Landesverteidigung oder eines Flughafens, werden zuweilen durch Verordnung verfügt. Wenn es sich dabei nicht mehr um inhaltsbestimmende Normen handelt, diese vielmehr von erheblichem Gewicht und entschädigungslos nicht zumutbar sind, dann kann man sie einerseits als nur materielle Gesetze nicht als Legalenteignungen einordnen, andererseits aber — mangels eines Verwaltungsaktes — auch nicht als Adminstrativenteignung. Hier bedarf es gleichfalls noch einer Stellungnahme des BVerfG.

3. Die Voraussetzungen der Enteignung

Es gibt zwei Voraussetzungen der Enteignung, wenn man von dem schon erörterten Erfordernis einer formell-gesetzlichen Grundlage der Enteignung absieht.

a) Förderung des Allgemeinwohls

»*Eine Enteignung ist nur zum Wohle der Allgemeinheit zulässig*« (Art 14 III 1). Diesen unbestimmten Rechtsbegriff können die Gerichte voll nachprüfen. Wenn ein Gesetz bestimmte Enteignungszwecke nennt, die nicht unter das »Wohl der Allgemeinheit« fallen, dann ist schon das Gesetz wegen Verstoßes gegen Art. 14 III nichtig. Wenn die gesetzlich vorgesehenen Zwecke zwar generell nicht zu beanstanden sind, bei der Einzelanwendung aber zugunsten eines Projektes enteignet wird, das nicht dem Gemeinwohl dient, dann kann (und muß) die Enteignungsverfügung als mit Art. 14 III unvereinbar vor dem Verwaltungsgericht angegriffen werden. Das Allgemeinwohl kann auch durch Vorhaben von Privaten befördert werden. Es gibt also *auch staatliche Enteignungen zugunsten Privater.* (Vgl. BVerfGE 74, 264) Ein Beispiel ist die schon erwähnte Überleitung eines privaten Elektrizitätswerks, dessen Trassenführung den Grundeigentümern aufgezwungen wird. Anders natürlich, wenn der Generaldirektor dieses Werks sein Grundstück erweitern will und ein unwilliger Nachbar zur Herausgabe eines Randstreifens gezwungen werden sollte.

b) Die Junktimklausel

Das enteignende oder zur Enteignung ermächtigende (nachkonstitutionelle) Gesetz muß Art und Ausmaß der Entschädigung regeln. Dabei dürfen das Ausmaß niemals Null und eine Entschädigung ausgeschlossen sein. Der Gesetzgeber soll sich durch diesen Regelungszwang darüber schlüssig werden, ob er eine Enteignung (durchführen oder) ermöglichen und dafür entschädigen oder aber aus finanziellen Gründen davon Abstand nehmen will. Es stellt also Art. 14 III 2 eine Verknüpfung zwischen Enteignung und gesetzlicher Entschädigungsregelung her, ein sogenanntes Junktim (von lateinisch iungere = verbinden), weshalb diese Bestimmung die *Junktim-Klausel* heißt.

Wenn das Gesetz für eine Enteignung keine Entschädigungsregelung enthält, ist es wegen Verstoßes gegen die Junktim-Klausel nichtig, die auf dem Gesetz beruhende Enteignungsmaßnahme ist folglich ohne wirksame Rechtsgrundlage und kann also vor dem Verwaltungsgericht angegriffen werden. Freilich hängt die Entscheidung des Verwaltungsgerichts von der Ungültigkeit des zur Enteignung ermächtigenden Gesetzes ab, und wegen dieser Frage muß das Verwaltungsgericht sich über Art. 100 an das BVerfG wenden (vgl. oben S. 58 f.).

Da nun wegen der so außerordentlich schwierig zu bestimmenden Schwere-Grenze, jenseits derer die Enteignung erst beginnt, auch der Gesetzgeber nicht sicher sein kann, ob die vorgesehene Maßnahme schon eine Enteignung ist oder noch Ausdruck der Inhalts- und Schrankenbestimmung, wählt er häufig eine offene Formel: »Falls eine Maßnahme nach diesem Gesetz sich als Enteignung erweist, ist der Betroffene angemessen zu entschädigen«. Ob das Parlament insoweit einer klaren Entscheidung ausweichen darf, wird zuweilen bezweifelt; mir erscheint es aber unvermeidbar.

4. Schwere und Unzumutbarkeit als Enteignungskriterien

Ein Wort noch zu den Kriterien Schwere und Unzumutbarkeit, die — bei Vorliegen der sonstigen vom BVerfG umschriebenen Voraussetzungen — eine Enteignung begründen. Vermutlich werden Sie unbefriedigt über diese so wenig faßbaren Merkmale sein. Dieses Unbehagen ist berechtigt, aber leider nicht zu beseitigen. Die Diskussion über die Grenzziehung zwischen Enteignung und entschädigungslos hinzunehmender Sozialbindung füllt kleine Bibliotheken. Die Rechtsprechung umfaßt viele hundert Entscheidungen. Gleichwohl gibt es keine mathematische Abgrenzungsformel, und es kann sie nicht geben. Welche Formel sollte geeignet sein, im obenerwähnten Auskiesungsfall die maßgebliche Zeitgrenze zu finden? Oder wie steht es im Fall einer Bausperre für ein Grundstück, damit die Gemeinde in Ruhe eine Bauplanung durchführen kann? Im Interesse des Gemeinwohls ein Jahr auf die bauliche Nutzung entschädigungslos zu verzichten, ist sicherlich zumutbar, zehn Jahre lang ist ebenso gewiß unzumutbar. Aber wo liegt die Grenze? Das Baugesetzbuch hat sie bei vier Jahren gesetzt; hat es damit jedoch den verborgenen Maßstab des Art. 14 III getroffen?

Noch ein letzter Fall: Am Rand eines Ackers steht eine so schön formierte Baumgruppe, daß man diesen sogenannten »Buchendom« unter Naturschutz stellt, was ein Verbot des Bäumefällens nach sich zieht. Ist das eine Enteignung? Hängt es davon ab, wieviel Bäume der Eigentümer sonst noch hat? Wie wäre es, wenn die Bäume die Feldbestellung erschweren? Macht es einen Unterschied, ob sie wild gewachsen sind oder angepflanzt wurden? Spielt es eine Rolle, ob sie als Nutz- oder als Zierbäume gepflanzt wurden? Oder muß man in jedem Fall sagen, daß die Allgemeinheit für den Vorteil des schönen Anblicks das Ertragsopfer des Landwirts ausgleichen muß? Der Bundesgerichtshof hat diese Frage verneint und eine Entschädigung versagt. Aber über den Fall wurde nicht von ungefähr endlos gestritten, und Sie erkennen bei ihm sicherlich die enormen Schwierigkeiten einer Grenzziehung.

Ich muß es bei diesen Andeutungen bewenden lassen, das Entschädigungsrecht wird Sie ohnehin im Laufe Ihres Studiums noch ausgiebig beschäftigen.

5. Von der Enteignung zu unterscheidende Maßnahmen

Es müssen noch einige Formen massiver Eigentumsbeeinträchtigung genannt werden, die keine Enteignungen sind, obwohl man sie auf den ersten flüchtigen Blick dafür halten könnte.

a) Öffentlich-rechtliche *Zahlungspflichten* üblichen Zuschnitts, Steuern oder Gebühren, haben nichts mit Enteignung zu tun. Es wäre ein abstruser Gedanke, daß das Eigentum an Geldmitteln zwangsweise auf den Staat überführt und dafür eine Entschädigung geschuldet wird.

b) Wenn von Eigentum *Gefahren* ausgehen, kann deren Bekämpfung zum Nutzungsverbot (bei einem PKW) oder gar zur Vernichtung der Sache (beim Abriß eines baufälligen Gebäudes, bei Tötung eines seuchenkranken Tieres) führen. Das ist schon deshalb gerechtfertigt, weil es keine unzumutbare Belastung ist, wenn die von einer Sache drohende Gefahr ausgeschaltet wird. Jeder Eigentümer schuldet es seiner Umwelt, sie nicht zu gefährden, und die dabei entstehenden Kosten müssen zu seinen Lasten gehen.

c) Ähnlich verhält es sich mit *Einziehungen* von Gegenständen, insbesondere von solchen in Verbrecherhand. (Blättern Sie mal in den § 73 ff. StGB und beachten Sie dabei den Puffer des Verhältnismäßigkeitsprinzips in § 74b.) Es wäre absurd, wenn ein Messerstecher für die Einziehung seiner Tatwaffe entschädigt werden müßte.

d) Schließlich wird auch die *Umlegung*, die im Baurecht, aber auch bei der Flurbereinigung Bedeutung hat, nicht als Enteignung angesehen. Wenn alle Grundstücke gleichsam in einen Topf geworfen und dann unter die alten Eigentümer neu verteilt werden, kommt es zwar oft zu erzwungenen Eigentumswechseln, aber nicht im Fremdinteresse, sondern im Interesse der Gesamtheit der Eigentümer.

IV. Zusammenfassung

1. Eigentum im verfassungsrechtlichen Sinn ist in Abweichung vom BGB jedes vermögenswerte Recht. Auch subjektiv-öffentliche Rechte, die vom Staat nicht gratis eingeräumt wurden, gehören zum Eigentum.
2. Zwar bedarf alles Eigentum der gesetzlichen Ausformung, doch fordert die Institutsgarantie des Art. 14 I 1 die Existenz privatnützigen Eigentums als Regel. Bei der Ausformung des Eigentums muß der Gesetzgeber die widerstreitenden Interessen des Eigentümers und des – weit verstandenen – Gemeinwohls unter Beachtung des Verhältnismäßigkeitsprinzips zu einem gerechten Ausgleich bringen.

a) Dieser gerechte Ausgleich kann auch eine Entschädigung verlangen (die mit der Enteignungsentschädigung nichts zu tun hat).

b) Gesetzlich eingeräumte Eigentumspositionen genießen grundrechtlichen Bestandsschutz nach Art. 14 I, insbesondere gegenüber der Verwaltung.

c) Das Eigentums wird gesetzlich in doppelter Richtung ausgeformt, gegenüber anderen Privaten und gegenüber Hoheitsträgern; es hat ein Doppelgesicht.
3. Enteignung ist jede schwere und unzumutbare Beeinträchtigung von Eigentum, nicht nur die Übertragung des Vollrechts, in der – unvollständigen – Umschreibung des BVerfG ist es ein »staatlicher Zugriff auf das Eigentum des Einzelnen, zweckhaft auf die vollständige oder teilweise Entziehung konkreter subjektiver Rechtspositionen gerichtet, die durch Art. 14 I 1 GG gewährleistet sind«.

a) Es gibt Legalenteignungen durch Gesetz und Administrativenteignungen aufgrund Gesetzes, d. h. meist durch Verwaltungsakt.

Legalenteignungen für staatliche oder private Vorhaben sind nur ausnahmsweise zulässig.

Wenn ein Reformgesetzgeber bereits bestehende Eigentumsrechte in schwerwiegender Weise beschränkt oder entzieht, handelt es sich nach neuerer Rechtsprechung des BVerfG nicht um eine Legalenteignung, sondern um eine entschädigungspflichtige Inhalts- und Schrankenbestimmung.

b) Die Enteignung muß das Allgemeinwohl fördern und bedarf in ihrer gesetzlichen Grundlage einer Entschädigungsregelung.

c) Keine Enteignung sind: Die Auferlegung von Zahlungspflichten, die Ausschaltung von gefahrbringendem Eigentum, die Einziehung, u. a. von Tatwerkzeugen und Straftatprodukten, und die Umlegung.

M. Die allgemeine Handlungsfreiheit des Art. 2 I

Von Art. 2 I war schon oft die Rede, doch gilt es nun, ihn näher zu betrachten.

I. Schutzbereich

»Freie Entfaltung der Persönlichkeit« ist nicht eng zu verstehen, etwa als freie Ausbildung eines edlen Menschentums, sondern als freies Tun oder Lassen. Besser wäre es also die – ursprünglich geplante, aber als zu gewöhnlich verworfene – Formulierung gewesen »Jeder kann tun oder lassen, was er will...« Allerdings ist auch durch diese verbesserte Formulierung ein Schutzbereich noch nicht umfassend bezeichnet, der nach einheiliger Auffassung von Art. 2 I (im Verbund mit Art. 1) erfaßt wird: Die Privatheit, das Recht, in Ruhe gelassen zu werden, die eigene *Persönlichkeits- und Privatsphäre* intakt zu bewahren. Beispiel: Man wehrt sich gegen das Fotografiertwerden, gegen ein behördliches Dossier über die eigene Person.

Das Recht auf freies Tun oder Lassen einer bestimmten Art, etwa das Sichversammeln oder die Berufsausübung, ist durch spezielle Grundrechte geschützt. Erst wenn der Tatbestand dieser Spezialgrundrechte nicht einschlägig ist, kann man auf das generelle »*Auffanggrundrecht*« aus Art. 2 I zurückgreifen. Es versteht sich von selbst, daß Art. 2 I nicht mehr einschlägig ist, wenn eine Handlung zwar einem Spezialgrundrecht unterfällt, aber dieses keinen Erfolg bringt.

Spezielle Grundrechte und das umfassende Generalfreiheitsrecht des Art. 2 I ergeben, wie schon erwähnt, einen *lückenlosen Grundrechtsschutz für alle wesentlichen Schutzgüter*.

Entsprechend viele Beispielsfälle gibt es. Ob Sie nun essen oder trinken, etwas kaufen, sich einkleiden, lange Haare oder einen Bart wachsen lassen, Rad, Schlittschuh oder Auto fahren, Anhalter umsonst oder entgeltlich mitnehmen, Flugzeug oder Drachen fliegen oder im Ballon fahren, auf die Jagd gehen, schwimmen oder ins Ausland reisen, eine Sammlung veranstalten, Pakete schicken oder empfangen, stets ist Art. 2 I einschlägig – vorausgesetzt freilich, diese Tätigkeiten werden nicht als Beruf ausgeübt oder zur Herstellung eines Presseerzeugnisses oder aus religiösen Gründen etc., und man übergeht mit der sehr anfechtbaren h. L. den Art. 14.

Entsprechend vielfältig ist die Palette etwaiger Unterlassungsbefugnisse, also die Freiheit, etwas nicht tun zu müssen. Besonders wichtig ist das für alle *Zahlungspflichten*, seien es Steuern oder Gebühren. Sie sind ebenso an Art. 2 I zu messen wie die Pflicht, Schöffe oder Zeuge zu sein, Auskunft zu geben, Formulare auszufüllen, Lohnsteuer für seine Arbeitnehmer abzuführen, erste Hilfe zu leisten, am Unfallort zu warten, Verbrechen anzuzeigen oder zur Schule zu gehen. (In einigen Fällen wird zuweilen auch mit Art. 12 II operiert.) Auch wenn jemand die Freiheit beansprucht, sich von öffentlich-rechtlichen Zwangsverbänden fernzuhalten, zum Beispiel der Rechtsanwalts-, der Handwerks- oder der Ärztekammer nicht angehören und keine Beiträge zahlen zu wollen, muß er sich auf Art. 2 I berufen. Es kommt nicht als spezielles Grundrecht Art. 9 I in Betracht. Denn die dort erwähnten »Vereine und Gesellschaften« sind solche des privaten Rechts (zum Beispiel eingetragene Vereine nach dem BGB), wohingegen Privatleute keine Körperschaften des öffentlichen Rechts gründen können; diese richtet der Gesetzgeber für Hoheitszwecke ein. Wenn also Art. 9 I nicht die positive Freiheit gewährt, Körperschaften des öffentlichen Rechts zu bilden oder ihnen beizutreten, kann er auch nicht die *negative Freiheit*, ihnen fernzubleiben, schützen (str.). Folglich ist evtl. Art. 12, ansonsten Art. 2 I einschlägig (BVerfGE 38, 281 = StA S. 51). Ich komme auf diesen Beispielsfall gleich noch zurück, bis dahin können Sie die Lektüre der Entscheidung aufschieben.

Wie schon erwähnt, schützt Art. 2 I auch die *Freiheit*, »*für sich zu sein*«, »the right to be let alone«, also nicht erfaßt, belauscht, registriert, fotografiert, ausgekundschaftet oder sonstwie in der Privatsphäre behelligt zu werden. Wenn dieses Recht in einem Kernbereich mißachtet wird, dann kann gleichzeitig auch die *Menschenwürde* betroffen sein. Deshalb pflegt das BVerfG ein sog. *Persönlichkeitsrecht* und den Schutz der *Privatsphäre* aus einem *Verbund von Art. 2 I und Art. 1 GG* zu entwickeln. Wichtige Passagen hierzu finden Sie in der »Tonband-Entscheidung« BVerfGE 34, 238/245 ff. = StA S. 32. Sensationell wirkte die Entscheidung zur Volkszählung BVerfGE 65, 1 = StA S. 38, die ein (begrifflich unglückliches) »Recht auf informationelle Selbstbestimmung« geschaffen hat und deren Folgen noch nicht absehbar sind. Zweckmäßigerweise warten Sie aber mit der Lektüre dieser Entscheidungen, bis Sie sogleich über die Einschränkungsmöglichkeiten Klarheit erlangt haben.

Nach einer Abwägung zwischen dem Persönlichkeitsrecht und den Interessen der Strafrechtspflege bemißt es sich, wann die Polizei über das Fernsehen mit Bild und Namensnennung fahnden darf. Auch an diesem Fall erkennen Sie wieder die Schwierigkeit einer Grenzziehung. Es ist leicht Einigkeit zu erzielen, daß ein Totschläger zur öffentlichen Fahndung freigegeben werden darf, nicht jedoch ein Kirschendieb. Aber je weiter Sie sich von diesen Fällen weg zur Mitte hin bewegen, desto problematischer wird die Entscheidung.

Wie bereits erwähnt, spielt Art. 1 in der Rechtsprechungspraxis in diesem Verbund mit Art. 2 I die wichtigste Rolle, wohingegen er sonst nur selten herangezogen werden muß. Meines Erachtens kann aber Art. 1 nur den unantastbaren Kern eines Persönlichkeitsrechts mit aufbauen, am einschränkbaren Randbereich kann die unantastbare Menschenwürde nicht beteiligt sein.

Ein Wort noch zu den oben erwähnten Steuerpflichten. Ihre Prüfung anhand des Art. 2 I im Verbund mit Art. 3 I ist von eminenter praktischer Bedeutung. BVerfGE 87, 153 hat auf dieser Grundlage (unter Einbeziehung von Art. 6 I) beanstandet, daß auch geringe Einkünfte unterhalb des Existenzminimums steuerpflichtig sind. Das bedeutet Einnahmeausfälle (besser: Wegfall bisher zu Unrecht erhobener Steuern) von ca. 15 bis 20 Mrd. DM pro Jahr! Um hier nicht abrupt ein neues Finanzloch zu reißen, hat das Gericht das alte Recht noch drei Jahre in Kraft gelassen. Wie die ab 1996 geltende Neuregelung aussehen und wie der Verlust ausgeglichen werden soll, ist derzeit (Ende 1994) heftig umstritten.

II. Einschränkungen

Die Schranke des »Sittengesetzes« spielt praktisch keinerlei Rolle, weshalb ich mich hierzu auch nicht näher äußere.

1. Die Schranke der verfassungsmäßigen Ordnung

Dieser ganz zentrale Begriff war lange Zeit sehr umstritten. Seit der berühmten »Elfes-Entscheidung« BVerfGE 6, 32 = StA S. 27 wird er verstanden als: »Der Verfassung gemäße Rechtsordnung«. Die Beigabe »der Verfassung gemäß« ist *keine* Besonderheit des Art. 2 I, denn wir hatten ja gesehen, daß *sämtliche* Grundrechtsschutzgüter nur durch solche Gesetze eingeschränkt werden dürfen, die in jeder Hinsicht der Verfassung entsprechen und deshalb gültig sind (vgl. vorne S. 78).

Also handelt es sich hier letztlich um einen *allgemeinen Gesetzesvorbehalt*. Und von ihm darf nur unter *strikter Beachtung des Verhältnismäßigkeitsprinzips* Gebrauch gemacht werden. Lassen Sie sich bitte nicht dadurch in die Irre führen, daß dieses Erfordernis in der Elfes-Entscheidung (auf S. 31 der StA) noch nicht so nachdrücklich betont worden ist wie es später geschah (etwa BVerfGE 34, 238/246 vor 2 und 248 unter 5a = StA S. 33 und 34).

2. Die Schranke der Rechte anderer

Bei dieser Auslegung der verfassungsmäßigen Ordnung ist der Vorbehalt zugunsten der »*Rechte anderer*« eigentlich entbehrlich. Denn solche Rechte können nicht irgendwo herkommen, sondern müssen *gesetzlich verfaßt* sein. Und selbstverständlich kann der Gesetzgeber nicht um x-beliebiger Rechte Dritter willen Ihre Handlungsfreiheit einengen, sondern nur um solcher willen, die von höherem Gewicht sind als die Ihnen genommene Freiheit. »Rechte anderer« betrifft also nur einen Sonderfall des Gesetzesvorbehalts. Streng genommen müßte man diesen Sonderfall als speziell ansehen gegenüber dem allgemeinen Gesetzesvorbehalt aufgrund der verfassungsmäßigen Ordnung. In der Praxis wird aber fast nur auf die letztere abgehoben.

3. Insbesondere: Die Zulässigkeit von Zwangsverbänden

Von hier aus können wir nochmals zurückblicken auf den erwähnten Fall der *Zwangsinkorporation* in Körperschaften des öffentlichen Rechts. Dergleichen ist nur zulässig um legitimer Zwecke willen, deren Verfolgung größeres Gewicht hat als das Interesse, unorganisiert und nicht beitragspflichtig zu sein.

Es ist neuestens sogar streitig geworden, ob es hinreichend gewichtige Gründe gibt, alle Studenten in der »*Studentenschaft*« als Körperschaft des öffentlichen Rechts zwangsweise zu organisieren und mit Beitragspflichten zu belegen. Doch selbst wenn man das prinzipiell für zulässig hält, dann darf es doch nur zwecks Verfolgung studentischer, hochschulgebundener Interessen geschehen. Eine Zwangsinkorporierung ist also erlaubt, damit sich der – von den Inkorporierten bezahlte – Verband um Studien-, Wohnraum-, BAföG- und ähnliche Belange sorgt. Eine durch Art. 2 I nicht mehr gedeckte Belastung liegt hingegen vor, wenn der Verband sich generell für deutsche Innen- oder Außenpolitik stark macht oder gar sich um die Weltpolitik in Sibirien, Peru oder Kambodscha kümmert! Hier fehlt es an einem zwingenden Grund, um *solcher* Ziele willen jemanden für einen Zwangsverband zu vereinnahmen, der im Namen und auf Rechnung des »Zwangsbeigetretenen« große Politik macht. Für die Abdeckung dieses Sektors ist man als Bürger ja schon beitragspflichtiges Zwangsmitglied einer Gemeinde, eines Kreises, eines Bundeslandes und der Bundesrepublik.

Aus diesem Grunde wird das »*allgemeinpolitische Mandat*« der Studentenschaft von sämtlichen deutschen Verwaltungsgerichten bis hin zum Bundesverwaltungsgericht in seltener Einmütigkeit für unzulässig und seine – hypothetische – gesetzliche Einführung für verfassungswidrig erachtet. Die Einführung des allgemeinpolitischen Mandats zu fordern, wie es seit Jahren regelmäßig geschieht, macht also nur dann Sinn, wenn man eine *verfassungsgesetzliche* Verbürgung fordert. Das geschieht aber praktisch nirgends, man zielt vielmehr auf die einfachgesetzliche Einführung, was eine juristisch ziemlich unsinnige Forderung ist; denn die Chance, daß das BVerfG in dieser Frage anders entscheidet als die Verwaltungsgerichtsbarkeit, ist nur eins zu tausend.

Wohlgemerkt: Politisches Engagement auch von Studenten ist selbstverständlich völlig legitim und sogar erwünscht, aber dafür ist ausreichend Raum in frei gebildeten Gruppen. Hier hingegen geht es um die politische Bevormundung von Zwangsmitgliedern auf deren Kosten.

Ganz Entsprechendes gilt auch beispielsweise für Ärzte- oder Rechtsanwaltskammern.

N. Wirtschaftsverfassung und GG

Wenn man sich in einer Gesamtschau die Verbürgung der allgemeinen Handlungsfreiheit, einschließlich der Vertragsfreiheit, in Art. 2 I, der Koalitionsfreiheit und Tarifautonomie in Art. 9 III, der Berufsfreiheit in Art. 12 und des Eigentums in Art. 14 betrachtet, dann wird klar, daß mit der Summe dieser Freiheitsgewährleistungen eine zentrale Verwaltungswirtschaft, bei der alles von staatlichen Plänen und Anweisungen abhängt, unvereinbar wäre.

Andererseits ist der früher einmal unternommene Versuch, die soziale Marktwirtschaft im Sinne Ludwig Erhards als das Wirtschaftsmodell des GG hinzustellen, nicht sonderlich überzeugend. Immerhin kennt das GG in Art. 15 die Möglichkeit der Sozialisierung.

Bitte lesen Sie noch die Ausführungen des BVerfG zu diesem Problem in BVerfGE 50, 290/337 = StA S. 16.

P. Gleichheit

I. Allgemeines

Das Streben nach Gleichheit ist eine Grundtendenz menschlicher Gerechtigkeitsbemühungen überhaupt und überall in der Menschheitsgeschichte nachweisbar. Dabei ist es eine staatspolitische, aber auch anthropologisch und soziologisch bedeutsame Grundsatzfrage, wie weit man Gleichheit herstellen möchte: Soll der Unfähige oder Faule gleich viel Lohn bekommen wie der Hochbefähigte oder der Emsige? Dieses Ideal verfolgte nicht einmal der Kommunismus vorrangig, obwohl gerade seine Attraktivität zu einem guten Teil von Gleichstellungspostulaten herrührte. Vorerst aber sollte »jeder nach seiner Leistung« bezahlt werden und – zumindest noch – nicht »jeder nach seinen Bedürfnissen«. Aber auch wenn man das gutheißt, wird man doch als Ausfluß der Gerechtigkeit fordern, daß der Arme und der Reiche gleich bestraft werden, wenn sie beispielsweise beide ihren Nebenbuhler erstochen haben.

Es war ganz wesentlich das Aufbegehren gegen standesgebundene, also nicht »aus der Sache heraus« gerechtfertigte Ungleichbehandlungen, das in der Neuzeit die bürgerlichen Revolutionen ausgelöst hat. Privilegien des Adels, also ungerechtfertigte Besserstellung und damit Ungleichbehandlung, wirkten als Zündstoff für die Auflehnung der Schlechtergestellten. »Egalité« war neben »liberté« und »fraternité« einer der drei Schlachtrufe der Französischen Revolution – »Freiheit, Gleichheit, Brüderlichkeit«. »Privilegierung« wirkt auch in unseren Tagen als rotes Tuch – wobei man stillschweigend hinzudenkt »sachlich *ungerechtfertigte*« Privilegierung. Freilich hat das im Terminologischen zu der Torheit geführt, »Unterprivilierungen« zu beklagen, als ob wir nach Ausmerzung des »Unter« ein Volk von Privilegierten werden sollten.

Hinter dem Gleichbehandlungsgebot steht kein Schutzgut wie bei den bisher behandelten Grundrechten, der Gleichheitssatz ist mehr formaler Natur. Außerdem gilt das Gebot, daß Gleiches gleich und Ungleiches ungleich zu behandeln ist, unbedingt. Art. 19 ist hier ebenso unanwendbar wie der Grundsatz der Verhältnismäßigkeit! Allerdings gibt es durchaus Überschneidungen zwischen Freiheit und Gleichheit. Auch Gleichbehandlungsgebote tragen zur Freiheitswahrung bei, so, wenn Sie eine rechtlich verfügte gleichheitswidrige Belastung abwehren und dadurch Ihre Freiheit wiederherstellen können. Infolgedessen ist Art. 3 *auch* ein Abwehrrecht, ein Grundrecht des Status negativus; freilich erschöpft er sich nicht in dieser Funktion.

II. Spezielle Gleichbehandlungsgebote

Man muß unterscheiden zwischen dem in Art. 3 I gefaßten *allgemeinen Gleichheitssatz* und *speziellen Gleichbehandlungsgeboten*, die beispielsweise in den Abs. 2 und 3 des Art. 3 niedergelegt sind, ferner in Art. 6 V (Gleichberechtigung ehelicher und unehelicher Kinder), 33 I–III (bitte nochmals nachlesen!), Art. 38 I (Wahlrechtsgleichheit) und in Art. 144 GG, 136 I, II WRV (oben S. 69). Erst wenn keine dieser speziellen Regeln einschlägig ist, kann man auf den allgemeinen Gleichheitssatz des Art. 3 I zurückgreifen! Im Bereich der Gleichbehandlung ist Art. 3 I in ähnlicher Weise ein Auffanggrundrecht wie Art. 2 I bei den sonstigen negatorischen Grundrechten.

1. Gleichberechtigung von Mann und Frau

a) Gebot der rechtlichen Gleichstellung

Es ist doppelt niedergelegt, in Abs. 2 S. 1 und in Abs. 3. Da es in Abs. 3 fast zufällig reingeraten ist, könnte man getrost den Schwerpunkt bei Abs. 2 S. 1 setzen, wie es auch häufig geschieht. Das BVerfG hat lange Zeit entweder auf Abs. 2 S. 1 oder auf Abs. 2 zusammen mit Abs. 3 abgehoben. Neuerdings scheint es allerdings Abs. 3 zu bevorzugen, wenn es um die Abwehr einer geschlechtsbezogenen Ungleichbehandlung geht wie etwa bei dem Nachtarbeitsverbot (nur) für Frauen (BVerfGE 85, 191/206 f.). Die nachstehende Darstellung hebt aber nach wie vor auf den Abs. 2 S. 1 ab.

Art. 3 II 1 ist kategorisch formuliert, das heißt ohne den denkbaren und sinnvollen Zusatz «..., soweit sie einander gleichen«. Trotz dieser nicht sehr glücklichen Formulierung wird jedem einleuchten, daß diese Bestimmung beispielsweise einem Mutterschaftsurlaub nur für Frauen oder der Bevorzugung einer Frau als Leiterin einer Mädchenschule nicht im Wege stehen kann. Nicht ebenso eindeutig ist es, daß es zulässig sein sollte, nur die männliche Homosexualität zu bestrafen (so BVerfGE 6, 389 ff.). Das Bundesverwaltungsgericht hat es für verfassungsgemäß gehalten, nur Frauen zum Hebammenberuf zuzulassen (BVerwGE 40, 17). Inzwischen hat jedoch der Gesetzgeber hier für die Gleichberechtigung der Männer gesorgt und den »Entbindungspfleger« kreiert.

Die Benachteiligung der Männer beim Wehrdienst müssen wir nicht über Art. 3 II 1 zu rechtfertigen versuchen, sie wird durch Art. 12a angeordnet.

Dem Art. 3 II 1 verdanken Sie das Recht, bei Heirat Ihren Namen oder den Ihres Partners als Ehenamen zu wählen (BVerfGE 48, 327/337 = StA S. 106 und BVerfGE 84, 9 = StA S. 108). Die mathematisch Begabten unter Ihnen mögen nachrechnen, innerhalb welchen Zeitraums wir dadurch zu einem Volk von Adeligen werden können.

Nach Art. 3 II 1 ist es ferner unzulässig, nur den Witwen von Beamten, jedoch nicht den Witwern von Beamtinnen eine Pension zu zahlen (BVerfGE 39, 196 = StA S. 104; ähnlich BVerfGE 39, 169 für die Sozialversicherungsrenten).

Auch jene Gesetze, die nur alleinstehenden Frauen mit eigenem Hausstand einen bezahlten Hausarbeitstag pro Monat gewährten, nicht aber gleichstehenden Männern, wurden vom BVerfG beanstandet (BVerfGE 52, 369 = StA S 108).

Für grenzüberschreitende Ehen darf nicht das nationale Recht des Mannes maßgeblich sein (BVerfGE 68, 384).

Art. 3 II 1 verlangt nach Gleichberechtigung von Mann und Frau auch im Zivilrecht, vornehmlich im Arbeitsrecht. Das läßt sich übrigens aus Abs. 3 kaum ableiten, weil der Private prinzipiell das Recht hat und haben muß, sich seine Geschäftspartner nach den in Abs. 3 genannten Merkmalen auszusuchen. Aber Abs. 2 war schon ohne den erst 1994 hinzugekommenen Satz 2 so zu verstehen, daß Männer und Frauen *überall* gleichberechtigt sein sollten; der Satz 2 könnte diese Deutung noch verstärken. Um dieses Verfassungsauftrags willen und aufgrund europarechtlicher Vorgaben hat man über §§ 611a und b BGB die Gleichbehandlung von Männern und Frauen im Arbeitsleben vorgeschrieben. Lesen Sie diese Bestimmungen bitte einmal nach.

b) Forderung der faktischen Gleichstellung

Der eben erwähnte Verfassungsnachtrag in Form des Abs. 2 S. 2 ist nicht sehr klar formuliert. Seine erste Hälfte erweckt den falschen Eindruck, der Staat wolle helfen, seine eigenen Gleichberechtigungsnormen durchzusetzen. Die zweite Hälfte enthält einen Staatsauftrag, gleiche Ausgangschancen für Männer und Frauen zur Nutzung ihrer gleichen Rechte zu schaffen. Zudem sollte eine schon zuvor entwickelte Rechtsprechung des BVerfG unterfüttert werden, die bspw. eine Besserstellung der Frau beim Bezug von Altersruhegeld gebilligt hatte — sie geschehe zum »sozialstaatlich motivierten Ausgleich von Nachteilen, die ihrerseits auch auf biologische Unterschiede zurückgehen« (BVerfGE 74, 163/180).

2. Das Gebot des Art. 3 III

Das erste der in Art. 3 aufgeführten Kriterien, nämlich das Geschlecht, haben wir soeben erörtert. Im übrigen ist auch der Abs. 3 so kategorisch formuliert wie Abs. 2, so daß es Ausnahmen von der Gleichbehandlung eigentlich nicht geben dürfte. Gleichwohl gilt es, wie Sie aus BVerfGE 39, 334/368 = StA S. 112 f. ersehen können, als zulässig, für eine Konfessionsschule Lehrer eines bestimmten Bekenntnisses bevorzugt einzustellen. Demnach wären Ausnahmen erlaubt, sofern sie von der »Sache«, d. h. der geregelten Materie, her zwingend geboten sind. Aus diesen Erwägungen heraus und mit Rückgriff auf andere Verfassungsbestimmungen hat das BVerfG in der eben genannten Entscheidung auch die Handhabung des »Extremisten-Erlasses« gerechtfertigt: Die »politische Anschauung«, dieser Staat solle möglichst bald in einen SED-Staat umgewandelt werden, führte zu einer »Benachteiligung« bei der Anstellung als Lehrer oder sonst als Beamter.

Sachlich zwingend gebotene Benachteiligung muß deshalb auch gegenüber Behinderten erlaubt sein, ungeachtet des neuen, so wohlmeinend wie unbeholfen formulierten Satz 2. Geistig Behinderte werden notwendigerweise beim Schul- oder Universitätszugang, bei Berufsabschlüssen, Führerschein- oder Pilotenprüfungen etc. benachteiligt, und körperlich Behinderte bei den letztgenannten Prüfungen.

III. Der allgemeine Gleichheitssatz

1. Bindung auch des Gesetzgebers

Art. 3 I ist nicht sehr glücklich formuliert. Soeben bei den Abs. 2 und 3 sind wir stillschweigend von der Annahme ausgegangen, daß diese Gleichbehandlungsgebote wie alle Grundrechte (vgl. Art. 1 III) auch den Gesetzgeber binden. Der Wortlaut des Abs. 1 (»*vor dem Gesetz*«) könnte daran zweifeln lassen; er ist aber insoweit verunglückt und soll unbestrittenermaßen *auch den Gesetzgeber binden.*

2. Die Anwendung von Art. 3 I

Aufgrund des Art. 3 I verlangt das BVerfG, *daß wesentlich Gleiches gleichzubehandeln ist und wesentlich Ungleiches entsprechend seiner Verschiedenheit und Eigenart ungleich.* (Auswendig lernen!)

Was aber heißt »wesentlich gleich« oder »wesentlich ungleich«? Bis in letzte Einzelheiten sind zwei Menschen nie gleich, aber andererseits gleichen sie sich stets schon dadurch, daß sie Menschen sind. A und B sind beide 30 Jahre, verheiratet, kinderlos, fahren den gleichen Pkw; *insoweit* gleichen sie sich. Sind sie deshalb auch gleich-mäßig zur Steuer heranzuziehen? Ganz im Gegenteil verlangt der Gleichheitssatz die Besteuerung nach der Leistungsfähigkeit. — Andererseits: A hat im Gegensatz zu B reichen Grundbesitz geerbt, außerdem verdient seine Frau dazu. Hier herrscht Ungleichheit zwischen A und B. Darf oder muß nun aber deshalb eine Haftstrafe wegen (einer gleichen) Unterschlagung bei A ungleich, also wesentlich anders ausfallen als bei B?

Oder ein anderes, beliebiges Beispiel: Zwei Rothaarige gleichen sich in der Haarfarbe, dennoch darf der oder die Gescheitere von ihnen die ungleich besseren Examensnoten bekommen — umgekehrt kann die Ungleichheit in der Klugheit nicht dazu führen, daß der oder die Klügere bei Wohnheimplätzen (ungleich) bevorzugt oder auch benachteiligt wird.

Es kommt mithin darauf an, ob die — beanstandete — Gleich- oder Ungleichbehandlung an etwas anknüpft, was *im Hinblick auf den Regelungsgegenstand* (also: Bestrafung, Besteuerung, Benotung, Unterstützung) und Regelungszweck in sinnvoller und sachangemessener Weise als »wesentlich« gleich oder ungleich bezeichnet werden kann.

Wie steht es nun mit der Gleichheit oder Ungleichheit von Geburtshelfern und Hebammen angesichts des Regelungszweckes, altersbedingtem Versagen vorzubeugen und deshalb eine (inzwischen abgeschaffte) Altersgrenze von 70 Jahren einzuführen (BVerfGE 9, 338 = S. 79)? Die Hebammen hatten argumentiert, die Gefahrenlagen glichen sich bei ihrem und dem ärztlichen Beruf (eher sei sie beim Arzt, der die »Problemfälle« betreue, höher zu veranschlagen — daraus ließe sich sogar die Forderung nach einer *längeren* Berufsdauer für Hebammen ableiten). Das BVerfG hat — in wenig überzeugender Weise — auf Ungleichheiten zwischen dem »Berufsbild« von Arzt und Hebamme abgehoben und von da aus die Ungleichbehandlung gebilligt.

Zusammengefaßt: Für Gleich- oder Ungleichbehandlung muß es einen *sachlich einleuchtenden oder immerhin vertretbaren Grund* geben. Andernfalls ist die Regelung »*willkürlich*«, was objektiv willkürlich meint und keinen subjektiven Vorwurf enthält. *Art. 3 I wird deshalb allgemein als Willkür-Verbot verstanden.*

Sie müssen also bei der Prüfung einer Regelung nach Art. 3 I (d. h. vorausgesetzt, es sind keine speziellen Gleichbehandlungsgebote einschlägig) einen Vergleichsfall suchen, der entweder gleich oder ungleich »behandelt« (d. h. rechtlich geregelt) wird. Sodann ist die Frage, ob tatsächlich
— der gleich geregelte Fall auch im Anknüpfungssachver-

halt »wesentlich gleich« ist (was bei einer gleichen Steuerlast allein [!] aufgrund gleichen Familienstandes zu verneinen wäre),
- der ungleich geregelte Fall auch im Anknüpfungssachverhalt »wesentlich ungleich« ist (was im Hebammen-Fall zumindest sehr fragwürdig erscheint und in dem Ihnen schon bekannten Fall BVerfGE 8, 51/69 = StA S. 423 (vgl. oben S. 40) zu verneinen war; der Staat darf die Einflußnahme eines Reichen auf eine Partei nicht stärker begünstigen als die eines Armen).

Selbst wenn Sie sachbezogene Unterschiede gefunden haben, müssen diese auch »nach Art und Gewicht« die Ungleichbehandlung tragen. Beispiel: Die Versäumung der Immatrikulationsfrist rechtfertigt zwar eventuell den Verlust eines Semesters, aber nicht den dauernden Ausschluß von einem Studium. Hier fließen Aspekte der Verhältnismäßigkeit (im engeren Sinn) in die Gleichheitsprüfung ein.

Wenn Sie sich selbst zu einem Fall ein paar Gedanken machen wollen, dann zu folgendem: Das Ihnen bekannte Überholverbot besagt, daß mehrspurige Kraftfahrzeuge nicht überholt werden dürfen. Also muß der Motorradfahrer hinter dem Pkw bleiben, während umgekehrt der Pkw den Motorradfahrer überholen darf. Läßt sich diese Ungleichbehandlung rechtfertigen? Gibt es Gesichtspunkte, die für eine größere Gefährdung des überholenden Motorradfahrers sprechen? Das OLG Düsseldorf hat einen Verstoß gegen Art. 3 I verneint. Wenn Sie die Begründung interessiert, lesen Sie bitte in NJW 1981, 2478 nach.

Vergessen Sie schließlich nicht, daß ein bestimmtes Maß an Ungleichbehandlung in der Natur eines Bundesstaates liegt: Länderregelungen unterscheiden sich voneinander, und diese Unterschiede sind gewollt, kollidieren nich mit Art. 3 I.

3. Insbesondere die Anwendung im Gebührenrecht

Von großer praktischer Auswirkung ist die Frage nach dem sachgerechten Anknüpfungspunkt für *Zahlungsverpflichtungen bei gemeindlichen Gebühren:*
Kann man gleiche Kanalgebühren von zwei Schuldner verlange, die
- ein gleich großes Grundstück
- gleich große Dachflächen (Regenwasserableitung)
- gleiche Straßenlänge der Grundstücke (wichtig für Eckgrundstücke)
- gleich große Familien
- gleiche Einkommen
- gleichen Frischwasserverbrauch
- gleichen Müllanfall

haben? Über einzelne Punkte kann man hier endlos streiten, insbesondere über die Notwendigkeit, mehrere davon für die Veranlagung zu kombinieren. Es darf aber hier wie sonst nie unter dem Aspekt des Gleichheitssatzes geprüft werden, *ob Gesetzgeber oder Verwaltung die absolut vernünftigste und zweckmäßigste Lösung gefunden haben!* Es genügt, daß es *vertretbar* ist, in einer bestimmten Weise zu differenzieren oder gleichzubehandeln, die Grenze ist erst das völlig Unsachgerechte, das unter keinem Gesichtspunkt einleuchtet und deshalb »willkürlich« ist (BVerfGE 26, 302/310 = StA S. 99).

4. Gleichheitssatz und Notwendigkeit der Typisierung

Nicht oder nur ganz vordergründig willkürlich sind viele *Abgrenzungen und Typisierungen des Gesetzgebers,* die auch mit ebensoviel Überzeugungskraft anders hätten getroffen werden können. Denken Sie an Altersgrenzen oder an Geschwindigkeitsgrenzen (weshalb wird man für 51 km/h bestraft und für 50 km/h nicht, wäre es nicht »sachgerechter«, die Strafgrenze bei 52 km/h zu legen?), oder an Besteuerungsgrenzen oder an Zeitgrenzen, insbesondere an den Geltungsbeginn oder das Geltungsende von Normen, an »Stichtage« (weshalb muß ich am 1. 4. beispielsweise ungleich höhere Gebühren oder Steuern zahlen als meine Nachbarn am Tage zuvor, weshalb beginnt schon am 1. 9. eine längere Referendarzeit und nicht erst am 1. 10.?).

Typisierung um der Übersichtlichkeit des Rechts und also um der Rechtssicherheit willen ist es auch, was den Normgeber von der Berücksichtigung aller Ungleichheiten absehen läßt. Zu Recht, denn was er bislang schon konzedierte, hat zur Undurchschaubarkeit unseres Rechts entscheidend beigetragen. Einfache Lösungen im Steuer- oder im Rentenrecht beispielsweise sind ja vor allem wegen des Gleichheitssatzes nicht möglich. Eine Einheitssteuer oder eine Einheitsrente wäre Gleichbehandlung von ungleich Leistungsfähigen, Bedürftigen oder von solchen, die ganz ungleich vorgeleistet, d. h. Beiträge gezahlt haben. Aber welche Details müssen nun zum Anlaß einer Ungleichbehandlung, meist Besserstellung, genommen werden? Bei der Steuer sicherlich eine ganz »außergewöhnliche Belastung« durch lang andauernde Krankheit, aber auch ein Kfz-Totalschaden für 8000 DM? Müssen Liliputaner oder zumindest Riesen über 1,95 m wegen ihres Mehraufwandes Steuerermäßigung bekommen? — Und in diesem Zusammenhang treffen wir wieder auf »alte Bekannte«: Inwieweit darf bei den berufsmäßigen Anforderungen »über einen Kamm geschoren« werden, d. h. gleiche Prüfungsanforderungen an allround-Kfz-Mechaniker und bloße Stoßdämpfer- und Auspuffmonteure an normale Lebensmittel-Einzelhändler und bloße Kaugummi-Einfüller gestellt werden? Vermutlich haben Sie in der auf S. 98 unter III abgedruckten Passage die Erwähnung von Art. 3 I (in der 3. Zeile) überlesen. Es ist aber gar nicht selten, daß eine Regelung, die gegen ein Grundrecht verstößt, gleichzeitig eine unzulässige Ungleichbehandlung ist. Wenn Sie sich unseres Falles mit dem Falkner (oben S. 79) entsinnen, so wurde ihm eine ungeeignete Belastung auferlegt, was ein Verstoß gegen Art. 2 I war, gleichzeitig widersprach es Art. 3 I, ihn hinsichtlich der waffentechnischen Kenntnisse mit einem schießenden Jäger gleichzubehandeln.

Um die unerläßliche Typisierung zu ermöglichen, aber gleichwohl im ganz ungewöhnlich gelagerten Einzelfall eine ungerechte, schematisch anmutende Belastung zu vermeiden, bedient sich der Gesetzgeber oft einer »*Härteklausel«,* aufgrund derer in besonderen, vom Regelfall stark abweichenden Konstellationen eine *Ausnahmeregelung* getroffen werden kann oder muß. Auch dies kann sowohl vom Gleichheitssatz wie auch vom Grundsatz der Verhältnismäßigkeit, der bei einem Freiheitsrecht »zum Einsatz kommt«, geboten sein! (Vgl. oben S. 81.) Denken Sie an jemanden, dessen Berufseinkommen davon abhängt, daß er ein überbreites Produkt entgegen dem generellen Verbot auf öffentlichen Straßen anliefern kann.

5. Gleichheitswidrige Begünstigung

Angenommen, eine Vorschrift lautet: »Frauen erhalten eine Zusatzrente in Höhe von 80 DM monatlich.« Wenn diese Norm vor das BVerfG kommt, wird sie entweder für nichtig erklärt, oder es wird festgestellt, daß sie mit Art. 3 II unvereinbar ist.

Die Bestimmung könnte aber auch so formuliert sein: »Die Zusatzrente beträgt 80 DM. Männer haben auf sie keinen Anspruch.« Hier könnte man auf die Idee kommen, den zweiten Satz für nichtig zu erklären. Damit würde aber eine große Personengruppe vom BVerfG entgegen dem Willen des Parlaments begünstigt. Das darf nicht sein. Deshalb muß die Nichtigerklärung regelmäßig ausscheiden. Es muß bei der Feststellung eines Gleichheitsverstoßes bewenden, und der Gesetzgeber muß sich schlüssig werden, wie die Neuregelung aussehen soll. Lesen Sie dazu bitte BVerfGE 8, 28/36 f. = StA S. 113.

6. Insbesondere die Bindung der Verwaltung an den Gleichheitssatz

Bislang haben wir uns fast durchweg mit der Bindung eines Normgebers, mit der Gleichbehandlung durch Gesetz, Verordnung und Satzung befaßt. Aber auch die Rechtsprechung und die Verwaltung sind natürlich an Art. 3 I gebunden.

Wenn die Normen dem Gleichheitssatz genügen, dann erfüllt die Verwaltung das Gleichbehandlungsgebot, indem sie die Normen *gleichmäßig* anwendet. Allererstes Gebot ist also, gesetzmäßig zu verfahren und beispielsweise keinen zu verschonen, der von Gesetzes wegen eine Leistung zu erbringen hat. Folglich muß auch die Subsumtion unter unbestimmte Rechtsbegriffe gleichmäßig sein; wenn A und B dasselbe getan haben, darf nicht nur der A als »unzuverlässig« eingestuft werden. Wenn das allerdings beim A *früher* geschah, kann man aufgrund gewandelter Rechtsauffassung nunmehr beim B anders entscheiden und die Unzuverlässigkeit ausschließen. Das muß insbesondere dann gelten, wenn die neue Rechtsauffassung durch Gerichtsentscheidungen nahegelegt wird. Im umgekehrten Fall, wenn zuerst jemand als noch zuverlässig beurteilt wurde, später jedoch ein gleicher Fall als unzuverlässig, und die zuletzt getroffene Entscheidung rechtlich zutreffend ist, entsteht das Problem der »*Gleichheit im Unrecht*«. So etwas gibt es nicht. Wenn, um ein anderes Beispiel zu nehmen, A gesetzwidrig vom Wehrdienst freigestellt wurde, kann B nicht verlangen, ebenso behandelt zu werden.

Der Gleichheitssatz hat besondere Bedeutung bei der Ausübung von *Verwaltungsermessen*, beim Gebrauchmachen von einem »kann«: Wenn die Polizei gebührenpflichtige Verwarnungen erteilen »kann«, muß sie dieses Ermessen pflichtgemäß, das heißt insbesondere willkürfrei, ausüben. Also darf sie in einer Reihe von Falschparkern sich nicht nur Mercedes-Fahrzeuge raussuchen.

Um eine gleichmäßige Verwaltungsübung entweder beim Verständnis unbestimmter Rechtsbegriffe oder bei der Ausübung von Ermessen zu gewährleisten, legt die Verwaltungsspitze die nachgeordneten Behörden auf eine bestimmte Verfahrensweise fest, indem sie einschlägige *Verwaltungsvorschriften* erläßt. Die hatten wir schon als »Innenrecht« der Staatsorganisation kennengelernt. Innenrecht gilt wie erinnerlich im Staat-Bürger-Verhältnis *nicht*. Aber über Art. 3 I kann der Bürger dennoch verlangen, daß eine ihm günstige Verwaltungsvorschrift, insbesondere wenn sie schon angewandt wurde, *auch* ihm zugute kommt, mit anderen Worten, daß er *gleich* anderen behandelt wird. Man sagt, daß in diesen Fällen auch Innenrecht über den »Transmissionsriemen« des Gleichheitssatzes im Außenrechtsverhältnis Staat-Bürger wirksam ist. Einzelheiten hierzu gehören freilich ins Verwaltungsrecht.

7. Schließlich noch zwei kurze Schlußbemerkungen. Die eine zielt auf Ihre spätere Lektüre von Entscheidungen des BVerfG. Das Gericht neigt manchmal dazu, den Art. 3 I als verfassungsrechtliches Allheilmittel einzusetzen und eine unsachgemäße, ungerechte oder unhaltbare Regelung als »willkürlich« und damit als Verstoß gegen Art. 3 I zu bezeichnen. Das ist oft dogmatisch unsauber, und Sie sollten hier kritisch lesen.

Die andere betrifft die *Prüfungsreihenfolge* bei der verfassungsrechtlichen Begutachtung von Gesetzen. Falls Anlaß besteht, Freiheitsrechte *und* den Gleichheitssatz zu prüfen, sollte der Gleichheitssatz hinter den Freiheitsrechten erscheinen.

5. Kapitel:
Weitere allgemeine Grundrechtslehren

Ich hoffe, daß Ihnen nach der Erörterung der wichtigsten Einzelgrundrechte die Materie etwas anschaulicher geworden ist als sie es vorher war. Das macht es sicherlich leichter, die nun noch zu besprechenden allgemeinen Probleme der Grundrechte zu verstehen.

A. Nachtrag zu Art. 19 I 2

Auf S. 79 hatten wir der besseren Verständlichkeit halber die Aufzählung jener Fälle zurückgestellt, in denen das BVerfG die problematische und nicht sehr praktikable Vorschrift des Art. 19 I 2 (Zitiergebot) nicht angewendet hat. Jetzt, nachdem Sie einige Grundrechte näher kennengelernt habe, ist es Zeit, diesen Punkt nachzutragen. Das BVerfG hat die Bestimmung mit oftmals kaum einleuchtender Begründung zu entschärfen versucht, indem es sie nicht anwendet auf

— vorkonstitutionelle Gesetze (BVerfGE 2, 121/122)
— Gesetze, die Freiheitsbeschränkungen alter Gesetze nur wiederholen (BVerfGE 5, 13/16)
— Einschränkungen der allgemeinen Handlungsfreiheit des Art. 2 I; letztere sei »von vornherein nur unter dem Vorbehalt der verfassungsmäßigen Ordnung gewährleistet« (BVerfGE 10, 89/99).
— Einschränkungen des Grundrechts aus Art. 5 I, weil die »allgemeinen Gesetze dem Grundrecht der Meinungsfreiheit generell Schranken setzen und damit von vornherein den Inhalt des Grundrechts bestimmen« (BVerfGE 28, 282/289).
— Einschränkungen des Grundrechts aus Art. 12 I, weil »Regelungen« nicht »Einschränkungen« seien (BVerfGE 13, 97/122).
— Inhaltsbestimmungen des Eigentums (BVerfGE 21, 92/93).
— offenkundige Grundrechtseingriffe (BVerfGE 35, 189)
— Gesetze, die nicht »ein Grundrecht über die in ihm selbst angelegten Grenzen hinaus einschränken« (BVerfGE 28, 36) — was immer das heißen soll.

Diese verwickelten Details können und sollen Sie nicht behalten. Ein Punkt verdient aber noch Interesse: Eigentlich sollte man erwarten, daß bei Nichtanwendbarkeit von Art. 19

I 2 auch Art. 19 II nicht gilt. So hat auch das BVerfG in der gerade zitierten Eintscheidung zu Art. 12 argumentiert, hingegen in BVerfGE 33, 303/353 die Wesensgehaltssperre bei Art. 12 diskutiert, ohne seine frühere Entscheidung auch nur zu erwähnen. Auch für Art. 14 hat das BVerfG stets – allerdings ohne jede Begründung – mit der Wesensgehaltssperre operiert.

B. Der Grundrechtseingriff

Ausführlicher müßte die Überschrift lauten: Grenzfälle des Grundrechtseingriffs, denn vorstehend hatten wir es schon fortlaufend mit Eingriffen zu tun, so daß dieser Abschnitt reichlich spät käme. Aber es ging bislang immer um Beeinträchtigungen von Grundrechtsschutzgütern, die fraglos dem Grundrechtsschutz unterfielen, etwa ein nur vom Adressaten angegriffenes Verbot oder eine nur vom Häftling beanstandete Festnahme oder eine Immission. Daneben gibt es eine Fülle von Problemfällen. Zu den beiden wichtigsten Gruppen ist folgendes anzumerken.

I. Nicht befehlende und nicht zwingende Verhaltenssteuerung

Der Staat kann durch Vorteilsvergabe (vornehmlich durch Geldzahlung) oder durch Belastungen ein nicht zwingend vorgeschriebenes Verhalten Privater anstreben: Eine bestimmte Produktionsart wird steuerlich belastet oder begünstigt, ohne geboten oder verboten zu sein. Wo ist da das Problem?, werden Sie fragen. In der Tat gehören solche Instrumente zum Alltag der Wirtschaftslenkung und sind in aller Regel nicht als Eingriff in die Berufsfreiheit zu werten. Wie aber wäre es bei Steuerbelastungen oder -entlastungen für Kirchenbesuch oder Vermeidung desselben? Das wäre trotz der bloßen Einflußnahme auf die Motivation frei bleibender und frei entscheidender Bürger ein Eingriff in die Religionsfreiheit. Das zeigt, daß man aus der Analyse des jeweiligen Schutzbereichs ermitteln muß, ob ein Eingriff vorliegt. Art. 12 schützt offenbar nicht gegen (moderate) staatliche Einflußnahme auf die Entscheidungen von Marktteilnehmern. Wohl aber verbietet Art. 4 dem Staat, durch Begünstigungen oder Erschwernisse einer Religion zuzuarbeiten oder ihr das Wasser abzugraben.

II. Schutzgutbeeinträchtigungen durch Maßnahmen gegen Dritte.

Ein Grundrechtsträger leidet oft unter staatlichen Handlungen gegenüber Dritten. Da der Dritte eine Art Mittler zwischen Handlung und Beeinträchtigung ist, spricht man hier von mittelbaren Eingriffen.

Gegen den Dritten können sich (vgl. S. 76) normative oder faktische Maßnahmen richten, wobei die erstgenannten überwiegen. Ein Beispiel für die letztgenannten sind staatliche Warnungen an Verbraucher, die mittelbar (über das Verhalten der Gewarnten) die Gewerbe- und Berufssphäre von Fabrikanten und Händlern treffen. So hat das BVerwG (E 87,37 – eine nicht lesenswerte, weil konfuse Entscheidung) eine behördliche Warnung vor verfälschtem Wein einer Grundrechtsprüfung unterzogen. Es häufen sich auch Warnungen vor Religions- und Weltanschauungsgemeinschaften; sie sind gleichfalls an Art. 4 zu messen (BVerwGE 82, 76). Nichts anderes kann gelten, wenn der Staat, statt selbst zu warnen, einen privaten Warner finanziert (BVerwGE 90, 112).

Hingegen berührt die Subventionierung eines Konkurrenten solange nicht die Berufsfreiheit des Mitbewerbers, wie er durch diese staatliche Einflußnahme nicht aus dem Markt gedrängt wird. Wiederum folgt das aus einer Analyse des Schutzbereichs: Art. 12 will nicht vor Wettbewerb schützen, und sei er auch – in Maßen – staatlich gestützt.

Normative Maßnahmen mit Nachteilen für Dritte sind weit häufiger, ja, eine alltägliche Erscheinung. Wenn die Ladenbesitzer um 18.30 Uhr schließen müssen, ist dadurch mittelbar die Einkaufsfreiheit der Kunden betroffen. Ebenso ist es, wenn der Geschäftsinhaber Ihnen bestimmte, angeblich oder tatsächlich gefährliche Artikel nicht verkaufen darf. Umgekehrt verhält es sich, wenn Sie bestimmte Produkte, etwa als Kfz-Zubehör, nicht benutzen dürfen; das beeinträchtigt mittelbar, reflexiv, den Verkäufer wie den Hersteller. Arbeitsschutzmaßnahmen richten sich an den Arbeitgeber, behindern aber ebenso den Arbeitnehmer. Bestimmungen über die Nichtigkeit von Verträgen betreffen beide Vertragspartner.

In diesen und ähnlichen Fällen ist – auch in der Rechtsprechung des BVerfG – die Betroffenheit mehrerer Grundrechtsträger anerkannt. Der Grund liegt darin, daß hier zwangsläufig beide Vertragspartner betroffen sind. Die Einschlägigkeit von A's Grundrechten kann nicht davon abhängen, ob ein Verbot auch an ihn gerichtet ist oder nur an den Partner B, wenn es über diesen de facto auch für A gilt.

Andererseits ist es ziemlich sicher, daß verschärfte Anforderungen an den Immissionsschutz, die den F zur Aufgabe seiner Fabrik zwingen, nicht in die Vertragsfreiheit seiner Kunden eingreifen.

Trennscharfe Kriterien zur Abgrenzung gibt es leider nicht. Man stellt auf die Zielrichtung, die Finalität der staatlichen Maßnahme ab, muß aber konzedieren, daß nicht nur die primär beabsichtigten Hauptfolgen einer Maßnahme für die Grundrechtsgeltung entscheidend sind, sondern auch notwendige und in Kauf genommenen Konsequenzen staatlichen Handelns. Daneben versucht man die Intensität der Beeinträchtigung mitzuberücksichtigen und schließlich die Nähe zwischen Maßnahme und Nachteil. Dies alles muß in eine Schutzbereichsanalyse einmünden, etwa in die Frage, ob Art. 12 den Arbeitnehmer vernünftigerweise davor schützen will, daß dem Arbeitgeber grundlos die Beschäftigung über eine bestimmte Wochenarbeitszeit oder über eine bestimmte Tageszeit hinaus untersagt wird.

Jedenfalls sollte folgendes deutlich geworden sein: Es genügt für eine Grundrechtsprüfung keineswegs, daß man durch staatliche Maßnahmen Nachteile bei der Nutzung von Grundrechtsschutzgütern erleidet. Sie können – leider – zuweilen lesen, die Grundrechte und insbesondere der Art. 2 I garantieren, von rechtswidrigen Nachteilen verschont zu werden. Das ist, mit Verlaub, Unsinn. Einen Nachteil haben Sie beispielsweise, wenn Sie in Ihrer Gemeinde eine geplante Sporthalle nicht nutzen oder besuchen können. Aber wenn die Baugenehmigung rechtswidrig versagt wurde, liegt darin selbstverständlich keine Verletzung Ihrer Grundrechte.

C. Grundrechtsträgerschaft

Bei der Frage, wer Träger oder Inhaber von Grundrechten sein kann, muß man *unterscheiden zwischen*
— *natürlichen Personen*, und bei ihnen wieder zwischen
· Inländern und
· Ausländern
— *juristischen Personen*, bei ihnen wieder zwischen solchen
· des Privatrechts und zwar entweder
·· inländischen oder
·· ausländischen
und
· des öffentlichen Rechts

I. Deutschenrechte

Die meisten Grundrechte stehen Inländern und Ausländern gleichermaßen zu; am deutlichsten ist das, wenn es »jeder«, »jedermann«, »alle Menschen« heißt. Man spricht hier von »Menschenrechten«. Der Begriff hat freilich auch noch eine andere Dimension, nämlich Menschenrechte als naturrechtliche, dem Staat vorgegebene Garantien (vgl. S. 74).

Einige Grundrechte sind – aus schwer erkennbaren Gründen übrigens – *Deutschen vorbehalten* (Deutschenrechte oder Bürgerrechte): Art. 8 (Versammlungsfreiheit), Art. 9 I (Vereinigungsfreiheit – anders die Koalitionsfreiheit des Abs. 3!), Art. 11 (Freizügigkeit), Art. 12 (Berufsfreiheit), Art. 16 II (Auslieferungsverbot). Den »Deutschen« definiert das GG in Art. 116.

Meines Erachtens ist es unhaltbar, im Schutzbereich eines für Deutsche reservierten Grundrechts für die Ausländer auf Art. 2 I zurückzugreifen, denn die Verfassung gibt klar zu erkennen, daß sie Ausländern beispielsweise keinen berufsbezogenen Grundrechtsschutz gewähren will. Das BVerfG hat in einer sehr heftig diskutierten Entscheidung gegenteilig geurteilt (BVerfGE 35, 382/399 = StA S. 371). Eine solche Lösung hat wenigstens einen Anschein von Plausibilität nur dann, wenn der Schutz über Art. 2 I weniger intensiv ist als bei dem Deutschenrecht – aber auch das ist nur schwer zu begründen, denn üblicherweise ist Art. 2 I kein »schwächeres« Grundrecht im Verhältnis etwa zu Art. 8 oder 12.

II. Grundrechtsmündigkeit

Jugendlichkeit und Minderjährigkeit stehen der Grundrechtsträgerschaft nicht im Wege. Wenn ein Säugling noch nicht künstlerisch tätig sein kann, wirkt sich das nur so aus, daß eine Hoheitsmaßnahme sein Grundrecht faktisch nicht betrifft, ganz ebenso, wie ein Erwachsener nicht mit Art. 14 gegen ein Gesetz über Grundstücksumlegungen vorgehen kann, wenn er kein Grundeigentum hat.

Ein praktisch bedeutsameres Problem ergibt sich daraus, daß das Geltendmachen von Grundrechten wie alle Rechtshandlungen an ein Mindestalter gebunden ist, meist an die Volljährigkeit. Der Minderjährige wird im Rechtsverkehr grundsätzlich durch seine Eltern vertreten, die dadurch nicht nur über die Wahrnehmung seiner Vermögensrechte, sondern auch seiner Grundrechte entscheiden. Aber je nach Einsichtsfähigkeit kann der/die Minderjährige selbst für seine/ihre Grundrechte streiten und ist insoweit *prozeßfähig*.

Das Spannungsverhältnis zwischen den Grundrechten Minderjähriger und dem – verfassungsrechtlich durch Art. 6 II verbürgten! – elterlichen Erziehungsrecht tritt freilich nicht nur bei der Wahrnehmung von Grundrechten »nach außen« zutage, sondern auch bei der Frage, was die Eltern dem Kind – gleichsam im »Innenverhältnis« – erlauben: Es ist im Effekt weitgehend dasselbe, ob Eltern ihrer Tochter die Mitwirkung an einer bestimmten Nummer der Schülerzeitung verbieten oder sich entgegen dem Wunsch der Tochter weigern, in ihrem Namen gegen ein Vertriebsverbot für die Zeitung vorzugehen.

Der Gesetzgeber hat dieses Spannungsverhältnis in folgender und meines Erachtens verfassungskonformer Weise gelöst: Wenn die Eltern des Kindes Wohl gefährden, kann generell das Vormundschaftsgericht nach § 1666 BGB eingeschaltet werden. Speziell für Ausbildung und Beruf bestimmt § 1631a BGB, daß die Eltern auf Eignung und Neigung des Kindes Rücksicht nehmen müssen, und daß auch hier das Vormundschaftsgericht eingreifen kann. Das Gesetz über die religiöse Kindererziehung (Schönfelder Nr. 47), das auch für die Erziehung zu einer bestimmten Weltanschauung gilt, verbietet, Kinder von mindestens 12 Jahren zu einem Bekenntniswechsel zu zwingen. Ab 14 Jahren steht dem Kind die Wahl von Religion oder Weltanschauung frei.

III. Grundrechtsträgerschaft juristischer Personen

1. Juristische Personen des Privatrechts

Inländische juristische Personen des Privatrechts (das sind solche, die ihren »Sitz« im Inland haben) können sich auf die für sie »passenden« Grundrechte berufen (Art. 19 III), also beispielsweise nicht auf Art. 2 II, wohl aber auf Art. 14; oft kann das nur im jeweiligen Einzelfall entschieden werden. Auch rechtlich anerkannte (inländische) Personenvereinigungen, die nicht den Status einer juristischen Person haben, wie etwa eine Offene Handelsgesellschaft oder eine Kommanditgesellschaft, genießen Grundrechtsschutz.

Ausländische juristische Personen können sich nicht auf Grundrechte berufen, jedoch leitet man aus dem Rechtsstaatsprinzip ab, daß die – den Gerichtsschutz betreffenden – Art. 19. IV, 101 I 2 und 103 I auch für ausländische juristische Personen gelten sollen.

2. Juristische Personen des öffentlichen Rechts

Die eben erwähnten »Prozeßgrundrechte« werden über Art. 19 III auch allen juristischen Personen des öffentlichen Rechts (also vornehmlich Körperschaften und Anstalten) zugestanden, weil diese Grundsätze in allen Gerichtsverfahren gelten müssen. *Auf alle anderen Grundrechte jedoch können sich juristische Personen des öffentlichen Rechts* nach ganz überwiegender Auffassung *nicht berufen;* sie sind ja selbst Teil des Staates (weshalb wir sie auf S. 26 der mittelbaren Staatsverwaltung zuordneten). Lesen Sie bitte die nähere Begründung in BVerfGE 21, 362/368 = StA S. 364. Was dort auf S. 370 oben = StA S. 365 unten zu den selbständigen Rechtsgebilden ausgeführt wird, betrifft auch privatrechtliche Töchter von Staat, Kreisen oder Gemeinden, die mit (Hoheits-)Aufgaben der sogenannten Daseinsvorsorge betraut wurden, bspw. eine Verkehrs-GmbH.

Allerdings ist der LS 1 dieser Entscheidung insofern überholt, als er die Grundrechtsgeltung nur bei Wahrnehmung hoheitlicher Aufgaben verneint. BVerfGE 61, 82/105 will nun auch dem nicht hoheitlich, sondern fiskalisch handelnden Staat den Grundrechtsschutz verweigern, weil es bei ihm an der »grundrechtstypischen Gefährdungslage« fehle. Bezogen auf das Eigentum führt das zu der Maxime »Art. 14 als Grundrecht schützt nicht das Privateigentum, sondern das Eigentum Privater« (S. 108). Diese Rechtsprechung zwingt freilich zu folgender Lesart des Art. 19 III: »Die Grundrechte gelten auch für inländische juristische Personen des Privatrechts ...«

Denn die wenigen *Ausnahmen*, die schon in BVerfGE 21, 362/373 f. = StA S. 366 erwähnt und in BVerfGE 31, 314/322 = StA S. 366 bestätigt wurden, *Kirchen, Rundfunkanstalten, Universitäten*, ergeben sich schon aus der Grundrechtsgewährleistung selbst und sind auf Art. 19 III nicht angewiesen. Diese Grundrechtsträgerschaft bringt zumindest die Universitäten in eine Doppelrolle als Grundrechtsberechtigte und auch - verpflichtete.

D. Grundrechtsadressaten

Grundrechtsadressaten sind *alle Hoheitsträger* (oben S. 76).

I. Drittwirkung der Grundrechte?

Unter dem Stichwort »Drittwirkung der Grundrechte« diskutiert man die Frage, ob Grundrechte auch zwischen Privatleuten gelten oder ob Grundrechte auch im Privatrecht gelten. Beide Fragestellungen sind nicht ganz identisch, was hier aber nicht näher erörtert werden kann; bezeichnend für diesen Problemkreis ist aber, daß man sich noch nicht einmal über die Fragestellung einig ist.

Für die Geltung der Grundrechte auch in Privatrechtsbeziehungen hat das GG sich in Art. 9 III 2 ausgesprochen. Erlaubt das einen Umkehrschluß?

Die typische Ausgangslage für Drittwirkungsfälle ist die, daß G von S etwas verlangt, was den S in seiner Freiheit beeinträchtigt. Zwar beeinträchtigt im Grunde *jedes* Verlangen, mit dem der Schuldner nicht mehr einverstanden ist, seine Freiheit. Aber man ist sich zu Recht einig, daß dies in den meisten Fällen grundrechtlich unproblematisch ist, so etwa beim Verlangen, keine Lügen über Nachbarn zu verbreiten, oder beim Verlangen, ein ordnungsgemäß gewährtes Darlehen zurückzuzahlen. Aber es gibt Grenzfälle: Das Verlangen eines Schweinezüchters gegenüber einer Verbraucherzentrale, einen geschäftsschädigenden Boykottaufruf gegen hormonverseuchtes Fleisch zu unterlassen. Oder das auf einen Vertrag gegründete Verlangen einer Ehefrau gegenüber ihrem geschiedenen Ehemann, auf fünf Jahre aus der Stadt S fortzuziehen. Hier werden die in Anspruch Genommenen geltend machen, in ihrer Meinungsäußerungsfreiheit (Art. 5 I, II) bzw. in ihrer Freizügigkeit (Art. 11) beeinträchtigt zu sein.

1. Die herrschende Lehre

Von wem beeinträchtigt? Die h. L. sagt: Von Privatleuten, und die sind prinzipiell an Grundrechte nicht gebunden. Allerdings, so fährt die herrschende, auch vom BVerfG vertretene Lehre der »mittelbaren Drittwirkung« fort, in den an sich nur gegen den Staat gerichteten Grundrechtsbestimmungen kommt zum Ausdruck, daß die Verfassung die Grundrechtsschutzgüter, in unseren Beispielfällen also die Meinungsfreiheit und die Freizügigkeit, als wertvoll ansieht. Das kann man auch so ausdrücken, daß die Grundrechte eine *objektive Wertordnung* errichtet hätten. (Das klingt sehr anspruchsvoll, ist aber im Grunde etwas ganz Banales, weshalb Sie sich nicht verblüffen lassen sollten. Wenn das BGB für den Fall einer Schädigung die Wiedergutmachung anordnet, qualifiziert es die Wiedergutmachung als Wert und errichtet insoweit eine objektive Wertordnung – und nichts anderes tut § 211 StGB in bezug auf das menschliche Leben, wenn es dem Mörder mit Strafe droht.) Ein von der Verfassung etablierter Wert sollte auch auch auf Privatrechtsbeziehungen »durchschlagen«. Das geschieht auf die Weise, daß der »Wertordnungsgehalt« der Grundrechte über »aufnahmefähige« Bestimmungen des Zivilrechts, am besten also über weitgefaßte Generalklauseln, in das Privatrecht einfließt. Theoretisch könnte das fast ausnahmslos über die §§ 138, 242 BGB geschehen: »Gute Sitten« sowie »Treu und Glauben« werden unter Berücksichtigung der Grundrechte ausgelegt, so daß es (eventuell) sittenwidrig ist, zum Verlassen der Stadt aufzufordern, und gegen Treu und Glauben verstößt, eine legitime Meinungsäußerung zu unterdrücken. Bei nichtvertraglichen Unterlassungs- (oder Entschädigungs-) Begehren spielt freilich das geschriebene oder ungeschriebene Merkmal der »Rechtswidrigkeit« eine zentrale Rolle: Nur wer rechtswidrig schädigt oder beeinträchtigt, kann auf Unterlassung (oder Schadensersatz) in Anspruch genommen werden. »Rechtswidrig« wird dann im Blick auf die von der Verfassung etablierten Werte ausgelegt.

Wie sich das in einer Entscheidung des BVerfG ausnimmt, sehen Sie an dem berühmten »Lüth-Urteil« BVerfGE 7, 198 = StA S. 130, mit dem wir uns schon wegen der »allgemeinen Gesetze« in Art. 5 II zu beschäftigen hatten (oben S. 93). Achten Sie bei der Lektüre einmal darauf, wie das BVerfG auf S. 206/207 ins Schwimmen gerät. Angeblich soll ja bei der Drittwirkung die Grundrechtswirkung gegen Hoheitsträger unerheblich sein, und dennoch wird plötzlich die Grundrechtsgeltung gegenüber dem staatlichen Richter bedeutsam.

2. *Kritik der herrschenden Lehre*

Ich halte die h. L. für völlig unschlüssig. Bevor ich das erläutere, muß ich darauf hinweisen, daß es hier um die Schlüssigkeit der konstruktiven Begründung geht. Die praktischen Ergebnisse unterscheiden sich nicht. Das liegt schon deshalb nahe, weil man beim Hantieren mit Generalklauseln, wie die herrschende Lehre, praktisch jedes Ergebnis erzielen kann.

a) Es stimmt nicht, daß die Freiheitsbeeinträchtigungen in unseren Beispielsfällen entscheidend von Privatleuten herrühren. Dem Verbraucherbund kann gleichgültig sein, was der Schweinezüchter als reiner Privatmann verlangt; schwerlich wird dieser seine Herde durch die Geschäftsräume des »Gegners« treiben. Und den Exehemann braucht an sich nicht zu kümmern, was seine geschiedene Frau will, denn in der Regel wird sie nicht imstande sein, ihn eigenhändig aus der Stadt zu jagen. Das Entscheidende ist, daß der Gläubiger in beiden Fällen sagt: »Ich verlange von Dir die Einhaltung eines *Rechtsbefehls*!« In der Tat: Die Rechtsordnung – in einer bestimmten, wenn auch möglicherweise falschen, Auslegung und zum Teil anknüpfend an einen geschlossenen Vertrag als Voraussetzung für eine Rechtsfolgeanordnung – verpflichtet den Schuldner zu einem bestimmten Verhalten. Und wenn er dieser Pflicht freiwillig nicht nachkommt, wird er dazu durch einen Befehl des staatlichen Richters angehalten und durch staatliche Vollstreckungsmaßnahmen, notfalls mit Hilfe der Polizei, gezwungen. Diese Macht muß ein Schuldner fürchten, *sie* ist es, die seine Freiheitsräume erheblich einengen kann. Der Gläubiger spielt nur eine vergleichsweise bescheidene Rolle. Die Rechtsordnung gibt ihm die Befugnis, auf die Erfüllung der Schuldnerpflicht dringen zu dürfen (= sie verleiht ihm einen »Anspruch«), und sie macht Richter- und Vollstreckungstätigkeit von seinen Anträgen (Klage etc.) abhängig. Aber der eigentliche »Eingriff« rührt vom Staat her, der Gläubiger kann ihn nur beantragen.

Daß der geschiedene Mann nicht in der Stadt wohnen darf und der Verbraucherbund verstummen muß, beruht auf staatlichem Rechtsbefehl und staatlichem Richterspruch, nicht auf einer Anweisung, Drohung oder einem Zwang des Gläubigers; dieser hat vielmehr die staatliche Maßnahme nur betrieben. Und das ist keineswegs eine Besonderheit von Drittwirkungsfällen. Auch die Bestrafung wird oft von Privatleuten durch Strafanzeige, Strafantrag oder Privatklage betrieben, hier zweifelt niemand an der Grundrechtsgeltung.

Fazit: Auch hinter privatrechtlich »eingekleideten« Zwängen steht ausnahmslos der Staat. Folglich gelten ihm gegenüber die Grundrechte, und das Zivilrecht muß grundrechtskonform gefaßt und ausgelegt werden, ganz ebenso wie das öffentliche Recht; denn Art. 1 III bindet jede Rechtsetzung an die Grundrechte. Art. 9 III 2 GG erlaubt keinen Umkehrschluß. Bei der Drittwirkung handelt es sich um ein Scheinproblem.

b) Lassen Sie uns noch ein instruktives Beispiel betrachten. Oben auf S. 80 hatten wir den Schokoladen-Fall BVerfGE 53, 135 = StA S. 278 erörtert. Eine Vorschrift des Lebensmittelrechts verfügte zum Schutz der Verbraucher ein Vertriebsverbot für Puffreis-»Schokolade«, weil sie mit echter Schokolade zu verwechseln sei. Das Verbot konnte durch eine behördliche Verfügung durchgesetzt werden, zudem war es strafbewehrt. Wenn nun ein Fabrikant echter Schokolade bei der Behörde eine Verbotsverfügung beantragt oder auch nur anregt oder bei der Staatsanwaltschaft Strafanzeige erstattet, bezweifelt weit und breit niemand, daß diese staatlichen

D. Grundrechtsadressaten

Maßnahmen an den Grundrechten des Puffreisschokolade-Herstellers, vornehmlich an Art. 12 zu messen sind. Ja, schon zuvor führt eigentlich kein Weg daran vorbei, daß bereits das normative staatliche Verbot den Grundrechten entsprechen muß.

Jedoch: Wie ist es, wenn das staatliche Verbot nicht auf Antrag oder Anregung eines Privaten durch eine Verwaltungsverfügung »konkretisiert«, d. h. nochmals für den bestimmten Einzelfall ausgesprochen wird, sondern durch Zivilrichter-Urteil auf einen (»Klage« genannten) Antrag eines Privaten? Hier geht es plötzlich um einen Zivilrechtsstreit, und die »Geltung der Grundrechte im Zivilrecht« ist das Problem der »Drittwirkung«.

Also: Unproblematische Grundrechtsgeltung bei Verbots-Verfügung durch einen Beamten, höchst problematische Grundrechts-Drittwirkung bei — inhaltlich gleicher — Verbots-Verfügung durch einen Zivilrichter? Das liegt eigentlich in der Konsequenz der h. L. In der Praxis freilich wendet das BVerfG zunehmend die Grundrechte auch in Zivilrechtsstreitigkeiten an, ohne eine Silbe auf das — nur in ca. fünf von weit über tausend Entscheidungen benutzte! — Stichwort »Drittwirkung« zu verwenden. So auch in dem Schokoladen-Fall, der zunächst von einem Zivilgericht (nach Wettbewerbsrecht) entschieden worden war. (Dieser Text ist in der StA nicht abgedruckt). Mit dem Argument, ein Kennzeichnungsgebot hätte auch genügt, hat das BVerfG die Bestimmung wegen Verstoßes gegen den Grundsatz der Verhältnismäßigkeit für nichtig erklärt; von »Drittwirkung« war — im Ergebnis zu Recht, aber entgegen der Konzeption der Lüth-Entscheidung — keine Rede. Das ist zumindest ein Indiz dafür, daß die »Drittwirkung« ein Scheinproblem ist.

Das hat seinen tieferen Grund im folgenden: Was den Beschwerdeführer in unserem Fall gestört und seine Freiheit beschnitten hat, was er folglich angreifen wollte, war im Grunde nur das staatliche *Verbot*, Puffreis-Schokolade zu vertreiben. Ein solches »nacktes« Verbot vermag aber niemand dem öffentlichen oder dem privaten Recht zuzuordnen, weshalb es völlig sinnlos ist, von Grundrechtsgeltung »im Privatrecht« oder »im öffentlichen Recht« zu sprechen. Erst »danach«, bei der — ganz sekundären — Frage, ob das Verbot über den Anspruch eines Privaten oder die Verbotsverfügung einer Behörde oder den Strafausspruch eines Richters durchgesetzt werden kann, kommt öffentliches und privates Recht ins Spiel.

c) Wenn wir nochmals auf den Lüth-Fall zurückblicken: Falls auf Antrag der Filmfirma eine Verwaltungsbehörde den Boykottaufruf Lüths untersagt hätte, würde *niemand* an der Grundrechtsgeltung gezweifelt haben. Nur weil es statt der Verwaltungsbehörde das Landgericht Hamburg tat, sollen daraus enorme Probleme (mit einer Literatur, an der Sie vorweg acht Wochen zu lesen hätten!) erwachsen. Ich halte das für absurd.

d) Vorsorglich sei noch erwähnt: Gelegentlich können Sie dem Angstargument begegnen, die Geltung der Grundrechte im Privatrecht werde die Privatautonomie erdrosseln. Davon kann jedoch keine Rede sein. Das staatliche Zivilrecht grenzt ja stets die Interessensphären *zweier* Privatleute gegeneinander ab, und *beide* sind grundrechtlich abgesichert. Selbst wenn im Einzelfall ein Boykottaufruf durch Art. 5 gerechtfertigt ist, in einem anderen Fall kann nun gerade wegen des grundrechtlich geschützten Gewerbebetriebs der Gegenseite (Art. 14) oder wegen ihrer Berufsfreiheit (Art. 12) oder wegen ihrer Pressefreiheit (Art. 5 I 2) die Boykottmaßnahme unzulässig sein. So verhielt es sich in der »Blinkfüer-Entscheidung« BVerfGE 25, 256 = StA S. 142, als das Verlagshaus Springer versucht hatte, einen kleinen Zeitschriftenverlag durch Boykottaufruf in die Knie zu zwingen. Ein anderes Beispiel: Ein vertragliches Wettbewerbsverbot muß sich zwar an Art. 12 GG messen lassen, jedoch werden damit solche Vereinbarungen nicht unmöglich, denn die Privatautonomie, auf der die Abrede beruht, läßt sich ja gleichfalls grundrechtlich begründen.

Aus diesem Grund ist auch eines der beliebtesten Argumente verfehlt: Bei Grundrechtsgeltung im Privatrecht könne ein Erblasser wegen Art. 3 III nicht die Nichten den Neffen oder die katholischen den evangelischen Verwandten vorziehen. Hier wird der Erblasser grundlos einer Behörde gleichgestellt, bei der in der Tat kein Anlaß vorliegt, Begünstigungen nach Geschlecht oder Religion zu gestatten. Dem Erblasser jedoch erlauben Grundrechtsbestimmungen (Art. 2 I i.V.m. Art. 14 I 2), nach Belieben zu testieren, Art. 3 III muß hier folglich zurücktreten.

e) Ein charakteristisches Merkmal der Drittwirkung ist, daß hier jeweils die grundrechtlich geschützten Sphären zweier Beteiligter aneinanderstoßen. Das staatliche Recht muß beispielsweise zwischen der Persönlichkeitssphäre und der Kritikfreiheit eine Grenze ziehen, die weder den Art. 2 Abs. 1 (i.V.m. Art. 1) noch den Art. 5 Abs. 1 verletzt. Das Aufeinandertreffen von Grundrechten nennt man auch *Grundrechtskollision*.

Zu ihr trifft man häufig die falsche Vorstellung an, Grundrechtskollision sei ausschließlich ein Wesensmerkmal der Drittwirkungsfälle. Davon kann jedoch keine Rede sein. Die grundrechtlich geschützten Sphären mehrerer Privater werden keineswegs nur durch das Privatrecht voneinander abgeschichtet, sondern auch durch das Strafrecht, das Gewerberecht, das Immissionsschutzrecht und das Polizeirecht. Im Grunde kommt es ja auch hier ausschließlich auf die staatlichen Gebote und Verbote an, die sich noch gar nicht als privates oder öffentliches Recht bezeichnen lassen. Wenn eine Bestimmung sagt »Rasenmähen ist ab 20 Uhr verboten«, dann grenzt sie die Handlungsfreiheit des einen vom Ruhebedürfnis und der körperlichen Integrität des anderen ab. Ob dieses Verbot nun durch einen Anspruch des Nachbarn durchgesetzt werden kann oder durch eine Polizeiverfügung auf Antrag des Nachbarn, ist für das Problem der Grundrechtskollision völlig unerheblich.

f) Um die Drittwirkung ging es auch in dem oben (S. 92) besprochenen Fall der Altwarensammlung BVerfGE 24, 236 = StA S. 120.

Auch der gleichfalls (oben S. 94) schon erörterte Lebach-Fall BVerfGE 35, 202 = StA S. 170 berührte zentral die Drittwirkung der Grundrechte. Dies allerdings nur dann, wenn man die Rechtsbeziehungen zwischen dem Tatbeteiligten und dem ZDF als privatrechtlich qualifiziert. Es gibt hingegen eine mindestens gleich starke Meinung, die eine Fernsehsendung der öffentlich-rechtlichen Anstalten als Hoheitstätigkeit und also die Rechtsbeziehung als öffentlich-rechtlich ansieht. Dann wäre die Grundrechtsgeltung völlig unproblematisch. Wenn man hingegen zu der zivilrechtlichen Auffassung neigt, entsteht bei ansonsten völlig gleichem Sachverhalt angeblich das Riesenproblem der Drittwirkung. Auch daran können Sie ersehen, daß die h. L. nicht schlüssig ist.

Ganz besonders aufschlußreich ist BVerfGE 10, 302 = StA S. 615, die ich bewußt bei der Behandlung der Art. 2 II und 104 noch nicht erwähnt hatte. Hier ließ ein Vormund seinen volljährigen Mündel in eine geschlossene Anstalt unterbringen. Bedurfte er dafür einer richterlichen Entscheidung? Auf den ersten Blick nein, weil doch die Grundrechte nach h. L. nicht zwischen Privaten gelten, also Freiheitsentziehungen unter Privaten dem Art. 104 zumindest nicht unmittelbar unterfallen können. Und bei einer so »technischen« Bestimmung wie dem Art. 104, der Festlegung einer ausschließlichen Befugnis des Richters, kommt man auch mit den weit verbreiteten Sprüchen nicht weiter, daß der »Wertordnungsgehalt der Grundrechte« auch in das Privatrecht »durchschlage«.

Das BVerfG hat Art. 104 mit dem zutreffenden Argument gelten lassen, auch hinter der Freiheitsentziehung durch den Vormund stecke letztlich der Staat. Ich habe Sie zu überzeugen versucht, daß dies bei der Grundrechtsdrittwirkung *stets* so ist.

g) Nun werden Sie auch besser verstehen, weshalb ich oben auf S. 25 die Auffassung des BVerfG als absurd bezeichnete, der Gesetzesvorbehalt gelte in der Bürger-Bürger-Beziehung nicht. Wenn die Grundrechte auch dort verbindlich sind, greift der durch sie verfügte Gesetzesvorbehalt. Bei Ableitung aus der Wesentlichkeitstheorie kann es nicht anders sein. Das reine Verbot (im Rasenmäher- oder Schokoladenfall) kann man gerade nicht entweder dem Staat-Bürger- oder Bürger-Bürger- Verhältnis zuordnen, und dennoch verlangen wir gerade, ja hauptsächlich für das Verbot eine Gesetzesgrundlage. Daß es dieser zwar bedürfen sollte, wenn das Verbot durch ein Verwaltungsorgan durchgesetzt wird, nicht aber bei Erzwingung durch einen Zivilrichter, ist ein ganz abwegiger Schluß.

h) Ich möchte mein Konzept noch kurz *zusammenfassen*: Private werden stets und auch dann von staatlichen Rechtsbefehlen belastet, wenn andere Private sich auf diese Rechtsbefehle berufen und ihre Durchsetzung betreiben. Ein staatlicher Rechtsbefehl ist jedoch gemäß Art. 1 III grundrechtsgebunden. Er kann deshalb nichtig sein, gegebenenfalls ist er verfassungskonform einzuengen: Eine ausdrückliche Norm des bürgerlichen Rechts, wonach ein Verlag gegen »Verrisse« seiner Bücher vorgehen kann, wäre wegen Verstoßes gegen Art. 5 I nichtig, eine Ableitung dieses Ergebnisses aus einer Generalklausel (»Schutz des Gewerbebetriebes«) wäre grundrechtswidrig und müßte deshalb korrigiert, das heißt die Generalklausel müßte verfassungskonform ausgelegt werden.

Da die Grundrechtsgeltung gegen Hoheitsmaßnahmen in all diesen Fällen einen vollen Erfolg bringt, ist eine Drittwirkung der Grundrechte entbehrlich.

Wenn Ihnen dieses Konzept nicht zusagt, dann prägen Sie sich als h. L. die beiden ersten Leitsätze der Lüth-Entscheidung (StA S. 130) ein.

II. Fiskalgeltung der Grundrechte?

Von meinem soeben umrissenen Konzept aus macht es keinen prinzipiellen Unterschied, ob sich zwei Private auseinandersetzen, oder ob auf der einen Seite dieses Privatrechtsstreits der Staat als Teilnehmer am Privatrechtsverkehr, sog. Fiskus, beteiligt ist. Allerdings besteht kein Anlaß, dem Staat in genau gleicher Weise wie einem Privatmann die privatautonome Befugnis zur »Willkür« zuzuerkennen. Bei jemandem nicht einzukaufen, weil einem »die Nase nicht paßt«, ist das auch verfassungsrechtlich verbürgte Gutdünken eines Privaten. Der Staat hingegen hat ein solches Recht nicht; deshalb ist auch der Fiskus an Art. 3 gebunden.

Aber selbst wenn man der h. L. folgt, greift ja auch gegenüber dem Fiskus die mittelbare Drittwirkung Platz. Ob gegenüber dem Fiskus die Grundrechte unmittelbar gelten, ist – sieht man von prozessualen Feinheiten ab – nur dann von praktischer Bedeutung, wenn sich unmittelbare und mittelbare Drittwirkung im Ergebnis unterscheiden, was aber eigentlich nicht der Fall ist. So geht es mehr um dogmatische Einstufungen. Hierbei ist die unmittelbare Grundrechtsbindung des wirtschaftenden und kaufenden Staates = *die Fiskalgeltung der Grundrechte strittig*.

Hingegen wird die Grundrechtsgeltung überwiegend bejaht, wenn der Staat hoheitliche Zwecke mit dem Instrumentarium des Zivilrechts verfolgt. (Beispiel: Der Staat verkauft Theaterkarten oder sonstige Leistungen der »Daseinsvorsorge«, er gibt Subventionsdarlehen, er vergibt zur Kunstförderung einen Kompositionsauftrag etc.) Diesen Bereich nennt man *»Verwaltungsprivatrecht«*, und hier – bitte merken! – sollen die Grundrechte unmittelbar gelten. Begründung: Es sollen die gleichen Rechtsfolgen eintreten, wie wenn der Staat nicht in das Privatrecht »ausgewichen« wäre, sondern sich des öffentlichen Rechts bedient, also z. B. Theater*gebühren* kassiert hätte.

E. Der sogenannte Grundrechtsverzicht

Hier herrscht ein babylonisches Sprach- und Begriffsgewirr. Im allgemeinen wird bereits unpräzise und widersprüchlich definiert, was man unter Grundrechtsverzicht versteht. Auch über die Zulässigkeit werden Sie viel Ungenaues und Unbedachtes zu lesen bekommen, wenn Sie dieses Thema anläßlich einer Haus- oder Seminararbeit einmal vertiefen müssen. Die nachstehenden Andeutungen finden Sie breiter ausgeführt in meiner Schrift »Probleme der Grundrechtsdogmatik«.

Einen Verzicht auf Grundrechte in Entsprechung zum Verzicht auf eine Erbschaft etwa kann es in Anbetracht »unveräußerlicher Menschenrechte« (Art. 1 II) nicht geben. Aber irgendwelche Erklärungen dieser Art werden auch nie abgegeben. In der Praxis geht es um das Problem, *welche staatlichen Maßnahmen im Grundrechtsbereich mit Einverständnis des Betroffenen erlaubt sind*.

Hier muß man zwei Gruppen unterscheiden. Die erste ist dadurch gekennzeichnet, daß das Einverständnis während der Maßnahme fortbesteht. Beispiel: Jemand öffnet Polizisten ohne Druck und aus freien Stücken seine Wohnung und gestattet deren Besichtigung. Jemand stellt seinen Balkon für einen polizeilichen Beobachtungsposten zur Verfügung. Man gestattet eine körperliche Untersuchung auf Schußwaffen. Was man freiwillig hinnimmt, ist kein Eingriff, und nur *Eingriffe gegen den Willen des Berechtigten bedürfen einer gesetzlichen Grundlage*.

Schwieriger wird es bei der zweiten Gruppe, dem nicht mehr andauernden Einverständnis. Das kling vielleicht geheimnisvoll, aber es geht ganz einfach in erster Linie um den Vertrag, den der Vertragsschließende bereut und zu dessen Einhaltung er gezwungen werden muß. Beispiele: Jemand läßt sich seine Ausbildung von einer privaten Firma oder von einem Hoheitsträger finanzieren, verspricht dafür aber, acht Jahre beim Finanzier abzudienen, andernfalls die Ausbildungskosten ganz oder teilweise zurückzuzahlen. Weit verbreitet sind auch Wettbewerbsverbote. Jemand wird in eine Firma als Teilhaber unter der Bedingung aufgenommen, daß er nach seinem Ausscheiden in einem bestimmten Umkreis und für eine bestimmte Zeit keine Konkurrenzunternehmen gründet oder begünstigt. Uns soll nicht weiter stören, daß bei diesen Beispielen teilweise die Drittwirkung der Grundrechte ins Spiel kommt.

Der Vertragszwang bewirkt einen Eingriff. Daß man früher einmal einverstanden war, ist durchaus verträglich mit der Feststellung, daß man sich heute mit Händen und Füßen gegen die vereinbarte Belastung wehrt, insoweit einem Rechtszwang und also einem Eingriff unterliegt. Das BGB und andere Gesetze erlauben einen vertraglich begründeten Zwang. Darf der aber unbegrenzt weit gehen? Darf ein Wettbewerbsverbot auf Lebenszeit vereinbart werden? Auch das muß sich letztlich nach dem Verhältnismäßigkeitsprinzip, insbesondere nach der Güterabwägung, richten. Das Gewicht der beeinträchtigten Interessen ist leicht festzustellen. Aber hier muß man eigentlich Abzüge machen, weil doch der Betroffene sich freiwillig verpflichtet hatte und meist auch eine Gegenleistung erhielt. Sich in einer bestimmten Angelegenheit binden zu können, ist auch Ausdruck von Freiheit. Auf der anderen Waagschale liegt das Interesse des Vertragspartners. Verträge abzuschließen und mit ihnen gleichsam zu arbeiten, ist mindestens durch Art. 2 I grundrechtlich gewährleistet, so daß auch hier Grundrechtsinteressen im Spiel sind. Wie wägt man hier ab? Antwort: Eine Formel gibt es nicht und kann es nicht geben. Es hängt alles vom Einzelfall ab, insbesondere vom Wert der Gegenleistung. Die vertragliche Bindung muß, so sagt die Rechtsprechung der Arbeitsgerichte, noch zumutbar sein. Übrigens greifen die Gerichte hier nicht immer auf die Grundrechte zurück, sondern subsumieren die Verträge unter die »Sittenwidrigkeit« des § 138 BGB. Solange das zu einem grundrechtskonformen Ergebnis führt, ist dagegen nichts einzuwenden.

Hier einen gerechten und grundrechtskonformen Ausgleich zu finden, hat gelegentlich der Gesetzgeber unternommen. So enthält das Handelsgesetzbuch (HGB) detaillierte Vorschriften über das Wettbewerbsverbot für Handelsvertreter. Das BVerfG prüft bei Bedarf nach, ob solche Regelungen die kollidierenden Grundrechtsinteressen hinreichend schützen. Wenn der Gesetzgeber der Vertragsfreiheit keine speziellen Grenzen gezogen hat, muß man bei der Prüfung eines Anspruchs im Einzelfall fragen, ob nicht die Freiheit des verpflichteten Vertragspartners übermäßig beschränkt wird. Das kann etwa der Fall sein, wenn der zu stark belastete Schuldner sich aus einer Zwangssituation heraus verpflichtet hatte oder aus Einfalt ganz unangemessene Verbindlichkeiten eingegangen war. Beispiel (in Anlehnung an BVerfGE 89, 214): Eine junge Hilfsarbeiterin ohne Vermögen verbürgte sich für eine Schuld ihrer Eltern, für deren Tilgung sie fast einhundert ihrer dürftigen Monatslöhne hätte aufwenden müssen. Hier soll auch aus grundrechtlicher Sicht und mit Blick auf das Sozialstaatsprinzip nicht die nackte Devise »Vertrag ist Vertrag« gelten. Aber dafür muß man nicht in eine zivilrechtliche Begründung noch Verfassungsrecht einbauen, vielmehr nutzt man sinnvollerweise die Generalklauseln des BGB, außer § 242 (Treu und Glauben) vor allem den § 138, wonach ein Vertrag nicht sittenwidrig sein darf. Bei solcher Subsumtion sind naturgemäß immer die Umstände des Einzelfalls bedeutsam, vor allem die Höhe der Gegenleistung. Viele Einzelerwägungen bündeln sich dann in der Frage, ob eine vertragliche Bindung noch zumutbar ist; so formulieren häufig die Arbeitsgerichte.

Wenn Sie enttäuscht sind über den Mangel an griffigen Formeln, so trösten Sie sich damit, daß die Bandbreite vertretbarer Lösungen hier ziemlich groß ist.

Aufbauhinweis: Prüfen Sie den Verzicht beim jeweiligen Grundrecht und nicht »vor der Klammer«.

F. Grundrechte als Ansprüche auf positive Leistungen

Wir hatten bislang die Grundrechte in ihrer weitaus wichtigsten Funktion, als Abwehrrechte, als Rechte des »status negativus«, besprochen (vgl. oben S. 75). Wir müssen nun noch auf den »status positivus« zurückkommen. Es geht dabei um die einfache Frage, ob die Grundrechtsbestimmungen auch *Ansprüche auf ein positives Tun von Hoheitsträgern* begründen.

Das – vom Bürger erwünschte – positive Tun kann folgenden Inhalt haben:
— Schutz gegen andere Bürger
— materielle Sach- oder Geldleistungen.

I. Ausdrückliche Anspruchsbegründung im GG

Einschlägige Bestimmungen finden Sie im GG nur an drei Stellen: Die Würde des Menschen »zu achten und zu schützen ist Verpflichtung aller staatlichen Gewalt« (Art. 1 I 2), »Ehe und Familie stehen unter dem besonderen Schutz der staatlichen Ordnung« (Art. 6 I) und »Jede Mutter hat Anspruch auf den Schutz und die Fürsorge der Gemeinschaft« (Art. 6 IV). Diese Zurückhaltung der Verfassung ist umso interessanter, als die Problematik von »positiven« Grundrechten dem parlamentarischen Rat sehr wohl bekannt war. Denn Ansätze hierzu gab es in der WRV ebenso wie in einigen Länderverfassungen vor dem GG. Es handelt sich also um beredtes Schweigen des GG.

1. Ansprüche aus Art. 1 I 2.

Art. 1 I 2 läßt sich zu einer Reihe von Ansprüchen entfalten.

Aus ihm leitet die h. L. mit der Begründung, das Leben sei Voraussetzung eines menschenwürdigen Daseins, eine Schutzpflicht des Staates zugunsten des menschlichen Lebens ab. Das ist deshalb bedenklich, weil diese Schutzpflicht ebenso kategorisch sein müßte wie Art. 1. Der Staat muß sich jedoch in Ausnahmefällen (Notwehr etc.) auch einmal gegen das Leben entscheiden. Diese Ableitung hat das BVerfG (E 39, 1 = StA S. 53 und E 88, 203/251 = StA S. 58/61) für seine Entscheidung zu § 218 StGB nutzbar gemacht, allerdings nur zusätzlich, weil es ohne weitere Begründung schon aus Art. 2 II 1 eine Schutzpflicht zugunsten des menschlichen Lebens entnommen hat. Nur: Braucht man denn überhaupt eine Schutzpflicht? Doch nur dann, wenn man annimmt, das Abwehrgrundrecht des Fötus auf Leben wirke nicht gegenüber seiner Mutter, sondern nur gegenüber dem hier nicht beteiligten Staat. Dann müßte man in der Tat einen Schutzanspruch gegenüber dem Staat zum Eingriff gegenüber der Mutter aktivieren. Aber dieses ganze Konzept ist falsch. Auf eine Schutzpflicht müßte man abstellen, wenn der Staat der Mutter freie Hand ließe. Das hat er jedoch nie getan, ihr vielmehr stets den Schwangerschaftsabbruch verboten und nur für bestimmte Fälle erlaubt. Diese erlaubenden Rechtssätze wurden jeweils als verfassungswidrig beanstandet. Wenn der Staat entgegen Art. 2 II die Tötung des Embryos gestattet, handelt er seiner Unterlassungspflicht zuwider, nicht einer Schutzpflicht. Diese ist nur bedeutsam für flankierende Maßnahmen zum Schutz des Ungeborenen wie Beratung und Aufklärung, finanzielle Hilfe etc.

Im übrigen ist hier nicht der Platz, das überaus komplexe Problem des Schwangerschaftsabbruchs zu diskutieren. Es wird seit Jahrzehnten in der Rechtswissenschaft lebhaft und kontrovers erörtert. Die einschlägigen Entscheidungen des BVerfGE haben öffentliche Aufmerksamkeit und Meinungsstreit auf sich gezogen wie wenige andere. Im Grenzbereich der Entstehung von Leben überlagern sich juristische Probleme mit weltanschaulichen oder religiösen Vorgaben. Für keine Lösung läßt sich apodiktisch Richtigkeit beanspruchen, aber unangemessen, weil platt und undifferenziert, erscheinen mir Extrempositionen wie »Jede Abtreibung ist Mord« oder »Mein Bauch gehört mir«. Wenn Sie die beiden Abtreibungsentscheidungen lesen, haben Sie die wichtigsten Argumente kennengelernt. Die zweite Entscheidung ist zwar trotz starker Kürzungen auch in der StA noch 20 Seiten lang, das ist aber wenig für ein Menschheitsthema – nehmen Sie sich also die Zeit dafür!

Wie oben (S. 90) bereits erwähnt, prüfen BVerfGE 53, 30 = StA S. 84 und Teile der Lehre auch die staatliche Genehmigung von Kernkraftwerken auf ihre Vereinbarkeit mit der – (nur) aus Art. 2 II abgeleiteten – staatlichen Schutzpflicht.

Das hat die groteske Folge, daß der Staat evtl. kraft seiner Pflicht zu *aktivem* Schutz gezwungen ist, die Genehmigung eines gefährlichen Reaktors zu *unterlassen*. Der Staat hat also die Pflicht, den Bürger aktiv gegen staatliche Maßnahmen in der Weise zu schützen, daß diese Eingriffe unterbleiben. Aber das soll wohlgemerkt *keine* Unterlassungspflicht sein. Verstehen Sie das? Ich nicht.

Allgemein läßt sich aus Art. 1 I 2 eine Pflicht des Staates ableiten, all jene materiellen Defizite abzubauen, die Ursache für eine Beeinträchtigung der Menschenwürde sein können. Deshalb hat schon sehr früh das BVerwG (BVerwGE 1, 159) aus Art. 1 I 2 einen Rechtsanspruch auf Fürsorgeunterstützung (die heute im Zeitalter der Umbenennungen »Sozialhilfe« heißt) abgeleitet. Dementsprechend muß die Sozialhilfe (oder eine andere staatliche Einrichtung) nicht nur ein Existenzminimum bereitstellen, sondern auch eine ausreichende Krankenfürsorge und – bei Bedarf – eine menschenwürdige Wohnung.

2. Ansprüche aus Art. 3 I

Eine *besondere Art von Ansprüchen* auf positive Leistungen läßt sich aus Art. 3 I GG gewinnen. *Wenn der Staat überhaupt Leistungen vergibt*, dann muß das gerecht und gleichmäßig geschehen. Bei ungleicher Verteilung hat jedoch nicht in jedem Fall der Nichtbegünstigte einen Anspruch darauf, auch etwas zu bekommen. Grundsätzlich kann vielmehr nur festgestellt werden, daß die Begünstigung gleichheitswidrig ist, und die Gleichbehandlung ist dann auf zwei Wegen erreichbar: Durch Leistung an alle Gleichen oder an keinen (vgl. S. 106). Nur wenn feststeht, daß die Begünstigung nicht »gestrichen« werden soll, kann man dem bislang Ausgeschlossenen einen Leistungsanspruch aus Art. 3 I einräumen.

Man könnte hier von einem akzessorischen Grundrechtsanspruch auf Leistung sprechen, weil er von der – prinzipiell freiwilligen – staatlichen Begünstigung abhängt. Verbreitet ist auch der Terminus »derivativer« Leistungsanspruch.

II. Generelle grundrechtliche Leistungsansprüche?

1. Das Problem

Seit einigen Jahren macht sich in der Staatsrechtlehre ein Trend bemerkbar, über den soeben umrissenen Standard des GG hinaus Grundrechte als Ansprüche auf Leistung zu aktivieren. Die Ausgangsüberlegung ist folgende: Was nützt eine Freiheitsgewährleistung herkömmlicher, »negatorischer« Art, wenn sie im Extremfall nichts weiter bringt als – mit dem bekannten Wort von Anatol France – »das Recht, unter den Brücken zu schlafen«. Muß der Staat die Grundrechtsträger nicht auch instand setzen, ihre Freiheiten zu gebrauchen und andere Grundrechtsschutzgüter (wiederholen Sie bitte oben S. 76) tatsächlich zu nutzen – insbesondere dann, wenn man ergänzend das *Sozialstaatsprinzip* berücksichtigt? Das hört sich gut an, ist aber dennoch sehr fragwürdig.

Als erstes muß man sich klarmachen, daß gar nicht so sehr viel Grundrechte unter Mittellosigkeit »zu leiden haben«, womit gesagt werden soll, daß die Grundrechtsschutzgüter sich gar nicht oder nicht nennenswert entfalten können. Hingegen kann man nicht auf eine *optimale* Entfaltung abstellen – hierfür fehlt es naturgemäß den meisten an Geld.

Völlig unabhängig vom finanziellen Status sind beispielsweise: Das »Recht auf Privatheit«, das Freisein von Post- und Telefonüberwachung, das Recht, nicht willkürlich festgehalten oder verhaftet zu werden, das Recht zu beten, mit anderen zu sprechen, ferner alle »negativen« Freiheiten (etwas *nicht* tun zu müssen)!

Hingegen wird jemand, der mittellos ist, folgende Grundrechtsschutzgüter nicht oder kaum nutzen können: Leben und Gesundheit (wovon schon zu sprechen war), Presse in größerem Stil, vor allem Buch- und Zeitungspresse, Filmtätigkeit, eigene Wissenschaft und Forschung, Familiengründung (fällt unter Art. 6 I), Betrieb einer Privatschule, Gründung einer Gewerkschaft, Freizügigkeit (sofern »Anhalten« nicht in Betracht kommt), Ausbildung nach eigener Wahl, bestimmte Berufe, Wohnung und Eigentum.

Aber schon bei dieser Aufzählung wird die Problematik deutlich: Sollte dem Art. 5 I zu entnehmen sein, daß der Staat jedem Möchtegern-Verleger beim »Presse-machen« helfen muß, gewährleistet Art. 9 III eine Starthilfe für Gewerkschaftsgründer, wenn ja, weshalb nur für den Start? Vor allem: Wie hoch hat die Leistung jeweils zu sein?

Dieses Hauptproblem bei Grundrechten auf positive Leistung stellt sich natürlich auch dort, wo ein solches Recht einmal ausdrücklich normiert ist, beispielsweise bei Art. 6 IV: Wieviel »Fürsorge« kann eine Mutter nun verlangen? Wieviel »Muttergeld«, Kindergeld, Urlaubsansprüche, medizinische Leistungen etc. gehören dazu? Muß für jedes Kind ein Kindergartenplatz bereitgehalten werden? Vielleicht schon eine Kinderkrippe? Man könnte das dem einfachen Gesetzgeber überlassen, aber das wäre dann ein »Grundrecht nach Maßgabe und nach Gutdünken des einfachen Gesetzes« – und dergleichen ist so gut wie wertlos.

Ähnlich wäre es bei einem »*Grundrecht auf Wohnung*«. Meint das nur ein »Dach über dem Kopf«? Wo endet die Behausung und beginnt die Wohnung, und was sollte deren Mindestgröße sein? Die Verfassungen von Bayern und Bremen kennen ein Grundrecht auf eine »angemessene Wohnung«. Wie läßt sich das näher bestimmen? Freilich muß man hier zugeben, daß dieser unbestimmte Rechtsbegriff verfassungsgerichtlich nicht schwieriger zu konkretisieren ist als andere Begriffe bei der Auslegung von »negatorischen« Grundrechten.

Wie wäre ein »*Grundrecht auf Arbeit*« zu realisieren? Arbeitgeber könnte hier nur der Staat sein, weil man Private nicht zwingen kann, eine nicht vorhandene Arbeit zu vergeben, es sei denn auf Kosten ihrer Konkurrenzfähigkeit. Der Staat müßte alle Arbeitslosen beschäftigen, durchweg außerhalb ihres erlernten Berufes. Aber wieviel beschäftigungslose Textilarbeiter möchten auf Dauer Parkanlagen oder Gebrechliche pflegen oder Gepäckträger sein? Jedenfalls müßte die Bezahlung sehr attraktiv gestaltet werden. Aber dann wäre die Differenz zwischen Arbeitslosenunterstützung und Arbeitslohn eine beträchtliche Zusatzbelastung des Staatshaushalts.

Einzelne Landesverfassungen enthalten ein »Recht auf Arbeit«. Aber naheliegenderweise versteht man es nirgends als einklagbaren Anspruch auf eine Arbeitsstelle. Vernünftiger formuliert da schon Art. 12 I der Berliner Verfassung: »Jedermann hat das Recht auf Arbeit. Dieses Recht ist durch eine Politik der Vollbeschäftigung und Wirtschaftslenkung zu verwirklichen. Wenn Arbeit nicht nachgewiesen werden kann, besteht Anspruch auf Unterhalt aus öffentlichen Mitteln.«

2. Die Rechtsprechung

Wie sieht nun die (Gerichts-)Praxis auf diesem bis heute sehr heftig umstrittenen Gebiet aus?

BVerfGE 75, 40 hat (wie schon weit früher BVerwGE 23, 347; 27, 360) aus Art. 7 IV eine Pflicht abgeleitet, *private »Ersatzschulen«* (d. h. solche, die anstelle staatlicher Schulen besucht werden können) *zu subventionieren*. Das ist eine sehr kühne Interpretation der betreffenden Norm. Das Ergebnis freilich hat viel für sich. Die Ersatzschule entlastet den Staat; ist dafür nicht ein Ausgleich fällig? Wenn man das verneint, können sich nur sehr wenige exklusive Ersatzschulen halten, weil der Staat ja den Schulunterricht über Steuern statt über Schulgelder finanziert. Ohne Subventionen auch für die Privatschulen bliebe von der Privatschulfreiheit faktisch nicht allzu viel übrig.

Eine ähnliche Situation, geprägt durch die staatliche, über die Steuern finanzierte Konkurrenz, ist im *Theaterbereich* gegeben. Sicher gewährleistet Art. 5 III auch die Freiheit, ein eigenes Theater zu eröffnen — und nicht nur eine Anstellung bei einem schon bestehenden Theater zu suchen. Aber wer wird ein Privattheater besuchen, wenn er im Staatstheater nur die Hälfte oder weniger zahlt? Auf jede Opernkarte legt die Stadt oder das Land weit über 100 und bis zu 350 DM drauf! Faktisch also ist von der Freiheit, neben den subventionierten Theatern der öffentlichen Hand autonom Theater zu machen, nichts mehr übriggeblieben außer ein paar Musical-Bühnen. Der Staat versucht diesem Umstand dadurch Rechnung zu tragen, daß er die Privattheater auf breiter Ebene subventioniert.

Die Leitentscheidung des BVerfG zum Problem, ob sich aus Grundrechtsnormen Leistungsansprüche gewinnen lassen, ist BVerfGE 33, 303 = StA. S. 281. Es ging dort um die Frage, ob aus Art. 12 eine staatliche Pflicht herzuleiten ist, für alle Abiturienten, die Medizin studieren wollen, Studienplätze bereitzustellen. Diese Entscheidung müssen Sie unbedingt kennen. Das BVerfG spricht von »Teilhabeanspruch«, ein verbreiteter, aber wenig glücklicher Begriff. Sehr viel mehr als ein Mäuslein hat dieser kreißende Entscheidungs-Berg nicht geboren. Das Gericht deutet einen grundrechtlichen Anspruch auf Bereitstellung von Ausbildungsstätten an, relativiert ihn aber durch die hierfür verfügbaren Mittel und die Entscheidungsfreiheit der Parlamente. So hat man denn auch zu Anfang der achtziger Jahre nicht gezögert, die mittlerweile entbehrlichen Studienplätze für Lehrer drastisch zu reduzieren.

G. »Wertordnungsgehalt« und »objektiv-rechtliche Funktion« der Grundrechte

In der soeben erwähnten »Nummerus-clausus-Entscheidung« findet sich auf S. 330 = StA S. 284 der Satz: »Der verfassungsrechtliche Grundrechtsschutz im Bereich des Ausbildungswesens erschöpft sich ... nicht in der den Freiheitsrechten herkömmlich beigemessenen Schutzfunktion gegen Eingriffe der öffentlichen Gewalt. Das BVerfG hat mehrfach ausgesprochen, daß die Grundrechte zugleich als objektive Normen eine Wertordnung statuieren, die als verfassungsrechtliche Grundentscheidung für alle Bereiche des Rechts Geltung beansprucht, und daß daher die Grundrechte nicht nur Abwehrrechte des Bürges gegen den Staat sind«. Daraus wird dann die Möglichkeit von »Teilhabeansprüchen« abgeleitet.

Auch bei der Drittwirkung waren wir schon auf die »objektive Wertordnung« gestoßen, samt der ihr anhaftenden Problematik. Es hat deshalb den Anschein, als ob das BVerfG gerne auf diesen schillernden Begriff zurückgriffe, wenn es etwas »Neues« begründen möchte. Noch kühner wird naturgemäß damit in der Lehre hantiert. Da niemand hundertprozentig weiß, was darunter zu verstehen ist, da bereits unsicher ist, ob der »Wertordnungsgehalt« der Grundrechte sich mit deren »objektiv-rechtlicher Funktion« deckt, lassen sich diese so unklaren wie prätentiösen Begriffe vortrefflich verwenden, jeder gibt dem Vorgetragenen einen Anstrich von komplexem Tiefsinn. Um mit Herrn Grünlich aus den Buddenbrocks zu sprechen: »Das putzt ganz ungemein!«

Ich möchte Ihnen auf diesem Feld eine kritische Haltung anraten. In fast allen Fällen ist ein grundrechtliches Problem dahingehend zu umschreiben, ob der Staat gegenüber dem Bürger etwas tun oder unterlassen muß, kurz, ob ihm eine *Rechtspflicht* obliegt. Diese Frage läßt sich allein mit dem Nebelbegriff des »Wertordnungsgehalts« eines Grundrechts nicht zufriedenstellend beantworten. Kann beispielsweise ein Künstler, der für seine Werke nicht genügend Abnehmer findet, auf eine Kunstsubvention aus Art. 5 III klagen? Gewiß betrachtet die Verfassung Kunst als einen Wert, und man mag deshalb dem Art. 5 III einen Wertordnungsgehalt zuerkennen. Aber ergibt sich daraus nun die Pflicht, der Verwirklichung dieses Wertes — oder anderer, von der Verfassung als wertvoll anerkannter Grundrechtsschutzgüter — aktiv Beistand zu leisten? Muß der Wert »Kunst« durch Leistung gefördert werden? Diese entscheidende Frage ist mit »Wertordnungsgehalt des Art. 5 III« keineswegs beantwortet, und eine bejahende Begründung nur mit diesem Argument wäre mehr Verschleierung als Klarstellung.

Wie fragwürdig die Diskussion zuweilen geführt wird, ersehen Sie daraus, daß häufig als Besonderheit der »objektivrechtlichen Funktion der Grundrechte« herausgestellt wird, einige oder alle Grundrechte seien nicht nur(!) subjektiv-öffentliche Rechte, sondern auch objektives Verfassungsrecht. Das ist indessen nichts weiter als eine — zwangsläufig unergiebige — Banalität, weil stets subjektive Rechte (öffentlicher oder privater Natur) aus objektivem Recht »entspringen«, weil sie ohne dieses gar nicht möglich sind! (Vgl. oben S. 9)

H. Institutionelles Grundrechtsdenken

Nicht selten treffen Sie bei der Erörterung von Grundrechtsproblemen auf den Begriff »Institution« oder »institutionell«. Damit wird ein Thema angeschnitten, das nicht nur zu den schwierigsten der Grundrechtsdogmatik gehört, sondern auch zu deren dunkelsten. Ist man sich doch nicht einmal einig, was überhaupt unter Institution exakt zu verstehen ist. Aber auch hier gilt, daß gerade ein ungeklärter Begriff sich außerordentlich vielfältig einsetzen läßt und dadurch aus mancher Verlegenheit hilft. Der wichtigste Ratschlag muß deshalb sein, kritische und nüchterne Zurückhaltung zu bewahren, wenn mit diesen Begriffen operiert wird. Versuchen Sie stets in andere Wendungen zu übersetzen, was unter Zuhilfenahme das Zauberworts »Institution« ausgedrückt werden soll; wenn das nicht gelingt, ist das vorweg ein deutliches Indiz dafür, daß wenig Substanz und viel »heiße Luft« dahintersteckt.

Einigkeit herrscht nur über die bereits weiter oben (S. 56) erwähnten »institutionellen Garantien«, beispielsweise des Berufsbeamtentums und der gemeindlichen Selbstverwaltung. Hier geht es um die Garantie einer öffentlich-rechtlich verfaßten Einrichtung. (Die privatrechtlich verfaßten Einrichtungen wie Ehe, Familie, Eigentum sind Gegenstand einer »Institutsgarantie«; vgl. oben S. 99).

Dergleichen ist *nicht* gemeint, wenn gelegentlich vom »institutionellen Gehalt« eines Grundrechts, beispielsweise der Pressefreiheit, gesprochen wird. Denn weder ist die Presse eine ausschließlich öffentlich-rechtlich verfaßte Einrichtung, noch soll sie überhaupt als Rechtsgehalt gewährleistet sein. Es kann mit dieser Redewendung gemeint sein

— der ganz einfache Sachverhalt, daß die Pressefreiheit, ebenso wie die meisten Freiheiten, eine Breitenwirkung hat. Institutioneller Gehalt bedeutet dann sozusagen die Gesamtperspektive eines Grundrechts, seine Wertigkeit für das Staatsganze, im Gegensatz zur Perspektive von der einzelnen Grundrechtsträgerschaft her. Im Grunde ist das etwas ganz Banales, was nicht pompös aufgedonnert zu werden verdient.

Es kann aber auch *weitergehend* mit »institutioneller Pressefreiheit« gemeint sein,

— daß der Staat für die Existenz von Presse, also für eine *tatsächliche* Einrichtung, einen realen Sachverhalt, zu garantieren hat. Dergleichen ist nun aber gar nicht nötig, weil Presse fortlaufend spontan entsteht.
— daß sich die Garantenstellung auf eine gewisse Vielfalt der Presse bezieht. Dann hätte der Staat dafür einzustehen, daß es eine hinreichend bunte Presselandschaft gibt.
— daß der Staat insoweit eine freie Presse gewährleisten muß, als *in* einem Pressebetrieb, vornehmlich in der Redaktion, wenigstens relative Freiheit herrscht. Hier geht es um die Frage, was der Verleger seinen Redakteuren vorschreiben kann.

Bei den beiden letztgenannten Deutungsmöglichkeiten erkennt man sogleich, daß sie um des angestrebten Gesamteffekts willen Freiheitsbeschränkungen bei einzelnen nach sich ziehen müssen: Der Staat müßte Großverleger zurückdämmen oder durch Subvention von Konkurrenten die großen Verlage in Schranken halten, und die »innere Pressefreiheit« der Redakteure ginge notwendigerweise auf Kosten der Verlegerfreiheit. Hierzu kann man so oder so stehen, und es werden alle denkbaren Ansichten vertreten; es gibt keine herrschende Meinung und keine klare Linie in der Rechtsprechung. Sie sollen sich vorerst nur vergegenwärtigen, daß eine institutionelle Betrachtungsweise für individuelle Freiheiten oft mit Nachteilen verbunden sein kann.

Vielleicht wird das noch plastischer mit einem Seitenblick in den Bereich der Berufsfreiheit: Man könnte beispielsweise zugunsten der »Institution« des Handwerks auch das Zunftwesen zu rechtfertigen versuchen – und für die Institution des Apothekenwesens ohne weiteres die Bedürfnisprüfung.

Die oben an letzter Stelle genannte Deutungsmöglichkeit hat – zumindest noch – eine gewisse Berechtigung für die Rundfunkfreiheit. Sie entsinnen sich des für den Rundfunk geltenden *Pluralismusgebots* (oben S. 94). »Dies erfordert besondere Vorkehrungen zur Verwirklichung und Aufrechterhaltung der in Art. 5 GG gewährleisteten Freiheit, die allgemeinverbindlich zu sein haben und daher durch Gesetz zu treffen sind«. (BVerfGE 31, 314/326) Kurz vor dieser Aussage steht: »Art. 5 I 2 GG gewährleistet die institutionelle Freiheit des Rundfunks«.

Das mag man eine zutreffende Umschreibung nenen oder nicht. Sie ist jedenfalls akzeptabel bestenfalls als *Resümee* bestimmter Erwägungen. Nicht hinnehmbar ist es, wenn – gar nicht selten – aus einem schlagwortartigen Sammelbegriff Rechtsfolgen abgeleitet werden sollen. Konkret: Man kann nach sorgfältiger Analyse zu dem Ergebnis kommen, ein Presseunternehmen müsse ähnlich vielgestaltig, »pluralistisch« strukturiert sein wie eine Rundfunkanstalt. Dann ist jedenfalls nicht allzu viel dagegen zu sagen, wenn es zum Schluß heißt: »Das ist die insitutionelle Komponente der Pressefreiheit« oder ähnlich. Unredlich wird es aber oft, wenn ein solcher Satz am Anfang steht, gefolgt von einem »also . . .«. Ein – zudem reichlich nebulöser – Begriff erlaubt keine Rechtsfolgenableitung und ersetzt keine Begründung.

J. Grundrechtliche Steuerung von Verfahrensabläufen

In neuerer Zeit wird zuweilen nachdrücklich betont, daß Grundrechte auf ein gerichtliches oder eher noch auf ein Verwaltungsverfahren bestimmenden Einfluß haben müssen. In den meisten als Beispiel genannten Fällen handelt es sich dabei jedoch um etwas ganz Selbstverständliches und seit jeher Vertrautes. Staatliche Behörden müssen bei ihrer Tätigkeit in irgendeiner Weise verfahren, weshalb hoheitlichen Eingriffen – außer in Eilfällen – durchweg ein Verfahren zugrunde liegt. Die Untersuchungshaft, über deren Problematik wir ausführlich gesprochen haben, wird in einem bestimmten Verfahren verhängt. Es ist ganz selbstverständlich, daß sowohl vom Rechtsstaatsprinzip wie von Art. 2 II 2 her ein Verfahren unerläßlich ist, nach dem von Zeit zu Zeit geprüft wird, ob die Voraussetzungen für die Haft noch fortbestehen. Und ebenso selbstverständlich ist es, daß jemand zu einer Hauptverhandlung, einem wichtigen Bestandteil des Strafverfahrens, nicht gezwungen werden darf, wenn ihm durch die damit verbundenen Aufregungen der Herzinfarkt droht (BVerfGE 51, 324). Dem staatlichen Strafverfahren muß insoweit das staatliche Zwangsvollstreckungsverfahren gleichstehen. Einen wirklich schwer Kranken darf der Gerichtsvollzieher nicht auf der Straße setzen: BVerfGE 52, 214 = StA S. 82.

Es ist Ausdruck des Verhältnismäßigkeitsprinzips, daß staatliche Eingriffe nicht unnötig »schneidig« erfolgen, entsprechend muß das Verfahren gestuft werden. Vor einem erheblichen Eingriff müssen Androhungen, Hinweise und Bedenkfristen eingeschaltet werden. BVerfGE 46, 325/334 = StA S. 322 betraf einen Fall, in dem eine Schuldnerin vom Vollstreckungsverfahren überrollt und ihr Grundstück zu einem Neuntel seines Wertes zwangsversteigert wurde.

Die staatliche Pflicht, niemandes Gesundheit oder Leben durch Errichtung oder Genehmigung von Kernkraftwerken vermeidbar zu gefährden (oben S. 113), zwingt zu einer entsprechenden Ausgestaltung des Genehmigungsverfahrens. Die potentiell Gefährdeten müssen gehört, ihre Einwendungen behandelt und beurteilt werden, ein Rechtsschutz muß eröffnet sein. Bitte lesen Sie die einschlägigen Ausführungen in BVerfGE 53, 30/59 = StA S. 89 noch einmal durch.

K. Grundrechtskonkurrenzen

Einen Fall der Grundrechtskonkurrenz haben wir schon mehrfach, gleichsam nebenbei, kennengelernt: den der Spezialität. Der wichtigste Fall: Die Spezialität der meisten Grundrechte gegenüber Art. 2 I (»der meisten«, weil z. B. Art. 3 I nicht eigentlich »speziell« zu Art. 2 I ist; beider Schutzbereiche liegen auf verschiedenen Ebenen).

Aber auch die im Vergleich zu Art. 2 I speziellen Grundrechte können ihrerseits von einem ihnen gegenüber spezielleren Grundrecht verdrängt werden. Beispielsweise schützt Art. 5 III u. a. speziell die im Wissenschaftsstreit geäußerte Meinung, so daß die weiter gefaßte, »generelle« Schutznorm des Art. 5 I unanwendbar ist. Auch den Inhalt einer Predigt wird man nur dem Schutz des Art. 4 unterstellen können, ohne auf Art. 5 I zurückzugreifen. Wenn eine Hoheitsmaßnahme gegenüber einer Eigentümerwohnung grundrechlich zu beurteilen ist, dient dafür der im Verhältnis zu Art. 14 spezielle Art. 13.

Andere Fälle sind schon weit zweifelhafter: Wie ist es etwa bei einer gewerkschaftlichen Versammlung? Art. 9 III schützt, wie Sie sich vielleicht noch erinnern werden, nicht nur die Gewerkschaftsgründung, sondern auch gewerkschaftliche Betätigung. Ist nun – in bezug auf die Rechtsfolgenregelung, also auf die Schutzwirkung der Grundrechte – Art. 9 III speziell zu Art. 8? Oder soll man beide nebeneinander anwenden?

Diese Frage wird nicht einhellig beantwortet, überhaupt ist dieses ganze Gebiet von der Literatur noch etwas vernachlässigt. Es kommt hier auch weniger auf die Lösung dieses einen Falles an, als auf den Hinweis, daß grundsätzlich keine Bedenken bestehen, *eine Maßnahme an mehreren Grundrechten zu messen;* man spricht hier auch von *Idealkonkurrenz.* (Das Wörtchen »eine« ist deshalb betont, weil es ja selbstverständlich ist, daß mehrere Maßnahmen an mehreren Grundrechten gemessen werden können. Strafrechtlich gesprochen, geht es hier um Realkonkurrenz.)

Wer im erwähnten Beispielsfall der Gewerkschaftsversammlung die (Rechtsfolgen-) Spezialität von Art. 9 III verneinen möchte, und desgleichen für die auf der Versammlung gehaltenen Hauptrede, der muß Art. 8 und Art. 9 III sowie (im Hinblick auf die Rede) Art. 5 I, II und Art. 9 III nebeneinander anwenden.

Unproblematisch ist jedenfalls die recht häufige Idealkonkurrenz zwischen Art. 3 und einem sonstigen Grundrecht.

Am Beispielsfall einer kirchlichen Versammlung unter freiem Himmel (Prozession, Kirchentag, »Feldgottesdienst«) ersehen Sie am besten das *Schrankenproblem,* das bei einer Idealkonkurrenz auftauchen kann. Art. 8 steht bei Versammlungen unter freiem Himmel unter einfachem Gesetzesvorbehalt, Art. 4 II ist hingegen vorbehaltsfrei. Welche Schrankenregelung gilt nun bei der verfassungsrechtlichen Beurteilung der *einen Maßnahme?* Ist diese evtl. rechtmäßig unter dem Aspekt des Art. 8, aber rechtswidrig beim Blick auf Art. 4?

Die h. M. greift auf die dem Bürger günstigere Schrankenregelung (hier: Art. 4) *zurück,* verfolgt also eine Art Günstigkeitsprinzip.

Ich habe Ihnen mehrfach dargelegt (S. 84, 95), daß ich die vorbehaltsfrei garantierten Grundrechte im praktischen Endergebnis nicht als stärker ansehe als die Grundrechte mit allgemeinem Gesetzesvorbehalt. Dann stellt sich das Problem, auf welche Schranken man zurückgreifen soll, nicht.

Ich will es bei diesen Andeutungen zu einer sehr schwierigen Problematik belassen. Wenn Sie bei einer Hausarbeit hier einmal »einsteigen« müssen, schauen Sie sich zur ersten Orientierung einen Aufsatz in den Juristischen Arbeitsblättern (JA) 1979, S. 191 ff. an.

(Hinweis: Die Grundrechtskonkurrenz schafft bei Zugrundelegen der h. L. tückische *Aufbauprobleme:* Man kann im obigen Beispiel schlecht *innerhalb* der Prüfung von Art. 4 erörtern, ob auch Art. 8 einschlägig ist, wie seine Schranken sind und ob eventuell diese Schranken auch für Art. 4 gelten sollen. Meines Erachtens muß man deshalb die Schrankenprobleme bei der Idealkonkurrenz von Grundrechten − ohne Beteiligung von Art. 3 − vor die Klammer ziehen: »Nachstehend wird sich zeigen, daß zwei Grundrechte im Idealkonkurrenz stehen. Da diese Grundrechte sich in ihrer Schrankenbeziehung unterscheiden, stellt sich das Problem, ob für beide Grundrechte einheitliche Schranken gelten . . .«)

L. Bundesgrundrechte und Landesgrundrechte

Wie bereits erwähnt, gibt es nicht nur im Grundgesetz, sondern auch in den meisten Landesverfassungen Grundrechte. Daß die Grundrechte des GG jede Staatsgewalt, also auch die der Länder, binden, wurde schon betont (S. 76). Hingegen kann kraft der in einem Bundesstaat herrschenden Hierarchie ein Landesgesetz, und selbst ein Landesverfassungsgesetz, die Bundesstaatsgewalt *nicht* binden. Landesgrundrechte sind folglich nur für die jeweilige Landesstaatsgewalt verbindlich.

Entsprechend wacht über die Beachtung der Bundesgrundrechte das BVerfG, über die der Landesgrundrechte gegebenenfalls ein Landesverfassungsgericht.

Über das Verhältnis von Bundes- und Landesgrundrechten findet sich in Art. 142 eine − bei genauer Analyse entbehrliche − Regelung: Die Länder dürfen Grundrechte erlassen und beibehalten (die meisten Landesverfassungen sind ja älter als das GG!), die mit denen des GG »übereinstimmen«, womit gemeint ist: die ihnen *nicht widersprechen.* Demnach dürfen ebenso weit reichende wie auch weiter reichende Grundrechte gewährleistet werden, hingegen keine »engeren« (str.).

Die Landesgrundrechte spielen in der Praxis eine ziemlich *nebensächliche Rolle,* am effektivsten sind noch die der Bayerischen Verfassung, weshalb unter den Landesverfassungsgerichten das bayerische am profiliertesten ist.

M. Die Europäische Menschenrechtskonvention (EMRK oder MRK)

Die EMRK ist ein völkerrechtlicher Vertrag unter den Mitgliedern des Europarats (der kein Organ der EG ist!). Der Bundestag hat durch einfaches (Vertrags-)Gesetz angeordnet, daß die Regeln dieses Vertrages in der Bundesrepublik gelten.

Die ursprünglich 1950 vereinbarte Konvention wurde durch bislang insgesamt 11 zusätzliche Verträge, »Protokolle« genannt, ergänzt. Da man leider die diversen Bestimmungen nie zu einem einzigen Normenwerk zusammengefügt hat (den Grund weiß niemand zu nennen), muß man beim Lesen unnötig viel suchen und blättern. Die eigentliche Konvention enthält materielle Vorschriften in Art. 1−18 und Verfahrensbestimmungen im übrigen. Die materiellen Vorschriften, also die Garantien der Menschenrechte, werden durch verschiedene Protokolle ergänzt, in denen u. a. das Eigentum, ein Recht auf Bildung und das Wahlrecht (1. Zusatzprotokoll), das Verbot der Schuldhaft und die Freizügigkeit (4. Protokoll), die Abschaffung der Todesstrafe (6. Protokoll), Strafverfahrensgarantien und die Gleichberechtigung der Ehegatten (7. Protokoll) gewährleistet werden. Sie sollten die Überschriften aller Garantien einmal gelesen haben und den Text einiger davon gründlicher studieren − ihrer noch zu schildernden praktischen Bedeutung wegen.

Die EMRK ist in einigen Sammlungen verfassungrechtlicher Texte abgedruckt, ansonsten finden Sie sie beispielsweise ganz am Anfang des Großkommentares zum GG von Maunz-Dürig-Herzog-Scholz. Die Art. 1−18 enthalten eigentlich keine über das GG hinausreichenden Garantien, sie sind aber viel detaillierter − sowohl bei der Bestimmung des Schutzbereichs wie auch bei den Einschränkungsmöglichkeiten. Was beispielsweise in Art. 6 der EMRK akkurat aufgeführt wird, müssen wir beim Grundgesetz überwiegend dem knappen Art. 103 I und dem Rechtsstaatsprinzip »entlokken«. Überall in der EMRK findet man realistische und praktikable Regelungen vor, während ja etliche Grundrechte des GG bei reiner Wortlautinterpretation unpraktikabel wären − man denke nur an die vorbehaltsfreien Grundrechte.

Weil die EMRK nur als einfaches Bundesgesetz gilt, *könnte* der Bundestag ein mit ihr unvereinbares Gesetz beschließen, das innerstaatlich als späteres Recht dem gleichrangigen früheren Recht vorgehen würde. Freilich wäre das im *Außenverhältnis* zu den anderen Vertragsparteien ein völkerrechtswidriger Akt.

Alle anderen Staatsgewalten haben hingegen das Bundesgesetz zu beachten. Exekutive und Judikative wegen ihrer Gesetzesbindung, die Länderparlamente wegen Art. 31 GG.

Über die Einhaltung der EMRK wacht die *Europäische Menschenrechtskommission* in Straßburg mit je einem Angehörigen der Vertragsstaaten, die auch von deutschen Staatsangehörigen unmittelbar angerufen werden kann; freilich erst nach Erschöpfung aller innerstaatlichen Rechtsbehelfe. Nach der Kommission kann (weit häufiger) noch ein Ministerrat oder der *Europäische Gerichtshof für Menschenrechte* in Straßburg mit einer Streitsache befaßt werden. Aber auch diese Gremien können deutsche Staatsakte nicht aufheben, sondern nur die Konventionsverletzung feststellen und eine Entschädigung zusprechen.

Neben der soeben erwähnten Individualbeschwerde gibt es die — freilich sehr selten genutzte — sogenannte Staatenbeschwerde, mittels derer jeder Vertragsstaat eine Konventionsverletzung in jedem anderen Staat rügen kann.

Die EMRK, der ständig mehr Vertragsstaaten beitreten, hat in Europa überaus segensreich gewirkt. Schon im Vorfeld ihres Beitritts haben neue Mitglieder ihr Rechtssystem liberalisiert und dadurch der EMRK angepaßt. Zudem haben etliche Entscheidungen von Kommission und Gerichtshof in vielen Ländern wichtige Veränderungen zum Guten herbeigeführt. Die Bundesrepublik hat sich übrigens bislang achtbar geschlagen und ist von 1955 bis 1993 nur zehnmal in einem Verfahren unterlegen. Darunter waren auch einige Fälle, die das BVerfG gebilligt hatte.

1994 haben 27 Konventionsstaaten das Reformprotokoll Nr. 11 unterzeichnet, das die bislang wichtigsten Verfahrensänderungen bringen wird. Es wird ein ständiger Europäischer Gerichtshof für Menschenrechte mit verschiedenen Spruchkörpern in Straßburg errichtet, der anstelle von Kommission, Ministerkomitee und Gerichtshof über Individual- und Staatenbeschwerden entscheidet. Das wird eine weitere Verbesserung der Rechtsprechung und eine Verkürzung der bisher sehr langen Verfahrensdauer bewirken. Das Reformprotokoll bedarf noch der Ratifizierung durch die Vertragsstaaten; diese erhofft man sich bis Ende 1996.

4. Teil – Hinweise zur Vorbereitung auf staatsrechtliche Übungen für Anfänger

A. Die Literatur

Dieser Schlußteil könnte ganz entfallen, wenn es ein rundherum geeignetes Werk zur Vorbereitung auf die öffentlich-rechtliche Anfängerübung gäbe. Leider ist das nicht der Fall. Es gibt eine Reihe von Anleitungsbüchern, Fallsammlungen und Repetitorien, aber nichts davon ist exakt auf Ihren Bedarf zugeschnitten. Sie müssen sich also mit unvollkommenen Hilfsmitteln begnügen. Deshalb ist es notwendig, daß ich Ihnen jene Bücher, die überhaupt in Betracht kommen, vorstelle.

I. Lehrbücher

In den oben auf S. 5 f. genannten Lehrbüchern mit Fallbezug finden Sie (außer bei Ipsen) ausführlichere, untergliederte Lösungen, wie sie Ihnen in ähnlicher Weise in Klausuren abverlangt werden.

II. Anleitungsbücher, Fallsammlungen und Repetitorien

M. Bauer, Staatsrecht in Fragen und Antworten, Multiple choice-Verfahren, 2. Aufl. 1994.
Wie alle Bücher solcher Art beschränkt auch dieses sich nicht auf das Notwendigste. Wenn Sie mit Hilfe dieses Grundkurses das Entbehrliche wegfiltern, ist das Buch zur Wissens- und Verständniskontrolle nützlich.

Brauner/Stollmann/Weiß, Fälle und Lösungen zum Staatsrecht, 1993

Th. Clemens/M. Trittel, Einführung in das öffentliche Recht: Grundrechte, 4. Aufl. 1985 (W. Mauke, Hamburg).
Einer kurzgefaßten systematischen Übersicht zu den Grundrechten folgen Aufbauschemata und Fallbeispiele. Die Schemata sollten Sie nur durchlesen, um die Struktur einer Fallösung zu erkennen, sie taugen nicht zum Auswendiglernen. Insgesamt ist das Heft empfehlenswert. Es wird in mancher Bibliothek noch nicht vorhanden sein; schreiben Sie es dann in das ausliegende Bestellbuch. Eine gute Ergänzung hierzu bietet

C. Eiselstein/M. Kilian, Grundfälle im Staatsorganisationsrecht. Methodischer Kurs zur Vorbereitung auf die Anfänger-Übung im Öffentlichen Recht, 3. Aufl. 1994.

G. Erbel, Öffentlich-rechtliche Klausurenlehre mit Fallrepetitorium, Band I: Staatsrecht, 2. Aufl. 1983.
Der 1. Teil »zur Vorbereitung, Methode und Technik der Fallbearbeitung« ist lesenswert, die minuziösen Fallösungen und Aufbauschemata sind für Sie noch zu schwer.

H. Knirsch/H. G. Sokolish, Der kleine öffentlich-rechtliche Schein, 1981
Das Buch ist wegen inhaltlicher Mängel nicht zu empfehlen.

G. Köbler, Die Anfänger-Übung im bürgerlichen Recht, Strafrecht und öffentlichen Recht. Eine Einführung. 6. Aufl. 1991.
Im öffentlich-rechtlichen Teil werden drei einfache Anwendungsfälle für die abstrakte und die konkrete Normenkontrolle sowie für die Verfassungsbeschwerde vorgeführt. Die Durcharbeitung dieser drei Fälle ist für Sie nützlich.

G. Küchenhoff, Praktikum des öffentlichen Rechts. 1972. Für Anfänger nicht geeignet.

M. Lepa, Das GG in Fällen, 2. Aufl. 1987
Inhaltlich oft sehr fragwürdig und deshalb insgesamt nicht empfehlenswert.

I. von Münch, Übungsfälle, Staatsrecht, Verwaltungsrecht, Völkerrecht, 4. Aufl. 1972.
Das Werk ist im Detail zuweilen etwas veraltet. Aber die »Allgemeine Anleitung« zu Beginn enthält viel Lesenswertes; die Passagen zum Verwaltungsrecht müssen Sie wieder ausklammern. Die – nicht ganz einfachen – Fälle 1 und 3 können Sie mit Gewinn durcharbeiten.

W. Rüfner/G. von Unruh/H. Borchert, Öffentliches Recht I, Wiederholungs- und Vertiefungskurs, 6. Aufl. 1994.
Der Kurs ist eigentlich für Examenssemester bestimmt und folglich von höherem Schwierigkeitsgrad. Naheliegenderweise wurde gelegentlich auch in den staatsrechtlichen Fällen (Fälle 7–22) Verwaltungsrecht und Verwaltungsprozeßrecht einbezogen. Auch hier müssen Sie sich geeignete Fälle zur Übung selbst heraussuchen.

M. Ruge, Öffentliches Recht, 14 Übungen aus dem Staats-, Verfassungs- und Verwaltungsrecht, 1974.
Das auf den Anfänger zugeschnittene Büchlein ist zum Teil veraltet und im Inhalt zuweilen fragwürdig.

E. Schmidt.Jortzig, 40 Klausuren aus dem Staats- und Völkerrecht mit Lösungsskizzen, 4. Aufl. 1992.
Es handelt sich um Examensklausuren, von denen Sie jene aussondern müssen, die Ihnen zu schwer erscheinen.

H. Scholler/D. Birk, Fälle und Lösungen nach höchstrichterlichen Entscheidungen, Verfassungsrecht, 6. Aufl. 1988. Das Buch ist für Anfänger zu schwierig.

G. Scholz, Grundgesetz I und Grundgesetz II, 5. Aufl. 1987.
Das Repetitorium anhand von Fällen ist auf Examenskandidaten zugeschnitten und bezieht deshalb Verwaltungsrecht sowie Verwaltungsprozeßrecht mit ein. Inhaltlich ist es nicht immer zuverlässig, ingsamt für den Anfänger wenig geeignet.

D. Schmalz, Verfassungsrecht, 27 Fälle mit Musterlösungen, 1992. Empfehlenswert!

T. Schramm/G. P. Strunk, Staatsrechtliche Klausuren und Hausarbeiten, 6. Aufl. 1992.
Das Werk beginnt mit lesenswerten allgemeinen Hinweisen, auch solchen zu den Formalien einer Hausarbeit. Es folgen 60 Seiten Aufbaugrundsätze für verschiedene verfassungsrechtliche Streitigkeiten, deren Lektüre nur dann

sinnvoll ist, wenn Ihnen bei einer Hausarbeit Zweifel kommen. Ansonsten werden Sie von der Stoffmasse nur erdrückt und verwirrt.

Es folgen vier lesenswerte Übungsklausuren. Von den anschließenden Examensklausuren können Sie sich an der Lektüre der erste und dritten einmal versuchen. Einen guten Einblick in die Anforderungen bei Hausarbeiten in formaler wie inhaltlicher Hinsicht vermitteln die am Schluß abgedruckten beiden Musterarbeiten.

G. Schwerdtfeger, Öffentliches Recht in der Fallbearbeitung, 9. Aufl. 1993.

Auf rund 360 Seiten behandelt das Werk das gesamte öffentliche Recht. Es ist eine Mischung von Kurz- oder Kürzest-Lehrbuch, Repetitorium und Fallschulung. Beliebt zur Examensvorbereitung. Der erste einführende Teil enthält einiges, was auch schon für Sie von Nutzen ist, desgleichen der 11. Teil »Methodik der Fallbearbeitung« mit dem – für Sie besonders wichtigen – Anhang »Formalien einer Hausarbeit«. Verwaltungsrechtliche Bezüge müssen sie wiederum überlesen.

Der 5. und 6. sowie der 8.–10. Teil betreffen das Staatsrecht. Weil der Stoff so hoch komprimiert ist, eignet sich das Buch für Sie derzeit weniger. Sie sollten in ihm dann, wenn Sie sich schon etwas sattelfest fühlen, zur Wiederholung lesen. Wertvoll sind auch die ständigen Verweise auf Fallösungen in Ausbildungszeitschriften. Sie können sich also jeweils zu einer bestimmten Materie einen Fall heraussuchen.

Nützlicherweise hat Schwerdtfeger sein Buch mit typischen Fehlern von Studenten durchsetzt, aus denen man lernen kann. (Gleichfalls instruktiv ist: Rips, Typische Fehlerquellen bei Klausuren und Hausarbeiten, JuS 1979, 42)

J. Stender-Vorwachs, Prüfungstraining Staats- und Verwaltungsrecht, 2 Bände, 2. Aufl. 1993.

Die Methodik der Fallbearbeitung in Bd. 1 ist inhaltlich oft fragwürdig und nur für Hausarbeiten interessant, ansonsten verwirrend. Die Fälle in Bd. 2, meist nach Entscheidungen des BVerfG, sind z. T. lesenswert.

B. Gutachtenstil und Aufbaumethode

I. Gutachtenstil

In einer Klausur oder Hausarbeit sollen Sie zu den Problemen eines Falles ein erschöpfendes Gutachten abgeben, unter Einbeziehung aller Aspekte zu einer rechtlichen Lösung hinführen. Sie müssen zu einer Entscheidung finden und nicht eine gefundene Entscheidung begründen. Damit unterscheidet sich der von Ihnen verlangte *Gutachtenstil* von dem *Urteilsstil* der Gerichte. Das erfordert deshalb eine Umstellung, weil Sie ja aus der Lektüre der StA den Urteilsstil des BVerfG gewohnt sind. Das Gericht formuliert: »Die Verfassungsbeschwerde ist begründet. Die angegriffene Verfügung verletzt den Beschwerdeführer in seinem Recht aus Art. 8. Die Verfügung beruht auf einem verfassungswidrigen Gesetz. Zu seinem Erlaß war das Land nicht zuständig ... Denn die Kompetenz liegt aus folgenden Gründen beim Bund ...« Im Gutachtenstil hingegen beginnt man etwa so: »Die Verfassungsbeschwerde wäre begründet, wenn die angegriffene Verfügung den Beschwerdeführer in seinem Grundrecht aus Art. 8 verletzten würde. Eine solche Verletzung läge auch dann vor, wenn das einschränkende Gesetz kompetenzwidrig wäre. Die Gesetzgebungskompetenzen sind in Art. 70 ff. GG geregelt. Gemäß Art. 74 Nr. 3 GG ist der Bund für das Versammlungswesen zuständig, da er von seiner konkurrierenden Kompetenz durch das VersG abschließend Gebrauch gemacht hat. Folglich war das Land zum Gesetzeserlaß nicht zuständig. Ein kompetenzwidrig erlassenes Gesetz verletzt Grundrechte, hier den Art. 8. Also ist die Verfassungsbeschwerde begründet.«

Der Urteilsstil wird oft als »Denn-Stil«, der Gutachtenstil als »Also-Stil« bezeichnet.

Bei kleineren Teilproblemen dürfen sie aber auch den Urteilsstil verwenden, weil der Gutachtenstil gekünstelt und überspannt wirken würde. Also: »Da Metzger ein Beruf ist, kann der M sich auf das Grundrecht aus Art. 12 GG berufen.« Statt: »Als verletztes Grundrecht kommt Art. 12 in Betracht. Dann müßte M in seinem Beruf betroffen sein. Beruf ist ... Unter diese Definition fällt auch die Tätigkeit eines Metzgers. Also kann sich M auf Art. 12 GG berufen.«

Von besonderer Wichtigkeit ist auch, daß Sie in einem Gutachten immer gleichsam doppelt oder vielfach nähen müssen, d. h. beispielsweise, mehrere Gründe für die Verfassungswidrigkeit einer Norm prüfen sollen. Nehmen wir an, ein Gesetz sei möglicherweise ohne ausreichende Kompetenz und ohne die erforderliche Zustimmung des Bundesrates erlassen worden. Selbst wenn Sie zu dem Ergebnis kommen, der unzuständige Gesetzgeber sei tätig geworden und folglich sei das Gesetz schon aus diesem Grunde verfassungswidrig, müssen Sie noch ebenso sorgfältig zu dem Aspekt der Zustimmungsbedürftigkeit Stellung nehmen. Gerichte hingegen sollen sich regelmäßig mit *einem* Grund für ihr Ergebnis begnügen. Die weiteren Aspekte bleiben dann offen oder »dahingestellt«. Diese Praxis treffen Sie auch beim BVerfG häufig an. Ein Gericht kann nur dann einen Anlaß haben, »doppelt zu nähen«, wenn es auch die Klärung der zweiten Rechtsfrage für dringlich hält oder wenn es dem Unterliegenden zeigen will, daß er nicht nur knapp, sondern aus mehreren Gründen verloren hat. Die Notwendigkeit einer umfassenden Prüfung im Gutachten rechtfertigt man damit, daß ein Auftraggeber auch für den Fall Aufschluß über die Rechtslage erhalten soll, daß ein Gericht beim ersten von zwei tragenden Gründen dem Gutachten nicht folgt, in unserem Beispiel also den Gesetzgeber für kompetent erachtet.

An sich wäre es für den, der ein Gutachten erbittet, auch dienlich, sich die Rechtslage alternativ aufweisen zu lassen. Etwa: »Man kann darüber streiten, ob dieses Verhalten schon als Beruf zu werten ist ... Die Gründe dafür überwiegen. Dann ergibt sich aus Art. 12 ... — Wenn man hingegen der zwar vertretbaren, aber weniger überzeugenden Ansicht folgt und die Tätigkeit des T nicht als Beruf qualifiziert, dann muß man auf Art. 2 I GG zurückgreifen. Aus Art. 2 I folgt dann ...«

Dieser Doppelmarsch ab einer Wegegabelung ist an sich durchaus geeignet, beispielsweise die Prozeßchancen umfassend abzuschätzen. Aber gleichwohl *ist diese Alternativlösung nicht gestattet!* Man möchte erreichen, daß Sie sich für *einen bestimmten Lösungsweg entscheiden*, offensichtlich eine Vorschulung für den Fall, daß Sie später als Richter zu urteilen haben.

Vom Verbot der Alternativlösung gibt es eine wichtige *Ausnahme*. Immer wenn in einem Verfahren Rechtsschutz angestrebt wird, muß man zwischen der Zulässigkeit und der Bründetheit unterscheiden (vg. oben S. 58). Zulässigkeitsvoraussetzungen einer Verfassungsbeschwerde beispielsweise normieren die §§ 90–93 BVerfGG. Begründet ist eine Verfassungsbeschwerde, wenn tatsächlich ein Grundrecht des Beschwerdeführers durch einen Hoheitsakt verletzt wurde. Die interessanten Probleme einer Aufgabe liegen meist im Bereich der Begründetheit. Deshalb ist es unerwünscht, wenn der Bearbeiter bei dem Ergebnis, eine Verfassungsbeschwerde oder ein Klage sei unzulässig, sein Gutachten abbricht. Wenn man Unzulässigkeit feststellt, muß man in einem *Hilfsgutachten* auch noch zur Begründetheit Stellung nehmen! Aber schon jenes Zwischenergebnis, das zum Hilfsgutachten nötigt, nämlich die Unzulässigkeit, sollte man sich sorgfältig überlegen. Denn die meisten Aufgaben sind so abgefaßt, daß die weitaus besseren Gründe für die Zulässigkeit sprechen.

Natürlich gilt das Vorstehende nur dann, wenn jener Rechtsbehelf, der nach Zulässigkeit und Begründetheit zu begutachten ist, das einzige oder wenigstens das Hauptproblem der Aufgabe ist. Wenn hingegen die Verfassungsbeschwerden mehrerer, aber zum Teil nur mittelbar Betroffener zu prüfen sind, kann man es im Einzelfall bei der Feststellung einer klaren Unzulässigkeit bewenden lassen. Faustregel: Es muß vom Fall noch genügend übrig bleiben.

II. Aufbaumethode

Die Schwierigkeit des Anfängers besteht darin, eine Aufgabe richtig anzupacken, die Fragen zutreffend zu verstehen und einzuordnen, eine sinnvolle Struktur der Erörterung, kurz: ein *Aufbauschema* zu finden. Dazu möchte ich Ihnen im folgenden einige Hinweise geben. Es macht schwerlich Sinn, wenn Sie Aufbauschemata, eventuell formelhaft verkürzt, auswendig zu lernen versuchen. Das trübt Ihnen oft den Blick für die dem Einzelfall angemessene Aufbautechnik, das Schema blockiert den common sense. Wenn Sie sich im folgenden klarmachen, welche Fragen sich bei den verschiedenen Aufgaben stellen, können Sie bei einem Klausurfall die richtige Fragestellung selbst entwickeln.

Nachstehend seien vier Gruppen unterteilt (aber auch diese nicht zum Auswendiglernen):
— Ein bestimmtes Verfahren ist schon anhängig.
— Ein bestimmtes Verfahren soll anhängig gemacht werden.
— Sie sollen selbst ein zur Rechtsdurchsetzung geeignetes Verfahren benennen.
— Es ist nur nach der materiellen Rechtslage, und nicht nach Verfahrensmöglichkeiten gefragt.

1. Ein Verfahren ist schon anhängig.

Hier kann die Frage gestellt werden, ob in einem normalen Gerichtsverfahren eine Vorlage gemäß Art. 100 gemacht, also eine konkrete Normenkontrolle veranlaßt werden soll.

In den allermeisten Fällen wird es sich aber um ein beim BVerfG anhängiges Verfahren handeln. Dann lauten die Fragen in der Aufgabe beispielsweise:
— Wie ist zu entscheiden?
— Wie wird das BVerfG entscheiden?
— Wird (die natürliche oder juristische Person) A (als Antragsteller oder Beschwerdeführer) Erfolg haben?
— Wird der Rechtsbehelf (der Antrag oder die Verfassungsbeschwerde) Erfolg haben?
— Wie sind Zulässigkeit und Begründetheit des Antrags oder der Verfassungsbeschwerde zu beurteilen?
— Wie ist die Rechtslage?

Diese Fragen zielen jeweils auf Zulässigkeit und Begründetheit des Rechtsbehelfs. Dann ist die Zulässigkeit *vor* der Begründetheit zu prüfen.

a) Zulässigkeitsprüfung

Was Sie bei der Zulässigkeit zu prüfen haben, muß Ihnen wenig Sorgen machen, denn Sie finden für die — oben auf S. 58 besprochenen — verfassungsgerichtlichen Verfahren die Sachentscheidungsvoraussetzungen in Art. 93 und im BVerfGG sehr detailliert aufgeführt. Es gibt nur wenig, was man zusätzlich lernen muß, beispielsweise die Möglichkeit für Parteien, ein Organstreitverfahren zu führen (oben S. 38, 58). Bei der Verfassungsbeschwerde muß man sich das Erfordernis merken, daß der Beschwerdeführer durch einen Hoheitsakt selbst, gegenwärtig und unmittelbar betroffen ist (oben S. 87). Und diese Betroffenheit setzt voraus, daß der Beschwerdeführer überhaupt Grundrechtsträger ist (oben S. 108). Wenn Sie bei der Verfassungsbeschwerde jetzt noch die aus dem Gesetz ablesbaren Sachentscheidungsvoraussetzungen »Erschöpfung des Rechtswegs« und »Fristwahrung« berücksichtigen, haben Sie alle wesentlichen Aspekte dieser Zulässigkeitsprüfung beisammen.

b) Begründetheitsprüfung

Und welche Fragen stellen sich bei der Begründetheit? Lassen Sie uns die wichtigsten Verfahren mustern:

aa) Bei den *Organstreitigkeiten* und bei den *Bund-Länder-Streitigkeiten* (Art. 93 I Nr. 1 und 3) geht es um die Feststellung von Rechten und Pflichten: Wer muß etwas tun, wer darf etwas tun, wer kann etwas verlangen? Konkret: Muß der Bundespräsident einen vorgeschlagenen Minister ernennen? (Vgl. oben S. 47) Hat das Land L die Pflicht zur Bundestreue verletzt?

bb) Bei der abstrakten und der konkreten *Normenkontrolle* (Art. 93 I Nr. 2 und Art. 100) geht es um die Vereinbarkeit von Normen mit höherrangigem Recht. Dabei prüft man zuerst, *ob die Norm ordnungsgemäß zustandegekommen ist*. Bei Gesetzen betrifft das hauptsächlich die Frage, ob eine *Kompetenz* des Gesetzgebers vorlag, bei Bundesgesetzen außerdem, ob die *Rechte des Bundesrates* gewahrt wurden. Wenn es um die Kontrolle der Verfassungsmäßigkeit geht, spricht man auch von *formeller Verfassungsmäßigkeit* (Hierzu kann man auch den praktisch wenig bedeutsamen Art. 19 I 2 rechnen.)

Die anschließend zu prüfende *materielle*, inhaltliche *Verfassungsmäßigkeit* betrifft alle anderen verfassungsrechtlichen Anforderungen an ein Gesetz außer jenen, die sich auf das Verfahren beziehen. Am häufigsten geht es dabei um die Vereinbarkeit eines Gesetzes mit den Grundrechten, zuweilen auch noch um Vereinbarkeit mit dem Rechtsstaatsprinzip (u. a. Bestimmtheit der Norm, Rückwirkungsverbot) oder mit anderen Inhalten des Art. 20. Auch Art. 80 ist evtl. zu prüfen.

Bei der *Grundrechtsprüfung* muß man folgendermaßen vorgehen: Man ermittelt, welcher grundrechtliche Schutzbereich von dem Gesetz betroffen wird, d. h. welches Grundrecht als Maßstab für das Gesetz in Betracht kommt. Dabei prüft man die Freiheitsrechte vor den Gleichheitsgeboten. (Vgl. aber oben S. 104 zur Verknüpfung von Freiheit und Gleichheit.) Sowohl bei den Freiheits- wie bei den Gleichheitsrechten prüft man die spezielle Norm vor der allgemeinen, das bedeutet insbesondere, daß Art. 2 I und Art. 3 I jeweils erst am Schluß heranzuziehen sind! (Bitte fest einprägen!)

Bei den Freiheitsrechten ist sodann die Erlaubtheit der gesetzlichen Beeinträchtigung zu erörtern. Das betrifft das Problem des Schrankenvorbehalts. Falls das Grundrecht einen (geschriebenen oder ungeschriebenen) Gesetzesvorbehalt hat, sind die »Schrankenschranken« in Form des Verhältnismäßigkeitsprinzips (immer zuerst prüfen!) und eventuell noch der Wesensgehaltssperre zu beachten.

Landesgrundrechte sind fast nie zu prüfen.

cc) Bei der *Verfassungsbeschwerde* (Art. 93 I Nr. 4a und b) geht es um die Verletzung von Grundrechten oder grundrechtsgleichen Rechten durch einen Akt öffentlicher Gewalt.

(1) Wenn dieser Akt ein *Gesetz* ist, muß man wie folgt verfahren:
— Ermittlung des nach dem Schutzbereich einschlägigen Grundrechts
— Ermittlung des Gesetzesvorbehalts
— Prüfung, ob das Gesetz, das den Vorbehalt ausfüllt, ordnungsgemäß zustande gekommen ist, weil nur ein solches Gesetz den Gesetzesvorbehalt der Grundrechte ausfüllen kann (vgl. oben S. 78). (Beachten Sie, daß dieser Punkt hier innerhalb der Grundrechtsprüfung

erörtert wird, wohingegen er im Normenkontrollverfahren, wie gerade erwähnt, der Grundrechtsprüfung vorgeschaltet wird.)
- Prüfung, ob das Gesetz die »Schrankenschranken« beachtet.

(2) Nur unwesentlich anders verläuft die Prüfungsreihenfolge, wenn die Verfassungsbeschwerde gegen eine *gesetzlich ermächtigte Maßnahme* erhoben wird, sei es (meist) eine individuell-konkrete Verwaltungsmaßnahme, sei es ein Richterakt (Verhaftung), seien es eine Rechtsverordnung oder eine Satzung. Es liegt auf der Hand, daß die Kette oder der Verbund der zu prüfenden Rechtsakte am längsten ist, wenn ein Gesetz zu einer Verordnung oder Satzung und diese wiederum zu einem Einzelakt ermächtigen (vgl. oben S. 78).

Ich schlage Ihnen vor, in dieser Reihenfolge zu verfahren:
- Ermittlung des einschlägigen Grundrechts
- Ermittlung des Gesetzesvorbehalts
- Ist die Maßnahme von jenem Gesetz, das den Gesetzesvorbehalt ausfüllt, gedeckt? Wenn nein, dann ist der gesetzliche Akt auch zwangsläufig eine Grundrechtsverletzung (vgl. oben S. 86). Bedenken Sie aber: Wenn ein Gericht diese Frage bejaht, also das Gesetz als zureichende Ermächtigungsgrundlage angesehen hat, kann das BVerfG hier nur noch bei der »Verletzung spezifischen Verfassungsrechts«, also in krassen Fällen, intervenieren (oben S. 87).
- Ist das ermächtigende Gesetz auch grundrechtsgemäß? Das heißt,
ist es ordnungsgemäß zustande gekommen?
Ist es ansonsten verfassungsgemäß? Dabei muß man die Vereinbarkeit mit den Grundsätzen des Art. 20 prüfen, bei der bundesgesetzlichen Ermächtigung zu Verordnungen auch die Vereinbarkeit mit Art. 80. Insbesondere müssen die »Schrankenschranken« beachtet sein. Da jedes Gesetz im Einzelfall nur zu einer dem Verhältnismäßigkeitsprinzip entsprechenden Maßnahme ermächtigen darf (und entsprechend verfassungskonform zu interpretieren ist), ergibt sich von hier aus der Zwang, die Einzelmaßnahme am Grundsatz der Verhältnismäßigkeit zu messen.

Das vorstehende Prüfungsschema hat den Nachteil, daß man eventuell zweimal unter die gesetzliche Ermächtigungsnorm subsumieren muß: Einmal am Anfang, dann nochmals am Schluß, wenn sich herausgestellt hat, daß Teile des Gesetzes nichtig sind oder daß zumindest eine verfassungskonform einengende Interpretation geboten ist. Das ließe sich vermeiden, indem man nach der Ermittlung von Grundrecht und Gesetzesvorbehalt zunächst fragt, ob das Gesetz verfassungsgemäß ist und erst dann darunter subsumiert. Auch diese Prüfungsreihenfolge ist vertretbar.

Das Vorstehende ist notwendigerweise abstrakt, weshalb ich es Ihnen an einem Fall veranschaulichen will. Da dieser Fall etwas Platz beansprucht, will ich ihn nicht mitten in diese Aufzählung der häufigsten Fragestellungen und der dafür passenden Prüfungstechnik einbauen. Lassen Sie uns deshalb in Kürze die begonnene Übersicht über die vier wichtigsten Konstellationen zu Ende bringen und das Fallbeispiel im Anschluß daran unter C plazieren.

2. Ein bestimmtes Verfahren soll erst anhängig gemacht werden.

Dann lautet die Frage zum Beispiel: Kann A Verfassungsbeschwerde erheben und wird er dabei Erfolg haben? Eventuell kann auch gefragt werden: Wie ist die Rechtslage?
Auch hier sollten Sie grundsätzlich erst die Zulässigkeit prüfen. Es ist freilich auch möglich, daß schon die Fragestellung die umgekehrte Prüfungsreihenfolge nahelegt. Zum Beispiel:

1) Ist die Maßnahme der Behörde verfassungsgemäß?
2) Kann A dagegen Verfassungsbeschwerde erheben?

Hier empfiehlt es sich in aller Regel, die vorgegebene Reihenfolge nicht zu verändern. Manchmal ist es für verfahrensrechtliche Probleme sogar hilfreich, wenn man zuvor die materiell-rechtlichen Fragen erörtert hat. Beispielsweise erleichtert es bei den Organstreitigkeiten (vgl. S. 58), die Antragsteller und Antragsgegner (§ 63 BVerfGG) zu ermitteln, wenn man zuvor bei der inhaltlichen Prüfung geklärt hat, wer wem gegenüber verpflichtet ist oder war.

3. Sie sollen erst ein zur Rechtsdurchsetzung geeignetes Verfahren ausfindig machen.

Hier lautet die Fragestellung beispielsweise:
A möchte eine verfassungsgerichtliche Klärung der Frage herbeiführen und erkundigt sich nach den Erfolgsaussichten. Was kann A unternehmen und wird er dabei Erfolg haben?
Wie ist die Rechtslage?
Auch hier gilt das soeben Gesagte: Zuerst ist die Zulässigkeit zu prüfen, es sei denn, die Fragestellung legt eine umgekehrte Prüfungsreihenfolge nahe.

4. Die rein materiell-rechtliche Prüfung

Am einfachsten haben Sie es, wenn nach prozessualen Möglichkeiten nicht gefragt wird.
Wie oben schon erwähnt, schließt jedoch die Allerweltsfrage »Wie ist die Rechtslage?« die prozessualen Aspekte *nicht* aus! Die einschlägigen Fragen lauten vielmehr beispielsweise:
Wie ist die materielle (!) Rechtslage?
Wer hat Recht?
Ist das Gesetz verfassungsgemäß?
Ist die Norm gültig?
Darf der Bürger B ...?
Durfte der Bundespräsident ...?
Kann der Minister ... verlangen?
Kann der Bürger B ... verlangen?
Ist die Maßnahme des X rechtmäßig?
Ist die Ansicht der Regierung zutreffend?
Ist die Verfassungsbeschwerde begründet?

5. Es versteht sich von selbst, daß die vorstehenden Fragestellungen nicht erschöpfend sind. Ich hatte beispielsweise einmal den Vormundschaftsfall BVerfGE 10, 302 = StA S. 615 zum Gegenstand einer Klausur gemacht und dabei die Frage gestellt: Muß die Maßnahme des Vormundes noch von irgend jemandem genehmigt werden? Diese Frage können Sie in die vorstehende Übersicht zwar nicht einordnen. Aber andererseits ist es bei einiger Überlegung nicht schwer, ihren Sinn zu erkennen. Da die Genehmigung eines Universitätspräsidenten, des Bundeskanzlers oder eines Landrats schwerlich in Betracht kommen kann, muß man zwangsläufig an den Richter denken und den Art. 104 prüfen.

C. Fallbeispiel

Das Taubenfütterungsverbot (nach BVerfGE 54, 143)
Sachverhalt: Durch § 3 IV der Straßen- und Anlagenverordnung der nordrhein-westfälischen Stadt Mönchengladbach ist das Füttern von Tauben auf Straßen und in Anlagen verboten worden. Zuwiderhandlungen werden nach derselben Vorschrift als Ordnungswidrigkeit mit einem Bußgeld belegt. Die formell ordnungsgemäß zustande gekommene Verordnung stützte sich auf die §§ 27, 31 des nordrhein-westfälischen Ordnungsbehördengesetzes (OBG).

Die Rentnerin Katja Vogel hat trotz dieses Verbots weiterhin Tauben gefüttert. Deswegen verhängte die Stadt gegen sie einen Bußgeldbescheid. Gegen ihn erhob die V Einspruch. Doch auch das nunmehr zuständige Amtsgericht setzte durch unanfechtbaren Beschluß eine Geldbuße fest.

Daraufhin erhob die V Verfassungsbeschwerde und rügte Verletzung ihrer Grundrechte. Unter anderem machte sie geltend, Sanktionen dürften nur aufgrund eines formellen Gesetzes verhängt werden.

Wird die Verfassungsbeschwerde Erfolg haben?

§ 27 I OBG: Die Ordnungsbehörden können zur Abwehr von Gefahren für die öffentliche Sicherheit oder Ordnung Verordnungen erlassen.

§ 31 I OBG: In ordnungsbehördlichen Verordnungen können für den Fall einer vorsätzlichen oder fahrlässigen Zuwiderhandlung Geldbußen ... angedroht werden.

Art. 70 der Verfassung von Nordrhein-Westfalen: Die Ermächtigung zum Erlaß einer Rechtsverordnung kann nur durch Gesetz erteilt werden. Das Gesetz muß Inhalt, Zweck und Ausmaß der erteilten Ermächtigung bestimmen ...

Gutachten:

I. Zulässigkeit der Verfassungsbeschwerde

Die V kann gemäß § 90 BVerfGG mit der Behauptung, durch den Beschluß des Amtsgerichts selbst, unmittelbar und gegenwärtig in ihrem Grundrecht aus Art. 2 I GG verletzt zu sein, Verfassungsbeschwerde erheben. Ein Rechtsmittel gegen den Beschluß gibt es nicht, § 90 II 1 BVerfGG steht folglich der Zulässigkeit der Verfassungsbeschwerde nicht entgegen.

(Hinweis: Das Amtsgericht bestätigt im Ordnungswidrigkeitenrecht nicht den Bußgeldbescheid der Behörde, sondern setzt autonom ein Bußgeld fest, weshalb nur sein Beschluß angreifbar ist. In der Regel äußert sich aber ein Mißerfolg vor Gericht darin, daß das Gericht (fast stets das Verwaltungsgericht) durch Klagabweisung einen Verwaltungsakt bestätigt. Dann rührt die Beschwerde sowohl von dem Verwaltungsakt wie auch von der (letzten) gerichtlichen Entscheidung her, *beide* sind folglich mit der Verfassungsbeschwerde anzugreifen und, bei Erfolg, aufzuheben – wie schon am Ende der S. 86 dargelegt wurde.)

II. Zur Begründetheit

1. Die in Art. 2 I GG garantierte allgemeine Handlungsfreiheit umfaßt auch das Recht, aus Tierliebe Tauben zu füttern. Freilich ist dieses Recht einschränkbar. Art. 2 I unterliegt einem Vorbehalt zugunsten der verfassungsmäßigen Rechtsordnung. Dazu gehören auch ordnungsgemäß erlassene Verordnungen.

2. Die Straßen- und Anlagenverordnung beruht auf einem Landesgesetz. Deshalb gilt für sie nicht Art. 80 GG, der sich nur auf bundesgesetzliche Ermächtigungen bezieht. Vielmehr ist hier Art. 70 NW Verf. einschlägig, wonach ein Gesetz zu Verordnungen ermächtigen kann. Allerdings muß das Gesetz Inhalt, Zweck und Ausmaß der erteilten Ermächtigung bestimmen.

a) § 27 OBG ist eine ordnungsgemäß zustande gekommene Gesetzesbestimmung. Das Land NW hat die Gesetzgebungskompetenz für das allgemeine Polizei- und Ordnungsrecht.

b) § 27 OBG ist dem Wortlaut nach eine ziemlich unbestimmte Generalklausel. Die Generalklausel des Polizei- und Ordnungsrechts sind jedoch in jahrzehntelanger Rechtsprechung und durch die Rechtslehre mit so klaren Konturen versehen worden, daß sie nach Inhalt, Zweck und Ausmaß hinreichend bestimmt sind.

c) Die Verordnung muß sich im Rahmen der Ermächtigung halten. Sie setzt sich die Abwehr von Gefahren zum Ziel, die durch die Tauben verursacht werden. Verschmutzung von Eigentum ist eine Störung der öffentlichen Sicherheit; diese Gefahr soll abgewendet werden. Die Verordnung ist deshalb gesetzlich gedeckt.

3. Eine freiheitsbeschränkende Norm muß dem aus den Grundrechten sowie aus dem Rechtsstaatsprinzip ableitbaren Grundsatz der Verhältnismäßigkeit genügen.

Das Taubenfütterungsverbot ist geeignet, die Konzentration von Tauben in der Stadt zu verhindern oder zu vermindern. Ein milderes Mittel zu diesem Zwecke gibt es nicht. Was die Zumutbarkeit des Verbots betrifft, so handelt es sich um einen nur geringfügigen Eingriff, zumal viele andere Äußerungen der Tierliebe möglich bleiben. Der Eingriff bezweckt aber die Verhinderung von beträchtlichen Verschmutzungen durch die Tauben an Häusern, Autos, öffentlichen Anlagen und gelegentlich an Personen. Diese Zwecke sind höherwertig als das Interesse der V und anderer Taubenliebhaber an der Fütterung.

4. Ersichtlich ist der Wesensgehalt der allgemeinen Handlungsfreiheit gewahrt.

5. Es fragt sich, ob die Sanktion in Form einer Geldbuße mit Art. 103 II GG vereinbar ist. Als »Strafe« im Sinne dieser Vorschrift ist auch die Geldbuße wegen einer Ordnungswidrigkeit anzusehen. Dem Sinn dieser Bestimmung entspricht es am ehesten, bei jeder staatlichen Nachteilszufügung wegen schuldhaften Verhaltens, die eine Mißbilligung ausdrückt, vorherige Festlegung zu verlangen. Zudem sind viele Tatbestände heute Ordnungswidrigkeiten, die bei Erlaß des GG Übertretungen des StGB waren und also Strafe im Sinne von Art. 103 II GG nach sich zogen.

»Gesetzlich« bezieht sich auf ein Gesetz im materiellen Sinn. Das Erfordernis eines Gesetzes im formellen Sinn pflegt die Verfassung bei den Justizgrundrechten klar zu kennzeichnen, wie Art. 104 I 1 GG zeigt. Freilich muß diese formellgesetzliche Ermächtigung zu einer Verordnung oder Satzung nach Inhalt, Zweck und Ausmaß hinreichend bestimmt sein (Art. 80 GG und entsprechende Bestimmungen der Landesverfassungen). Das Gesetz selbst muß also schon einen Rahmen für die Strafe (im weiteren Sinn) setzen.

Diese Bedingungen sind, wie dargelegt, hier erfüllt. Es liegt folglich kein Verstoß gegen Art. 103 II GG vor.

6. Das Handeln der V verstieß gegen verfassungsrechtlich unbedenkliche Bestimmungen.

7. Die Verfassungsbeschwerde ist folglich unbegründet.

D. Allgemeine Hinweise, insbesondere zur Hausarbeit

Nachstehend möchte ich mich auf einige Hinweise beschränken, die mir besonders wichtig erscheinen.

I. Formalien

Über die Formalien, insbesondere bei einer Hausarbeit, finden Sie in den meisten der vorne vorgestellten Bücher einschlägige Hinweise, insbesondere bei Köbler, Schramm und Schwerdtfeger. Sie können ferner greifen zu: H. U. Erichsen und andere, Studium und Examen, ein Extraband der Zeitschrift Jura. In Anbetracht dessen sehe ich davon ab, Ihnen zu erläutern, wie man ein Literaturverzeichnis zusammenstellt etc.

II. Inhaltliche Gestaltung

Der Sachverhalt ist bekannt und muß in einem Gutachten nicht wiederholt werden. Entsprechendes gilt für Normtexte. Die Wiedergabe von Sachverhalt oder Norminhalt mit eigenen Worten füllt zwar die Zeilen und beruhigt deshalb für einen Augenblick, aber es wird Ihnen als Mangel angekreidet.

Beachten Sie stets das Gebot der Differenzierung! Mehrere Sachverhaltskomplexe und mehrere Beteiligte sind meist gesondert zu beurteilen. Verschiedene Eingriffe gegen einen Betroffenen sollten Sie grundsätzlich getrennt hintereinander prüfen. Ebenso die Maßnahmen gegen mehrere Beteiligte. Keinen Gutachten-Eintopf kochen! Wenn in einem Fall die Beschlagnahme einer Krankenkartei bei einem Arzt zu beurteilen ist und der Arzt A sowie der Patient P sich dagegen wehren, ist es töricht, A und P zusammenzufassen und pauschal »die Zulässigkeit einer Verfassungsbeschwerde« zu prüfen. Ebenso bei einer Ladenschlußregelung: Die Zulässigkeit müssen Sie hier für den Ladeninhaber L und den Kunden K gesondert prüfen.

Aber diese Fälle zeigen auch die erforderlichen Ausnahmen von der Regel. Bei der Begründetheit nämlich erweist es sich, sofern man bis zur Güterabwägung vorstößt, oftmals als geboten, die Grundrechte mehrerer Betroffener gebündelt einzusetzen, d. h. abzuwägen. Wenn man die sozialpolitischen Interessen zugunsten des Ladenschlusses nur mit den gegenläufigen Interessen des L (und besser mit denen aller Ladeninhaber) abwägt, weil es bei der Beschwerde des L nur um dessen Berufs- und Eigentumsfreiheit gehe, verfehlt man ersichtlich eine sachgerechte Abwägung. Ebenso, wenn man bei einer Beschwerde des K nur dessen Grundrecht aus Art. 2 I und die Einkaufsinteressen der Kunden bedenkt. Vielmehr müssen alle betroffenen Interessen, d. h. gleichsam alle Grundrechte, in die Waagschale gelegt werden. Das BVerfG praktiziert dieses Verfahren viel zu selten, in BVerfGE 30, 336/374, 352 und 44, 353/373, 380 ist es aber richtigerweise so verfahren. Zum Aufbau in diesen Fällen: Es empfiehlt sich nicht, bei der Begründetheit die Verfassungsbeschwerden von L und K zusammen zu prüfen. Man belasse es deshalb getrost bei der – für die Zulässigkeit ohnehin zwingenden! – Unterteilung nach verschiedenen Beschwerdeführern. Allein deren Grundrecht(e) genügen ja auch bei der Begründetheitsprüfung bspw. dann, wenn man einen Verstoß etwa gegen das Erforderlichkeitsgebot feststellt. Erst bei der Güterabwägung kann und muß man sich dann gleichsam die Grundrechte anderer Betroffener – und zwar auch dann, wenn sie nicht Beschwerdeführer sind – mit hinüberholen und eine Art Grundrechtsverbund bilden. Zugegeben: Wenn diese zu einem Gesamteinsatz zusammengefügten Grundrechte bei den Schrankenvorbehalten divergieren, entstehen noch die oben auf S. 117 f. angesprochenen Probleme. Aber jede andere Lösung wirkt nur durch Augenwischerei einfacher.

Noch ein Beispiel dafür, daß man das Trennungs- und Unterteilungsprinzip ungeachtet seiner Wichtigkeit natürlich auch nicht übertreiben darf: Wenn Sie beispielsweise einen Gesetzesentwurf auf seine Verfassungsmäßigkeit zu begutachten haben, kann es sich als zweckmäßig erweisen, die einzelnen Paragraphen als Einteilungskriterien zu wählen, das heißt § nach § durchzuprüfen. Dennoch kann es sinnvoll sein, die rechtsstaatlich gebotene Gesetzesbestimmtheit als Sammelprüfpunkt zu wählen und dort die einschlägig interessanten §§ insoweit durchzuprüfen anstatt bei jedem § eine Prüfrubrik »rechtsstaatliche Bestimmtheit« einzurichten. Das Gutachten wirkt dann weniger zerstückelt.

Seien Sie vorsichtig mit dem Einsatz von Generalklauseln! Zwar spielen diese im Staatsrecht eine größere Rolle als sonst, denken Sie nur an die Bundestreue oder das Rechtsstaatsprinzip. Aber sie dürfen nur als letztes Mittel eingesetzt werden. Immer erst nach einer spezielleren Norm suchen, also beispielsweise nach Art. 103 II für das Verbot rückwirkender Strafgesetze, statt gleich das Rechtsstaatsprinzip zu bemühen!

Versuchen Sie zu einem Problem möglichst viele Argumente pro und contra zu gewinnen. Das erfordert das Bemühen, dialektisch zu denken, oder einfacher: die Perspektive der Streitbeteiligten einzunehmen, in deren Lage man sich jeweils versetzt. Stellen Sie sich also ganz konkret vor, wie Sie argumentieren würden, wenn Sie der Bundespräsident oder ein Behördenchef oder der gegen die Behörde vorgehende Bürger wären. Identifizieren Sie sich mit einer Rolle, und sodann mit der Rolle des Widerparts. Von den einander entgegengesetzen Argumenten bringt man diejenigen, die man für durchschlagend hält, zweckmäßigerweise an zweiter Stelle.

In einer Hausarbeit pflegen gerade Anfänger zu schreiben: »Müller[1] sagt ... Dagegen ist Meier[2] der Auffassung, daß ... Die Argumente von Meier überzeugen aus folgenden Gründen ...« (oder noch schlechter: »Ich schließe mich Meier an.«)

Das wirkt stets unselbständig. Um diesen Eindruck zu vermindern, gibt es einen Trick. Man schreibt beispielsweise: »Zum einen ließe sich folgendermaßen argumentieren ...[1] Dagegen läßt sich jedoch einwenden ...[2] Die zuletzt genannten Argumente überwiegen, weil ...«

---
[1] Müller ...
[2] Meier ...

Das wirkt ungleich eigenständiger. Zugegeben, hier handelt es sich um Kosmetik, aber Hauptsache ist, daß sie verschönt.

Ganz generell wird Ihnen das Kunststück abgefordert, den Eindruck einer selbständigen gutachtlichen Stellungnahme zu erwecken, obwohl Sie als Anfänger von den vorgefundenen Stellungnahmen zehren müssen. Aber diesen sollte wenigstens anzumerken sein, daß sie durch Ihren Kopf gegangen sind und dabei die Spur einer persönlichen Note angenommen haben.

Auch wörtliche Zitate, insbesondere längere, erzeugen eine ungünstige Optik. Zitieren Sie also nur wörtlich, wenn es auf den genauen Wortlaut ankommt.

Zum Belegen sei noch angemerkt, daß gerade der Anfänger die Neigung hat, Selbstverständliches mit Fußnoten abzusichern. Statt: »Der Bundespräsident wird gemäß Art. 54 I 1 GG von der Bundesversammlung gewählt.« heißt es dann:

»Der Bundespräsident wird von der Bundesversammlung gewählt[1].«

---
[1] Meier, Lehrbuch ..., S. 161

Ein Lehrbuch oder Kommentar hat auch die Aufgabe, Unstrittiges und Eindeutiges, das sich bereits aus dem Gesetz ablesen läßt, wiederzugeben. Aber das sollte kein Anlaß sein, eine solche Sekundärquelle zu zitieren.

Wenn Sie sich auf eine herrschende Meinung (h. M.) oder herrschende Lehre (h. L.) berufen, muß das überzeugend belegt werden. Zwei Autoren oder zwei Gerichte bilden keine herrschende Meinung. Am einfachsten ist es, wenn Sie auf eine Literaturstelle verweisen können, die ihrerseits die h. L. nachweist. Dann genügt ein Beleg, beispielsweise

---
[1] Meier, NJW 1980, ... mit weiteren Nachweisen (m.w.N.)

Ältere und heute nicht mehr oder nur noch ganz vereinzelt vertretene Auffassungen dürfen Sie vernachlässigen. Konkret: Die freie Entfaltung der Persönlichkeit in Art. 2 I können

Sie ohne weiteres als freies Tun und Lassen verstehen, ja im Grunde müssen Sie es sogar, weil hier eine Jahrzehnte alte und ständige Rechtsprechung de facto zugrunde gelegt werden muß. (Aber grundsätzlich sind Sie an die Entscheidungen des BVerfG nicht gebunden! – vgl. oben S. 60)

Übrigens grassiert gerade bei Anfängern oft das Gerücht, das Abweichen von der herrschenden Meinung bringe schlechte Noten ein. Das ist Unsinn. Es gilt nur folgendes zu beachten: Wenn es nur eine abweichende Stimme in Literatur oder Rechtsprechung gibt, dann muß sie schon sehr großes Gewicht haben, um auf sie setzen zu können – und dieses Gewicht zu ermessen, fällt dem Anfänger naturgemäß schwer. Außerdem muß die Begründung für die Abweichung ausführlich und sorgfältig sein. Sonst aber sollten Sie nicht ängstlich verfahren. Ich habe viel Post von Kommilitonen bekommen des Inhalts, man sei entgegen dringendem studentischen Rat in einer Hausarbeit der von mir vertretenen abweichenden Auffassung gefolgt und das sei wunderbarerweise ohne schlimme Folgen geblieben. Das ist jedoch kein Wunder, sondern ganz normal. Sie laufen bei den – ohnehin wenigen – Abweichungen, die in diesem Grundkurs vertreten werden, nicht die geringste Gefahr. Schließlich wollen wir keinen Juristennachwuchs ausbilden, der sich um jeden Preis anpaßt und dessen höchstes Ziel es ist, im Meinungsstrom mitzuschwimmen.

Bei Hausarbeiten pflegt man sich erst einmal in der einschlägigen Materie umzusehen und sich einen Gesamtüberblick zu verschaffen. Das ist natürlich überaus sinnvoll. Anfänger erliegen aber immer wieder der Versuchung, alles frisch gewonnene Wissen in dem Gutachten abzuladen. Das führt dann zu kleinen Abhandlungen allgemeiner Art, die wenig Ertrag für das Gutachten bringen und die den Randvermerk nach sich ziehen: »Sie sollen kein Lehrbuch schreiben« oder »Keinen Aufsatz verfassen!« Deshalb gilt: Von allem Angelesenen wird nur das unbedingt Erforderliche in das Gutachten übernommen; was keinen unmittelbaren Ertrag für den Fortgang Ihrer Prüfung bringt, muß wegbleiben.

Abschließend noch ein allgemeiner Rat, den freilich leider nur wenige befolgen: *Gehen Sie erst mit ausreichenden Kenntnissen in die Übungen!* Es macht dann ungleich mehr Spaß, bringt mehr Gewinn an Wissen und Fertigkeiten und vor allem bessere Noten. Töricht ist es hingegen, mit dürftigem Wissensstand nur deshalb eine Übung zu besuchen, weil diese jetzt »dran« ist oder weil andere gleichaltrige Studenten diese Übung besuchen. Es erfordert einige psychische Kraft, sich freiwillig mit einem – scheinbaren! – Rückstand gegenüber Freunden abzufinden, aber Ihre Schlußbilanz wird wesentlich besser sein als die von Kommilitonen, die sich, durch Wissensmangel verunsichert, durch eine Übung quälen oder mogeln. Immer wieder begegnen einem Studenten, die in die staatsrechtliche Anfängerübung kommen, aber den Unterschied zwischen Einspruchs- und Zustimmungsgesetzen nicht kennen oder eine Verordnung nicht von einer Satzung unterscheiden können. Es liegt auf der Hand, daß sie sich an der Besprechung eines einschlägigen Falles nicht aktiv beteiligen und auch passiv höchstens die Hälfte aufnehmen können. Mit schlechtem Gewissen und voller Angst, etwas gefragt zu werden, sitzen sie die Übungsstunden ab – mindestens zur Hälfte vergeudete Zeit. Versuchen Sie, klüger zu sein. Ich wünsche Ihnen viel Erfolg!

Sachverzeichnis

(die Zahlen verweisen auf die Seiten)

Abgeordnetenstatus 44
Abstimmungen 23
Abstrakte Normenkontrolle 58, 59
Abtreibung 82, 89, 90, 113
Abwägen 81
Abwehrrecht 75, 88, 104, 113
Administrativenteignung 101
Allgemeine Gesetze 93, 107
Allgemeinheit der Wahl 43
Allgemeinpolitisches Mandat 103
Allgemeinwohl 100
Alternativlösung 120
Amtshilfe 56
Analogie 84
Anfragen 46
Annahmeverfahren 86
Anspruch 10, 75
Anstalt 55, 109
Ansteckknöpfe 94
Apothekenentscheidung 97
Arbeit, Grundrecht auf 114
Arbeitgeberverband 96
Arbeitsgerichte 13
Arbeitskampf 96
Atomrecht 90, 116
Aufbauschema 121
Auffanggrundrecht 88, 102, 104
Auflösung des Bundestages 47
Auftragsverwaltung 14, 54
Aufzüge 95
Ausbildungsplätze 115
Ausfertigung von Gesetzen 51
Ausführung von Bundesgesetzen 54
Ausgestaltung durch Gesetze 94, 96
Ausländer 25, 108, 109
Auslegung 17, 84
Ausnahmeregelung 81, 106
Aussperrung 96

Ausschüsse 44, 48
Außenrecht 15, 52
Auswärtige Beziehungen 66

Beamtenverhältnis 55, 85
Beeinträchtigungen 76
Begnadigung 41
Begründetheit 58, 121
Begünstigung, gleichheitswidrige 106, 114
Beiträge 64
Berufsbeamtentum 56
Berufsfreiheit 96, 107, 109
Beschluß 59
Besonderes Gewaltverhältnis 84, 94
Bestandskraft 14, 29, 31
Bestimmtheit des Rechts 29, 52
Betätigungsrecht 75
Bill of Rights, englische 24
Bill of Rights, Virginia 74
Bindung an Entscheidungen des BVerfG 60
Blinkfüer-Entscheidung 111
Budget 65
Bürgerbeteiligung 26
Bürgerinitiative 26
Bürgerrechte 109
Bund 11, 34
Bundesauftragsverwaltung 54
Bundesbank 55
Bundeseigene Verwaltung 54
Bundesgesetzblatt 52
Bundeskanzler 47
Bundesoberbehörden 54
Bundesorgane, oberste 41
Bundespräsident 41, 48, 52, 66, 68
Bundesrat 36, 47, 50 ff., 68
Bundesrecht bricht Landesrecht 15, 35, 49, 59
Bundesregierung 47
Bundesstaat 11, 34 ff., 106
Bundestag 42
Bundestagsauflösung 47
Bundestagspräsident 43
Bundestreue 36

Bundesunmittelbare Verwaltung 54
Bundesverfassungsgericht 57 ff.
Bundesverfassungsgerichts-Entscheidungen, Aufbau 7
Bundesversammlung 41
Bundeszwang 17, 35
Bund-Länder-Streitigkeit 58, 59

Chancengleichheit der Parteien 38, 43

Daseinsvorsorge 112
Datenschutz 103
Delegation von Normsetzungsbefugnissen 52
Demokratie 21
Demokratisierung 26
Demonstration 95
Derivativer Leistungsanspruch 114
Deutschenrechte 109
Deutsche Welle 19, 36, 49
Deutschlandfunk 19, 36, 49
Diäten 40, 44
Dienstanweisung 15
Diskontinuitätsgrundsatz 46
Disziplinarstrafe 28, 62
Doppelbestrafung, Verbot 18, 28, 62
Dreierausschüsse 86
Dreiklassenwahlrecht 43
Dreistufentheorie 97
Drittwirkung der Grundrechte 109

Ehe und Familie 113
Ehenamen 104
Ehrenschutz 93, 95
Eigentumsgrundrecht 98 ff.
Einbürgerung 70
Eingriffe in Freiheit und Eigentum 24, 112
Einigungsvertrag 20
Einkommensteuer 64
Einrichtungsgarantie 56
Einschränkung von Grundrechten 78

Einspruchsgesetze 50, 51
Einstweilige Anordnung 59
Einverständnis 112
Einzelfallgesetze 79, 93
Einziehung 102
Elfes-Entscheidung 103
Elternrecht 109
Enteignung 100 ff.
Entschädigung nach Enteignung 101
Entstehung des GG 19
Erforderlichkeit 79, 92
Ergänzungszuweisungen 64
Erlaß 15
Erlaubnis 85
Ermächtigung 29, 52, 78
Ermessen 34, 38, 70, 85, 94, 107
Ersatzschule 114
Erschöpfung des Rechtswegs 86
Erststimmen 42
Ertragshoheit 63
Erziehungsrecht 109
Etat 65
Euratom 70
Europäische Gemeinschaft 64, 70 f.
Europäische Menschenrechtskonvention 66, 117
Europäische Union 70
Europäischer Gerichtshof 72
Europäischer Gerichtshof für Menschenrechte 117
Europarat 117
Existenzminimum 34
Extremisten im öffentlichen Dienst 41, 55, 105

Fachaufsicht 15, 54
Feiertagsruhe 69
Fernsehen 94, 111
Finanzämter 65
Finanzausgleich 64
Finanzgerichte 13
Finanzierungslast 63
Finanzverfassung 36, 62

Finanzverwaltung 65
Fiskalgeltung der Grundrechte 112
Fiskus 12, 112
Föderalismus 36
Fondswirtschaft 63
Fortgeltung alten Rechts 48
Fraktionen 40, 44
Fraktionszwang 45
Freie Entfaltung der Persönlichkeit 88, 102 f., 107
Freiheit des Mandats 45
Freiheit der Person 75, 91, 111
Freiheitliche demokratische Grundordnung 40
Freiheitsbeschränkung 91
Freiheitsentziehung 57, 91, 111
Freiheitsrechte 76
Fünfprozentsperrklausel 38, 43

Gebietskörperschaft 11
Gebote 76
Gebühren 64, 106, 112
Geeignetheit 79
Gefährdung 90
Gefahrenabwehr 102
Gegenwärtige Betroffenheit 87
Gegenzeichnung 41, 52
Gemeinschaftsaufgaben 55
Gemeinschaftssteuern 63
Generalklauseln 18, 30, 110, 123
Gerechtigkeit 28
Gerichtsordnung 13, 35, 57
Gesamtwirtschaftliches Gleichgewicht 65
Geschäftsordnung des Bundestages 43
Gesetz im formellen Sinn 14, 65, 66, 77
Gesetz im materiellen Sinn 15
Gesetzesausführung 53
Gesetzesinitiative 50
Gesetzesvorbehalt 23, 77 ff.
Gesetzgebung 48 ff., 68, 77, 78
Gesetzgebungskompetenzen 35, 48
Gesetzlicher Richter 61
Gestaltungsspielraum 96
Gewaltenteilung 32, 37, 52, 67 ff.
Gewerkschaften 96, 116
Gewissensfreiheit 62, 91
Gewohnheitsrecht 15, 91
Glaubensfreiheit 69, 91
Gleichbehandlung 38
Gleichberechtigung von Mann und Frau 104

Gleichheit im Unrecht 107
Gleichheitssatz 37, 88, 91, 104 ff., 114
Gnadenrecht 41
Grammatikalische Auslegung 18
Grundlagenvertrag 20
Grundrechte 61, 72, 75 ff.
Grundrechtlicher Gesetzesvorbehalt 24, 52
Grundrechtsadressaten 109
Grundrechtsbindung des Staates 76
Grundrechtseingriff 108, 112
Grundrechtskollision 111
Grundrechtskonkurrenzen 116, 124
Grundrechtsmündigkeit 109
Grundrechtsschutzgüter 76, 114
Grundrechtsträgerschaft 108
Grundrechtsverbund 124
Grundrechtsverzicht 112
Güterabwägung 80, 112
Gutachtenstil 120

Habeas Corpus-Akte 24
Härteklauseln 81, 106
Handlungsfreiheit, allgemeine 88, 102, 107
Handwerksentscheidung 81, 98
Haushaltsgesetz 16, 65
Hebammen 104, 106
Hergebrachte Grundsätze des Berufsbeamtentums 56
Hilfsgutachten 120
Höchstzahlverfahren nach d'Hondt 43
Homogenitätsklausel 34

Idealkonkurrenz 117
Immanente Grundrechtsschranken 83, 92, 95
Immunität 45
Indemnität 44
Informationsfreiheit 92
Inhaltsbestimmung des Eigentums 98, 107
Inkompatibilität 44, 68
Innenrecht 15, 54, 65, 85, 107
Innerparteiliche Demokratie 39
Institutionelle Garantie 56, 115
Institutionelles Grundrechtsdenken 115
Institutsgarantie 99, 115
Interessengruppen 26, 56

Jugendschutz 93
Junktimklausel 101

Juristische Person 11, 55, 108 f.
Justizgrundrechte 60

Kammern 104
Kernkraftwerke 90, 116
Kirchen 69, 109
Koalitionsfreiheit 96
Koalitionsvereinbarungen 47
Kodifikationsprinzip 49
Körperliche Unversehrtheit 90
Körperschaft 11, 55, 69, 103, 104, 109
Körperschaftsteuer 64
Kommission der EG 72
Kommunen 11, 63
Kompetenzüberlagerung 49
Konkrete Normenkontrolle 58, 60, 87, 101
Konkurrierende Gesetzgebungskompetenz 35, 48
Konstruktives Mißtrauensvotum 20, 47
Kooperativer Föderalismus 36
Krankenfürsorge 114
Kunstfreiheit 84, 95, 115

Länder 11, 34
Landesgrundrechte 117
Landesparlamente, Funktionsverlust 50
Landesverfassungsgericht 117
Leben 81, 90, 113
Lebenslange Haft 89
Legalenteignung 100
Legalitätsprinzip 40
Leibesfrucht 89, 90, 113
Leistungsgrundrechte 114
Leistungsverwaltung 25
Lenkungssteuern 64
Lesungen 51
Lücken des Gesetzes 83
Lügendetektor 89
Lüth-Urteil 93, 110

Magna Charta Libertatum 23
Mandatsverlust 45
Mehrheitsprinzip 21
Mehrheitswahl 41, 42
Meinungsfreiheit 92
Menschenrechte 109
Menschenrechtserklärungen 74
Menschenrechtskonvention 66, 117
Menschenwürde 88 ff., 103, 113
Militärseelsorge 69
Minderheitenschutz 21, 25, 46, 76
Minister 47
Ministerialfreie Räume 47, 55

Ministerrat der EG 71
Mißtrauensvotum 20, 47
Mitbestimmungsentscheidung 96
Mittelbare Bundesverwaltung 55
Mittel-Zweck-Relation 80
Mittelbare Demokratie 22
Mittelbare Drittwirkung 110
Mittelbare Staatsverwaltung 26, 55
Mittelbarer Grundrechtseingriff 108
Montanunion 70

Nasciturus 89, 90
Natur der Sache, Kompetenz 49
Negative Freiheit 76, 90, 91, 103, 114
Negatorische Rechte 75
Neugliederung 23
Nichtigkeit 58, 59
Normenhierarchie 14, 15
Normenkontrolle 58
Notstandsverfassung 69
Notwehrrecht 90, 113
Nulla poena sine lege 61
Numerus clausus 115

Oberfinanzdirektion 65
Oberste Bundesbehörde 55
Objektive Auslegung 18
Objektive Berufswahlbedingung 97
Objektivrechtliche Funktion der Grundrechte 115
Objektives Recht 9, 75
Öffentliche Meinung 25
Öffentlicher Dienst 55
Öffentliches Recht 12
Öffentlichkeitsarbeit der Regierung 43
Opportunitätsprinzip 40
Opposition 45
Ordentliche Gerichte 13
Ordnungswidrigkeiten 57, 62, 80, 123
Organ 11, 38
Organstreitverfahren 38, 44, 46, 52, 58, 59
Organwalter 11

Paraphierung 66
Parlamentarische Staatssekretäre 47
Parlamentarischer Rat 19
Parlamentarisches Regierungssystem 47
Parlamentsfunktionen 45
Parlamentsvorbehalt 25
Parteiausschluß 39
Parteien 25, 37 ff., 58
Parteienfinanzierung 39
Parteiverbot 40, 45

Sachverzeichnis

Partizipation 26
Paulskirchenverfassung 74
Peep-show 89
Persönlichkeitsrecht 88, 103
Petition of Rights 23
Plebiszit 20, 25
Politik und Verfassungsgerichtsbarkeit 60
Polizeiliche Generalklausel 30, 123
Polizeirecht 79
Praktische Konkordanz 82
Pressefreiheit 92, 115
Privatautonomie 111, 112
Privatheit 103
Privatnützigkeit des Eigentums 98
Privatrecht 12, 110
Prognosespielraum 82
Programmsatz 32
Prozeßfähigkeit 109
Prozeßkostenhilfe 34
Prozeßvoraussetzungen 58

Qualifizierter Gesetzesvorbehalt 78

Rahmengesetzgebung 35, 48
Rang des Verfassungsrechts 14
Ratifikation 66
Recht im objektiven Sinn 9, 75
Recht im subjektiven Sinn 10, 75
Rechte anderer 103
Rechtliches Gehör 60, 61
Rechtsaufsicht 14, 54
Rechtsfrieden 29
Rechtshilfe 56
Rechtskraft 14, 29
Rechtspfleger 57
Rechtspflicht 10
Rechtsprechung 13, 35, 57 ff., 67, 77
Rechtsschutz 28, 86, 109
Rechtssicherheit 28, 106
Rechtsstaatsprinzip 24, 27 ff., 52, 62, 78, 116
Rechtsverordnungen siehe Verordnungen
Religionsfreiheit 91, 109
Repräsentation 22
Republik 21
Ressortprinzip 47
Richtermonopol 57
Richterrecht 15, 68, 96
Richterstatus 57
Richtervorbehalt 91
Richtlinien der EG 72
Richtlinienkompetenz des Kanzlers 47
Rücknahme von Verwaltungsakten 30
Rückwirkung 30, 62

Rundfunk 19, 36, 38, 49, 94, 109, 116
Sachentscheidungsvoraussetzungen 58
Sachplebiszit 25
Sachzusammenhang, Kompetenz 49
Satzungen 14, 29, 44, 52, 53, 59, 62, 68, 78, 98, 101
Schiedsgerichtsbarkeit 57
Schrankenschranken 121
Schulgebet 91
Schulrecht 25, 114
Schutzgüter der Grundrechte 76
Schutzpflicht 88, 90, 113
Schwangerschaftsabbruch 82, 89, 90, 113
Schwere der Eigentumsbelastung 99, 101
Selbstbetroffenheit 87
Selbstverwaltung 14, 26, 69
Sexualkundeerziehung 25
Sittengesetz 103
Sitzverteilung, Bundestagswahl 43
Soldaten 85
Sollen 73
Sonderabgaben 64
Sondernutzung 38
Sonderrechtstheorie 12
Sondervotum 8, 59
Sonntagsruhe 69
Souveränitätserlangung 20
Sozialgerichte 13
Sozialhilfe 114
Sozialpflichtigkeit des Eigentums 98
Sozialstaatlichkeit 32 ff., 56, 114
Spezialität 116
Spontanversammlung 95
Spezifisches Verfassungsrecht 87
Staat und Gesellschaft 27
Staatenbund 34
Staatsangehörigkeit 69
Staatsanwalt 61
Staatsbegriff 11
Staatskirchenrecht 68
Staatsrecht, Begriff 11
Staatszielbestimmung 20, 34
Stabilitätsgesetz 66
Status negativus 75, 104
Status positivus 75, 113
Steuern 63 ff., 69, 106
Strafbefehl 60, 61, 62
Strafe nicht ohne Gesetz 61
Strafrechtspflege 28, 30, 57, 89, 94, 103
Strafurteile 60
Streikrecht 96
Streikverbot für Beamte 56, 96
Streitbare Demokratie 40

Studentenschaft 103
Studienplätze 115
Subjektive Berufswahlbedingungen 97
Subjektives Recht 10, 75
Subordinationstheorie 12
Subsidiarität der Verfassungsbeschwerde 87
Subsidiarität von Art. 2 I 88, 102, 116
Superrevision 87
Systematische Auslegung 18

Tarifautonomie 96
Tarifverträge 15, 96
Tatsachenverbreitung 92
Teilhabeanspruch 115
Teleologische Auslegung 18
Theater 115
Todesschuß der Polizei 90
Todesstrafe 61
Transformation 66
Trennsystem 63
Typisierung 106

Übergangsregelung 31, 100
Überhangmandat 42
Übermaß 80
Übertragung von Hoheitsrechten 72
Übungen 119 ff.
Umlegung 102
Umsatzsteuer 64
Umweltschutz 34
Unabhängigkeit der Richter 57
Unbestimmte Rechtsbegriffe 29, 107
Uneheliche Kinder 104
Ungeschriebene Bundeskompetenzen 49
Universität 103, 109
Unmittelbare Betroffenheit 87
Unmittelbarkeit der Wahl 43
Unschuldvermutung 28
Unterlassungsanspruch 75
Untersuchungsausschuß 44, 46
Untersuchungshaft 79, 81, 91
Unvereinbarkeit von Normen mit dem GG 59
Unzumutbarkeit 80
Unzumutbarkeit der Eigentumsbelastung 99, 101
Urheberrecht 98 ff.
Urteilsstil 120

Verbote 76
Verbundsystem 63
Vereine 95, 103
Verfahren, Grundrechtseinfluß 116

Verfassungsänderung 14, 21, 36, 88
Verfassungsbegriff 10
Verfassungsbeschwerde 7, 56, 58, 59, 78, 86 ff., 121
Verfassungskonforme Auslegung 60, 61, 80, 87, 91, 92, 95
Verfassungsmäßige Ordnung 103
Verfassungsrecht und Verfassungswirklichkeit 19
Verfügung, Bestimmtheit 29
Verhältnismäßigkeitsprinzip 32, 60, 79 ff., 91, 96, 97, 99, 103, 104, 106, 112, 116, 122
Verhältniswahl 42
Verjährung 29, 62
Verkündung von Gesetzen 51
Verletzung von Rechten 79
Vermittlungsausschuß 51
Vermutung für die Freiheit 77
Verordnungen 14, 25, 29, 36, 52, 59, 62, 68, 72, 77, 78, 91, 98, 101
Versammlungsfreiheit 95, 117
Verteidigungsfall 69
Vertragsgesetz 66
Vertrauensschutz 30
Verwaltung 35, 53 ff., 67, 76 ff., 107
Verwaltungsabkommen 66
Verwaltungsakt 9
Verwaltungsgerichte 13
Verwaltungsprivatrecht 112
Verwaltungsvorschriften 15, 25, 54, 85, 107
Verwerfungsmonopol des BVerfG 59
Verzicht auf Grundrechte 112
Völkerrechtliche Verträge 66
Volksbegehren 23
Volkssouveränität 21
Vollziehende Gewalt 35
Vorbehalt des Gesetzes 23, 78, 84
Vorbehaltsfreie Grundrechte 83
Vorkonstitutionelles Recht 59, 107
Vorlagebeschluß 59
Vormundschaftsgericht 109, 111
Vorprüfungsausschüsse 86
Vorrang des Gesetzes 24

Wählervereinigungen 38
Wahlkampfkostenerstattung 40

Wahlkampfurlaub 44
Wahlmänner 43
Wahlpflicht 43
Wahlprüfung 43
Wahlrecht 42
Wahlrechtsgleichheit 43, 104
Wahlwerbung der Parteien 38
Wechselwirkungstheorie 82, 94

Wehrbeauftragter 44, 46
Wehrdienstverweigerung 91
Weisungsaufgaben 14
Wertordnung 110, 115
Wesensgehaltssperre 83
Wesentlichkeitstheorie 24
Wiederaufnahme des Verfahrens 60, 62
Wiedereinsetzung in den vorigen Stand 60

Willkürverbot 105
Wirtschaftsverfassung 104
Witwenversorgung 105
Wohnung 114

Zahlungspflichten 102, 106
Zensur 92
Zeugnisverweigerungsrecht 94
Zitiergebot 79, 107

Ziviler Ungehorsam 96
Zivilgerichte 13
Zölle 65
Zollämter 65
Zugang zu öffentlichen Ämtern 55
Zulässigkeit 58, 121
Zustimmungsgesetze 50, 51, 53, 78
Zwangsverbände 103
Zweitstimmen 42